权威·前沿·原创

皮书系列为
"十二五"国家重点图书出版规划项目

中国群众体育发展报告
（2015）

ANNUAL REPORT ON DEVELOPMENT OF SPORT FOR ALL
IN CHINA (2015)

主　编／刘国永　杨　桦
副主编／任　海

图书在版编目(CIP)数据

中国群众体育发展报告.2015/刘国永,杨桦主编.—北京:社会科学文献出版社,2015.12
 (群众体育蓝皮书)
 ISBN 978-7-5097-8230-9

Ⅰ.①中… Ⅱ.①刘… ②杨… Ⅲ.①群众体育-研究报告-中国-2015 Ⅳ.①G812.4

中国版本图书馆 CIP 数据核字(2015)第 250631 号

群众体育蓝皮书
中国群众体育发展报告(2015)

主　　编 / 刘国永　杨　桦
副 主 编 / 任　海

出 版 人 / 谢寿光
项目统筹 / 任文武
责任编辑 / 高　启　王　颉

出	版 / 社会科学文献出版社·皮书出版分社 (010) 59367127
	地址：北京市北三环中路甲 29 号院华龙大厦　邮编：100029
	网址：http://www.ssap.com.cn
发	行 / 市场营销中心 (010) 59367081　59367090
	读者服务中心 (010) 59367028
印	装 / 北京季蜂印刷有限公司
规	格 / 开本：787mm×1092mm　1/16
	印　张：23　字　数：347 千字
版	次 / 2015 年 12 月第 1 版　2015 年 12 月第 1 次印刷
书	号 / ISBN 978-7-5097-8230-9
定	价 / 79.00 元

皮书序列号 / B-2014-380

本书如有破损、缺页、装订错误，请与本社读者服务中心联系更换

△ 版权所有 翻印必究

编委会名单

名誉顾问　刘　鹏　国家体育总局局长

顾　　问　冯建中　国家体育总局副局长
　　　　　　李颖川　国家体育总局局长助理

主　　任　刘国永　国家体育总局群众体育司司长
　　　　　　杨　桦　北京体育大学党委书记

副 主 任　任　海　北京体育大学教授

委　　员　范广升　邱　汝　张　栋　孟亚峥　杨光宇
　　　　　　黄　玮　何红宇　李桂华　董新光　李建国
　　　　　　周登嵩　卢元镇　裴立新　王会寨　邹新娴

编委会办公室人员
　　　　　　杨　敏　王　芳　宋云飞

主要编撰者简介

刘国永 国家体育总局群众体育司司长,西安交通大学经济与金融学院产业经济学博士。中华全国体育总会副秘书长、群众体育部部长,中国奥委会副秘书长、群众体育部部长,亚洲及大洋洲地区大众体育协会(ASFAA)执委、司库,亚洲轮滑协会会长、中国轮滑协会主席。长期从事群众体育管理和研究工作,参与《全民健身条例》《全民健身计划(2011~2015年)》等多项重大法规和规划的制定和实施。

杨 桦 北京体育大学党委书记,国家体育总局干部培训中心主任,国家体育总局教练员学院院长,教授,博士生导师,享受国务院政府特殊津贴。主要研究领域:高等体育教育管理、体育人文社会学、体育教育训练学。作为中央直接联系的高级专家,"北京市有突出贡献的科学、技术、管理人才",承担了国家哲学社会科学重大项目以及国家科技支撑计划项目等国家级、省部级课题近20项;研究成果获得国家教学成果二等奖、北京市哲学社会科学研究一等奖、北京市教学成果一等奖等20多项奖项;主编和参编专著、教材30余部。担任第十一届、第十二届全国政协委员、教科文卫体委员会委员,中华全国体育总会常委,中国体育科学学会副理事长,全国高校体育教育指导委员会副主任,国家哲学社会科学基金课题评委会体育学科组召集人。

任 海 北京体育大学教授,博士生导师,享受国务院政府特殊津贴。主要研究领域为体育社会学、奥林匹克运动、体育文化等。主持或作为主要成员完成《论社会经济条件变革下的中国体育改革》等国家级、部委级和横向合作课题9项，主编及作为主要作者完成著作7部，译著4部，获国家体委科技进步二、三等奖，国家体委优秀教材一等奖、国家体委优秀教学论文二等奖，国家体育总局体育科技先进工作者及中组部等六部委授予的"留学回国人员贡献奖"等奖项。担任中国体育科学学会理事会理事、体育社会科学学会副主任委员、国家社会科学基金项目学科评议组成员。

摘　要

《中国群众体育发展报告（2015）》（以下简称《报告》）以年度群众体育发展热点问题为主线，采取理论研究和案例分析相结合的方式，对国外的发展经验、最新理论成果、实践中的重大问题等进行高度概括与深入分析，力求对中国群众体育发展进行重点突出、视角多元、理论深入、数据翔实的描述与分析，它既是对我国群众体育工作的年度总结，又为理论研究提供了绝佳的样本。

本书总报告中《全民健身计划（2011～2015年）》（以下简称《计划》）是"十二五"时期我国群众体育事业发展的纲领性文件，《〈全民健身计划（2011～2015年）〉实施效果评估报告》（以下简称《评估报告》）是评估政府提供全民健身公共服务水平的重要依据。《评估报告》从国家体育总局、各省（区、市）、中央和国务院相关部委、社会力量、公众满意度五个方面对《计划》中所提的目标任务完成情况和效果进行了全面总结，并在此基础上就评估各级政府提供全民健身公共服务的水平、探索全面建成更高水平的全民健身公共服务体系的途径、对制定《全民健身计划（2016～2020年）》的启示等问题进行了深入讨论，为提供更加完备的公共体育服务和建设体育强国奠定坚实的理论基础。

本书的专题报告分为六部分，第一部分为宏观视野篇，主要收录政府提供公共体育服务的成果和相关数据以及发展预测；第二部分为理论前沿篇，主要收录科研院所、高等院校专家学者的理论研究报告；第三部分为地方群体篇，主要收录各省（区、市）体育部门的典型经验和做法；第四部分为部门协同篇，主要收录体育行政部门之外的其他政府部门推动群众体育发展的思路和做法；第五部分为社会兴办篇，主要收录社会力量办全民健身事业的典型活动；第六部分为他山之石篇，主要收录欧洲、日韩等国外体育事业方面的先进经验和做法。

目 录

BⅠ 总报告

B.1 《全民健身计划（2011～2015年）》实施效果评估报告
………《全民健身计划（2011～2015年）》实施效果评估组 / 001
  一 《全民健身计划（2011～2015年）》实施效果
    评估总报告 …………………………………………… / 002
  二 各省（区、市）《全民健身计划（2011～2015年）》
    实施效果评估报告 …………………………………… / 014
  三 中央和国务院相关部、委、办、局贯彻实施《全民
    健身计划（2011～2015年）》效果评估报告 ……… / 028
  四 社会力量参与实施《全民健身计划（2011～2015年）》
    评估报告 ……………………………………………… / 038
  五 《全民健身计划（2011～2015年）》实施效果公众
    满意度调查报告 ……………………………………… / 047

BⅡ 理论前沿

B.2 全面深化群众体育改革的思考 ……………………… 刘国永 / 065
B.3 以群众体育促进社会建设 ……………………………… 任 海 / 081
B.4 论市场在群众体育发展中的作用 …… 鲍明晓 邱 雪 吴 卅 / 102
B.5 基于社会营销理论的全民健身体系构建 …… 林 琼 陈绮文 / 115

BⅢ 宏观视野

B.6 2014年《全民健身条例》和《全民健身计划（2011~
2015年）》贯彻落实情况检查调研报告
　　………………《全民健身条例》贯彻落实情况检查调研组 / 127

B.7 《全民健身条例》和《全民健身计划（2011~2015年）》
贯彻落实情况检查调研报告（青少年体育部分）
　　……………………………… 国家体育总局青少年体育司 / 136

BⅣ 地方群体

B.8 常州市政府购买公共体育服务的实践与思考
　　……………………………… 任洪兴　陈新荣　叶　民 / 144

B.9 全民健身"牵手"移动互联网
　　——湖北省"去运动"APP项目研究 …… 湖北省体育总局 / 162

B.10 《深圳经济特区促进全民健身条例》立法综述
　　………………………………… 深圳市文体旅游局政策法规处 / 176

BⅤ 部门协同

B.11 发挥经营性俱乐部作用，拓展登山户外运动市场，
构建全民健身公共服务体系 ………………… 张志坚 / 194

B.12 我国基层残疾人群众体育健身现状调查与发展
对策研究 ……………………… 代青松　周　坤　刘振翼 / 203

BⅥ 社会兴办

B.13 对体育彩票资助全民健身事业与公信力建设的关系研究
　　…………………………………………………… 杨春雷 / 223

B.14 移动互联重构全民健身千亿元市场 …………………… 严靖峰 / 232
B.15 全民健身,从这里开始
　　——"2015全民健身嘉年华"活动介绍 …… 亚洲健身学院 / 248

BⅦ 他山之石

B.16 英国发展残疾人大众体育的实践及其启示 …………… 李冬庭 / 254
B.17 国际体育健身休闲产业发展现状及趋势研究 ………… 陈　琳 / 270
B.18 体育发达国家大众体育治理中政府的位置和作用
　　………………… 侯海波　李桂华　陈　琳　汪　颖　王跃新
　　　　　　　　　　常利华　金仙女　张曙光　李　晨 / 286
B.19 世界主要发达国家精英体育与群众体育的融合发展
　　………………………… 汪　颖　王跃新　侯海波　常利华
　　　　　　　　　　　　　陈　琳　张曙光　李　晨 / 306

BⅧ 附　录

B.20 2014年6~69岁人群体育健身活动和体质状况
　　抽测结果 ……………………………………………………………… / 321
B.21 第六次全国体育场地普查数据公报 ……………………………… / 329

Abstract ……………………………………………………………………… / 337
Contents …………………………………………………………………… / 339

总 报 告
General Report

《全民健身计划（2011～2015年）》实施效果评估报告

《全民健身计划（2011～2015年）》实施效果评估组*

摘　要：《全民健身计划（2011～2015年）》是"十二五"时期我国全民健身事业发展的纲领性文件，其完成情况和效果，是评估政府提供全民健身公共服务水平的重要依据。2014年6月，体育总局启动了《全民健身计划（2011～2015年）》实施效果评估，从国家体育总局、各省（区、市）、中央和国务院相关部委、社会力量、公众满意度五个方面对《全民健身计划（2011～2015年）》中所提的目标任务完成情况和效果进行了全面总结，并在此基础上对评估各级政府提供全民

---

* 《全民健身计划（2011～2015年）》实施效果评估组由国家体育总局领导牵头成立，体育总局群众体育司及相关司局和专家学者为成员，联合第三方评估机构——上海体育学院共同组成。

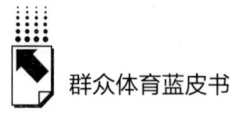

健身公共服务的水平、探索全面建成更高水平的全民健身公共服务体系的途径、对制定《全民健身计划（2016～2020年）》的启示等问题进行了深入讨论，为未来提供更加完备的公共体育服务和建设体育强国奠定了坚实的理论基础。

关键词： 全民健身计划　实施效果评估

一　《全民健身计划（2011～2015年）》实施效果评估总报告

2011年2月15日，国务院印发了《全民健身计划（2011～2015年）》（国发〔2011〕5号，以下简称《计划》），对"十二五"时期的全民健身事业发展做出了全面部署。为强化实施效果，《计划》中规定："县级以上体育主管部门要会同有关部门不定期对《全民健身计划（2011～2015年）》和《全民健身实施计划》实施情况进行检查指导，并在2014年对实施成效进行全面评估，将评估报告报本级人民政府。"

依据以上规定，2014年6月，国家体育总局启动了《计划》实施效果评估，旨在总结《计划》中所提的目标任务完成情况和效果，评估各级政府提供全民健身公共服务的水平，探索全面建成更高水平的全民健身公共服务体系的途径，为制定《全民健身计划（2016～2020年）》提供客观依据，为提供更加完备的公共体育服务和建设体育强国奠定坚实的基础。

（一）《计划》实施效果明显

自《计划》颁布实施以来，在党中央、国务院的正确领导下，国家体育总局会同有关部门、群众组织、社会团体和社会各界，以《计划》的目标任务为引领，加强组织实施，扎实推进全民健身工作，取得了明显的效果。特别是党的十八大以来，新一届中央领导集体对体育工作高度重视，把全民健身作为人民追求幸福生活的重要举措，提出了一系列新思想、新论断、新认识，做出了一系列新决策、新部署、新要求。习近平总书记对于体育的综合作用和功能、体育在全面建成小康社会和实现中华民族伟大复兴中国梦历史进程中的重大意义、体育的协调发展、中华体育精神和奥林匹克精神等方面都有重要论述，形成了一个科学、系统、完整的思想体系，为体育事业的改革发展明确了方向。

新时期的全民健身事业发展以习近平总书记的系列重要讲话批示和党的十八大、十八届三中、四中全会精神为指导，以贯彻落实国务院《关于加快发展体育产业促进体育消费的若干意见》为契机，深入贯彻落实《全民健身条例》和《计划》，不断完善"政府主导、部门协同、全社会共同参与"的大群体工作格局，建成覆盖城乡比较健全的全民健身公共服务体系，为提高人民群众的健康水平和幸福指数，为全面建成小康社会和体育强国奠定坚实基础。

1. 经常参加体育锻炼的人数比例上升

随着经济社会发展和人们生活水平的提高，城乡居民体育健身意识普遍增强，体育健身逐步成为更多人的日常生活方式。据统计，截至2014年底，全国经常参加体育锻炼的人数比例达到33.9%，比2007年提高了5.7个百分点；其中16岁以上（不含在校学生）城市居民达到19.8%，农村居民达到9.5%，分别比2007年提高了6.7个和5.4个百分点，均超过预定目标。

学生参与体育锻炼的政策体系更加完善，老年人、残疾人参加体育锻炼的人数有明显增长。

2. 城乡居民身体素质有所提高

根据2014年国民体质监测结果，我国城乡居民达到《国民体质测定标准》合格以上的人数比例为89.6%，比2010年提高0.5个百分点；其中，优秀等级为13.1%，良好等级为26.5%，合格等级为50%。

全国学生体质健康状况出现积极变化。青少年的形态发育水平继续提高，学生肺活量指标逐年稳步上升，爆发力素质出现好转，耐力素质显现止"跌"并逐步回升，速度素质下滑趋势得到遏制，力量素质下降速度减缓。

3. 全民健身"三纳入"基本完成

将全民健身事业纳入各级国民经济和社会发展规划、将全民健身事业经费纳入各级财政预算、将全民健身工作纳入各级政府年度工作报告(简称"三纳入")是落实《计划》的重要抓手。经过几年的努力,目前,除西藏和新疆外,全国绝大部分省区市基本实现了省、市、县三级政府"三纳入"全覆盖。很多省份在实现"三纳入"全覆盖的基础上,把全民健身工作与党委、政府的重点工作融合部署,纳入对下级政府年度目标绩效管理考核、文明城市创建测评体系和政府办实事项目等,纳入卫生、教育、科技、精神文明建设和社会建设等多项相关工作之中,实现了"多纳入"。

4. 全民健身宣传教育不断加强

各省区市在实施《计划》过程中深入开展全民健身宣传教育,发挥体育健身的多元功能和综合价值,全民健身宣传和科学健身知识传播日益常态化。特别是在每年6月10日(纪念毛泽东主席"发展体育运动、增强人民体质"题词)、8月8日(国家全民健身日)以及举办各类全民健身赛事活动期间,充分利用电视台、广播电台、报刊、互联网和新媒体等宣传媒介,播放宣传片、开办专栏等,加大对全民健身知识、方法和赛事活动的宣传力度,倡导"终身体育"理念,在全社会形成崇尚体育健身、积极参加体育健身的良好氛围,并把树立和践行社会主义核心价值观融入全民健身宣传教育,弘扬主旋律,传播正能量。一些省区市还制作发放健身科普宣传手册,开展全民健身公益讲座,促进体育生活化、运动常态化,并组织以优秀运动员为引领的全民健身志愿者深入基层宣传普及健身知识,传授科学健身方法,营造浓厚的全民健身社会氛围。

5. 配套政策法规相继出台

国务院出台《全民健身条例》后,各地加快了有关全民健身的立法进程,一些省份出台了本行政区域的《全民健身条例》,还有一些省份对本地已有的全民健身法规进行了修订。据不完全统计,全国已有16个省份和10个较大市制定出台了专门的全民健身地方性法规。根据《全民健身条例》的规定,在2011年国务院印发《计划》后,全国所有省份全部制定印发了省级《全民健身实施计划》，绝大部分地（市）和大部分县（区）也制定印发了本地区的《全民健身实施计划》，确定了"十二五"时期各级政府发展全民健身事业的目标任务和举措保障。在各地制定的综合性体育法规或体育改革发展文件中，很多包含有对全民健身的内容规定和工作部署。一些地方在"十二五"经济和社会发展规划中关于社会建设和社会发展方面的法规政策或规划文件，关于文化、教育事业发展方面的法规政策或规划文件，关于老年人、妇女、儿童发展的规划文件等也包含全民健身的内容，充分体现了全民健身在社会发展中的重要价值。

（二）覆盖城乡、比较健全的全民健身公共服务体系初步形成

过去五年，各级政府及其体育主管部门认真履行职责，积极探索开展全民健身工作的新思路、新方法，紧密围绕《计划》中提出的"形成覆盖城乡比较健全的全民健身公共服务体系"这一总体目标，基本公共体育服务水平得到提升。

1. 体育健身场地设施有较大幅度增加

根据第六次全国体育场地普查结果，截至2013年底，我国共有体育场地169.46万个，人均体育场地面积为1.46平方米。加上健身场地设施，2014年对人均体育场地面积的贡献（0.08平方米），以及2015年国家体育总局对农民体育健身工程和全民健身中心建设的转移支付投入，至2015年底，我国人均体育场地面积至少达到1.57平方米。超额完成《计划》提出的"全国各类体育场地达到120万个以上""人均体育场地面积达到1.5平方米"的目标。

全国各市（地）、县（区）、街道（乡、镇）、社区（行政村）已经普遍建有体育场地，配有体育健身设施。截至2014年底，市（地）、县（区）50%以上建有全民健身活动中心；街道（乡、镇）50%以上建有便捷、实用的体育健身设施；社区（行政村）50%以上建有便捷、实用的体育健身设施。建有乡（镇）体育健身工程16911个，占全国乡（镇）数的40.6%，农民体育健身工程467996个，覆盖全国行政村的74.13%。其中，2011～

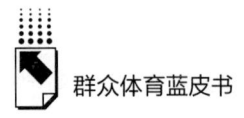

2014年，建成全民健身活动中心3405个，社区多功能运动场9447个，体育公园2366个、健身广场24879个、户外营地878个、室外健身器材169万多件。

2. 社会化全民健身组织网络基本形成

经过五年的建设和发展，一个遍布城乡、规范有序、富有活力的社会化全民健身组织网络已正在形成。全国县级及以上地区体育总会平均覆盖率达到72%，有8个省份的覆盖率达到100%。单项体育协会、行业体育协会及老年人、残疾人、少数民族、农民、学生等体育协会数量大幅增加，特别是青少年体育社会组织大力发展，其中各级各类青少年体育俱乐部总数达到6770个。与此同时，各地的民间体育组织、网络体育组织、广场健身队伍等健身组织蓬勃涌现。城市社区普遍建有体育健身站点，全国全民健身站点平均已达到每万人有3个。

3. 全民健身活动丰富多彩

过去五年，示范性健身活动、制度化项目业余联赛、自发性群众身边活动等多种形式的全民健身活动蓬勃发展。活动形式从大型展示活动向就近就便、小型多样转变，活动组织从政府组织向依托社会、全民参与转变，参加人群从少数固定集中到大众日常分散转变，活动内容从传统单一向多样时尚转变。各地结合当地传统特色和群众需求喜好，打造"一地一品""一区一品""一行一品"全民健身品牌活动，参加项目也逐渐从乒乓球、羽毛球、足球、篮球、游泳、跑步等传统项目向健步走、路跑、骑行、马拉松、广场舞、户外运动等新兴项目拓展。打造以青少年"阳光体育大会"为龙头的青少年阳光体育系列活动。广泛开展全国各级体育传统项目学校联赛活动。青少年校园足球工作取得积极进展，体制机制不断完善，发展模式不断创新，全国校园足球定点学校达到5000余所，举办各种比赛10万余次，青少年足球人口不断扩大。全民健身活动更加注重项目文化挖掘，更加注重个性化体验，全民健身活动新模式正在逐步形成。

4. 全民健身指导和志愿服务队伍不断壮大

作为全民健身工作的宣传者、全民健身活动的组织者、科学健身方法的辅导者、群众健身场地设施的维护者和健康文明生活方式的引领者，社会体育指导员在全民健身工作中发挥着重要作用。截至2014年底，全国获得社会体育指导员技术等级证书的已经超过170万人，获得社会体育指导员和救助人员国家职业资格证书的达到12万人，大大超过《计划》中规定的目标。全国每千人公益社会体育指导员比例达到1.7人，超过了1.5‰的标准。近几年，社会体育指导员开始从重数量增加向重质量提升、从重培训向重实践指导转变，社会体育指导员的综合素质和服务水平有所提高。除社会体育指导员外，各地还广泛组织优秀运动员、科研人员、体育教师等深入群众，开展健身知识宣传、健身技能培训、健身设施维护和其他各类志愿服务活动，在全社会营造关心全民健身、参与志愿服务的良好社会风尚。

5. 科学健身指导服务惠及城乡居民

过去五年，各省（区、市）充分利用媒体宣传科学健身知识和方法，探索建设科学健身示范区、体质测定与运动健身指导站、开展"阳光体育科学健身校园行"活动等科学健身常态化运行模式，开展针对不同人群的体质测试工作，并依据个人体质状况提供有针对性的科学健身指导服务，增强全民健身的吸引力，提高科学健身质量和水平。各省（区、市）每年接受体质测试人数平均在8万人以上。

（三）政府主导，部门协同，全社会共同参与的全民健身事业发展格局初步形成

全民健身是一项社会系统工程，必须切实加强组织领导，形成政府主导、部门协同、全社会共同参与的全民健身事业发展格局。经过过去五年的努力，"大群体"工作格局已经具备雏形，正在扎实推进。

在政府主导方面，各级政府通过印发《全民健身实施计划》统筹"十二五"全民健身事业发展。据不完全统计，至少有9个省份成立了全民健身工作委员会，8个省份成立了全民健身领导小组，由政府分管领导担任主任（组长），定期召开会议，对本地《全民健身实施计划》任务分解和责任分工进展情况进行督办落实。一些地方建立全民健身工作联席会议制度和定

期报告制度,定期通报全民健身工作进展。为督促《计划》的落实,国家体育总局每年联合国家发改委、教育部、财政部和国务院法制办等部门开展《全民健身条例》和《计划》贯彻落实情况检查调研,检查结果报送国务院,推动了各级政府履行全民健身公共服务的职能,保证了《计划》的推进实施。

在部门协同方面,国家体育总局在征求与《计划》职责分工相关部门意见的基础上,印发了部门职责分工文件,明确各自任务。从2012年开始,国家体育总局每年牵头组织召开中央、国务院相关部委贯彻实施《计划》工作座谈会,建立部委定期交流协商制度,有效推动了中央层面部门协同工作机制的运转,示范带动了地方各级政府和部门协同工作格局的建立。几年来,落实《计划》相关部门通过联合研制发布规划文件、联合开展座谈调研、联合举办赛事活动等方式,协同开展工作,整合资源,形成合力,推动了《计划》的实施。

在全社会共同参与方面,《计划》实施期间,各级体育总会、单项体育协会、行业体育协会、人群体育协会、各类健身俱乐部、健身团队和群众体育科研院所、新闻媒体以及热心全民健身的各界社会人士等积极参与全民健身事业发展,政府、部门与社会的沟通渠道和联动机制日益畅通,全民健身社会化趋势明显,全社会共同参与的局面逐步拓展,社会力量将成为推动《计划》实施的重要生力军。

(四)公众对全民健身公共服务水平有新期待

为了客观评估《计划》的实施效果,国家体育总局委托第三方在全国12个省份开展了公众满意度抽样调查。本次满意度调查采用全新视角,从公众需求的角度出发,度量全民健身服务质量和水平,是对传统评估方式的补充和深化。调查结果显示,全民健身公众满意度指数为68.7分,超过中性值(60分)8.7分,表明公众对全民健身服务质量和水平较为满意,《计划》的实施取得了一定的效果。具体而言,公众对体育场地、体育组织、体育活动的满意度指数依次为70.0分、69.8分和66.4分,表明近年来各级政府对于体育场地设施建设的重视和投入取得了较为明显的效果。此外，调查结果显示，公众对体育场地开放时间、体育组织的收费情况和体育活动的公平公正性满意度最高，对体育场地的管理水平、体育组织的专业化程度和体育活动的数量满意度最低。

本次调查发现，公众对全民健身服务提供的满意程度在地区和年龄上存在结构性差异。从地区差异看，中部地区公众对全民健身服务质量和水平的总体满意度高于东、西部地区。从年龄层次看，61岁及以上的公众满意度较高，41~50岁的公众满意度相对较低，表现出老年人体育享受的全民健身服务较为充分，而中年人对全民健身服务的获得感明显不足。

此次满意度调查结果将为研制新周期《计划》提供参考依据，国家体育总局将结合全民健身公共服务现状，以公众对全民健身公共服务的需求为导向，对调查结果进行深入分析，为制定"十三五"时期政策措施提供支撑。

（五）《计划》实施过程中面临的挑战

1. 全民健身的发展依然不平衡

（1）地区间发展不平衡，西部地区总体发展水平依然相对落后于东部和中部地区。从《计划》目标任务的完成情况看：东部地区的平均水平是92.12%，中部地区的平均水平是90.74%，西部地区的平均水平是74.44%，东部好于中部，中部好于西部，西部地区与东、中部地区仍然存在较大差距。

（2）城乡间发展不平衡，城市在参加体育锻炼的人数、体育场地设施、体育组织网络和体育活动开展等方面，要优于同地域的农村地区。截至2014年底，全国16岁以上（不含在校学生）城市居民经常参加体育锻炼的人数比例比2007年提高了6.7个百分点，而农村居民只提高了5.4个百分点。虽然全国城市社区、农村行政村50%以上建有便捷、实用的体育健身设施，但是，全国仍有7个省份城市街道室内外健身设施的覆盖率没有达到50%以上，有9个省份行政村农民体育健身工程覆盖率没有达到50%以上。

（3）体育健身的参与人群不平衡，继续存在着"两头高、中间低"的"马鞍形"现象，即青少年学生和中老年人群参与度较高，中青年人参与度较低。

2. 全民健身公共服务体系尚需完善

体育场地设施的建设和使用与群众的需求还存在较大差距，尤其是广大农村和经济欠发达地区，不仅没有室内健身场所，户外的体育设施也相对简陋，数量和种类都偏少。公共体育场馆和学校体育设施对社会开放程度和利用率依然不高。全国公共体育场馆平均开放率为86%，但还有7个省份开放率在80%以下。全国有15个省份学校体育场地开放率在50%以下，只有5个省份学校体育场地开放率在80%以上。

新建小区配套体育设施实行"同步设计、同步建设、同步投入使用"的政策落实不到位，没有预留健身用地、健身场地面积减少、设置不合理等问题还比较突出。

全国每千人公益社会体育指导员有8个省份只有1.0‰，还有4个省份仅为0.5‰。同时，社会体育指导员还存在着专业技能弱、与运动项目脱节、主动参与全民健身指导实践的动力不足等问题，全民健身信息服务和社会氛围营造还有很多工作要做。

3. 参与全民健身的社会力量动员不够

现阶段，全民健身工作所取得的成效主要得益于政府主导作用的发挥，而资源丰富、潜力巨大的社会力量作用还没有得到充分发挥。政府体育主管部门简政放权、实行政社分开、管办分离还不彻底，限制了各类社会力量作用的发挥；引导和鼓励社会力量参与全民健身的优惠政策明显不足，制约了各类企业投资全民健身事业的积极性。

关于社会力量参与全民健身的制度安排，虽有部分政策法规出台且已运行，但仍未成体系；鼓励社会力量积极参与全民健身的优惠政策明显不足，尚未形成支持社会力量参与全民健身服务业的明确政策和具体措施。对新涌现的网络体育组织、草根体育组织重视和扶持不够；企业融入全民健身事业的积极性不高，社会各界人士参与全民健身发展的路径也不通畅。

4. 体育社会组织有待发展壮大

政府对体育社会组织扶持力度明显不足，各级体育社会组织发展相对缓慢、数量偏少、作用发挥不够，社会组织的职能弱化明显，全民健身主要依赖政府的局面没有完全改变。到2014年底，县级以上体育总会仅有8个省份的覆盖率达100%。

绝大部分市、县级体育主管部门与教育、文化、广电、旅游等部门合并，县级以下单位没有体育行政主管部门，体育社会组织建设相当薄弱。基层体育行政机构的末端只到达县（市、区）一级，乡（镇、街道）、村（社区）级基本上没有体育组织，其他非体育行政组织也未能深入到基层，全民健身工作在基层推进困难。

5. 公共财政的投入依然较低

目前，各级政府"全民健身经费纳入财政预算"虽然基本实现全覆盖，但是各级政府财政，尤其是县级财政对全民健身工作经费的预算支出还有较大不确定性，有待制度化，投入数额总量和人均数都偏低，经费投入部分依赖体育彩票公益金的局面尚未改变。2013年全国地方财政投入用于全民健身170.21亿元，其中财政拨款105.72亿元，彩票公益金64.49亿元。全国全民健身事业经费人均为6.16元。同时，全民健身的多元筹资渠道尚未真正建立，单靠财政投入的单一模式影响了全民健身事业的快速发展。

6. 全民健身氛围不平衡、信息化程度不高

全民健身工作在地区、部门、行业之间的不平衡现象比较严重，一些地区、部门和单位对开展全民健身活动重视程度不高，干部群众对全民健身活动认识不到位，健身人群仍然主要集中在城市和乡镇的中心集镇，集中在老年人和妇女群体，农村地区以及中青年群体、企事业单位职工的全民健身意识相对薄弱。学生在校期间"每天锻炼1小时"还未完全落实。

对于全民健身工作的宣传，利用现代信息技术整合全民健身资源、普及科学健身知识、推广科学健身方法、提供健身咨询服务等方面还有待加强。

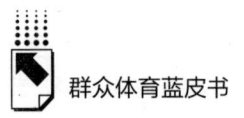
群众体育蓝皮书

（六）关于研制《全民健身计划（2016～2020年）》的建议

国务院发布的《关于加快发展体育产业促进体育消费的若干意见》中提出将全民健身上升为国家战略，充分体现了国家对全民健身工作的高度重视。为落实全民健身国家战略，在"十三五"时期建设与全面建成小康社会水平相适应的全民健身公共服务体系，建议未来五年的全民健身工作围绕以下重点展开。

1. 全面深化体育改革，推进全民健身治理现代化

党的十八届三中全会提出要推进国家治理体系和治理能力现代化，这就要求传统的体育管理要向全新的体育治理转变。在下一步工作中要按照全面深化改革的要求，加快政府职能转变，厘清政府、社会和市场三者之间的关系。转变发展全民健身工作方式，进一步简政放权、放管结合、管办分离。完善体育社会组织管理体制，推进政府购买公共体育服务，充分发挥社会组织和市场的作用。

2. 加强全民健身法治建设

贯彻落实依法治国基本方略，坚持依法治体，全面加强全民健身法规制度建设和执法监督力度。各级政府要加强全民健身相关规章制度建设，确定体育行政部门、社会组织、企业、个人等全民健身公共服务主体的职能定位与法律地位。发挥各级人大、政协的监督作用，加大对《全民健身条例》执法检查力度和《计划》实施的绩效评估和过程管理，保障公民参加体育健身活动的权利，依法推进全民健身事业的发展。

3. 完善全民健身公共服务体系

进一步夯实政府主导、部门协同、全社会共同参与的工作格局，以群众需求为导向，按照公益性、均等性、基本性、便民性的要求，不断完善网络健全、城乡一体的全民健身公共服务体系，加强全民健身公共服务标准化建设，明确各级政府提供全民健身公共服务的事权关系，逐步实现全民健身公共服务在地域、城乡和人群间的均等化。完善财政保障机制、场馆运营机制、服务供给机制、监督问责机制，形成保障全民健身公共服务体系高效运

行的长效机制。

4. 推动体育与其他部门融合发展

建立国家层面的全民健身工作领导协调机制，争取国家发改委、国土资源部、国家税务总局、住建部、财政部、科技部等部门在全民健身政策项目、土地使用、税收优惠、建设规划、经费投入和重大科研专项立项等方面给予的更多支持。加强同文化、教育、旅游、卫生等部门的协调配合，形成工作合力，共同推动体育与文化、教育、旅游、医疗、养老等事业的融合发展，大力发展体育旅游、运动康复、健身养老等体育服务业，促进全民健身消费的快速增长，更广泛地与各有关部门业务工作进行深度开发与合作。

5. 引导社会力量投入全民健身

制定调动社会力量、鼓励社会组织及个人投入和支持全民健身工作的政策和办法，引导和鼓励全社会共同参与全民健身。发挥市场配置资源的重要作用，充分调动全社会积极性与创造力，提供适应群众需求、丰富多样的全民健身产品和服务。拓宽融资渠道，探索以 BOT、PPP 等政府与市场合作公益性项目建设模式，引导社会资本投入建设全民健身场地设施。

6. 加快培育和发展体育社会组织

健全体育社会组织网络，提升社团组织的社会服务水平，推进全民健身活动站（点）网络化、规范化建设，构建全民健身"行政组织—社会组织—民间健身组织（非登记注册）"的网络体系。推动体育社会组织实体化发展，通过组建经营实体、建立培训基地、创建品牌赛事等，提高体育社会组织综合服务能力，促进体育社会组织向规范化、规模化、实体化方向发展。

7. 提高全民健身科学指导和信息化服务水平

加强全民健身科学研究，促进全民健身科研成果转化，积极开展科技惠民工程，提高全民健身科学指导水平。利用现代信息技术，建立新型的现代化全民健身公共信息服务平台，包括公共体育场馆信息平台、社会体育指导员信息平台、公共体育服务信息化平台等，提高全民健身信息化服务水平。

推广社区体育"健身指导、体质测定、科学锻炼"一体化的全民健身网络化服务模式,在公民体质监测和数据库建设的基础上,为公民提供菜单式健身服务。

8. 继续加大全民健身宣传引导的力度

不断创新形式,丰富全民健身宣传内容和手段。中央和地方宣传部门及各类媒体,要发挥优势,加强引导,策划推出更多深受人民群众喜爱的体育健身类节目;围绕落实全民健身国家战略,开展全民健身宣传教育,传播健康生活理念,倡导健康生活方式,营造良好的舆论环境。

下一步,国家体育总局将充分运用好评估报告的结果,特别是对准评估中梳理和提炼的重点问题提出解决对策,结合落实全民健身国家战略,切实做好《全民健身计划(2016～2020年)》研制工作。同时还将加大对评估结果的宣传力度,利用国务院新闻办公室的宣传平台,由国家体育总局主要领导进行权威发布,并在中央和地方主要媒体上进行多种形式、深层次的报道与解读;通过宣传我国体育事业,特别是全民健身工作取得的瞩目成绩,全面体现党和国家对增强人民体魄、保障人民健康的高度重视,大力弘扬开展全民健身运动,在进一步提高全民族的身心素质、建设健康中国、实现中华民族伟大复兴中国梦中发挥重要作用。

二 各省(区、市)《全民健身计划(2011～2015年)》实施效果评估报告

"十二五"时期,各省(区、市)围绕贯彻落实《全民健身计划(2011～2015年)》和本级《全民健身实施计划(2011～2015年)》(以下简称《实施计划》)开展工作,取得了明显成效,现将《计划》实施效果评估如下。

(一)各省(区、市)《计划》实施效果的总体情况

1. 大部分省(区、市)《计划》目标完成情况良好

对《计划》目标任务中的8大类20项核心指标评估结果显示:全国31

个省份完成目标任务的平均水平达到86%，有24个省份完成了80%以上的目标任务，总体情况良好。其中，目标任务完成情况最好的是辽宁、江苏、浙江、河南和广东，全部指标达到合格要求。完成情况相对较差的是云南、陕西、贵州、青海、宁夏和西藏（见图1）。

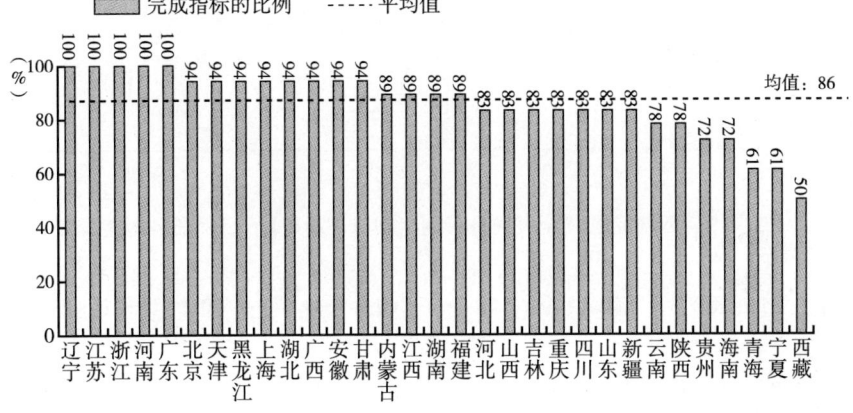

图1　各省（区、市）完成《全民健身计划（2011～2015)》核心指标的总体情况

2. 东部、中部地区发展趋于均衡，西部地区发展不均衡现象相对突出

从《计划》目标任务的完成情况看，东部地区的平均水平是92.12%，中部地区的平均水平是90.74%，西部地区的平均水平是74.44%，东部好于中部，中部好于西部，西部地区与东中部地区仍然存在较大差距。通过考察离散程度发现（见图2），东部和中部地区各省份之间水平差距不大，发展趋于平衡，而西部地区各省份之间发展水平差距相对较大，不均衡现象相对突出。

3. 各省（区、市）实施《计划》取得实效

（1）经常参加体育锻炼人数比例有较大幅度提高。"十二五"时期，各省（区、市）经常参加体育锻炼人数的比例均有所提高，比例达到或超过32%的省份有24个，全国总体经常参加体育锻炼的人数比例接近34%，远超过2007年28.2%的水平（见图3）。《计划》中提出的"经常参加体育锻炼人数进一步增加"，"……比例达到32%以上，比2007年提高3.8个百分点"的目标圆满实现。

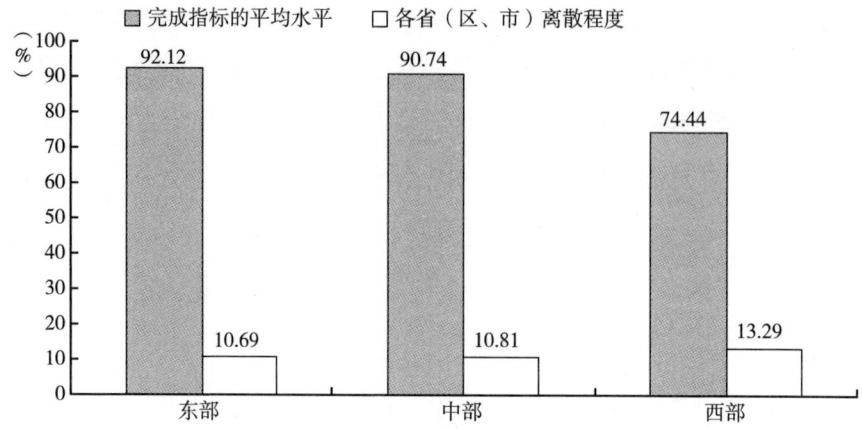

图 2　东、中、西部完成《全民健身计划（2011～2015）》目标任务的差异情况

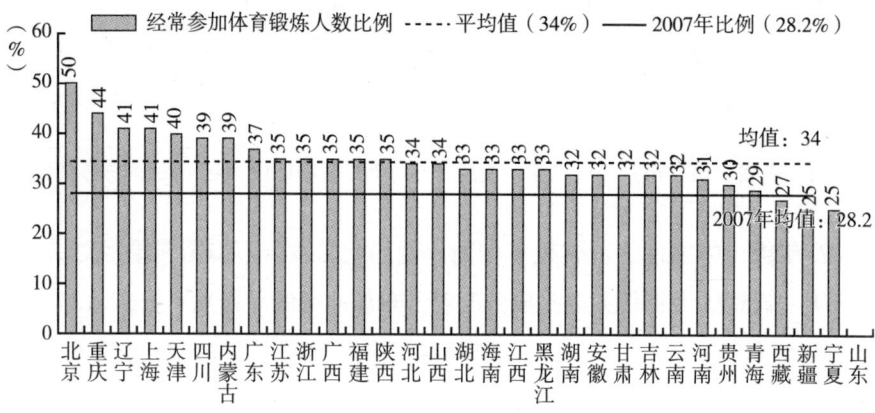

图 3　各省（区、市）经常参加体育锻炼人数达标情况

注：缺山东的数据。

（2）幼儿和老年人体质水平提高较为明显，20～59岁人群体质变化相对平稳。根据2014年国民体质监测结果，我国城乡居民达到《国民体质测定标准》合格等级以上的人数比例为89.6%，比2010年提高0.5个百分点。其中，优秀等级为13.1%，良好等级为26.5%，合格等级为50%。从过去监测结果的变化特征看，达到《国民体质测定标准》合格等级以上的人数比例逐步提高，分别是87.2%、88.2%、89.1%、89.6%。最近4年的

总体水平在原有基础上继续提高了0.5个百分点，其中幼儿提高1.4个百分点，20~39岁人群提高0.1个百分点，40~59岁人群无变化，60岁及以上老年人提高0.5个百分点。

（3）体育健身场地、设施数量持续增长，预期目标全面实现。

第一，人均体育场地面积接近1.5平方米，体育场地总量目标提前完成。人均体育场地面积有5个省份达到2.0平方米以上，其中北京最高，达到人均2.25平方米；有10个省份在1.5~1.8平方米；有16个省份在1.5平方米以下；其中四川和贵州未达标，分别是人均0.82平方米和人均0.65平方米。目前全国人均体育场地面积达到1.5平方米以上的省份共有15个，占全国的61%（见图4）。

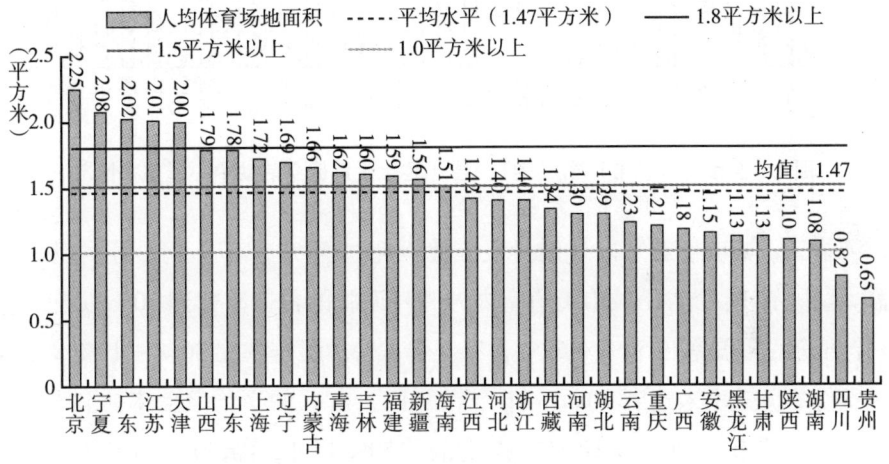

图4　各省（区、市）人均体育场地面积情况

从平均水平看，全国人均体育场地面积达到1.47平方米，呈现持续增长趋势，正在接近"人均体育场地面积达到1.5平方米以上"的预期目标。截至2013年底，全国共有体育场地169.46万个，提前完成了《计划》中提出的"全国各类体育场地达到120万个以上"的数量目标。

第二，市（地）、县（区）全民健身活动中心覆盖率超过50%。全国覆盖率最高的是上海、江苏、浙江和福建，均达到100%，最低的是重庆和海南，分别是25%和24%。全国共有22个省份的覆盖率达到50%以上。全国31个省（区、市）的平均覆盖率是63%，超过预定目标13个百分点（见图5），圆满地完成了《计划》提出的"50%以上的市（地）、县（区）建有全民健身活动中心"的目标。

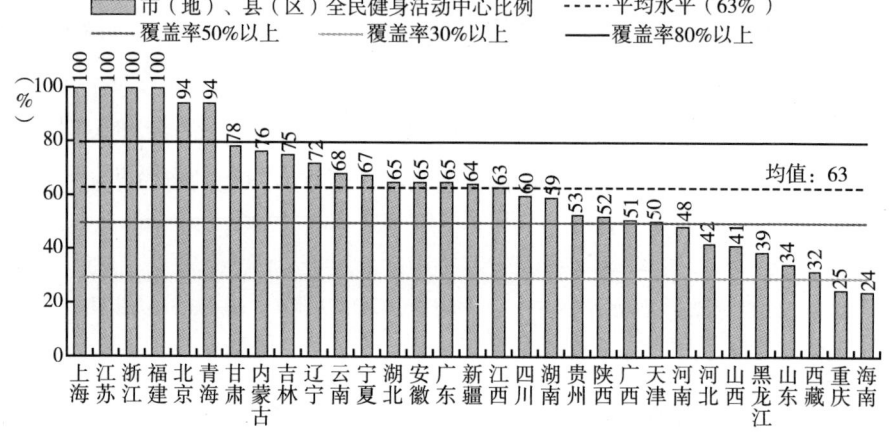

图5 各省（区、市）市（地）、县（区）全民健身活动中心覆盖率情况

第三，城市街道室内外健身设施比例超过50%，有8个省份实现全覆盖。全国有14个省份城市街道室内外健身设施的覆盖率达到70%以上，有9个省份的覆盖率在50%~69%，有3个省份的覆盖率在30%~49%，有4个省份的覆盖率未达到30%。31个省（区、市）的平均覆盖率达到67%，表明全国城市实现了《计划》提出的"50%以上的街道（乡镇）、社区（行政村）建有便捷、实用的体育健身设施"的目标。值得注意的是，全国有8个省份的覆盖率达到100%，实现了全覆盖（见图6）。

第四，行政村农民体育健身工程全部达标，全国平均覆盖率高达70%。行政村农民体育健身工程的覆盖率有13个省份达到80%以上；有9个省份在50%~79%；有9个省份在30%~49%。31个省（区、市）的平均覆盖率达到70%（图7），全国各省（区、市）行政村很好地完成了《计划》中提出的"50%以上的街道（乡、镇）、社区（行政村）建有便捷、实用的体育健身设施"的目标。

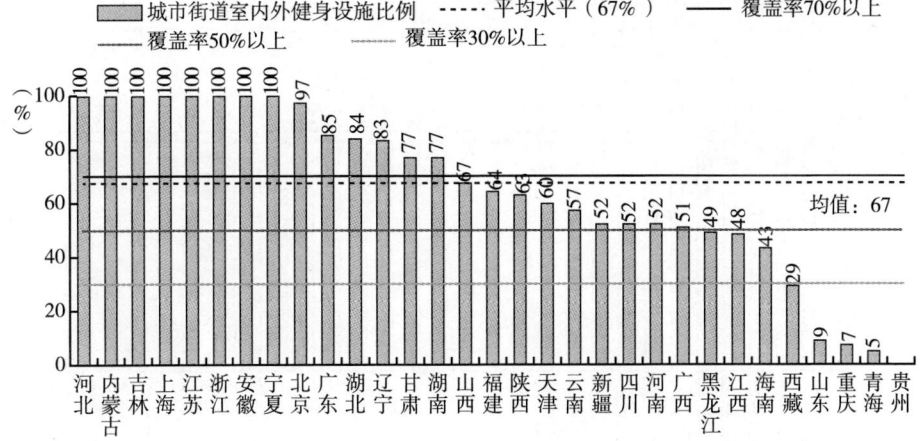

图6 各省（区、市）城市街道室内外健身设施覆盖率情况

注：缺贵州的数据。

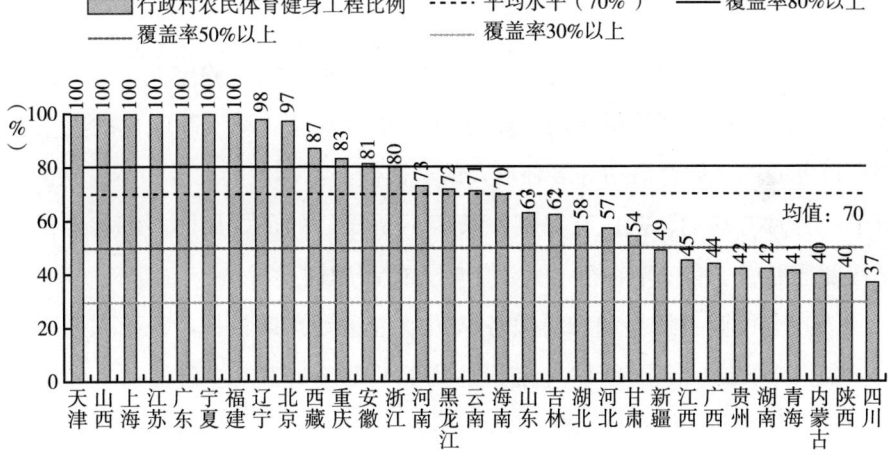

图7 各省（区、市）行政村农民体育健身工程覆盖率情况

第五，公共体育场地设施向公众开放程度普遍较高。全国有7个省份的开放率达到100%；有8个省份的开放率在90%~99%；有9个省份的开放率在80%~89%。全国平均开放程度达到86%（见图8）。《计划》提出的"各类体育设施开放率有较大提高"已经基本实现。

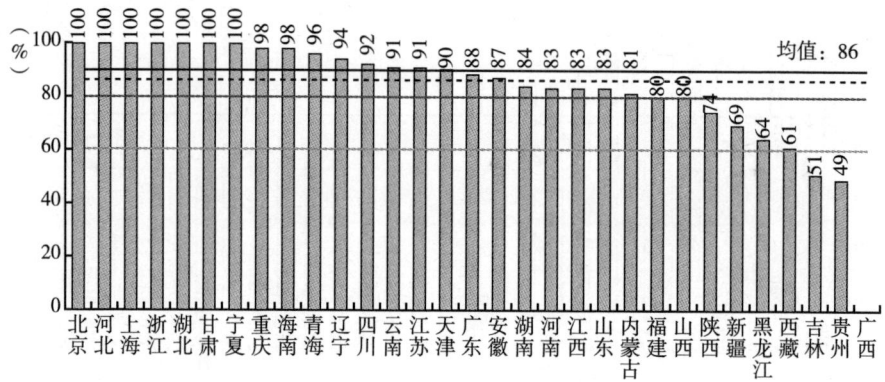

图8 各省（区、市）公共体育场地开放率情况

注：缺广西的数据。

（4）全民健身活动内容更加丰富，呈现出"小型多样、精品带动"的特点。"十二五"时期，全国除贵州、海南之外，其他省份定期举办县级以上全民健身运动会的覆盖率均达到70%以上（见图9）。除定期举办全民健身活动，示范性大型健身活动、商业性的群众体育活动、制度化的业余联赛、自发的群众体育活动等多种形式的全民健身活动蓬勃发展，不少省份形成了"月月有活动，阶段有高潮，长年不断线"的良好局面。各省份都不同程度地形成了有一定特色、一定影响力的品牌健身活动。

（5）全民健身指导和志愿服务队伍数量达到预期目标。每千人公益社会体育指导员比例全国有19个省份达到了1.50‰；有6个省份在1.00‰~1.49‰；有5个省份在0.50‰~0.99‰。其中，比例最高的是贵州省，达到6.00‰；其次是新疆，达到了4.60‰；全国平均水平为1.7‰（见图10）。"十二五"时期社会体育指导员发展迅猛，到2014年，国家级社会体育指导员人数已超过170万人，圆满完成了《计划》提出的"获得社会体育指导员技术等级证书的人数达到100万人以上"的目标。

（6）全民健身组织覆盖率不断提高，体育类社会组织数量增长显著。"十二五"时期县级以上体育总会和全民健身站点数量不断增长。县级以上

《全民健身计划（2011～2015年）》实施效果评估报告

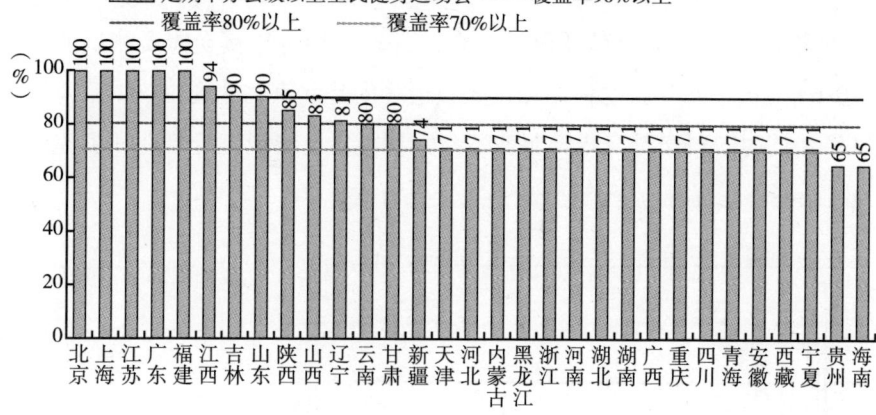

图9　各省（区、市）定期举办县级以上全民健身运动会情况

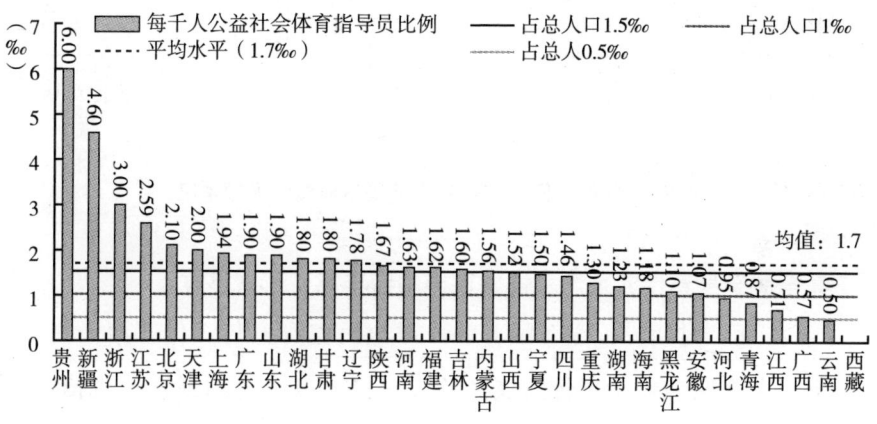

图10　各省（市、区）每千人公益社会体育指导员比例情况

注：缺西藏的数据。

体育总会全国平均覆盖率达到72%，覆盖率达到60%以上的省份共有22个，占全国的71%，其中有8个省份的覆盖率达100%。全民健身站点达到每万人有2个以上的省份共有18个，占全国的58%，其中上海市高达每万人有9.9个健身站点，全国平均水平达到每万人3个健身站点。

（7）体质测试人数不断增多，科学健身指导服务日趋完善。"十二五"

021

时期，全国有25个省份每年有3万人以上接受体质测试，其中有15个省份达到每年有10万人接受体质测试。全国各省平均每年接受体质测试的人数为10.64万人。每年接受体质测试人数最多的是北京，达到40.92万人（见图11）。同时，科学健身指导服务不断完善，各地组织健身培训和讲座的场次日益增多，受益群众范围不断扩大。

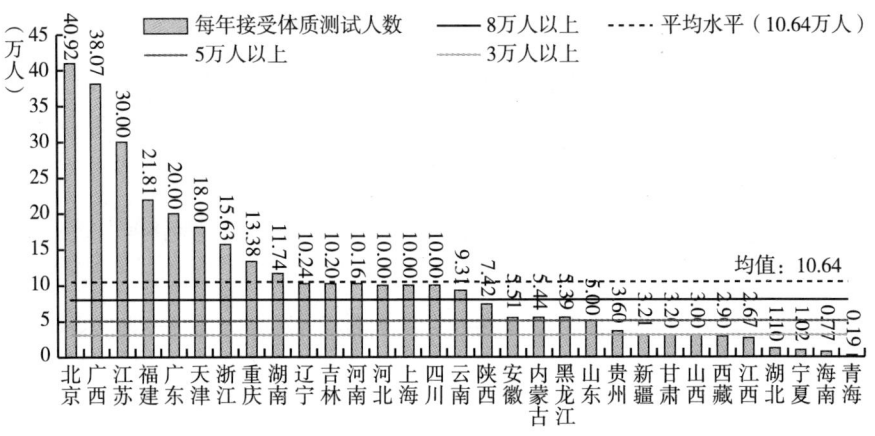

图11 各省（区、市）每年接受体质测试人数情况

4. 全民健身宣传实现全覆盖，宣传内容丰富、形式多样

"十二五"时期，各省（区、市）对全民健身宣传工作都给予高度重视，不同程度地加大了宣传力度。各省（区、市）都加强宣传机构建设，全国有7个省份的体育局成立了全民健身新闻委员会，加强了群体宣传与媒体的沟通。各地体育局设立了专门的宣传经费，高的达到数百万元，少的也有10万元，多数达到几十万元。在宣传内容上，重点宣传《全民健身条例》《计划》的意义和实施过程中的亮点；在宣传方式上，主要依靠平面媒体和电视媒体，绝大部分省份的媒体开设了健身专栏或专题节目，半数以上的本地媒体经常性地报道群众体育活动，有的省份甚至能达到100%；在激励方式上，全国有18个省份开展了"全民健身好新闻评选"活动，激励本地记者加大群众体育宣传。

5. 全民健身制度建设不断完善，政策法规体系逐步健全

各省（区、市）加强了全民健身的组织、领导和协调。全国共有9个省份成立了全民健身工作（指导）委员会，8个省份成立了全民健身（工作）领导小组，由政府分管领导担任主任（组长），定期召开会议，对《全民健身实施计划》任务分解和责任分工进展情况进行督办落实。还有9个省建立了全民健身工作联席会议制度和定期报告制度，由各部门定期向政府领导通报本部门推行《全民健身实施计划》工作进展，研究解决需要多部门协同落实的问题。地方性体育法规不断得以完善。截至2013年底，31个省（区、市）共制定地方性体育法规超过359件，其中省级人大制定的涉及全民健身相关政策的地方性体育法规共48件、地方政府体育规章49件、体育规范性文件212件。有立法权的自治州和较大的市制定了地方性体育法规和规章50余件。

6. 省、市级"三纳入"基本完成，并向"多纳入"发展

目前，全国31个省（区、市）"三纳入"全部达标。"全民健身发展纳入政府工作报告"有27个省份县级以上政府实现全覆盖；"全民健身纳入财政预算报告"有28个省份县级以上政府覆盖率达到90%以上，其中有24个省份实现全覆盖；"全民健身纳入国民经济和社会发展规划"有29个省份县级以上政府覆盖率达到80%以上，其中有26个省份实现全覆盖。部分省份在实现完成"三纳入"全覆盖的基础之上，还把全民健身纳入当地社会经济发展等其他领域，实现了"多纳入"。

7. 经费投入持续增长，人均群众体育事业经费显著提高

2013年全国地方财政投入170.21亿元用于全民健身，比2012年的90.10亿元增长88.91%。其中财政拨款105.72亿元，比2012年的36.20亿元增长192.04%；彩票公益金64.49亿元，比2012年的53.90亿元增长19.65%。各省（区、市）全民健身经费投入呈持续增长趋势。各省（区、市）人均群众体育事业经费达到2元以上的有26个。其中有10个省份达到了8元以上，有9个省份3元以下。全国平均水达到人均6.16元（见图12），比"十一五"时期有了显著提高。

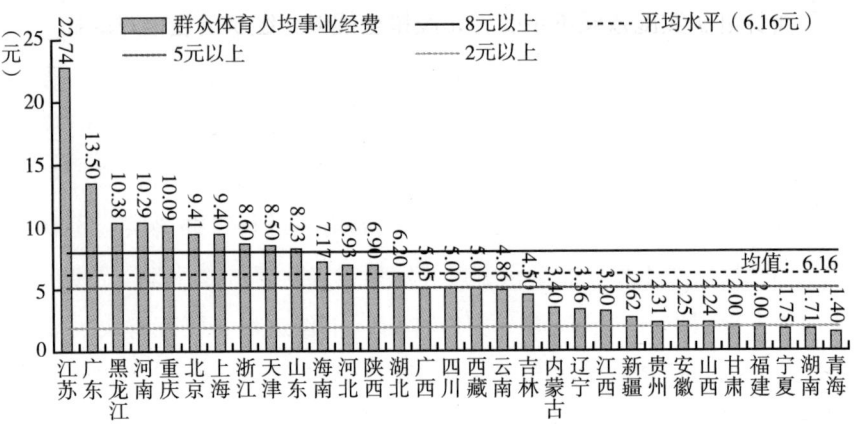

图12 各省（区、市）人均群众体育事业经费情况

（二）各省（区、市）《计划》实施效果存在的不足

1. 西部地区实施效果仍然落后于东中部地区

西部地区未完成目标的省份比较多，西藏有9项指标未达到预期目标，青海和宁夏各有7项未达到预期目标，贵州和海南各有5项指标未达到预期目标，云南和陕西各有4项指标未达到预期目标（见图13）。

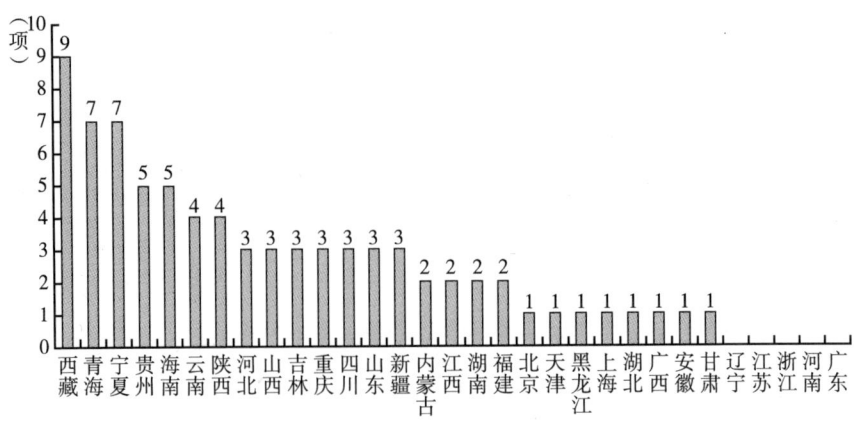

图13 各省（区、市）未达到目标的数量情况

注：缺辽宁、江苏、浙江、河南和广东的数据。

2.《计划》实施效果不平衡,尤其是全民健身组织建设相对薄弱

实施效果比较差的前三项分别是:全民健身站点(39%未完成)、学校体育场地开放(35%未完成)和县级以上体育总会(29%未完成)(见图14)。值得注意的是,全民健身站点和县级以上体育总会均属于《计划》提出的"全民健身组织网络更加健全"中的核心指标,这两项指标完成情况劣于其他指标,表明"十二五"时期全民健身组织建设仍然相对薄弱。

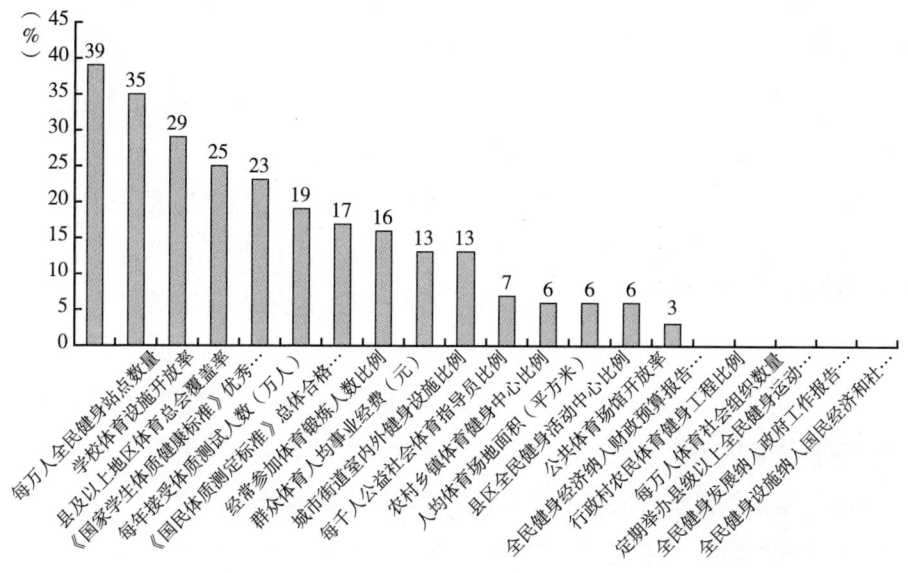

图14　各项核心指标未完成的比例

注:此项调查只有20个省份的数据。

3. 住宅区体育场地建设落实不到位,群众身边场地建设需要加强

"十二五"时期,在体育场地设施总量、人均面积增长的同时,仍然存在体育场地设施分布不合理的问题。其中最突出的问题是社区体育场地建设落实不到位。从部分省份自评报告反映的情况看,由于过去缺乏规划,居民旧小区普遍缺乏健身场地,健身路径也只能采取见缝插针的办法。新建小区时要求居民住宅区主体工程要与配套的体育设施实行"同步设计、同步建设、同步投入使用"的政策落实不到位,没有预留健身用地、健身场地面

积减少、设置不合理等问题还比较突出。

4. 社会体育指导员参与全民健身指导实践发挥的作用还不够

截至2013年底,全国已有24个省份成立了省级社会体育指导员协会,有45.7%的地(市)、28.6%的县(区)成立了本级社会体育指导员协会。但是,社会体育指导员协会成立的比例存在依行政层级递减的情况,且多数已经成立的基层社会体育指导员协会也没有发挥应有的作用。社会体育指导员队伍难以满足群众对于组织开展活动、传授健身方法、科学健身指导方面等多方面的需要,已有的社会体育指导员主动参与全民健身指导实践的动力不足,作用的发挥还有较大的提升空间,"十三五"时期应该重点解决这一问题。

5. 群众体育发展方式尚未发生根本性转变,社会力量参与度亟待提高

从上报的自评报告看,"十二五"时期各省(区、市)全民健身发展普遍存在以下五个方面的问题:一是健身场地设施仍然不足;二是健身组织不健全;三是经费投入仍然不够;四是社会体育指导员上岗率不高;五是宣传工作还不到位。这些问题不是个别的,而是各省(区、市)的共性问题,这说明目前我国主要依赖政府的群众体育发展方式尚未发生根本性改变。反过来说,目前全民健身取得的成绩也主要得益于依赖政府的主导作用,而社会力量发挥的效力还不足,未来亟待激发社会力量的积极性,提高社会力量的参与程度。

(三)"十三五"时期全民健身事业发展的建议

1. 启动全民健身对口支援专项工程,加强对西部地区的支持力度

西部地区全民健身发展水平明显落后于东部和中部地区,既有历史原因,也有现实原因。从地理上看,西部地区多数省份山地较多,地广人稀,体育场地设施建设的成本相对较高,使用率相对较低;从经济社会发展水平看,西部地区省份发展水平低于东部和中部地区,政府对全民健身财政投入相对较少,影响了全民健身的发展水平。因此,提高西部全民健身发展水平,可以借鉴"对口支援"的思路,启动全民健身对口支援专项建设工程,按照"从实际出发、量力而行、因地制宜、以人为本、小型多样、经济实用、讲求效用、服务群众"的原则,由经济发达、全民健身发展水平较高的省份对西部地区进行对口支援。

2. 加强基层社会体育指导员组织化建设,提高社会体育指导员上岗率

目前,社会体育指导员上岗率不高主要是由于缺乏组织和服务动力不足。未来要切实发挥社会体育指导员的作用,一是使社会体育指导员与社区保持长期、稳定的联系,加强社会体育指导员日常指导服务的组织推动和注册管理,并加强基层社会体育指导员协会建设,提高全民健身指导的组织化程度。二是通过购买服务的方式,鼓励社会体育指导员在全民健身活动站点开展日常性健身指导服务。三是重视社会体育指导员宣传和表彰工作,通过各种媒体宣传报道社会体育指导员在全民健身中的志愿服务形象,使志愿服务长效化。

3. 加强全民健身的依法治理,加大执法监督力度

一是地方体育局应出台行政执法职权和依据的相关政策法规。明确每一类行政执法事项所对应的职能机构和责任主体。二是以完善执法程序和建立行政执法责任制度为核心,落实执法职责,规范自由裁量行为,细化执法程序,加强对执法的监督和考核,促使行政执法人员积极、正确、规范履行执法职责。三是加强对执法活动的监督,真正做到有权必有责、用权受监督、违法要追究。四是要加大公共体育服务法治的社会宣传力度,广泛利用各种新闻媒体、出版物、大型群众体育活动与竞赛,传播体育法律知识,宣传体育法治建设的新形势,尤其要做好体育法治工作先进经验、典型体育案例等方面的宣传报道。通过严格执法、加强监督不断深入把全民健身,尤其是体育场地设施建设的相关政策法规落到实处,发挥实效。

4. 积极培育和引导社会力量参与公共体育服务,将社会力量参与全民健身纳入政府绩效考核

积极培育基层和体育社团,推动体育中介机构、非营利组织、志愿者团体和各类体育企业发展全民健身事业,加快全民健身事业的社会化进程。拓宽社会资源进入全民健身事业的途径,多渠道增加全民健身事业投入。落实

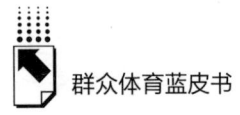

相关税收优惠政策，完善财政、金融和土地等优惠政策，鼓励和引导社会力量捐赠、出资兴办全民健身事业。社会力量通过公益性社会团体或县级以上人民政府及其部门用于全民健身事业的公益性捐赠，符合税法有关规定的部分，可在计算企业所得税和个人所得税时从其应纳税额中扣除。抓住全民健身工作的"牛鼻子"，积极争取各相关部门的支持，将社会力量参与全民健身的关键性指标纳入相关部门的考核，完善评价体系，强化督促检查和考核奖惩。

三 中央和国务院相关部、委、办、局贯彻实施《全民健身计划（2011~2015年）》效果评估报告

"十二五"时期，与《全民健身计划（2011~2015年）》（以下简称《计划》）职责分工相关的中央、国务院部、委、办、局围绕贯彻落实《计划》开展工作，取得了一定成效，现将《计划》实施效果评估如下。

（一）主要做法

1. 明确相关部门共同落实《计划》的职责分工

为协同推进《计划》实施，国家体育总局作为落实《计划》的牵头部门，努力调动相关部门参与《计划》落实的积极性。2011年7月，国家体育总局在征求相关部门意见的基础上，印发《关于贯彻实施〈全民健身计划（2011~2015年）〉推进落实部委职责分工的函》，明确了中央层面相关部门落实《计划》的工作职责和任务分工，启动了与相关部门共同落实《计划》的工作。中央、国务院相关部、委、办、局高度重视，根据本部门的工作任务，指定专门的机构负责落实《计划》所提出的任务和采取相关的措施，确定分管领导和专门人员负责推进工作落实。如国家发改委社会发展司、教育部体卫艺司、国家民委文宣司、民政部民间组织管理局、财政部教科文司、人力资源和社会保障部职业能力建设司、国土资源部土地利用管理司、农业部（中国农民体协）、文化部公共文化司、国家卫计委疾控局、国家统计局社科文司、中华全国总工会宣传部等都承担落实《计划》的相关

职责。总体来看，部门联动、协同推进《计划》实施的工作机制初步建立。

2. 建立相关部门定期交流协商制度

从2012年开始，国家体育总局每年组织召开中央、国务院相关部、委、办、局贯彻实施《计划》工作座谈会，至今已连续坚持了4年。通过召开座谈会，建立各部门定期交流协商制度，通报交流相关部门过去一年贯彻实施《计划》工作进展情况，共商下一阶段推动《计划》落实的方案，有效推进了《计划》在中央部门层面的实施。在每年的座谈会上，国家体育总局的主要领导和分管领导全部出席，各部、委、办、局的分管领导大多都能参加会议并做工作报告。每年参会的部、委、办、局认真准备和提交会议交流材料，会后国家体育总局汇总会议情况，向国务院提交会议情况报告。几年来，通过贯彻实施《计划》所建立的中央、国务院相关部、委、办、局责任分工和年度工作座谈交流会制度，有效推动了中央层面"政府主导、部门协同"工作机制的运转，示范带动了地方各级政府和部门协同工作格局的建立。

（二）实施效果

1. 协同编制规划和文件

"十二五"时期，相关部委根据职能联合推出了若干涉及全民健身事业发展的重大专项规划和政策文件，指导各级政府和部门提供更加完备的全民健身公共服务。2012年，国家发改委与国家体育总局共同编制印发了《"十二五"公共体育设施建设规划》，提出了"十二五"时期公共体育设施建设的目标任务、投入机制和政策保障。2013年，国家体育总局、国家发改委、财政部等8部门联合印发了《关于加强大型体育场馆运营管理改革创新提高公共服务水平的意见》及若干相关配套文件，完善大型体育场馆开放的资金补贴机制，有效提高了大型体育场馆用于全民健身的效率。2014年，国家发改委与国家体育总局起草并报请国务院印发了《关于加快发展体育产业促进体育消费的若干意见》，将全民健身上升为国家战略，为全民健身事业赢得了更大的发展空间。几年来，国家体育总局联合教育部制定了校园足球10年发展规划和全国传统校体育教师专业技能培训5年计划，联合财政部出台了《中央集中彩票公益金支持体育事业专项资金管理办法》，与财政部、文化部、国家新闻出版广电总局联合印发了《关于做好政府向社会力量购买公共文化服务工作的意见》，与文化部联合印发了《关于发挥乡镇综合文化站的功能，进一步加强农村体育工作的意见》等一系列事关全民健身事业长远发展的重要政策。同时，在近两年国家出台的有关健康、养老服务业、现代公共文化服务体系、卫生、旅游、体育产业等重大政策中，都包含有全民健身的内容，体现了各项事业发展和政策制定过程中的跨界整合、深度融合。

2. 协同开展综合和专题调研

"十二五"时期，相关部、委、办、局通过联合开展综合和专题调研，督导《计划》相关措施落实到位，推进重大政策研制出台。国家体育总局联合全国人大教科文卫委员会、国家发改委、教育部、财政部和国务院法制办开展《全民健身条例》和《计划》贯彻落实情况检查调研，每年实地检查调研4个省份，通过召开情况汇报会和实地调研的方式，有重点地对各级政府履行全民健身公共服务职责进行督导检查，并将检查结果报送国务院，有效督促了《计划》的顺利实施。国家体育总局每年配合全国政协教科文卫体委员会开展"构建多元化公共体育服务体系"调研，对完善体育社会组织、加强全民健身设施建设等专题提出政策建议。协助政协专门委员会召开了以"贯彻落实《全民健身条例》增强国民身体素质"为主题的全国政协第八次双周协商座谈会，为政协参政议政创造良好条件。5年来，国家体育总局通过协调，与国家发改委在体育设施健身规划方面、财政部在加大各级政府全民健身事业投入方面、民政部在扶持体育社会组织建设和发挥作用方面、文化部在整合基层文化体育活动阵地方面、卫计委在综合做好慢性病防控方面、税务总局在大型体育场馆运营相关税收政策方面、国家统计局在开展第四次国民体质监测和第六次全国体育场地普查方面，开展了多次专题调研，为出台相关政策提供了坚实保障。

3. 协同举办赛事和展示活动

"十二五"时期，相关部、委、办、局通过联合举办全民健身赛事，推动各类人群的体育健身活动的开展，形成全民参与、全民受益的良好局面。国家体育总局分别联合国家民委、农业部、中国残联筹备举办了全国民运会、农运会、残运会和特奥会，促进了相关人群群众体育活动的开展。除大型综合性运动会外，负责各类人群体育职能的部门更多地通过示范性赛事和活动的开展，带动经常性全民健身活动的普及。国家体育总局每年和教育部、共青团中央联合举办全国青少年未来之星阳光体育大会，推动青少年校外体育活动的开展；与全国老龄办联合举办老年人健身展示大会，为老年人健身展示提供平台；与中华全国总工会共同开展全国职工体育示范单位创建活动，推动职工体育的开展；与全国妇联结合全国妇女健身活动展示、命名全国妇女健身示范站点、开展社会体育指导员与巾帼文明健身队结对示范活动，带动妇女体育活动的开展；与中国残联共同实施"全民健身助残工程"，命名残疾人自强健身示范点，推动残疾人体育的开展。各项赛事和展示活动的举办丰富了各类人群的精神文化生活，为凝聚全国各族人民的力量、集中精力实现中华民族伟大复兴的中国梦提供了动力支持。

4. 立足自身职能，各自发挥作用

"十二五"时期，相关部、委、办、局通过发挥各自优势，有力推动了全民健身社会发展环境的改善，为《计划》的实施贡献了力量。中央文明办通过将全民健身重点发展指标纳入全国文明城市创建标准，营造全民健身发展的城市环境。民政部以贯彻落实《社区服务体系建设规划（2011～2015年）》为抓手，夯实全民健身的社区发展基础。科技部通过国家科技支撑项目，持续支持国民身体素质提高的关键技术研究。国土部、住建部等部门通过制定和完善相关建设规划和标准，为全民健身设施建设提供用地和规划保障。文化部整合基层公共文化资源，充分发挥文化设施的功能，实现基层文化体育设施的共建共享。国家标准委大力推进体育领域标准的制订与修订。国家新闻出版广电总局积极利用宣传平台，对重要体育赛事、全民健身活动和各地开展的体育活动进行了宣传报道。国家统计局在相关统计指标体系和框架中，纳入体育和全民健身的统计指标，为全民健身提供统计信息服务。各部门立足自身职能的工作为全民健身的发展创造了良好的社会基础。

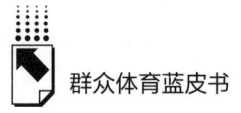

（三）存在的问题

1."部门协同"工作制度的深化、实化程度还不够，基础较为薄弱

全民健身是一项重大民生工程，更是一项国家战略，需要各部门协同努力，充分发挥国家各职能部门的重要作用。虽然目前已建立部门责任分工和定期交流协商制度，但也应该看到，这种制度的建立只是取得了初步成果，制度的深化、实化程度还不够，基础仍较薄弱。面对当前人民群众日益增长的多元化体育健身需求，相当多的部、委、办、局结合本部门职责出台的政策措施力度明显不足，很多部门没有提出落实任务分工的具体实施方案。作为"部门协同"的牵头部门，国家体育总局对如何更好地调动相关部委的积极性、更大程度地发挥相关部门的作用还缺乏深入系统的谋划。相关部、委、办、局虽然明确了专门的机构或部门负责对接《计划》实施工作，但工作力度仍不够大，主动履责的意识不够强，未能充分调动和有效整合部门资源，主动思考、出台具有针对性的政策和措施。"部门协同"制度化、规范化建设亟待加强。

2."部门协同"的形式还比较单一，"协同"的效果还未充分显现

"部门协同"的本质是发挥各部门优势，形成整体合力，打出组合拳，共同推进《计划》实施。"部门协同"既包括国家体育总局与相关部门的协同，也包括相关部、委、办、局之间的协同，既有纵向的协同，也有横向的协同；既体现在内部的协同，也体现在外部的协同。当前，"部门协同"工作仅仅依靠国家体育总局每年组织召开的工作座谈会来推进，形式还比较单一，"协同"的效果未能充分显现。国家体育总局牵头协同多，其他部、委、办、局之间相互协同少；纵向协同多，横向协同少；内部协同多，外部协同少。在推进《计划》实施的过程中，有些部门还没有做到把发展全民健身融入经济社会发展、保障和改善民生的大局中去谋划思考、推进落实，缺乏对重大问题进行会商的工作机制。相关部门未能积极发挥牵线搭桥、穿针引线的作用，对待"协同"工作办法不多，"协同"的内容还不丰富，还停留在单边或双边合作的初级阶段，未形成推进全民健身事业可持续发展的整体合力，缺乏深层次的"协同"合作来破解影响全民健身事业发展的瓶颈和难题。

3. 各部、委、办、局推进"部门协同"的主动性、创新性亟待进一步加强

贯彻落实《计划》，需要中央、国务院相关部、委、办、局共同推进实施，需要各部门更新观念，提高认识，发挥主观能动性，创造性地展开合作。虽然各部门按照《计划》职责分工的规定，在推进"部门协同"工作方面做了不少工作，取得了一定效果，但距离《计划》所要求的形成"政府主导、部门协同、全社会共同参与"的大群体工作格局还有较大的差距。有些部门推进"部门协同"的主动性不强，对如何推进"部门协同"缺乏创新思维，部分部门在开展协同合作时态度不够积极，处于一种被动应付的工作状态。例如，国家体育总局在整理相关部门每年报送的推进《计划》实施本部门所做的工作报告时发现，个别部门年年报送的材料结构、内容等变化不大，几近雷同，语言表达、用词重复，甚至很多数字都是一样，有些部委过去所做的工作每年都在反复陈述。从部门报送的材料看，关于下一年工作打算和安排，很多是套话、官话，没有针对性，缺乏清晰的思路和具体的措施。

（四）今后工作建议

1. 积极响应"四个全面"的战略部署和国务院46号文件精神，建立国家层面的"部门协同"推进《计划》实施的领导协调机制

党的十八大以来，以习近平为总书记的党中央从坚持和发展中国特色社会主义全局出发，提出并推动形成了全面建成小康社会、全面深化改革、全面依法治国、全面从严治党的重大战略布局。"四个全面"的战略布局是未来我国社会发展的根本指引，对于实现中华民族伟大复兴的中国梦具有重大而深远的意义。体育是我国社会发展的重要组成部分，体育在全面建成小康社会和实现中华民族伟大复兴的中国梦历史进程中具有独特作用，"四个全面"重要思想的提出也为我国体育事业的改革发展确定了根本遵循。

2014年10月，国务院印发了《关于加快发展体育产业 促进体育消费的若干意见》，明确将全民健身上升为国家战略。体育工作要以"四个全面"为指导，以贯彻落实国务院46号文件为契机，继续深入贯彻落实《全民健身条例》和《计划》，加快转变政府职能，不断完善"政府主导、部门协同、全社会共同参与"的大群体工作格局。中央、国务院相关部、委、办、局要正确认识体育的社会价值和作用，进一步凝聚共识和力量，协同配合，共同工作。建议建立由国务院领导牵头的"部门协同"推进《计划》实施的领导协调机制，将现有的部际定期交流协商制度深化、实化，形成推进《计划》落实的合力，确保全民健身国家战略的贯彻落实。

2. 以健全制度和完善财政、税收、金融、土地等政策法规为抓手，进一步夯实部门协同工作机制

"部门协同"作用的发挥必须以制度建设作为保障。在今后工作中，要进一步夯实各部门定期交流协商制度，创新交流协商的形式和内容。建立重大问题会商制度，成立由部门负责人、专家学者、媒体人士、体育公众人物、普通民众等组成的咨询机构，对落实《计划》中遇到的瓶颈和难点问题进行会商，群策群力，共同破解；要建立检查评估制度，积极引入第三方评估机构，适时对相关部门推进《计划》落实情况及成效进行评估，并提交评估报告，以此作为问责依据；要建立《计划》实施信息反馈制度，向上级部门及时通报《计划》实施进展及目标任务完成情况，为下一阶段工作提供清晰判断；要健全责任追究和行政问责制度，对未履行《计划》职责分工的相关部门进行责任追究，行政问责。

《计划》明确提出：要加大各级财政全民健身事业投入、鼓励社会兴办全民健身事业、有计划地建设公共体育设施、提高体育设施利用率。因此，要不断完善财政、税收、金融、土地等政策法规，更多地发挥上述职能部门对推进《计划》实施的支持力度。财政部门要进一步细化和落实政策，加大全民健身财政投入，创新筹资机制，按照《预算法》的要求，落实全民健身所需资金；引导社会力量提供公益性群众体育健身服务，将全民健身活动的组织与承办、宣传推广以及公共体育设施运营管理等内容纳入政府购买服务范围。税收部门要运用好税收政策，找准推动全民健身活动开展的政策切入点，进一步加大税收优惠措施，鼓励企业捐资兴办全民健身事业，引导社会公众对全民健身事业进行捐赠；要加强对当前税收优惠政策执行效果的评估，并结合实际情况，适时进行调整，充分发挥税收的杠杆调节作用。国土部和住建部要进一步落实体育场馆建设用地标准，加大体育健身设施用地的支持和监管政策，保障公共体育场地设施纳入城乡规划，保证城乡公共体育设施建设的用地需求；合理规划体育公园等不同主题的公园，加大社区公园、街头游园、郊野公园、绿道绿廊等规划建设力度，加大健身步道、登山道等户外运动设施建设力度；出台政策，加大农村基层体育设施建设力度。

3. 以全民健身宣传引导、规划制定、科技支撑、标准研制、人才建设为重点，进一步加强部门协同工作的能动性和创新性

为落实《计划》提出的深入开展全民健身宣传教育、推行体育锻炼标准和体质测定标准、加强社会体育指导员队伍建设、广泛开展全民健身志愿服务活动、不断加大科学健身指导的力度、做好信息及科研和法制建设工作的要求，必须进一步发挥相关部门协同推进《计划》实施的能动作用，创新思路与办法，做好全民健身宣传引导、规划制定、科技支撑、标准研制、技术支持、人才建设等工作。宣传部门要发挥优势，加强引导，策划推出更多深受人民群众喜爱的体育健身类节目；要围绕《计划》开展全民健身宣传教育，传播健康生活理念，倡导健康生活方式，营造良好的舆论环境。规划部门要有前瞻意识，主动对接全民健身需求，做好规划研制，破解体制机制约束和政策障碍，加强统筹协调。科技部门要针对全民健身科技需求，制订工作任务落实方案，最大限度地挖掘体育科技的惠民效益，为全民健康提供科技支撑，提高全民健身的科学化水平。国家标准委、国家统计局、人社部等部门要进一步加大工作力度，为《计划》实施提供技术、人才等支持服务；要坚持需求引领，有效发挥体育标准化对体育事业发展的重要支撑作用，积极开展公共体育领域的标准化试点工作，创新体育标准化工作机制，提升体育标准化水平；继续推进全民健身统计制度建设，积极参与体育场地普查、国民体质监测以及全民健身活动状况调查，进一步做好体育事业及全民健身等统计信息收集、整理、编辑、发布工作；继续推进社会体育指导员

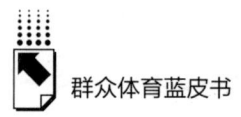

职业技能标准、试题库、培训教材等基础建设工作,为职业社会体育指导员队伍建设提供技术支撑;积极开展社会体育指导员职业技能培训和鉴定工作,开发建立退役运动员专项技能培训课程体系,为《计划》实施提供人才支撑和保障服务。

4. 以抓好青少年、老年人、妇女、残疾人、职工、农村和民族民间体育为着眼点,进一步调动部门协同工作的积极性和主动性

《计划》在"工作措施"中明确提出:要切实加强青少年体育、重视发展老年人体育、大力推进残疾人体育、着力推动职工体育、加快发展农村体育、传承发展民族民间传统体育。因此,贯彻落实《计划》,要充分调动教育部、全国老龄办、全国妇联、中国残联、中华全国总工会、中国农民体协、国家民委等职能部门协同推进《计划》实施的积极性和主动性,增强上述责任单位主动履责的意识,发挥好统领和主体作用,全面落实《计划》所提出的各项工作措施,形成推进全民健身事业可持续发展的整体合力。教育部门要以促进学生体质健康为目标,以实施"国家青少年体质健康促进计划"为抓手,以建立学校体育评价机制为重点,切实加强青少年体育。全国老龄办要充分发挥各级老年协会的作用,广泛开展经常性的老年人体育健身活动,大力推动老年体育事业深入持久发展。全国妇联要针对妇女健身需求,创造性地开展多种形式的妇女健身活动,通过妇女健身骨干培训、妇女健身活动示范点建设、妇女健身活动展示大赛、妇女科学健身理念宣传等形式,扩大妇女健身活动工作的覆盖面和影响力。中国残联要加大工作力度,全面提升残疾人体育基本服务整体水平,通过残疾人自强健身工程、残疾人康复体育关爱计划、康复体育进家庭服务模式、残疾人体育新媒体宣传服务平台等形式构建残疾人体育基本服务体系,力求在服务模式、服务项目、服务效果上有新的突破。中华全国总工会要充分发挥各级工会组织优势,广泛开展多种形式的体育活动,打造更多深受职工欢迎的体育活动品牌,让职工体育健身生活化、常态化。中国农民体协要加大农村体育基础设施建设,加强农村体育指导员培养,深入拓展"亿万农民健身活动",探索"农民体育健身示范村"建设,推动农村体育协调发展。国家民委要以"少数民族传统体育示范基地建设"为抓手,开展丰富多彩的民族传统体育活动,以举办少数民族运动会为契机,推动民族地区的全民健身工作。

5. 以《计划》实施的目标达成和过程管理为突破口,进一步发挥国家体育总局在推进"部门协同"中的主导作用

《计划》提出:要加强组织领导,国家体育总局要会同有关部门、组织和团体共同实施,建立目标责任制,签订责任书,实行目标考核。国家体育总局作为落实《计划》的牵头部门,有责任和义务主动积极与相关部门共同合作,为各部门开展工作做好协调和服务,发挥其在"部门协同"中的主导作用和示范作用。国家体育总局要根据落实《计划》所要达成的目标任务和工作措施出台有针对性的推进《计划》实施方案,在现有贯彻实施《计划》部门职责分工的基础上,与相关部门共同商讨,细化各部门的具体职责和任务,适时牵头召开专项任务和措施落实工作会议,完善《计划》的配套政策和制度。定期将相关部门履行职责贯彻落实《计划》的情况进行汇总,并将结果上报国务院,督促各部门加大工作力度,努力完成《计划》实施所要达成的各项目标。

要以《计划》实施的过程管理为突破口,加强检查评估机制建设,在当前年度工作座谈交流会制度的基础上,拓展与各部门定期协商的形式与内容。《计划》实施通常是五年一个周期,国家体育总局要协调好相关部门对每一年《计划》落实情况进行梳理和总结,分析研究下一年《计划》实施需要重点解决的关键问题和主要矛盾,以便提早与相关部门沟通商讨需要开展的重点工作和细化的政策措施清单。

6. 以强化评估和监督检查为着力点,进一步提高各部门推进《计划》实施的成效和满意度

《计划》提出:要加强成效评估,不定期对《计划》实施情况进行检查指导。通过对《计划》实施情况的效果评估,全面总结《计划》中所提出目标任务的完成情况和效果,评估相关部门履行《计划》职责分工情况,是落实《计划》规定的具体体现,对于提高各部门推进《计划》实施的成

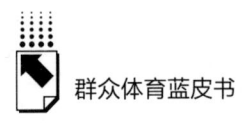

效和满意度具有重要意义。

当前，运用第三方评估是政府加强自身建设、转变行政职能的重要体现，其目的在于促使政府树立效率意识、服务意识和责任意识，从而实现政府效能的改进、政府形象的完善、公共服务供给的优化等目标。开展第三方评估工作，能够为《计划》的实施提供权威公正的评估结果，督促相关部门站在国家战略的高度，重视贯彻落实《计划》，重视本部门相关职责的完成情况，有利于调动相关部门履责的积极性。通过评估和监督检查，有助于摸清"部门协同"的现状和需求，有助于分析研究下一阶段推进"部门协同"的具体举措。为更好地对相关部门落实《计划》的情况进行评估，保证评估结果的权威与公正，必须成立或委托独立的评估机构，有细化的成效评估方案和可操作性的评估指标；评估结束后，要及时将评估结果反馈给相关部门，为相关部门后续推进"部门协同"工作提供参考和依据。因此，各部门要高度重视评估工作，主动配合评估工作的开展，借助评估，以更大程度地发挥相关部门在推进《计划》实施的作用。

四 社会力量参与实施《全民健身计划（2011～2015年）》评估报告

"十二五"时期，在"政府主导、部门协同、全社会共同参与"工作格局的指引下，各方社会力量积极参与《全民健身计划（2011～2015年）》（以下简称《计划》）的推行实施工作。社会力量参与涉及的面较广，主要有各级体育总会和单项体育协会、各级行业体协和人群体协等体育组织、各类健身俱乐部和健身团队等体育组织、群众体育科研院所等学术机构和新闻媒体、热心全民健身的各界社会人士等。5年来，社会力量参与《计划》实施取得了一定成效，现将实施效果评估如下。

（一）社会力量参与实施《计划》的主要成效

1. 各级体育总会和单项体育协会不断壮大

县级以上地区体育总会覆盖范围不断扩大。目前，全国县级以上地区体育总会数量持续增加,达到 2183 个(宁夏和西藏数据未报送),其中河北省达到 183 个。全国县级以上体育总会覆盖率明显提高,60% 以上的省份共有 22 个,占全国的 71%,其中北京、天津、河北等 11 个省份的覆盖率超过 90%,其中完成全覆盖的有 9 个省份,全国平均覆盖率达到 72%。截至 2013 年,甘肃已有 76 个县(市、区)成立了体育总会,比上年增加了 21 个,覆盖率达到 88.37%。

单项体育协会覆盖率不断提升。例如,北京县级以上单项体育协会达 100%,市级协会、俱乐部共有 81 个,县级社团 18 个;吉林省 80% 的市(州)和县(区)建立了体育总会或社体中心,体育协会 1067 个;浙江有 54 个省级单项协会;甘肃各市(州)体育总会所属各类单项体育协会达到 216 个;福建单项体育协会在基层逐步落户。不断壮大的各级体育总会和单项体育协会在全民健身工作中发挥着越来越重要的作用。

2. 各行业、人群体协等组织作用有所增强

全国各行业、人群体协参与全民健身的社会功效逐步凸显。各行业体协、农民体协、老年人体协、妇女体协、学生体协、社会体育指导员协会等在开展人群体育活动、打造人群体育文化方面发挥的作用愈加明显。在行业体协方面,如浙江省拥有电信等 18 个省级行业体育协会;天津有职工体育健身示范基地 300 个;重庆市全民健身运动会共有 192 个企业、机关事业单位及社会组织组队参加,直接参与活动人数达 3 万余人,整个活动影响和覆盖了上百万人,在参赛规模和对市民的影响力与吸引力上实现跨越式发展。

在人群体协方面,以老年体协为例,上海全市 17 个区(县)都成立了老年体育协会,各街道(乡、镇)也都建有老年体育组织,基本实现了老年体育组织全覆盖。重庆市共有基层老年体协组织 8680 个,会员 158 万余人,占老年人口的 34% 左右,全市老年体育协会已建立起纵向到村、横向到边的组织网络。吉林省老年体育协会形成了省、市、县、乡、村五级组织网络,各级老年体协组织共有 8600 多个,除市县全覆盖外,97% 的乡(镇、街道办事处)、80% 的社区(行政村)都成立了老年体协。浙江省宁波市,截至 2013 年,全市有 99% 以上的行政村以及 9 个市级行业(系统)建立了

老年体协组织，全市四级老年体协专职工作人员270多人，老年体育辅导站2900多个，辅导员9500多人，创建全国老年体育项目之乡2个，全国老年体育健身活动示范基地2个，创建小康型老年体育乡（镇、街道）146个，老年体育活动中心46个。老年人体育组织队伍的扩大，不仅丰富了老年人的生活，提高了老年人的生活质量，更为我国全民健身事业发展增添了活力。

3. 各类健身俱乐部及草根体育组织日趋活跃

社区体育俱乐部、青少年体育俱乐部等公益性俱乐部数量不断增加，如北京社区体育健身俱乐部增加到144个（其中国家级14个）、安徽省级社区体育俱乐部有446个（其中国家级7个）；天津青少年体育俱乐部有300余个、北京发展到211个、上海发展到203个，广西青少年体育俱乐部覆盖率也达到42.95%。

经营性体育俱乐部、民间草根体育组织和网络体育组织蓬勃兴起，如岳阳市目前拥有20余家营利性健身俱乐部，其中激情户外俱乐部成立12年来广义会员超过3万人。大量的社区体育组织和健身站点活跃在基层，草根体育组织数量庞大，全国全民健身站点数量达到近41万个，而全国网络体育组织更是达到80多万个。截至2014年底，广东省法人登记体育社会组织数量由"十一五"末期的1374个增至2938个，增幅达到113.8%；北京注册的体育社会组织789个；江苏省基本形成了以体育健身俱乐部和晨晚练健身点为点，以体育社团为线的点线结合，覆盖各类人群，全民健身俱乐部的多元发展格局。如此数量巨大的民间体育组织为全民健身的运行创造了条件。

4. 新闻媒体与学术机构成为推动《计划》实施的重要力量

新闻媒体逐渐成为《计划》实施的生力军。例如，北京广播电台贯穿全年的"1025动生活"栏目，宣传科学健身，年累计播出2190个小时。吉林人民广播电台每天24小时滚动广播全民健身知识和主题口号，营造了浓厚的社会氛围。黑龙江媒体健身栏目覆盖率（电视台、电台、报刊、官网）为50%，县级及以上地区主要电视台、电台每天播放广播操等普及科学健身活动的节目覆盖率为74%，全民健身日宣传活动覆盖率为83%。网络、微博、微信、客户端等新媒体在传播全民健身知识理念方面也发挥着越来越重要的作用。湖南"欢乐潇湘　群舞飞扬——湖南省第四届全民广场舞大赛"由湖南省委宣传部牵头，省体育局和省广播电视总台联合主办，全程历时4个月，参与人数达200多万人。新闻媒体参与全民健身形式多样、力度之大可见一斑。

体育科研院所等学术机构的作用开始显现，更多科研机构开始以全民健身智库的形式为政府推行《计划》提供决策依据。例如，北京委托首都体育学院对北京市全民健身工作联席会议成员单位、16个区（县）以及市体育局系统有关单位贯彻落实《计划》情况进行全面评估检查；上海体育学院承担了《计划》实施第三方评估任务等。

5. 社会力量参与全民健身的机制初步形成

社会力量参与打造全民健身品牌活动的机制日益形成，资助举办的群体品牌赛事明显增加。例如，在全国范围内万科集团举办的"城市乐跑赛"、无限极冠名的"世界行走日"以及"全民健身挑战日"等活动已形成品牌。河北省突出全民健身活动的社会化参与程度，在活动开展方面，以社会冠名的活动越来越多，影响越来越大，很多赛事活动都成为品牌赛事，产生了良好的社会反响和可观的社会效益。重庆市在赛事筹划过程中积极尝试新型办赛模式，引入社会力量举办马拉松等赛事活动，既有效地解决了赛事经费短缺的困难，又推进了赛事社会化，保证群体活动持续、长久地开展。

政府购买体育社会组织服务逐步走上正轨。管办分离、"小政府，大社会"促使政府以购买的方式与体育社会组织联姻，这有利于社会力量的踊跃参与。2014年，上海市体育局与篮球、网球、乒乓球、游泳、登山、棋牌、健美操等27家市级体育协会、2家区级体育协会及1家体育俱乐部签约，通过购买服务的形式将市民体育大联赛、青少年10项系列赛交给体育社会组织举办，这是一次围绕简政放权等一系列改革的有益探索。江苏省体育局向体育社会组织购买了9期公共服务培训班。政府以购买服务等方式支持、鼓励社会力量建设小型化、多样化的活动场馆和健身设施。目前，这种体育社会组织参与全民健身的模式已经开启，也是转变工作方式的新颖尝试。

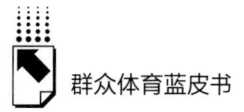

（二）社会力量参与实施《计划》面临的主要问题

在看到社会力量参与《计划》实施取得成效的同时，我们也要清醒地看到，社会力量参与全民健身事业发展的整体水平还处在初级阶段，仍面临诸多矛盾和亟待解决的问题。

1. 社会力量参与《计划》实施的政策法规有待完善

一是社会力量参与《计划》实施的顶层制度尚未定型。虽有部分政策法规出台且已运行，但仍未成体系，这与社会力量的范畴模糊密切相关。二是政府购买公共体育服务的政策普及面有限。沿海发达省市购买机制逐步发展、趋于成熟，而中西部地区相关政策明显不够，并且有相当数量的体育社会组织不具有承接政府购买公共服务的资格。三是鼓励社会力量积极参与全民健身的优惠政策不足。国家对社会组织作为非营利性组织开展有偿服务的收入和税收政策不够合理，以体育社团技能培训为例，培训费需按营业收入缴付营业税，其余部分在支付各项开支后再上缴所得税，被作为经营性组织对待，打击了体育社团的积极性。个人、企业等参与《计划》实施需要一定的动力，现在的社会力量大多出于一种自愿形式，极不稳定，如何确立政策保障是其有效维持的关键。四是社会力量调动不充分，尚未形成支持社会力量参与全民健身服务业的明确政策和具体措施。

2. 体育社会组织官方色彩浓厚，急需去"行政化"

目前体育社会组织仍然带有强烈的官方色彩，行政化特征明显。一是体育社会组织的成立行政化，体育部门承担了人、财、物的基本保障，体育社会组织的内部治理结构流于形式，选举有失民主，不重视章程，弱化理事会和会员大会职责，相当数量的单项体育协会与体育部门同室办公，即"一套班子，两块牌子"，导致依赖性强而活力不足。二是体育社会组织的运作行政化，即运用行政手段做事，仍是"官办、官管、官运作"，以致管办不分，实际就是把部分体育部门的职能转换形式，形成了体育部门之间、体育部门与协会之间、协会与协会之间的"权力转圈"。有些体育社会组织属于"被动"成立，往往是在运动管理中心基础上加挂一块协会的牌子，在日常工作中,有的体育社会组织是空架子,职能多由体育部门或项目中心代行,负责人多由体育部门领导兼任,银行账户真正独立的不多。这严重阻碍了体育社会组织参与全民健身的畅通性。

3. 对新涌现的网络、草根体育组织重视和扶持力度不够

多年来,各级体育行政部门习惯于联系和使用系统内的各类体育社会组织,这些组织行政色彩浓重,离百姓较远。当前离群众近的、群众喜欢参加的都是网络的、草根的、民间的非政府形态的体育组织。正是由于行政部门与网络、草根体育组织的脱离带来了一系列现实问题。一是网络、草根体育组织自治性强,这在一定程度上导致政府对其成长扶持明显缺失,从而影响了组织自身的规模化发展,甚至出现自生自灭现象。二是网络、草根体育组织基数庞大,这就极易引发管理混乱等社会问题,诸如广场舞群体性事件的发生足以证明,如若政府不采取合理的手段加以控制,如此浩大的团队组织将会带来社会无序乃至失序。三是政府强行介入已成熟的网络、草根体育组织致使官民矛盾加重,政府部门对这些组织从开始的疏远到后来的强力收编,势必引起民愤,即便政府决心将其纳入成长转化的进程中,巨额的经费开支无疑是一大难题。在社会治理体系和治理能力现代化的时代要求下,全民健身恰恰需要网络、草根体育组织的快速发展,然而在此方面目前做得还不够。

4. 体育社会组织专业化水平普遍不高

人力资源对于体育社会组织的专业化发展具有重要作用,从事各种体育运动、健身活动是体育社会组织的特有属性。目前,体育社会组织专业化水平明显偏低,一是大部分体育社会组织缺少具备专业素养、热心社会公益的专职人员,官办的体育社会组织人员大多是从机关流出或退休人员,从事社会组织运作和管理的知识匮乏,主动性和积极性不足,等、靠、要的依赖思想严重。二是人员结构不合理,老龄化突出,基本谈不上年轻化、知识化、专业化。三是专职人员数量少。体育总局所做的一次关于体育社会组织调研发现,在被调查的170个体育社团中有81个没有专职人员,有1~3名专职人员的52个,4~6名专职人员的19个,6~10名专职人员的12个,10名

以上的6个，将近一半体育社团没有专职人员。四是工资待遇低，导致体育社会组织人员流动性大，缺少稳定。专业化、高素质人才的缺乏直接影响体育社会组织的发展壮大和能力发挥。

5. 企业和各界社会人士参与渠道受阻

一是企业体育协会参与全民健身范围受限。企业体协大多围绕内部成员或行业之间展开，且多以竞赛形式组织运行，虽赛后以善款募集方式筹得资金为部分偏远地区学校购置体育器材，但惠及更多人群参与的大型健身活动投入不足，总体上缺少企业与全民健身连接的渠道。二是企业融入全民健身事业的积极性不高。目前虽有部分企业单位涉足承办各种体育赛事、捐赠等活动，但整体体现还远远不够，多数企业对参与全民健身的意识淡薄，政府对企业及热心人士引导不够，未提供可行的互惠模式。三是社会各界人士参与全民健身的路径受阻。政府长期对全民健身事业的大包大揽，导致社会人士介入机制始终未能成形，这在很大程度上阻碍了社会各界为全民健身贡献力量。

（三）推动社会力量参与实施《计划》的建议

1. 深化改革，全民健身"落地"关键在简政放权

一是社会力量参与全民健身急需转变观念。从体育部门来说，要清醒地认识到，固守全民健身事业唯一主体的地位既不可能也无必要，应明确多元治理机制的价值及社会、市场的力量；从社会力量角度看，要转变等、靠、要的依赖性观念，强化自治意识，变输血为造血。二是完善全民健身的体制机制改革。加快政府职能转变，坚持简政放权、"小政府、大社会"的改革思路，真正实现"政社分开"，可设立试点，以点带面逐步开展。充分体现社会力量对全民健身开展的决定性作用，政府可通过购买服务、民办公助等形式，促使社会力量成为全民健身事业的主力军。三是深化社会力量参与《计划》实施的制度改革。按照《国务院关于加快发展体育产业促进体育消费的若干意见》，研制调动社会力量、鼓励社会组织和个人投入以及支持全民健身工作的政策和办法，发挥全社会的积极性与创造力，不断提供适应群众需求、丰富多样的全民健身产品和服务。四是加强区域社会力量均衡发展。改变社会力量参与全民健身的"城"多"乡"少、"东"多"西"少现象，加大社会力量对农村的投入机制及政策扶持力度，实现社会力量参与全民健身均等化。

2. 突出重点，激发体育社会组织的活力与能力

一是应当突破体育组织"一业一会"格局，无论体制内外，还是官办、民办的体育社会组织，要一视同仁，以开展体育活动为评价标准，以服务质量进行选择，以服务效果确定待遇。重视4+X模式，即重点支持各级体育总会、社会体育指导员协会、老年体育协会、农民体育协会四个枢纽型体育社会组织和单项体育运动协会，充分发挥其在全民健身工作中的综合作用。二是引入竞争机制，强调公平、公开原则，如公共体育服务购买要公开竞标，专项扶持资金采取竞争性分配，对体育社会组织使用的服务购买资金、专项扶持资金实行绩效管理，引入第三方评估机构展开绩效评估，评价结果需向社会公布，形成一种良性的竞争态势，充分激发体育社会组织的活力。三是优胜劣汰，将有限的体育资源配置给效率更高、服务质量更优、更讲信用的体育社会组织，遵循自然选择的竞争法则。四是增强体育社会组织的专业服务能力，在服务社会过程中寻求发展空间，主要从服务项目、服务受益面、活动方式、服务类型等方面加强重点建设。着重提高体育社会组织的项目运作与管理能力，注重项目开发、实行规范管理。五是强化体育社会组织自我约束及自治能力。按照现代社会组织体制，健全规范体育社会组织的治理结构与自律机制。建立信息共享渠道，增加成员的沟通交流，以组织健康发展赢得政府与社会公众认可。

3. 注重基层，扶持网络、草根体育组织的成长转化

一是加强实体性体育社会组织建设。加大力度引导和支持社会力量兴办各类公益性、实体性健身服务组织，扩大社区体育健身俱乐部、青少年体育俱乐部等体育类民办非营利性组织的规模和覆盖面。二是培育发展基层网络、草根体育组织。尝试将基层体育健身社团纳入城乡社区管理和公共服务的综合性平台，协同基层组织探索建立以社区体育中心为依托的运行管理机

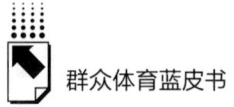

制；完善培育扶持的政策办法，制定资助范围、项目和标准；建立社会体育指导员进站（点）服务的渠道，引导城乡健身站（点）以会员身份加入单项体育协会和人群体协。三是建立网络、草根体育组织孵化制度。各级体育部门应当利用地方体育场馆设施，主导建成集孵化培育、资源共享、公共服务、诉求表达等功能于一体的基层体育组织综合平台，通过场地保障、人员培训、项目指导、政策支持等途径解决网络、草根体育组织的人、财、物等方面的困难。四是降低体育社会组织的准入门槛，由注重单项协会挂牌，逐步转向培育基层社区健身协会、健身团队及草根体育组织的发展，发挥身边的组织作用，推进全民健身活动站（点）网络化、规范化建设，构建"行政组织—协会组织—社会团体—民间健身组织"等组成的横向到边、纵向到底、管理规范、覆盖面广的全民健身组织网络体系。五是培育网络、草根体育组织骨干队伍。优化组织内人力资源配置，加强对负责人及组织成员的培训，通过人才队伍建设形成官方与民间的平等对接。

4. 加强宣传，广泛动员社会各界力量达成共识做出贡献

一是鼓励社会力量承接大型群众体育活动，政府通过简政放权、合作互助、政策支持等吸引企业、社会组织等社会力量积极参与，并给予项目补助、贴息贷款和奖励政策，形成一套稳定的运行模式，不断强化、加快社会力量打造全民健身品牌活动的步伐。二是加强社会体育指导员队伍建设，完善制度设计，改革培训方式，扩展培训渠道和培训范围，加强社会体育指导员在信息管理系统的录入工作，开展对优秀社会体育指导员的评选表彰，加强网格化体育组织和健身指导队伍管理，进一步优化结构、壮大队伍。三是探索社会体育指导员人群和项目结合新模式，支持具备条件的单项体育协会培训、审批具有专项技能的项目指导员，广泛开展以传授运动技能为内容的继续培训，提升项目指导员的技能素质水平；探索在高等院校体育专业学生中发展社会体育指导员，拓宽指导员发展渠道，建立大学生指导员开展全民健身志愿服务制度。四是鼓励有条件的企事业单位、体育社会组织参与科学健身指导，培育规范开放、公开透明的健身指导体系，不断满足群众对科学健身指导的需求。成立以体育院校、研究机构或非营利组织等部门为主的第三方评估机构，每年对全民健身工作的绩效进行综合评价，纳入新鲜力量，保证《计划》实施的效果。五是联合新闻媒体，推进全民健身信息化建设，制作发放健身科普宣传册，开展全民健身公益巡回讲座，促进体育生活化、锻炼常态化，组织全民健身志愿者走街道、入社区、进农村普及健身知识。

五 《全民健身计划（2011~2015年）》实施效果公众满意度调查报告

为从不同角度评估《全民健身计划（2011~2015年）》（以下简称《计划》）的实施效果，国家体育总局委托上海体育学院作为第三方评估机构开展《计划》实施效果公众满意度调查。

（一）调查综述

1. 调查目的

（1）基于用户的全新视角、客观评价公众对全民健身公共服务的满意程度。从用户的角度出发，度量全民健身服务质量和服务水平，是对现有相关评估的有益补充和完善。

（2）掌握全民健身现状的第一手资料。主要从公众对体育场地、体育组织、体育活动的需求三个方面入手，通过对调查数据进行分析，获得全民健身现状的第一手资料。

（3）基于公众满意度的客观评价，结合全民健身公共服务的现状，以公众需求为导向，为国家相关部门制定有关全民健身政策提出对策建议。

2. 调查设计

为了保证调查的全面性和代表性，调查在全国东、中、西部三个地区的12个省份展开，东部为上海、江苏、浙江、福建，中部为安徽、河南、吉林、山西，西部为甘肃、重庆、贵州、云南。

样本分层情况——第一层为省份，共计12个；第二层为性别，共计2个类别；第三层为年龄组，按18岁及以下、19~30岁、31~40岁、41~50岁、51~60岁、61岁及以上划分，共6个年龄组。

全国样本量共计2400人。12个省份按上述分层，男、女2类，共12个年龄组。每个省份抽取200人，男、女人数分布尽量均衡。每个省份均包括8种类型的调查地点，具体为学校、机关、企事业单位、社区、社区健身苑（点）、公共运动场、对外开放学校、综合性体育场馆。

调查总共发放问卷2400份，回收2400份，回收率为100%，其中有效问卷2388份，有效率99.5%。

本次问卷调查是基于"满意度指标理论"进行分析，目的是为了更好地落实全民健身计划，通过科学、客观的评价方法，评估公众对全民健身服务的满意度。满意度指数体系见表1。

3. 被访者结构分析

通过分析被访者的基本特征，可了解调查样本的构成情况。调查涵盖了不同性别、不同年龄、不同职业、不同受教育程度、不同户籍类别的公众。

（1）性别结构。女性被访者占50.5%；男性被访者占49.5%。

表1 满意度指数体系

一级指标	二级指标
体育场地满意度	体育场地是否满足公众健身需求
	公众到达体育场地的时间
	公众经常使用的体育场地
	公众对体育场地的满意度
体育组织满意度	公众经常参加的体育组织
	公众最重要的体育组织
	公众对体育组织的满意度
	体育组织是否满足公众需求
体育活动满意度	公众参加体育活动次数
	公众对体育活动的满意度

（2）年龄结构。18岁及以下占12.5%，19~30岁占24.9%，31~40岁占19.9%，41~50岁占18.5%，51~60岁占10.1%，61岁及以上占14.1%。

（3）职业结构。行政机关人员占9.9%，事业单位人员占11.1%，国有企业人员占9.8%；外资或中外合资企业人员占9.4%，私企或民营企业人员占10.2%，个体工商户占9.0%，自由职业者占8.7%，离退休人员占11.1%，农民占7.1%，学生占13.3%，其他职业人员占0.4%。

（4）受教育程度结构。初中及以下文化程度的占19.3%，高中或中专文化程度的占28.4%，高职或大专文化程度的占21.1%，大学本科文化程度的占29.0%，研究生及以上文化程度的占2.2%。

（5）户籍类别结构。拥有城市户籍的人员为1843人，占总体样本的77.2%；拥有农村户籍的人员为545人，占22.8%。

4. 测评方案

本次公众满意度调查在文献研究的基础上，确定了全民健身公众满意度测评方法，构建了全民健身公众满意度指数体系，明确了满意度指数计算方法，并对满意度指数进行解读。

（1）测评方法。满意度测评一直是管理学和统计学的重要研究领域。

通过文献研究，当前构建满意度指数已经成为满意度测评的主流方法。满意度指数充分利用调查中被访者对各个服务环节的满意程度评分，设定一定权重，将被访者对各个服务环节的评分进行加权，从而综合形成满意度指数。由于被访者的不同满意程度能够通过评分的高低加以反映，因此满意度指数能够较好地体现被访者的满意水平。

（2）指数体系。全民健身公众满意度指数是一个从公众角度出发，通过度量公众对国家提供的全民健身服务中多个服务环节的满意程度，综合形成满意度指数，从而反映全民健身服务质量和服务水平的量化指标。

全民健身公众满意度指数包括1个总指数、3个分项指数、19个子项指数的指数体系（见表2）。

表2　全民健身公众满意度指数体系

总指数	分项指数	子项指数
全民健身公众满意度指数	体育场地满意度指数	场地管理水平满意度指数
		设施满足需求情况满意度指数
		设施维修状况满意度指数
		场地环境卫生满意度指数
		场地开放情况满意度指数
		场地交通情况满意度指数
		场地性价比满意度指数
	体育组织满意度指数	组织管理水平满意度指数
		组织专业化满意度指数
		组织规范性满意度指数
		健身指导情况满意度指数
		健身信息公开满意度指数
		健身组织收费情况满意度指数
	体育活动满意度指数	活动数量满意度指数
		活动种类满意度指数
		活动吸引力满意度指数
		活动公平公正性满意度指数
		活动参与便利性满意度指数
		活动收费情况满意度指数

1个总指数，即全民健身公众满意度总指数。该指数反映了公众对全民健身服务质量和服务水平的综合满意情况。

3个分项指数分别为体育场地满意度指数、体育组织满意度指数、体育活动满意度指数。3个分项指数分别反映了公众对全国体育场地、体育组织、体育活动的满意情况。

19个子项指数是对3个分项指数的进一步补充。

体育场地满意度指数，是指公众对全民健身场地设施建设和运行情况的满意程度，包括7个子项指数，分别为场地管理水平满意度指数、设施满足需求情况满意度指数、设施维修状况满意度指数、场地环境卫生满意度指数、场地开放情况满意度指数、场地交通情况满意度指数、场地性价比满意度指数。

体育组织满意度指数，是指公众对体育组织的服务和指导情况的满意程度，包括6个子项指数，分别为组织管理水平满意度指数、组织专业化满意度指数、组织规范性满意度指数、健身指导情况满意度指数、健身信息公开满意度指数、健身组织收费情况满意度指数。

体育活动满意度指数，是指公众对体育活动的组织和参与情况的满意程度，包括6个子项指数，分别为活动数量满意度指数、活动种类满意度指数、活动吸引力满意度指数、活动公平公正性满意度指数、活动参与便利性满意度指数、活动收费情况满意度指数。

（3）计算方法。全民健身公众满意度指数的计算经过两个环节。首先是量表的调整。将调查采用的李克特五级量表转化为通常使用的0～100量表。其次是加权计算指数。对子项指数通过等权重加权形成分项指数，分项指数通过等权重加权形成总指数。

（4）指数解读。全民健身公众满意度指数的取值范围为0～100分，其中100分代表绝对满意；0分表示绝对不满意；60分为中性值，表示满意程度一般。

（二）满意度分析

以全民健身公众满意度调查数据为基础，从总体、结构、分类等3个方面，对全民健身公众满意度进行定量分析。

1. 总体分析

全民健身公众满意度指数体系计算结果见表3。

表3 全民健身公众满意度指数结果

指　数　体　系		指数得分
全民健身公众满意度		68.7
体育场地满意度	指数	70.0
	场地管理水平满意度指数	66.0
	设施满足需求情况满意度指数	67.6
	设施维修状况满意度指数	67.4
	场地环境卫生满意度指数	71.2
	场地开放情况满意度指数	73.6
	场地交通情况满意度指数	71.8
	场地性价比满意度指数	72.0

续表

指　数　体　系		指数得分
全民健身公众满意度		68.7
体育组织满意度	指数	69.8
	组织管理水平满意度指数	68.4
	组织专业化满意度指数	67.2
	组织规范性满意度指数	69.6
	健身指导情况满意度指数	70.0
	健身信息公开满意度指数	70.6
	健身组织收费情况满意度指数	73.4
体育活动满意度	指数	66.4
	活动数量满意度指数	62.4
	活动种类满意度指数	63.8
	活动吸引力满意度指数	66.0
	活动公平公正性满意度指数	69.8
	活动参与便利性满意度指数	68.0
	活动收费情况满意度指数	69.0

（1）总指数分析。全民健身公众满意度指数为68.7分，超过中性值（60分）8.7分，这表明《计划》的实施取得了一定的效果。

（2）分项指数分析。3个分项指数按照由高到低排列，依次是体育场地满意度指数为70.0分，体育组织满意度指数为69.8分，体育活动满意度指数为66.4分。3个分项指数均超过中性值（60分），这表明公众对体育场地、体育组织、体育活动均较为满意（见图15）。

比较分项指数可知，公众对体育场地的满意程度相对较高，对体育活动的满意程度相对较低。这表明《计划》实施以来，国家加大了在体育场地设施等硬件条件的投入，已经取得了一定的效果，未来相关部门需要考虑以加强公众对体育活动的满意程度为切入点，从而提升全民健身的满意程度。

（3）子项指数分析。

第一，按照体育场地满意度指数的7个子项满意度指数由高到低排列，依次为场地开放情况满意度指数为73.6分，场地性价比满意度指数为72.0分，场地交通情况满意度指数为71.8分，场地环境卫生满意度指数为71.2

《全民健身计划（2011~2015年）》实施效果评估报告

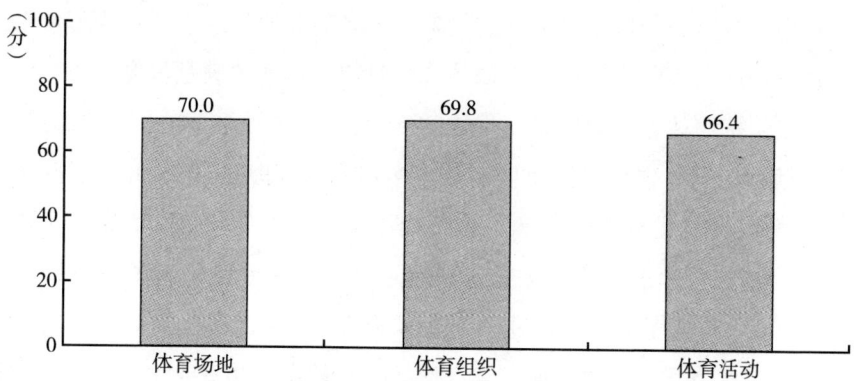

图15　3个分项公众满意度指数得分

分，设施满足需求情况满意度指数为67.6分，设施维修状况满意度指数67.4分，场地管理水平满意度指数66.0分。7个子项满意度指数均超过中性值（60分），这说明公众对体育场地的环境卫生、性价比、交通便利、开放时间、维修状况、设施种类需求情况和场地管理水平的满意程度均较高（见图16）。

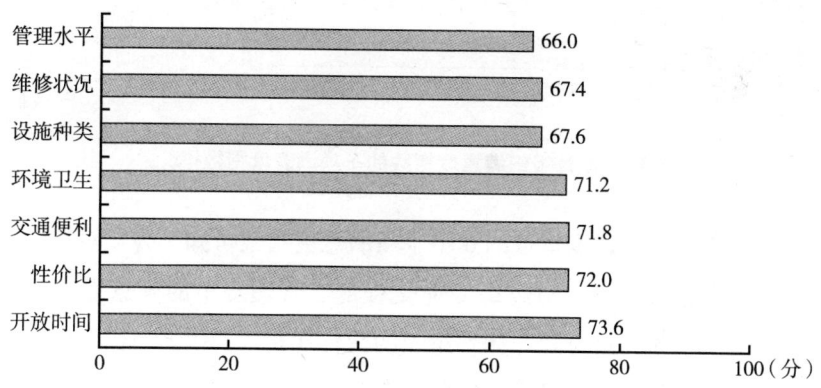

图16　体育场地满意度指数的子项满意度指数得分

体育场地满意度指数的7个子项满意度指数反映出公众对场地开放时间、性价比满意程度相对较高，对场地管理水平和维修状况满意程度相对较低。这说明，近年来我国在学校场地开放和公共场馆公益性开放等方面出台了一系列政策措施，取得了良好的效果，未来需要通过改善场地管理水平以及加强对场地设施的维修保养来提升公众对体育场地的满意程度。

第二，按照体育组织满意度指数的6个子项满意度指数由高到低排列，依次是健身组织收费情况满意度指数为73.4分，健身信息公开满意度指数为70.6分，健身指导情况满意度指数为70.0分，组织规范性满意度指数为69.6分，组织管理水平满意度指数为68.4分，组织专业化满意度指数67.2分。6个子项满意度指数均超过中性值（60分），这说明公众对体育组织的规范性、信息公开、收费水平、健身指导、管理水平和专业化程度的满意程度均较高（见图17）。

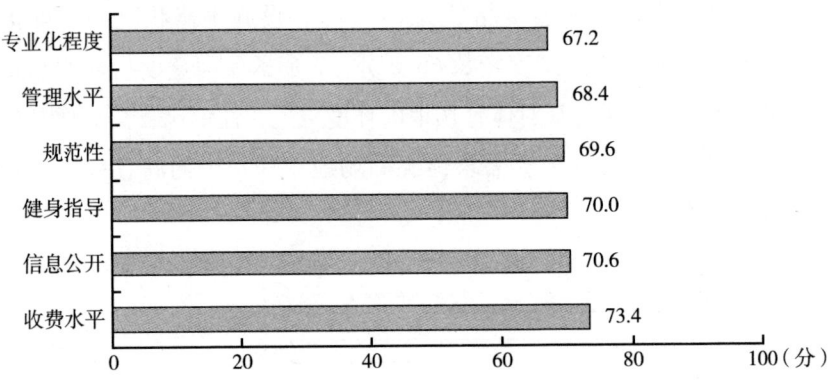

图17 体育组织满意度指数的子项满意度指数得分

比较体育组织满意度指数的6个子项满意度指数可知，公众对组织收费水平满意程度相对较高，对组织专业化程度、管理水平的满意程度相对较低。这说明，目前公众对我国体育组织的运行现状较为满意，但体育组织自身的专业素质和管理能力尚有一定的提升空间。

第三，按照体育活动满意度指数的6个子项满意度指数由高到低排列，依次是活动公平公正性满意度指数为69.8分，活动收费情况满意度指数为69.0分，活动参与便利性满意度指数为68.0分，活动吸引力满意度指数为66.0分，活动种类满意度指数为63.8分，活动数量满意度指数为62.4分。

这说明，公众体育活动的公平公正性、参与便利性、收费水平、吸引程度、活动种类和活动数量的满意程度均较高（见图18）。

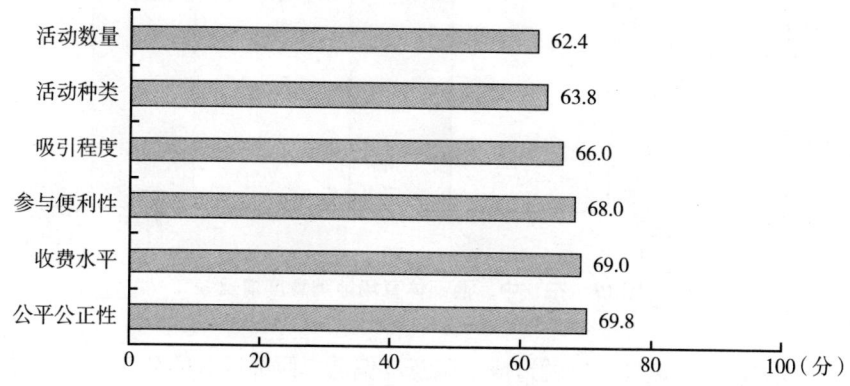

图18 体育活动满意度指数的子项满意度指数得分

比较体育活动满意度指数的6个子项满意度指数可知，公众对体育活动的公平公正性、收费水平满意程度相对较高，对体育活动的数量和活动种类满意程度相对较低。这说明，我国相关部门需要通过增加体育活动的数量、丰富体育活动的种类来提升公众对体育活动的满意程度。

2. 结构分析

（1）地区差异。

第一，在体育场地方面，中部地区的满意度指数最高。而处于经济较为发达的东部地区居民，对于全民健身公共服务的要求更高，从而导致对体育场地的满意度不如中部地区。西部地区的满意度相对较低的原因，是由于西部属于内陆地区，经济条件不如东部和中部发达，无论是新设施的建立还是对设施的维修维护，都无法及时地做到更新；同时根据第六次全国体育场地普查的结果，西部地区人均体育场地面积较低，因而公众对西部地区的场地满意度相对较低（见图19）。

第二，在体育组织方面，中部地区的满意度高于其他两个地区，这是由于中部地区直接参与健身组织的居民比较稳定，体育组织的建设已形成一定的规模和规范化的管理机制。而东部地区由于人口快速导入，体育组织的发展

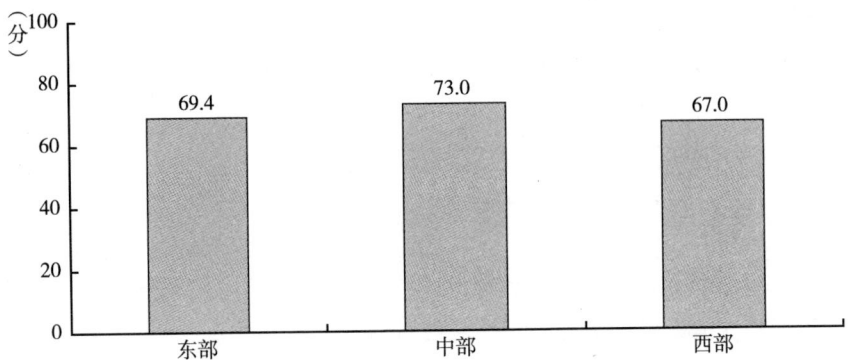

图19 东、中、西部体育场地满意度情况

滞后于人口增长的速度，也就造成了满意度偏低。西部地区的公众参与健身组织的人数较少，健身方式较为松散，因此对体育组织的满意度偏低（见图20）。

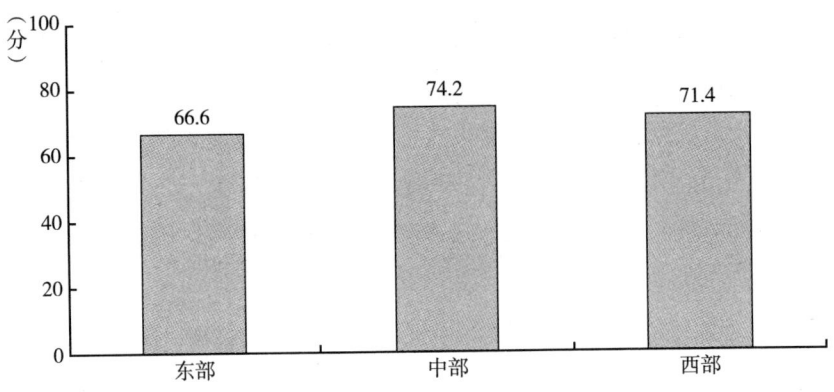

图20 东、中、西部体育组织满意度情况

第三，在体育活动方面，中部地区的满意度相对较高，而东部和西部的满意度较为接近。由于经济水平和地理位置的优势，中部地区在体育活动方面较为理想。东部地区对赛事的选择种类较为丰富，多了解公众选择，以适应国际化潮流。西部地区应加强利用其民族区域特色优势，争办公众较为喜爱的赛事，提升对公众的吸引力，提升公众对体育活动的满意度（见图21）。

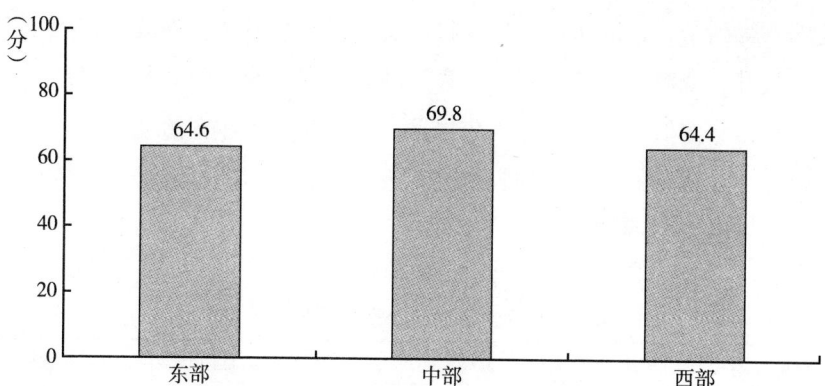

图 21 东、中、西部体育活动满意度情况

（2）年龄差异见表 4。

表 4 不同年龄对满意度的分布情况

年龄段	总体满意得分	场地满意得分	组织满意得分	活动满意得分
18 岁及以下	68.5	69.8	68.8	67.0
19～30 岁	68.9	70.6	69.8	66.4
31～40 岁	68.1	67.8	71.4	65.2
41～50 岁	67.1	67.6	71.0	62.8
51～60 岁	69.5	70.0	70.8	67.8
61 岁及以上	73.7	75.0	74.2	72.0

第一，纵向比较，在所有年龄段中 61 岁及以上的被调查者总体打分较高，41～50 岁的被调查者相对打分较低，满意度指数最高的是 61 岁及以上的被调查者对体育场地的满意度，最低的则是 41～50 岁的被调查者对体育活动的满意度，这与目前全民健身发展的现状较为符合。

第二，横向比较，总体来看每个年龄段中对于体育场地的打分较高，体育组织其次，体育活动最低。近年来，政府加大对专项健身经费的投入，使得公众有更丰富的场地选择，因此得分较高；体育组织也由于其自身的规范化运作,得到了公众的认可。建议日后要加强合理利用(如健身指导员等)资源,提升公众对此的满意度。体育活动满意度来源于公众的直观感受,可能会出现得分偏低的现象,未来应根据不同年龄段在体育活动需求方面的特点,提升体育活动的体验感和吸引力,激发公众参与体育活动的热情。

(3)户籍差异见表5。

表5 不同户籍对于满意度的分布情况

户籍	总体满意得分	场地满意得分	组织满意得分	活动满意得分
城市	69.7	70.8	71.4	67.0
农村	67.1	67.4	69.2	64.8

从户籍层面纵向比较,城市居民在场地设施、组织和活动三方面的满意度均高于农村,其中满意度指数最高的是城市居民对体育组织的满意度,最低的则是农村居民对体育活动的满意度,建议相关部门加大在农村体育方面的投入,实现全民健身公共服务均等化的发展目标。

3. 分类分析

(1)各类体育场地满意度指数比较分析。公众经常使用的体育场地类型分为5种类型,即社区体育场地(包括健身苑点、文化活动室、社区市民健身文化中心、社区公共运动场等)、单位体育场地(包括单位体育场所、空地等)、大型体育场馆(包括体育场馆、体育中心、全民健身中心)、经营性健身会所(包括健身会所、俱乐部、健身房等)、其他体育场地(除上述之外的体育场地类型)。各类体育场地满意度指数的结果见图22。

从图22可以看出各类体育场地的分项满意度指数差异不大,均超过中性值60分,这说明公众对各类体育场地满意程度差异不大,均处于比较满意的水平。在各类体育场地中,公众对社区体育场地和大型体育场馆的满意程度相对较高,对经营性健身会所的满意程度相对较低。

接受调查的居民最经常使用的场地是社区体育场地(见图23),其次是单位体育场地,这两种场地类型共占总比例的68.16%。对比图22和图23不难看出,公众对于社区体育场地的使用情况及满意度都较高,而经营性健

《全民健身计划（2011~2015年）》实施效果评估报告

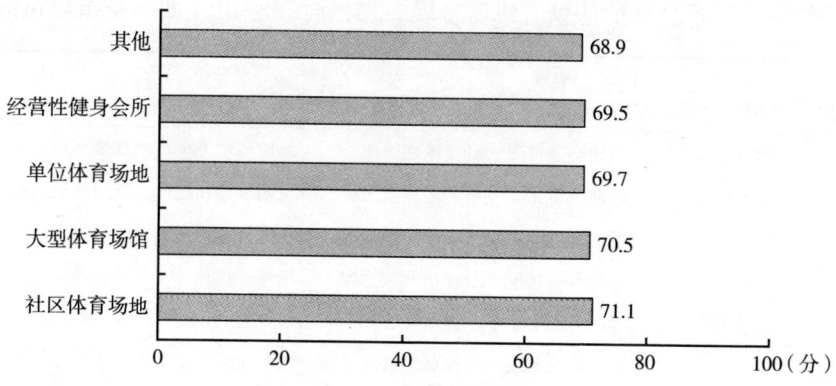

图22 各类体育场地分项满意度指数得分

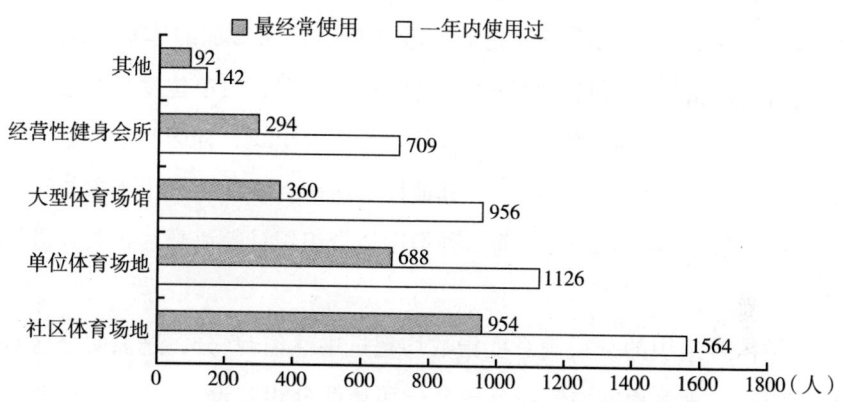

图23 一年内使用过且最经常使用的体育场地类型分布情况

身会所的使用率偏低。因此，我国相关部门应积极打造多元化体育场地，一方面应当引导公众选择各种类型的场地，另一方面各类场地也应挖掘自身特色，吸引公众。

比较各类体育场地7个子项满意度指数的排序情况，公众对各类场地的性价比和环境卫生满意度较高，而对这些场地的管理水平满意度较低（见表6）。此外，公众对社区、单位和大型体育场馆的维修状况满意度偏低。

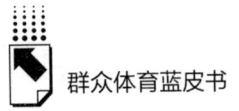

表6 各类体育场地7个子项满意度指数的排序情况

指数排序	社区体育场地	单位体育场地	大型体育场馆	经营性健身会所	其他体育场地
1	场地性价比	场地交通情况	场地性价比	场地环境卫生	场地环境卫生
2	场地开放情况	场地性价比	场地环境卫生	设施维修状况	场地交通情况
3	场地交通情况	场地环境卫生	场地交通情况	场地开放情况	场地管理水平
4	场地环境卫生	场地开放情况	场地开放情况	场地性价比	设施维修状况
5	设施维修状况	设施满足需求情况	设施满足需求情况	场地交通情况	场地性价比
6	设施满足需求情况	设施维修状况	设施维修状况	设施满足需求情况	场地开放情况
7	场地管理水平	场地管理水平	场地管理水平	场地管理水平	设施满足需求情况

注：本表按照满意度指数从高至低排序。

(2) 各类体育组织满意度指数比较分析。公众参加的体育组织分为以下9种类型：由社区发起的组织，社区的自发组织，由单位发起的组织，单位的自发组织，商业体育组织，体育部门的体育组织，社区和单位联合的组织，社区、单位之外的自发组织，其他体育组织。本次调查由于参与其他体育组织的人数过少，因此仅对前8种类型体育组织计算满意度指数并进行对比分析。

各类体育组织的分项满意度指数均超过中性值60分，这表明公众对各类体育组织的满意程度均较高。最高分和最低分相差近10分，公众对体育组织的满意程度有一定差异，其中公众对体育部门的体育组织满意程度相对较高，对社区、单位之外的自发组织满意程度相对较低。与依托于社区和单位联合的组织相比，自发形成的体育组织（除社区的自发组织之外）满意程度相对偏低，这与自发组织所内含的随意性有关，在组织管理水平、专业性、规范性等各方面均不具备优势（见图24）。

数据统计分析公众一年内参加体育活动最多的是单位发起的组织（见图25）。从发起的部门看来，公众认为单位的组织最为重要；从发起方式看来，公众认为由单位发起的组织比自发组织更为重要。对比图24与图25可以看出，公众对于体育组织的满意程度与公众所认为其是否重

《全民健身计划（2011~2015年）》实施效果评估报告

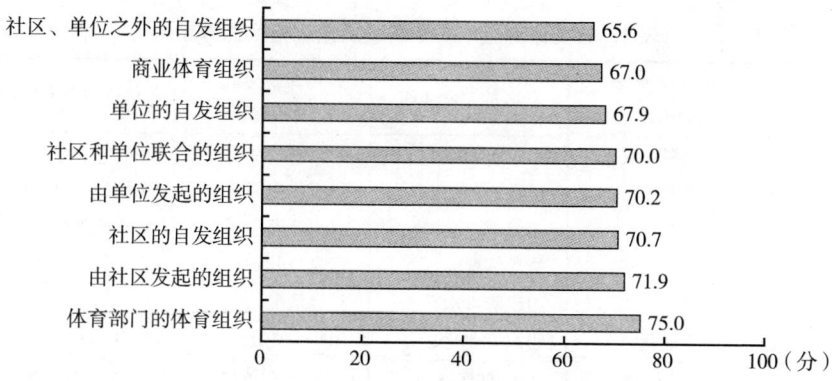

图24 各类体育组织分项满意度指数

要及参与度没有直接的联系；与此同时，商业体育组织的满意程度和参与程度皆偏低。

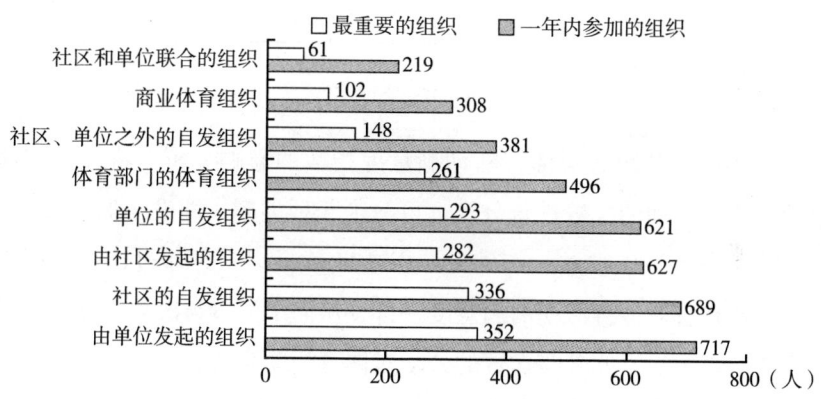

图25 一年内参加且最重要的体育组织类型的分布情况

比较各类体育组织6个子项满意度指数的排序情况，公众对大部分社区和单位发起的体育组织收费情况和规范性较为满意，对这些组织的专业化水平满意度偏低。公众对于体育部门组织和商业体育组织在信息公开和规范性方面较为满意，但对这些组织的收费和管理水平满意度较低（见表7）。

表7 各类体育组织6个子项满意度指数的排序

指数排序	由社区发起的组织	社区的自发组织	由单位发起的组织	单位的自发组织
1	组织收费情况	组织收费情况	组织规范性	指导情况
2	组织规范性	信息公开	组织收费情况	组织规范性
3	信息公开	组织规范性	组织管理水平	组织收费情况
4	组织管理水平	指导情况	信息公开	组织管理水平
5	指导情况	组织管理水平	指导情况	组织专业化
6	组织专业化	组织专业化	组织专业化	信息公开
指数排序	商业体育组织	体育部门的体育组织	社区和单位联合的组织	社区、单位之外的自发组织
1	组织规范性	信息公开	指导情况	组织管理水平
2	信息公开	指导情况	组织管理水平	组织规范性
3	组织专业化	组织规范性	组织专业化	组织收费情况
4	指导情况	组织专业化	组织规范性	组织专业化
5	组织管理水平	组织收费情况	信息公开	信息公开
6	组织收费情况	组织管理水平	组织收费情况	指导情况

注：本表按照满意度指数从高至低排序。

(3) 不同参与次数对体育活动满意度指数的影响分析。将公众按照近一年参加体育活动的次数进行分类，可分为5种类型，即没参加、参加1～2次、参加3～5次、参加6～10次、参加11次及以上。通过比较不同参与次数的被调查者对体育活动的满意度评价，从而了解参与次数对体育活动满意度评价的影响。不同参与次数的公众对体育活动满意度指数结果见图26。

随着参与体育活动次数增多，公众对体育活动的满意度指数不断提升。这表明，活动参与次数的增加将有助于提升公众对体育活动的满意程度。

比较参加体育活动不同次数的被调查者和6个子项满意度指数的排序情况，不同参加次数的公众对参加体育活动的满意度评价既具有相同点，也存在差异。大部分公众对于活动参与的便利性和公正性满意度评价比较积极；而所有公众均认为活动数量不足、种类不够丰富。除此之外，对近一年参加活动5次及以下的公众而言，活动的吸引力有待提高；对参加活动6～10次的公众而言，活动的公平公正性有待加强；对参加活动11次及以上的公众

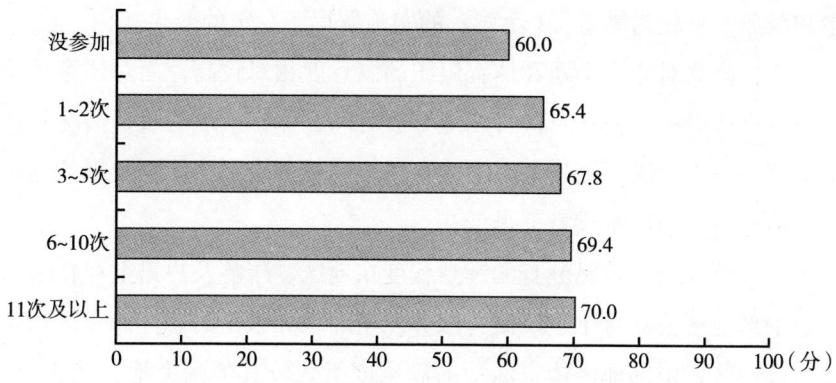

图 26　不同参与次数体育活动分项满意度指数得分

而言，活动的收费需要进一步降低（见表 8）。我国相关部门首先需要考虑增加体育活动的数量和种类，积极推动公众参与各项体育活动，通过活动提升满意度评价。其次，我国相关部门还需要针对体育活动的不同参与度公众的需求，提升活动的吸引力、公平公正性、降低收费等，进一步提高公众对体育活动的满意度评价。

表 8　不同参与次数体育活动 6 个子项满意度指数的排序

指数排序	没参加	1~2次	3~5次	6~10次	11次及以上
1	活动参与便利性	活动公平公正性	活动参与便利性	活动参与便利性	活动公平公正性
2	活动公平公正性	活动参与便利性	活动公平公正性	活动收费情况	活动吸引力
3	活动收费情况	活动收费情况	活动收费情况	活动吸引力	活动参与便利性
4	活动种类	活动吸引力	活动种类	活动公平公正性	活动种类
5	活动吸引力	活动种类	活动吸引力	活动种类	活动收费情况
6	活动数量	活动数量	活动数量	活动数量	活动数量

注：本表按照满意度指数从高至低排序。

（三）总结

第一，《计划》实施效果公众满意度调查结果显示公众对全民健身服务质量和服务水平较为满意，《计划》的实施取得了一定的效果。

第二，公众对体育场地和体育组织的满意度相对较高，而对体育活动的满意度则有待提高。公众对体育场地开放时间、体育组织的收费情况和体育活动的公平公正性满意度最高，对体育场地的管理水平、体育组织的专业化程度和体育活动的数量满意度最低。

第三，公众对于全民健身的满意程度在地区、年龄及户籍上存在结构性差异。中部地区公众对于全民健身服务质量和服务水平的总体满意度均高于东、西部地区，中部地区体育活动的满意度指数较其他两个地区尤为突出。不同年龄层次的公众有着一定的差异，其中61岁及以上的公众总体打分较高，41~50岁的公众相对打分较低。农村与城市居民的总体满意度没有表现出显著的差异。

第四，公众最经常使用的体育场地是社区体育场地和单位体育场地，同时对各类体育场地满意程度差异不大，对社区体育场地满意程度最高。公众对各类场地的性价比和环境卫生满意度较高，而对管理水平满意度较低。此外，公众对社区、单位和大型体育场馆的维修状况满意度偏低。

第五，公众一年内参加最多的是单位发起的体育组织，对不同类型的体育组织满意程度具有一定差距，其中公众对体育部门的组织满意程度最高，对商业组织满意程度最低。公众对大部分社区和单位发起的体育组织收费情况和规范性较为满意，对专业化水平满意度偏低。公众对于体育部门组织和商业体育组织在信息公开和规范性方面较为满意，但对其收费和管理水平满意度较低。

第六，随着参与体育活动次数增多，公众对体育活动的满意度指数也不断提高；但目前，大部分公众反映的活动数量不足、种类不够丰富是提高满意度评价的主要制约因素；因此，进一步增加活动参与频率将有助于提升公众对体育活动的满意程度。

理 论 前 沿

Advanced Theory

全面深化群众体育改革的思考[*]

刘国永[**]

摘　要： 全民健身上升至国家战略为全面深化群众体育改革带来新机遇、新变化，全面深化群众体育改革也是在经济新常态背景下从体育大国向体育强国迈进的必然要求。全面深化群众体育改革应以"四个全面"治国理政总体方略为总遵循，应从创新群众体育的管理体制和运行机制、切实转变政府职能丰富和完善全民健身公共服务体系等三方面着手。全面深化群众体育改革的路径和举措包括：推动建立国家层面的全民健身协同发展机制；丰富和完善大群体工作格局；明确中央和地方的事权关系和支出责任；简政放权，放管结合，提高

---

[*] 本文刊载于《体育科学》2015年第8期。
[**] 刘国永，国家体育总局群体司司长，西安交通大学经济与金融学院产业经济学博士。

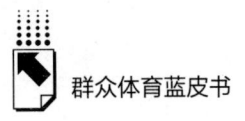

效益；培育和扶持体育社会组织发展；更好地发挥市场在推动全民健身事业中的作用；发挥好试点示范的引领作用；改革完善社会体育指导员制度；搭建新平台，创造新模式；建设新型中国特色的群众体育智库等。

关键词： 群众体育　全民健身　公共体育服务　体育管理体制

引　言

党的十八届三中全会通过了《中共中央关于全面深化改革若干重大问题的决定》，明确指出"改革开放是党在新的时代条件下带领全国各族人民进行的新的伟大革命，是当代中国最鲜明的特色"，强调"面对新形势新任务，全面建成小康社会，进而建成富强民主文明和谐的社会主义现代化国家、实现中华民族伟大复兴的中国梦，必须在新的历史起点上全面深化改革，不断增强中国特色社会主义道路自信、理论自信、制度自信"。2014年10月，国务院印发《关于加快体育产业发展推动体育消费的意见》，明确把全民健身上升为国家战略，提出要把体育作为新的经济增长点，促进体育与医疗卫生、文化教育、旅游休闲融合发展。2015年2月中央发布《中国足球改革发展总体方案》标志着体育领域全面深化改革正式拉开大幕。

一　全面深化群众体育改革的时代背景

2015年是中国全面深化改革关键之年。在新的历史起点上，经济社会发展呼唤进一步深化改革，人民群众期待进一步深化改革，体育事业发展需要进一步深化改革。全面建成小康社会，进而建成富强民主文明和谐的社会主义现代化国家、实现中华民族伟大复兴的中国梦，意味着在实现"两个一百年"之际，我国经济社会发展必须在原有基础上实现新的全面提升，使经济更加发展、科学更加进步、文化更加繁荣、社会更加和谐、人民生活更加健康幸福。实现全面提升，涉及生产关系和上层建筑的调整，涉及经济结构调整和发展方式转变，涉及收入分配制度和社会保障体系的创新，涉及城乡区域发展格局的完善，涉及人与自然和谐发展现代化建设新格局的构建，涉及包括体育在内的各项事业齐头并进，这些任务必须依靠全面深化改革才能完成。

全面深化群众体育改革，就是要转变长期以来封闭的群众体育模式，实现群众体育从单一管理，向多方治理转变，形成群众体育与竞技体育、体育产业前后衔接、左右联动、上下配套、系统集成的整体效应，更好地发挥群众体育的综合价值和社会功能。全国群众体育战线必须以更大的勇气和智慧，把握好落实全民健身国家战略的重大机遇，冲破思想观念的束缚，攻克体制机制上的顽症痼疾，突破利益固化的藩篱，让群众体育事业迸发新的活力。

（一）"四个全面"治国理政总体方略是全面深化群众体育改革的总遵循

"四个全面"是新一届中央领导集体谋划、治国理政的总体方略。"四个全面"战略布局，言简意赅、精辟深刻，既有战略目标又有战略举措，既统揽全局又突出重点，每一个"全面"都有其重大战略意义，相互之间密切联系、有机统一。"四个全面"战略布局不是简单的并列、平行关系，而是一个有机联系、环环相扣的整体。从大的关系看，是目标引领举措。全面建成小康社会是战略目标，全面深化改革、全面依法治国、全面从严治党是一个都不能缺的三大战略举措，为全面建成小康社会提供动力源泉、法治保障和政治保证。全面深化改革，既为全面建成小康社会提供强大动力，也是全面依法治国、全面从严治党的需要。全面依法治国，本身就是全面建成小康社会的重要内容，同时又为全面建成小康社会提供法治保障，无论全面深化改革、全面从严治党，都需要在法治的轨道上、框架下来进行。全面从严治党，是推进"四个全面"战略布局的关键，全面建成小康社会、全面深化改革、全面依法治国，都必须坚持党的领导。

这"四个全面"，是全面深化各项事业一个总的根据。全面深化改革没有特殊的领域。深化改革的要求，不光是经济改革、政治体制改革、文化改革、教育改革，也包括体育改革。党的十八届三中全会全面深化改革的决议一共60条，其中直接涉及体育改革的有两条。第40条提出"建立公共文化服务体系建设协调机制，统筹服务设施网络建设，促进基本公共文化服务标准化、均等化。建立群众评价和反馈机制，推动文化惠民项目与群众文化需求有效对接。整合基层宣传文化、党员教育、科学普及、体育健身等设施，建设综合性文化服务中心"。第42条提出"深化教育领域综合改革。全面贯彻党的教育方针，坚持立德树人，加强社会主义核心价值体系教育，完善中华优秀传统文化教育，形成爱学习、爱劳动、爱祖国活动的有效形式和长效机制，增强学生社会责任感、创新精神、实践能力。强化体育课和课外锻炼，促进青少年身心健康、体魄强健"。据统计，这60条中直接或间接涉及体育改革的内容达2/3。党的十八届三中全会60条出台以后，中央把这60条梳理成386项具体的改革内容，最后又加了一项足球改革，总共387项。所以全面深化改革必须要按照中央的要求全面推进。深化群众体育改革，要从"四个全面"的高度来理解和认识，要在全面上做文章，在深化上下功夫，不是要不要改革的问题，而是必须要改和怎么改的问题。

（二）全民健身上升为国家战略为全面深化群众体育改革带来新机遇、新变化

全民健身国家战略提出以后，在社会上引起了热议和广泛关注。文件明确提出要营造一个重视体育，支持体育，参与体育的社会氛围。文件当中提到很多涉及群众体育发展的指标。如人均体育场地面积达到2平方米，经常参加体育锻炼人数达到5亿人，体育公共服务基本覆盖全民，要构建15分钟健身圈，等等。从逻辑上讲，没有群众体育，没有体育氛围，没有体育消费，就不可能有体育产业的发展。中央把体育产业作为新的经济增长点，一定要从群众体育抓起。反过来讲，群众体育现在已经成为制约体育产业发

展、影响体育功能发挥的一个很重要的方面。因此，必须要用改革的思维，改革的方法来积极应对。不能简单地把"三边工程"理解为群众体育的全部。我们视野要更加宽一点，要站在促进政治、经济、文化、社会发展的高度，从体育健身、生活方式、拉动消费、促进产业结构调整的角度来思考和审视群众体育工作。

全民健身上升为国家战略，带来了一系列新的变化和机遇。全民健身价值定位从单纯强调强身健体，向全面强调全民健身的社会价值、经济价值、民生价值转变；全民健身资源配置方式从单纯的政府主导向政府主导加社会和市场转变，从单纯的彩票公益金投入向彩票公益金加财政投入转变；全民健身发展方式从体育系统独立开展向跨界整合、融合发展转变；全民健身领导机制从部门推动上升为政府推动。我们要深入研究全民健身国家战略，从理论上回答为什么要把全民健身上升为国家战略，全民健身国家战略的内涵、要求是什么，如何落实全民健身国家战略。

（三）全面深化群众体育改革是经济新常态背景下从体育大国向体育强国迈进的必然要求

在我国经济新常态背景下，随着新型工业化、信息化、城镇化和农业现代化的不断推进，市场主体的内在活力日益激发、经济发展内生动力不断增强、公平有序的市场环境逐步夯实，不仅会创造出更多、更新的市场需求，还会带来更全面、更深刻的产业结构调整和需求结构再平衡，这为我国经济提供了巨大潜力和发展空间。党的十八届三中全会提出要推进国家治理体系和治理能力的现代化，在经济新常态背景下，建设体育强国需要推进全民健身治理体系的现代化。这预示着传统的体育管理要向全新的体育治理转变。加快政府职能转变，简政放权，管办分离，厘清政府、社会组织和市场的边界。完善社会体育组织管理体制，推进政府购买服务，发挥社会组织和市场的作用。坚持"政府主导、部门协同、全社会共同参与"的工作思路，以大众需求为导向，按照公益性、均等性、基本性、便民性的要求，健全和完善网络健全、城乡一体的全民健身公共服务体系，逐步实现全民健身公共服

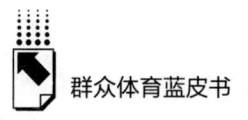

务在地域、城乡和人群间均等化的目标。完善财政保障机制、场馆运营机制、服务供给机制、监督问责机制，形成保障全民健身公共服务体系有效运行的长效机制。

建设体育强国是全面深化体育改革总的目标，体育强国是一个系统建设的工程，包括群众体育、竞技体育、体育产业、体育文化等若干个方面。在这样一个系统工程当中，目前来看，我国的群众体育和竞技体育相比还是一个短板，和发达国家很多指标相比差距还比较大，尤其是老百姓的体育意识、政府提供基本体育公共服务的能力和水平、经常参加体育锻炼的人数、国民体育健康素养等差距很大。全社会重视体育、参与体育、发展体育的理念还没有完全形成。要通过全面深化群众体育改革，深入贯彻落实全民健身国家战略，推动群众体育工作实现新跨越。

二　全面深化群众体育改革的主要任务

全面深化改革，要立足于从三个方面着力、入手。一是全面深化群众体育改革的重点是创新群众体育的管理体制和运行机制，这是全面深化群众体育改革的要求，这也是全面深化群众体育改革的难点、重点。二是全面深化群众体育改革，核心是要切实转变政府职能，如果不转职能、不转方式、不转作风，全面深化改革就是一句空话。三是要把全面深化改革的聚焦点放在丰富和完善全民健身公共服务体系上。改革的任务要聚焦，不能因为改革迷失了方向，找不到目标，一定要知道改革是为了谁，朝哪个方向去改，因此丰富和完善全民健身公共服务体系，是全面深化群众体育改革的主线。

创新管理体制和运行机制，是为了更好地丰富和完善全民健身公共服务体系，转变政府职能，也是要回答怎么样更好地丰富和完善全民健身公共服务体系，反过来讲，要构建丰富完善的全民健身公共服务体系，要让社会认可，让老百姓满意，必须要转职能、转方式，必须要改变目前的管理体制和运行机制。

（一）创新群众体育管理体制和运行机制

创新群众体育管理体制和运行机制，核心是要从计划经济体制下的管理模式向与市场经济体制要求相适应的治理模式转变，目标是形成有中国特色的现代群众体育治理体制，也就是更好地发挥政府的主导作用，更大程度释放社会和市场活力，使有效的行政体制和活跃的市场体制能够有机结合。现在的管理体制还带有很强的计划性，是封闭的、自上而下的、效率低下的，不能完全适应需求和市场的管理体制。这种封闭的管理体系离老百姓的需求、社会的呼声差距很大。

全面深化群众体育改革要按照问题导向来改。有什么问题就改什么问题，要尽快出台问题导向的一揽子改革方案。改革要坚持问需于民，按照老百姓的需求改。改革就是要解放思想，打破传统的思维模式。聚焦了矛盾，就找到了改革的方向。尤其是现在正在做的"十三五"群众体育事业发展规划和研究制定的《全民健身计划（2016~2020年）》，不能沿用过去的传统模式，不能在"十二五"的基础上，把目标再提高一下，就成为"十三五"的目标。制定群众体育发展规划必须更加注意改革与民意响应模式的提速换挡，让规划成为全面深化改革的第一推手，通过提升改革的质量，增强群众健身服务方面的"获得感"，让人民呼声与改革脉搏共振。规划中关键是把"人民有所呼、改革有所应"当成一种追求、一种常态，坚持眼睛向下、脚步向下。要从政府部门"端菜"到人民群众"点菜"，更为精准、更加精细地清除阻碍群众体育事业发展的"堵点"、影响干事的"痛点"和监管服务的"盲点"，让广大群众和社会组织能够有更多的获得感，推动群众体育领域的大众创业、万众创新。

（二）切实转变政府职能

转变政府职能，是根据国家和社会发展的需要，对其应担负的职责和所发挥的功能、作用的范围、内容、方式的转移与变化。政府职能转变是由影响政府职能的诸多因素所决定的，包括管理职权、管理手段、管理模式的转

变,比如管什么、管多宽、管到什么程度等。

转变群众体育政府职能,就是要从领导、管理向服务保障转变,政府要把主要工作精力放在研究问题、制定政策、提供服务保障上来,核心的问题是要正确处理好政府和社会、政府和市场的关系,大力推动群众体育的社会化、市场化。中央特别强调,政府有权不能太任性,法无授权不可为,法有规定必须为。体育行政部门要逐步从前台退到后台,从演员到导演,从演出公司变成经纪公司。要花大量的时间来研究怎么样协调好政府、市场、社会的关系。所以,多搞几个活动不如多出几个政策;自己关门干,不如协调部门一起干;有时候投资几千万建设一个场馆,还不如策划好一个公益广告的效果好。

所以转变群众体育政府职能,要朝着推动群众体育社会化、市场化的方向去抓工作,彻底放弃传统的工作模式。从总体来看,当前群众体育管理水平与建设服务型政府的要求还有较大差距,一些地方政府职能缺位、错位问题仍然突出,部门之间还存在职责交叉、权责不清,工作效率低、服务质量差的问题,应当创新全民健身公共服务方式,提升政府公信力、执行力,调动更多的社会力量办群体。

(三)丰富和完善全民健身公共服务体系

公共服务是为了满足社会公共需要,由公共部门提供、供全社会所有公民共同消费、平等享受的产品与服务的总称。基本公共服务是政府的基本责任,是公民的基本权利。全民健身公共服务是政府运用公共资源为公民及各种各类体育机构提供的旨在满足社会公众基本体育需要的各种服务。

从服务对象看,全民健身公共服务既包括以体育组织为服务对象的公共体育服务,如政府体育部门行政审批、体育发展方针政策制定等,也包括以社会成员为服务对象的公共体育服务,如健身场地设施、健身指导、健身培训等服务活动。从服务形态看,全民健身公共服务既包括健身场地设施等物质性公共体育服务,也包括体育信息服务等非物质性公共体育服务。从服务内容看,既包括满足人们参与体育活动需要的健身指导、健身培训等服务,也包括满足人们观赏体育比赛需要的体育服务，如组织高水平竞赛表演活动等。

丰富和完善全民健身公共服务体系，一方面政府在提供基本公共服务体系当中要唱主角，不能缺位；另一方面也不能包办代替。各级政府和各级体育主管部门要树立正确的体育政绩观，更加重视群众体育，投入更多人财物保障群众体育事业发展，加快完善全民健身工作领导机制和"政府主导、部门协同、全社会共同参与"的工作机制，更好地满足广大群众对全民健身公共服务的需求，使体育为民谋福利，为全面建成小康社会添动力。要紧紧围绕构建全民健身公共服务体系这个核心目标，有所为有所不为，缩短战线、突出重点、优化结构、提高效益。

三 全面深化群众体育改革的路径和举措

（一）推动建立国家层面的全民健身协同发展机制

近年来，有很多专家学者通过写内参、提建议等方式提出，应该按照大健康理念，把全民健身作为非医疗干预健康的重要手段前移，纳入国家大健康的管理系统当中来统筹谋划，统筹推进。现在已经进入一个大健康管理的时代。这个大健康管理，不是简单的预防，也不是简单的治疗，是形成体系，核心就是把体育作为非医疗的重要手段。大量研究表明，从运动经济学的角度分析，运动和节约医疗费用的关系是1∶8或者1∶10的关系。也就是说，运动方面投入1元，会节约的医疗支出8~10元，这是很多国家的研究成果。现在很多西方国家老百姓能够接受的观点是用100块钱健身，10块钱看病，1块钱防老。当前我国的医疗改革、保障体系基本上是以大病救助为主，生病以后花费多、补助多。大病救助更多体现的是对弱势群体的人文关怀，但是应该投入更多的资金和精力到治未病的非医疗干预中。

推动建立国家层面的全民健身协同发展机制，核心是要围绕"大健康"理念建立跨界整合、融合发展的工作机制。近年来，中央发出的关于加强养老服务业、健康服务业、旅游业、公共文化服务体系等方面的文件，都把体育作为重要的发力点和着力点提出来。推动建立国家层面的全民健身协同发展机制，会整合涉及全民健身的投入、保障、服务、协调发展等各类的问题，并通过一个高层次的领导协调机制来解决。

部分省份也有全民健身领导小组、领导协调机构。比如，安徽的全民健身领导小组做得比较实，建立了协调机构、发了文件；安徽省每年由副省长召开全民健身协调工作会议，所有涉及全民健身和群众体育的重大法规、政策、文件必须要通过这一机制审核；重庆市万盛经济开发区，从体育入手打造成健康生态区，开发区书记亲自抓群众体育工作，出台了一系列体育与健康、旅游相关的政策措施；云南丽江玉龙县，率先成立体育运动委员会，主任是县委书记，副主任是县长，文体局长是政府办公室主任，他们认为在玉龙这样一个贫困县，最有希望能够凝聚老百姓的就是体育，花钱最少的就是体育。这种模式在各级政府很多地方都在探索，形式不一样，但这种高层的协调、领导协同发展的机制是共同的。

（二）丰富和完善大群体工作格局

近年来，以"政府主导、部门协同、全社会共同参与"的大群体工作格局基本形成了共识，得到了方方面面的认可，但就实际效果来看，目前政府主导还不到位，部门协同的机制还没有真正建立起来，全社会共同参与还远远不够。因此在下一步改革过程当中，在改革方向上、改革重点上，要着力解决好几个问题。一是政府主导一定要抓住要害。政府主导要体现政策导向上，体现在督导检查上，体现在顶层设计和规划上。二是部门协同要深化、细化、具体化。部门协同不是简单地分分工，开一个会，发一个文件。以中央部委为例，要研究哪些部委属于保障类的，哪些部委属于合作类的，哪些部委属于指导类的。要分门别类，针对群众体育工作特点、性质提出有针对性的融合发展思路。要夯实基础，突出重点，分层、分类推进。只有这样，才能把部门协同的机制做实、做细，才能做到融合发展。三是全民健身是全社会共同参与、共同建设、共同享有的事业。只有政府、企业、体育社会组织、公众各尽其责、各尽其能、各尽其力,全民健身才能在潺潺细水汇聚成的巨大洪流中勇立潮头、不断前行。

(三)明确中央和地方的事权关系和支出责任

理清中央和地方的事权关系是党的十八届三中全会全面深化改革的要求,在推动群众体育方面,对于地方的责任,中央不能包办、代替地方来做,中央该做的事也不能推给地方政府。当前国家体育总局使用中央集中彩票公益金转移支付地方,支持各地开展全民健身采取的办法是国家体育总局规定好资助项目,各省(区、市)按照总局的规定项目来申请,总局对规定项目之外的需求申请不予支持。这种资金分配方式曾经有效地带动了地方全民健身设施建设,取得了很好的效果,但也存在没有充分考虑广大群众参与健身的多元化需求,使各地不能够按照实际情况因地制宜地开展全民健身工作的问题,不仅有代编预算的嫌疑,也不利于公益金使用效益的最大化。这种彩票公益金分配使用办法,具有浓厚的计划经济色彩。要增强彩票公益金社会公益性、增加项目安排使用透明度、进一步提高彩票公益金使用绩效,就需要对这种传统的分配使用方式在制度上重新设计。

在"十三五"时期理清中央与地方的事权关系,坚持公平公正、均等发展、因地制宜、按需分配、效益最佳、突出绩效的原则,强化各级政府为本地区群众提供体育公共服务方面的责任和义务。在分配方式上,按照中央财税体制改革的总要求,减少专项转移支付,结合体育实际改革转移支付办法,可以考虑要素分配法。一是政策要素,按照国家财政和转移支付制度的有关政策要求,中央财政主要用于增加对地方特别是中西部地区的转移支付,以促进地区间基本公共服务的均等化。二是人口要素,人口是全民健身体系建设的一个重要指标。人口多,对体育公共服务的需求必然就要增加,全民健身各项工作标准的设立多以人口数量为指标条件。三是工作要素,将各省(区、市)开展全民健身工作情况作为计算转移支付资金的要素。主要包括经常参加体育锻炼人口比例、省(区、市)人口体质状况、人均社会体育指导员人数、人均体育场地面积情况、近年全民健身工作情况等。

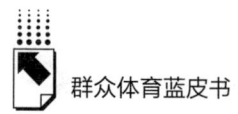

此外，还可探索通过全民健身基金的方式，研究出符合中国国情、适应体育发展实际的顶层设计。按照《基金会管理条例》和彩票公益金使用管理的要求，可不可以每年从彩票公益金中拿出一定份额，委托专业基金公司或团队，向社会公布拟开展的公益活动和资金的详细使用计划，公开透明地培育和扶持各级各类体育社会组织参与、发展全民健身事业，逐渐扭转彩票公益金管理使用低效、固化等问题，充分体现彩票公益金社会公益性、透明度和使用绩效，这些想法还需要在政策上去研究和突破。

（四）简政放权、放管结合、提高效益

简政放权就是要做减法，中央转变政府职能有几个关键词，一是下放，二是取消，三是转移，四是加强。把这四个问题回答清楚、列出清单就是转变职能的具体体现。另外是角色定位问题，要有所为有所不为。按照中央要求，现在已经取消了商业性、群众性体育赛事的审批，政府要从积极的办赛主体，转移到制度保障和赛事环境的营造上，做公正的仲裁者。从严格意义来讲，离这个要求还有很远，很多体育部门包括行业协会现在不知道怎么干。当然也有一些行业协会，已经初步探索出一些比较好的模式，比如中国田径协会在马拉松赛事方面，从原来的审批转到行业自律、行业管理、行业服务。下放管理权限，核心的问题就是明确职能的边界，释放社会和市场的活力，进一步强化公共服务的职能。

（五）培育和扶持体育社会组织发展

培育和扶持体育社会组织发展是当前全面深化群众体育改革一项艰巨的任务。在简政放权的过程当中，一个很重要的难题和问题就是很多事权放不下去，没有人来承接。长期以来，体育社会组织的行政化色彩很浓，活跃度不够，自身造血功能不足。所以当前的重点工作是要放在立足培育和扶持。一是重点强化全国性单项体育协会全民健身功能，结合中央专项巡视，国家体育总局专门下发了加强群众体育工作的意见。全国性单项体育协会全民健身和群众体育的功能如何发挥，要通过发展项目人口，建立业余体育锻炼达

标体系、竞赛体系、裁判员体系、指导员体系等。比如中国游泳协会的金海豚、银海豚、蓝海豚和粉海豚的业余体育锻炼达标体系，只要能游50米，就有对应的级别和认证，这样会让更多的老百姓选择一个项目能够长期的参与下去，最终成为一种生活习惯。

另外我们正积极倡导"4+X"模式。就是把4类综合性、枢纽性的体育社会组织先扶持起来。这4类分别是体育总会、老年体育协会、农民体育协会、社会体育指导员协会。X就是根据老百姓的需求，把各个单项体育活动组织起来，比如喜欢跳广场舞的，可以鼓励成立广场舞协会，喜欢打篮球就是篮球协会等。另外要鼓励地方探索多种模式，政府购买服务，鼓励民间组织、网络组织、草根组织在发展全民健身方面起更大更好的作用。

（六）更好地发挥市场在推动全民健身事业中的作用

更好地发挥市场在推动全民健身事业当中的作用，要不断拓宽市场配置领域，培育核心市场要素，培育多元市场主体，吸引社会力量参与。比如在科学健身指导方面，要注意调动社会力量，鼓励有条件的企事业单位、体育社会组织参与到科学健身指导中来，培育规范开放、公开透明的健身指导市场体系，不断满足群众对科学健身指导服务的需求。客观来看，目前在发挥市场的力量推动群众体育方面还缺政策、缺抓手。在"十三五"时期，要进一步优化市场环境，完善政策措施，培育多元主体，遵循发展规律，有效调动全社会的积极性与创造力，真正形成全社会共同参与的群体工作良好格局和氛围。

（七）发挥好试点示范的引领作用

近年来，我们做了一些探索，比如在国家体育总局和江苏省共建公共体育示范区的基础上，群体司选择了宁夏的中宁县、彭阳县，江西的崇义县，北京市东城区，支持地方政府探索全民健身公共服务体系建设的模式。全民健身公共服务体系示范区建设是体育总局开展的公共体育服务体系示范区建设的基础和重点，两者密切相关、协同推进，同时又与文化部牵头的国家公共文化服务体系建设相关联，可以纳入其中统筹推动。示范区建设要探索整合群众体育场地、组织、活动、健身指导、信息服务等各类资源，形成省、县和社区等不同层级全民健身公共服务体系示范区建设办法和标准。同时结合2015年开展的全民健身公共服务体系框架内容和标准化研究，做到理论与实践相结合，通过理论为实际工作指引方向，通过实践丰富理论的内容，指导全民健身公共服务体系示范区建设工作取得实效，提升工作水平和层次。

（八）改革完善社会体育指导员制度

《社会体育指导员技术等级制度》于1993年12月由国家体委发布实施，目的是为加强社会体育指导员队伍的建设与管理，鼓励社会体育指导员积极从事社会体育工作，把社会体育指导员作为发展我国体育事业，增进公民身心健康，提高生活质量，建设社会主义精神文明的一支重要力量。当时规定凡是在竞技体育、学校体育、部队体育以外的群众性体育活动中从事技能传授、锻炼指导和组织管理工作的人员，能够履行社会体育指导员职责者，均可申请并获得社会体育指导员技术等级称号。2011年10月，国家体育总局发布实施《社会体育指导员管理办法》，提出社会体育指导员是指不以收取报酬为目的，向公众提供传授健身技能、组织健身活动、宣传科学健身知识等全民健身志愿服务，并获得技术等级称号的人员。各级体育主管部门或经批准的协会按照社会体育指导员技术等级标准，批准授予相应等级社会体育指导员称号，其中国家体育总局批准授予国家级社会体育指导员技术等级称号，省级体育主管部门或经批准的全国性协会批准授予一级社会体育指导员技术等级称号。总体来看，20多年来我国社会体育指导员从无到有，成绩很大，目前培训人数已经到180多万人次，这支队伍确实为群众健身提供了技能传授、锻炼指导等志愿服务工作。但是，目前还存在着社会体育指导员的上岗率还不够、指导员的积极性还没有激发出来、指导员与体育运动项目的结合还不够紧密、指导员的考核退出机制还不健全、社会体育指导员协会还没有发挥应有的作用等问题，这些问题需要我们大胆改革，逐步完善。

(九)搭建新平台,创造新模式

2011年,体育总局下发了《关于开展"全民健身示范城市(区)"试点工作的通知》,批准公布了20个城市(区)作为全民健身示范城市(区)的试点单位,对开展试点工作做出安排,提出要求。各试点城市(区)纷纷制定因地制宜、因需制宜、目标明确、措施明确的具体实施方案,政府履行的体育公共服务职责得到强化,形成了不少特色做法和初步经验。为巩固试点成果,我们正在开展可行性调研和论证,拟以20个示范城市为母体,成立一个全民健身城市联盟,创新建立一种多元自治的模式。同时,国家体育总局和天津市人民政府签署全运惠民工程,探索利用全运会的平台,推动当地的群众体育发展,把综合性运动会的效益放大。另外,国家正积极探索研究全民健身公益 TOP 计划,即参照国际奥委会搞市场开发的模式,把中华全国体育总会这面旗树起来,通过中华全国体育总会,搞一个公益的激励计划,把社会上有志于做全民健身的力量、集体、个人都团结起来。积极探索全民健身激励机制,通过建立全民健身公共积分的方式,把老百姓参加体育锻炼的积极性调动起来。

(十)建设新型中国特色的群众体育智库

近几年,全民健身发展得很快,取得了一定成效,但是全民健身的理论体系还没有建立起来。对全民健身基本理论问题还缺乏系统、深入的研究,可以通过建设新型中国特色的群众体育智库方式,继续整合群体理论研究资源,在以前全民健身专家委员会基础上,把与群众体育相关各学科专家学者聚集起来,组建群众体育智库。通过发挥智库的智慧和才能,为群众体育发展提供政策咨询、调查研究,制度设计、诊断纠偏、突破瓶颈、顶层设计等智力成果,及时做出分析和科学的判断,为群众体育决策提供智力支持,每年出一批成果,争取利用3~5年的时间,研究一些重大群体理论问题,逐步形成内容全面、逻辑清晰、体系规范的群众体育理论研究系统。此外我们把群众体育方面的理论研究、实践经验,包括国际经验汇总整理出来,每年

出一本群众体育发展的年度报告（蓝皮书），对国内外发展经验、最新理论成果、实践中的重大现实问题等进行高度概括与深入分析，对我国群众体育年度发展现状进行全面、客观的描述与分析，推动群众体育理论研究工作更好地发挥理论指导功能。

展望"十三五"，群众体育发展韧性好、潜力足、空间大是不争的事实。但同时，在经济新常态的过程中可能伴生新矛盾和新风险，比如助力群众体育事业快速发展的彩票公益金和财政投入增幅将可能逐步收窄。所以在看到群众体育发展的亮点和走势的同时，也要进一步增强危机感和紧迫感，扬长避短、因势利导，保持定力、主动作为，把难点和复杂性估计得更充分一些，把各种风险想得更深入一些，把各方面情况考虑得更周全一些，摆脱"速度情结""换挡焦虑"，破除思维定式和工作惯性，顺势而为，增强合力。加快适应群众体育体制机制新变化以及对工作提出的新要求，让各类体育社会组织有活力，各级体育行政部门有动力，让全面深化改革为群众体育事业发展提供更多的动力。

B.3 以群众体育促进社会建设*

任 海**

摘　要： 社会建设作为国家发展战略的提出，标志着我国社会发展进入将"以人为本"作为价值取向的新阶段。社会和谐是中国特色社会主义的本质属性，由于体育与生俱来的人文精神，使之与社会建设的价值取向高度契合。由于体育多方面的社会功能，使之在扩大社会参与、促进社会融入、改善社会治理、传播社会价值等诸多领域具有促进社会建设，构建社会和谐的独特功能。尽管群众体育具有促进社会建设的诸多功能，但这些功能不会自然地发挥其作用。要激活群众体育的社会功能，使之在我国社会建设中发挥其应有的作用，需要在转变观念、以群众体育促进社会建设、充分发挥体育小团体组织的社会功能方面做出努力。将群众体育的基本目标由强调人的自然属性的健身，转向强调人的社会属性的全面发展；将发展群众体育的"政府本位"转向"社会本位"；寻求群众体育与社会建设的结合点；通过群众体育与社会建设的互动，达到以群众体育促社会建设，以社会建设促群众体育的双赢局面。因此，以群众体育促进社会建设，是我国社会进入这一发展时期的现实需要。群众体育与社会建设结合，也为我国体育开辟了广阔的发展前景。

---

* 本文刊发于《北京体育大学学报》2014年第9期。
** 任海，北京体育大学教授，博士，博士研究生导师，研究方向体育人文社会学。

群众体育蓝皮书

关键词： 群众体育 社会参与 社会价值 体育小团体组织

改革开放以来，中国正在经历历史上前所未有的社会大转型，从计划经济体制向社会主义市场经济体制转变、农业社会向工业社会转变、乡村社会向城镇社会转变、封闭半封闭社会向开放社会转变、伦理社会向法理社会转变。① 社会变迁范围之广，速度之快，程度之深刻，前所未有。在这一全面而深刻社会转型过程中，我国体育发展的内外环境均发生巨大变化。我们曾经熟悉的体育发展模式受到前所未有的挑战，遇到发展瓶颈。表现为，对群众体育的投入大为增加，而国民体质，特别是青少年体质的状态依然堪忧；以功拳操为主的基层体育活动，吸引的依然多为老年人群，青少年鲜有参与；公共体育设施面向社会开放困难重重，百姓身边的场地依然稀缺；数以亿计的农民工体育服务依然缺失，体育社会位置日趋边缘化的状态仍未改观；等等。所有这些现象都表明我国体育遇到发展瓶颈。群众体育是体育的一个基本领域，要突破制约体育发展的瓶颈，群众体育的创新和改革势在必行。群众体育能否发展，从根本上来说是由社会对体育的需求决定的，群众体育能否繁荣，取决于它是否契合社会发展的主流，是否能进入社会发展的核心领域。

改革开放以来，随着社会的发展，我国社会主义建设事业总体布局也经历了一个不断完善的过程。1986 年党的十二届六中全会首先提出了"以经济建设为中心，坚定不移地进行经济体制改革，坚定不移地进行政治体制改革，坚定不移地加强精神文明建设"的总体布局。此后党的十三大、十四大、十五大、十六大都延续了经济建设、政治建设、文化建设"三位一体"的中国特色社会主义事业的总体布局；2004 年党的十六届六中全会提出了构建社会主义和谐社会的重大任务后，总体布局由"三位一体"扩展为经济建设、政治建设、文化建设、社会建设"四位一体"。党的十八大又进一

---

① 郑杭生：《中国和西方社会转型显著的不同点》，《人民论坛》2009 年第 5 期。

步扩展为包括生态文明建设在内的"五位一体"。十年来"社会建设"已成为中国社会发展一个核心领域。体育是社会生活的重要内容,我国体育,特别是群众体育,如果能进入社会建设这一核心领域,不仅能为民族复兴的伟大事业做出贡献,而且可以彻底改变其目前边缘化的状态,为自身的发展创造新的发展前景。

那么,我国的群众体育是否与今天的社会建设有关?如果有关,它应当如何服务于社会建设?这是本文要探讨的问题。

一 什么是社会建设

自从党的十六届六中全会将社会建设纳入我国社会主义事业的总体布局后,有关社会建设的讨论就成为学界热点,大家见仁见智,有不同的认识,如陆学艺认为"社会建设是指社会主体根据社会需要,有目的、有计划、有组织进行的改善民生和推进社会进步的社会行为与过程";郑杭生则认为,社会建设"可以理解为:在社会领域建立和完善对各种社会资源和社会机会进行合理配置的社会结构和社会机制,以及处理社会矛盾、社会问题和社会风险的创新机制"。[1]

随着时间的推移,我国社会建设的图景日趋清晰,任务也越来越明确。党的十八大报告指出,"加强社会建设,是社会和谐稳定的重要保证","以保障和改善民生为重点","加快健全基本公共服务体系,加强和创新社会管理,推动社会主义和谐社会建设"。党的十八届三中全会进一步明确指出,"创新社会治理,增强社会发展活力,要改进社会治理方式,激发社会组织活力,创新有效预防和化解社会矛盾体制","激发社会组织活力。正确处理政府和社会关系,加快实施政社分开,推进社会组织明确权责、依法自治、发挥作用。适合由社会组织提供的公共服务和解决的事项,交由社会组织承担。支持和发展志愿服务组织","建立社会参与机制,充分发挥人

---

[1] 刘天喜、傅艳蕾:《中国社会建设问题研究综述》,《理论视野》2009年第2期,第29页。

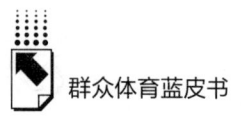

民群众积极性、主动性、创造性"。"促进群众在城乡社区治理、基层公共事务和公益事业中依法自我管理、自我服务、自我教育、自我监督"等。

显然,社会建设的内容丰富,是一项庞大的系统工程。其核心目标是社会和谐与社会进步,而要实现社会和谐与进步,就涉及社会参与、社会包容、社会治理、社会服务这些关键词,而正是在这些方面,群众体育具有积极作用。

二 群众体育为什么可以促进社会建设

社会和谐是中国特色社会主义的本质属性,体育活动的本质功能就是促进和谐,即通过体育活动促进人自身的和谐,人与社会的和谐以及人与自然环境的和谐。显然,体育活动固有的本质属性及内在机制与社会建设的需要高度契合。体育的独特性,使它在以下几个方面具有促进社会建设的特殊功能。

(一)社会参与

1. 体育参与的包容性

社会建设的前提是社会的广泛参与,只有全社会的成员充分参与,才能形成"社会和谐人人有责、和谐社会人人共享的生动局面"。为此,党的十八届三中全会提出"建立社会参与机制,充分发挥人民群众积极性、主动性、创造性"。体育是人类社会中少有的可以覆盖全社会的社会文化活动,体育层次丰富,类型多样,内容齐全,任何一个人无论其身体强弱、年龄大小、受教育时间长短、经济状况如何、技能水平高低,都可以在体育中找到自己的位置。体育是对参与者不设门槛的社会文化形态,雅俗共赏,具有其他任何文化形态所不具备的社会参与性。正是体育这种天然的社会参与性,使之成为人类社会中规模最大、包容性最强的社会共享平台。环顾世界,只要有人群的地方就有体育。我国群众体育的参加者是生活在960万平方公里土地上的全体中国公民,这一巨大人口具有高度的差异性,如群体差异

（民族、习俗、性别、年龄、职业、健康状况、兴趣、动机等）、社会环境差异（城乡差别、社区差别等）、自然环境差异、南北方气候的差别、东西部地理概貌的差别等。我国各地区经济、文化发展的不平衡性，进一步强化了这种差异性。这使得我国群众体育成为极具社会包容的宏大社会现象。

仅有社会参与，即使是达到全社会所有成员共同参与的规模，还不足以产生促进社会建设的积极作用。要使社会参与对社会建设产生积极的作用，这种参与必须是平等的。只有把民众的平等参与作为基础，才能维护和实现社会的公平与正义，促进权利公平、机会公平、规则公平，从而营造公平的社会环境。而平等参与，是体育最基本的特征。体育的基本原则是公平竞争，体育将人类社会对公平、公正、公开的追求提高到极致，浓缩在人们自身参与或观赏的各种各样的体育活动中。从基层草根层次到顶端的精英运动，所有的体育活动，依靠体系化的规则确保了各个层次体育参与者的平等。参与体育的过程，在一定意义就是学习人与人之间平等交往的过程。从这个意义上讲，参与体育的过程，也是培养我国数以亿计的国民平等参与社会建设的过程。在体育中人们形成的平等的参与意识、参与规范和参与行为，会对他们参与社会建设其他领域产生积极影响，即使他们有参与热情，也使他们有参与的理性。世界上许多国家正是利用体育的这些特点，从儿童少年时代就通过体育培养其公民健康而积极的社会参与意识和行为的。

2. 体育参与者的社会化

一个人成长为社会所需要的人不是自然形成的，而是通过一系列学习实现的。这个过程就是"社会化"。"社会化是人们获得人格、学习社会和群体方式的社会互动过程"。[①] 人的社会化过程始于其出生之日，继而持续其一生。从社会学的角度来看，体育运动是围绕着人类社会多种基本社会关系构建起的一种特殊的社会环境。参与体育的过程也是参与者社会化的过程。参与者在体育的场景中，意识到自己的社会角色，学习到处理多种社会关系的社会准则，如公平竞争、公正裁决、分工与合作、规范与自由、团队精神

---

① 〔美〕戴维·波普诺：《社会学》，李强等译，中国人民大学出版社，1999，第169页。

等。通过良好的体育行为，促进良好的社会行为。更难能可贵的是，参与者通过体育进行的社会化活动，寓教于乐，将严肃的社会学习变成极具亲和力的游戏，通过参与者自愿参加的体育活动，将社会准则潜移默化于参与者的思想深处。

社会稳定取决于社会成员融入社会的程度，也取决于他们对社会基本价值观念和行为准则的认同程度。体育的包容性参与及其独特的教育功能，使得体育参与促进了社会参与的广度和深度。

（二）社会融入

随着我国社会由计划经济向社会主义市场经济转轨，静态社会迅速转化为动态社会，其最突出的特征就是城镇化带来的人口流动。"城镇化是人类生产和生活活动在区域空间上的聚集，是现代化进程的主要内容和重要表现形式。"①

西方人的城市化和工业化经过了好几代人的努力。而非洲、亚洲、拉丁美洲发展中国家则试图在完全不同的条件下，要在短得多的时间内取得同样的成就。事实上，发展中国家的城市增长速度是爆炸性的。② 这种爆炸性的城市增长如果处理不当，会导致大量棘手的社会问题。与计划经济时代静止、僵化的社会格局不同，今天的中国社会呈现出高度的流动性，特点是数以亿计的农民，离开他们世世代代生活的乡土，进入城市，中国出现了历史上前所未有的大规模人口迁移，城镇化的浪潮汹涌澎湃，2011年中国的城市居住人口数量首次超出农村居住人口。中国城镇化的重点是农民工的全面转型、农民工的市民化，使农民工及其家属不仅在名义上而且在实质上成为城市社会的一员。③ 要让人数如此众多的移民融入城市社会，关键在于"推

---

① 国务院发展研究中心课题组：《中国城镇化：前景、战略与政策》，中国发展出版社，2010，第1页。
② 〔美〕戴维·波普诺：《社会学》，李强等译，中国人民大学出版社，1999，第569页。
③ 国务院发展研究中心课题组：《中国城镇化：前景、战略与政策》，中国发展出版社，2010，第15页。

进以人为核心的城镇化"、"推进农业转移人口市民化"。社会融入的一个必要条件是外来人口与当地人口频繁而广泛的良性社会互动，在互动中加深相互间的理解、信任和尊重。体育是社会包容度最大的社会文化活动，在体育活动中有频繁而多样的人际互动，涉及多种重要的社会关系。群众体育活动不涉及现实生活中的功利目标，对参与者有天然的聚合力。"通过文体活动建立起来的交往结构为社区构建提供潜在的社会基础。"体育活动通常是在相应的组织支撑下进行的，农民工进入城镇后，参与体育活动，融入社会体育组织，也就是进入了以体育为载体的社会网络，其社会参与、社会互动和社会学习有了稳定的组织支撑，从而加速了其社会融入过程。群众体育的这一重要作用，不仅可有效地用于农民工的市民化，而且可用于促进民族和谐（见图1）。

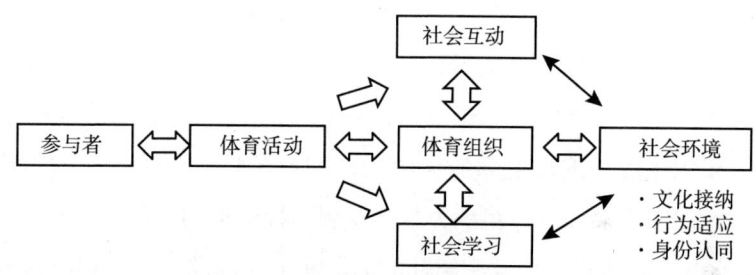

图1　体育促进社会融入的机制

（三）社会治理

处于全面而深刻转型中的中国社会，面临着一系列复杂而尖锐的社会治理问题。在计划经济时代，单位制的社会体系在我国社会管理中发挥着重要作用，保持了社会的稳定。市场经济解构了单位制的社会体系，人们走出单位，走向社会，成为失去社会组织依托的个体人。这种个体化、分散化的社会状态如"一盘散沙"，给社会治理带来极大的困难。社会治理需要改变"一盘散沙"的状态，将个体的社会成员组织起来，形成党的十八大所要求的"政社分开、权责明确、依法自治的现代社会组织体制"，进而建立"党委领导、政府负责、社会协同、公众参与、法治保障的社会管理体制"。党的十八届三中全会进而提出"社会治理"的理念,要求"创新社会治理,增强社会发展活力","促进群众在城乡社区治理、基层公共事务和公益事业中依法自我管理、自我服务、自我教育、自我监督"。

社会治理的核心措施之一就是构建和完善社会组织。这是因为社会组织是政府管理的"减肥剂"。只有社会组织发达,为社会成员提供各种社会服务,满足其多样性和多层次的需要,才能推动政府职能的转变,实行政社分离,管办分离,缩小臃肿的行政人员队伍;社会组织也是政府与社会的"黏合剂",通过社会组织的中介机制,社会成员与政府之间相互影响,互融共生。社会组织还是社会的"安全阀"和"减震器",排解社会怨气、释放社会压力,保证社会的稳定;此外,社会组织还以其宽容、互助、利他和公益精神,推进各项社会改革。①

但是,由于历史和社会的原因,社会组织在我国一直处于发育不良状态,现代社会组织体制在我国建立并非易事。其原因是社会组织的性质是非政府的,组织维度是重在人际的横向关系的。在长达两千多年的封建社会中,这种横向联系的非政府组织为封建专制的社会架构所不容,其组织形态"社"为官方所排斥,多以秘密结社的形态隐于"江湖"。在计划经济时代,单位体制也没有为社会组织留出必要的发展空间。社会组织是工业化、城市化社会中一股重要整合力量,而我国社会组织的数量与工业化国家相比,差距高达30多倍。② 这样,今天的中国,一方面迫切需要建立起发达的社会组织网络,以应对社会治理的难题;另一方面社会组织生存与发展的社会土壤贫瘠且缺乏经验。如何培育和发展社会组织面临着理论和实践方面的诸多问题,而这里也恰恰是体育可以发挥作用之处。在现代社会,体育在各个国家都是社会组织最为发达的一个领域,体育关乎民生,政治色彩淡,娱乐性强,具有自组织的内生动力。人们出于参与体育的个人兴趣,自愿组织起

---

① 文军:《中国社会组织发展的角色困境及其出路》,《江苏行政学院学报》2012年第1期。
② 陆学艺:《当代中国社会结构》,社会科学出版社,2010,第5页。

来，组成体育活动小组、运动队、俱乐部，继而各级体育项目协会（如健美操、球类、气功、太极等）或人群协会（如老年、妇女体育等），自我服务、自我管理，具有极强的自组织性。一些发达国家的体育组织已经形成一整套系统的协调、沟通、规范、操作机制，还有选举、议事、公开、述职、问责等组织机制。目前，我国已经初步形成了一个覆盖面广、包容量大的群众体育组织管理网络，包括多种项目、各类形式、不同规模的社会体育指导中心（站）、群体协会、俱乐部和各种形式的基层体育组织。我国体育社会组织正在经历一系列社会化的改革，这些经验对于我国社会组织建设，尤其是基层社会组织的构建与运作具有借鉴意义。

（四）社会价值

社会建设的根基在于有一个社会认同的价值体系。社会成员只有在共同价值观念的基础上，才能形成社会建设的共识，整合社会建设的各个领域。改革开放以来，中国社会发生翻天覆地的变化，经济建设成就之大超乎人们预想，同时社会矛盾问题之多也出乎人们的意料。"这两个想不到"是在中国进入发展的关键时期——工业化中期阶段后开始集中呈现出来的，表明当前中国发展进入一个新的阶段，也表明中国已经进入矛盾多发期。[①] 在这一时期，道德下滑，价值体系混乱，改革进入深水区，因此构建一个具有共识性社会价值体系具有定海神针的重要作用。党中央提出的24字的社会主义核心价值体系是"兴国之魂"，即国家层面的富强、民主、文明、和谐，社会层面的自由、平等、公正、法治，公民个人层面的爱国、敬业、诚信、友善。

体育是积极健康的社会文化活动，具有鲜明的人文价值取向，突出地体现为奥林匹克运动强调的三大价值：卓越（Excellence），无论是在运动场还是在职业生涯中，都全力以赴，重要的不是取胜，而是投入，不断进取，享受身心和谐的健康状态；友谊（Friendship），是奥林匹克运动的核心，鼓励

---

① 陆学艺：《当代中国社会结构》，社会科学出版社，2010，第5页。

人们将体育运动视为个人间及群体间相互理解的手段；尊重（Respect），尊重自己和自己的身体，尊重他人，尊重规章制度，尊重体育运动，尊重环境。奥林匹克运动所代表的体育旨在"通过没有任何歧视、具有奥林匹克精神——以友谊、团结和公平的精神相互了解——的体育活动来教育青年，从而为建立一个和平的更美好的世界做出贡献"。

显然，体育所弘扬的社会价值不仅具有普世性，而且与我国社会主义核心价值体系的三个层面高度契合。体育在传递社会价值方面的特殊功能，在国际已经得到普遍应用。如联合国认为"体育运动具有吸引、调动和激发人的独特力量。就其本质属性而言，体育运动是参与性的，关乎包容和公民认同。它代表了尊重对手、接受有约束力的规则、团队精神和公平性等这些人类的价值观，而所有这些正是载入联合国宪章的一些原则"。联合国进而指出"体育成本低而影响大。体育不再是任何社会的奢侈品，而是当前和未来的一项重要投资，在发展中国家尤为如此"，因此体育被广泛地用于联合国的各项人道主义援助计划中。2007年欧盟首次发表"体育白皮书"，全面阐述欧洲政府的体育观点，确认了体育在八个方面的社会功能，其中之一是"分享欧洲的价值观"。澳大利亚政府指出"体育有助于传播重要的澳大利亚价值，志愿服务，合作，领导力，团队合作，迎接挑战，战胜逆境，追求卓越。体育在构建健康社区中具有基础性的作用"。

不仅如此，体育在我国还具有文化传承的重要作用。我国是一个有着五千年不间断文明史的东方大国，有着极其深厚的文化，包括体育文化的积累，有着极为丰富的体育组织形式、活动方式和活动内容。如各种各样的球类活动、岁时性的节日民俗体育、源远流长的导引养生、流派多样的武术等等。这些活动极具特色，有着鲜明的民族特点，与中国的传统哲学、伦理道德、审美观等结合得十分紧密，因此，参与中国传统体育的过程，也是大众学习、领悟和传递中国文化的过程，也是继承和弘扬传统文化，维护中华民族文化脉络，保持文化自觉和自信的重要措施。实际上，在体育中，社会建设与文化建设是融为一体的。

（五）社会和谐

社会和谐是多种因素综合作用的结果。由于体育在社会参与、社会融入、社会治理和社会价值等各个方面发挥着独特而有效的促进作用，体育带给人们的是和谐的社会秩序，于是一些国家将体育作为防治青少年犯罪、解决外来移民社会融入等社会问题的重要手段加以利用。

对今天的中国而言，通过体育促进社区和谐，具有更为重要的现实意义。随着单位制社会的消解，社区已经成为我国社会的细胞。只有社区稳定，社会才能稳定。然而，由于社区具有鲜明的异质性和社会性，如何建设社区，治理社区，是我国社会建设的一个新课题，体育由于具有包容性参与和社会化等特点，为社区内外各类居民交流、沟通提供了可操作的手段。社区体育产生积极影响的不仅是居民的健康，还有良好的邻里关系，社区的认同感及由此产生的社会责任感。因此，以体育促进和谐社区，进而促进和谐社会，并非只是说说而已的空论。

三 如何使群众体育在社会建设中发挥作用

尽管群众体育具有促进社会建设的诸多功能，这些功能不会自然地发挥作用。要激活群众体育的社会功能，使之在我国社会建设中发挥其应有的作用，需要在以下方面做出努力。

（一）转变观念

1. 确认群众体育的社会性和社会功能

人们对体育性质及功能的认识，决定着对体育利用的方向和范围。长期以来，我们将竞技运动的功能限定于争光，将群众体育的功能限定于健身，大大束缚了体育的社会功能，将体育的应用压缩在一个狭小的范围内。

群众体育的社会性首先与体育的性质有关。体育就其本质而言，具有鲜明的社会性。这是由人的本质属性所决定的。早在2500多年前，亚里士多德就说过,"人是社会的动物"。马克思更是说过,人的本质"是一切社会关系的总和"①,"人只有在社会中并通过社会来获得自己的发展"②。人不仅是自然的人、生物的人,更是社会的人,社会性是人的本质属性。体育作为人类有目的、有意识的身体活动,其目的不仅在于促进人的全面发展,包括人的身体、心理和社会健康,而且还促进社会的和谐与进步,在社会生活中的作用是多方面的。它不仅可以作用于一个国家的国民体质,从而直接促进社会生产的发展,而且还在人们生活方式的改善、道德品质的培养,社会秩序的稳定等方面起着积极有效的作用。

2. 确立群众体育发展的"社会本位"观

认识和开展群众体育可以有三个不同的立足点,即"政府本位""个体本位""社会本位",发展群众体育的基本立足点亟待由"政府本位"和"个体本位"转向"社会本位"。

(1)政府本位的无效。长期以来,在我国发展群众体育的基本观念是"政府本位"。政府本位认为:"只有政府,只能政府才能管理,只有政府,只能政府才能管理好。"③ 其特征是政府一家独大,垄断资源和权力,社会和个体依附于政府。

从公共体育服务的角度看,政府长于提供资源性的体育服务,如体育场地、设施等,而短于提供公共体育服务的核心内容——百姓身边的体育活动。于是,在"政府本位"观的指导下,我国群众体育是围绕着资源性的硬件设施建设展开的,呈现出鲜明的资源驱动型。体育部门实施的"农民体育健身工程""全民健身路径工程""雪炭工程""全民健身活动中心"等各级政府的"实事工程""惠民工程"都属于资源投入型,使体育健身场地设施数量和面积显著增加。截至 2010 年,全国各类体育场地超过 100 万个,共建设全民健身路径 16 万多条,农民体育健身工程 23 万余个,全民健

---

① 马克思:《关于费尔巴哈的提纲》,载《马克思恩格斯选集》第 1 卷,人民出版社,1995。
② 《马克思恩格斯全集》第 3 卷,人民出版社,1960,第 235 页。
③ 陈庆云等:《公共管理理念的跨越:从政府本位到社会本位》,《中国行政管理》2005 年第 4 期,第 18 页。

身活动中心近3500个,"雪炭工程"400多个,各类体育公园、体育广场、户外营地共6000余个。

国家体育总局和各省用于全民健身经费统计表明,2013年全国用于全民健身经费共197.59亿元。其中用于场地设施147.24亿元,占74.51%;用于组织建设8.38亿元,占4.24%;用于开展活动33.27亿元,占16.84%;用于科研和宣传及其他8.70亿元,占4.40%。无论是中央还是地方在财政投入中用于场地设施均占据很大比例,达70%以上或更多。特别是公共财政预算,安排用于群众组织建设、开展群众体育活动和全民健身科研与宣传的经费相对较少。其结果是,我国群众体育显示出鲜明的"重硬轻软,重设施轻活动"的状态。尽管这些切切实实的"民生工程"得到社会广泛的好评,但是,这些设施难以回避的问题就是使用不足、维护不易,标准整齐、设计统一难以适应社会的多样性体育需求。

政府本位对社会体育需求的理解,主要基于国家的需要目标,因而难以准确地判断社会真实的体育需要,造成目标设置不当。此外,面对13亿人口的超大规模群体,以政府一己之力无法提供社会需要的体育需求,只好聚焦于少数大型的体育活动,导致出现大型活动多,而中低端普通民众参与的活动少的结构性缺陷。

不仅如此,"政府本位"将管理和服务建立在政府需要的基础上,包括对经济指标和政绩的追求。在缺乏必要的监督和约束机制条件下,出现"政府权力部门化""部门权力利益化""部门利益习惯化"等问题。"政府本位"的管理体制追求全能而效率低下,与民争利而失去公平。[1] 这些现象也出现在我国体育领域。

党的十八届三中全会对政府的职能做出清晰的表述"政府要加强发展战略、规划、政策、标准等制定和实施,加强市场活动监管,加强各类公共服务提供。加强中央政府宏观调控职责和能力,加强地方政府公共服务、市

---

[1] 蒋晓伟:《论社会管理社会化》,《上海师范大学学报》(哲学社会科学版)2013年第1期,第55页。

场监管、社会管理、环境保护等职责"。但是，"政府本位"使政府本应承担的职能无法落到实处。

（2）"个体本位"的无能。与"政府本位"的无效相对应，群众体育的"个体本位"则呈现出无能的状态。改革开放以来，随着单位制的解体，单位人过渡到社会人，人们的自我意识日益彰显，权利意识增强，在经济社会发展的推动下，体育需求的个体差异性日趋显著。

但是，随着单位制的衰落，普通民众体育参与的组织支撑迅速消失，实际上经历了一个去组织化的过程，民众再次成为"一盘散沙"。于是一方面民众在抱怨政府提供的体育服务太少、太单一，无法满足其日益增加的体育需要，而民众的松散状态又无法自我提供服务；另一方面当政府面对着由一个个孤立个体组成的汪洋大海时，也确实无法满足如此多样的个性需求。于是"政府本位"和"个体本位"的结合，只能牺牲群众体育丰富的多样化的社会功能，而聚焦于单一的健身功能上。这是因为，对个体而言，在众多的个人体育需求中，健身是其"最大公约数"；对政府而言，通过健身培养合格的劳动者，降低医疗费用等，也正好是政府本位的需要。于是，健身成为个人体育需求与政府公共服务的结合点。然而，如此行事的代价是使群众体育退出需要它发挥更多作用的社会领域，而只是围绕着人的自然属性，沿着狭窄生物改造方向发展，路子越走越窄。由于人和体育的本质属性都是社会性的，当群众体育偏离了这一基本属性时，其健身的目标也难以达到。20多年来，我国青少年体质水平的持续下降及令人担忧的国民健康状态，不仅说明了狭窄的"健身"效果有限，也说明群众体育立足于"政府本位"的权力，或"个体本位"的权利，都无法达到我们期待的目标。发展群众体育的立足点必须转向"社会本位"。

社会本位是指社会在群众体育发展中居于中心位置，社会与政府、公众平等合作，优势互补，以治理而非管理或管制的方式来运作群众体育。"社会本位"将"以人为本"作为群众体育的价值导向，将政府由上而下的行政推动力与社会萌发于草根层次的向上生长力结合起来，形成我国群众体育新的发展格局。发展群众体育的社会本位是人的社会性和体育的社会性决定的，也是我国社会现代化进程中体育发展的必然结果。

社会本位在认识上让体育回归到其固有的社会属性，使体育的多种社会功能得到彰显，从而使体育得以促进人的全面发展与社会的和谐与进步。不仅如此，社会本位还解决了社会体育"无社会"的主体缺失问题，将体育社会组织置于群众体育的主体地位。这就将一盘散沙状态的体育个体参与凝聚成多类别、多层次的群体参与，为社会成员的体育服务提供稳定的组织化支撑，使社会成员的体育参与有了组织保障。依靠体育社会组织来发展群众体育，也为政府职能的转变提供了条件，使政府转移出的职能有人承接，政府的指令有人执行。我国群众体育"重硬轻软，重设施轻活动"的状态也会在根本上得到改观。

（二）以群众体育促进社会建设

1. 以包容性的体育参与促进社会参与

人们参与体育的过程也是社会参与的过程。体育参与的人越多，也意味着社会参与的人越多。从这一点出发，应当强调体育参与的包容性。

（1）体现在对参与动机的包容。由于群众体育活动参加者之间存在着巨大的个体差异，人们参加群众体育活动的目的是沿着生物的人、精神的人和社会的人的多重维度和多种需要展开的，人们通过参加体育活动试图达到的目的也有所不同，反映其鲜明个性特征的体育需求。因此，社会成员参加体育的动机呈现出鲜明的多样性，如改善身体机能、放松紧张情绪、进行社会交往、追求自我完善，还有的只是为了打发闲暇时间。当我们将体育参与动机限定在某一方面，如健身时，实际上缩小了群众体育的参与口径。因此，体育管理者要做的是为体育参与创造机会，而不是确认参与的动机，从而将社会各方面的力量广泛地动员起来，使基层的创造性得到最充分的发挥，形成百川注大海、殊途同归的局面，让广大民众通过不同的渠道，以不同的动机进入体育入口的行列，将各类人群聚集在群众体育的大旗下，进而在体育活动中提高其体育参与及社会参与的质量。

(2) 要强调对体育参与群体的包容。尽管我国法律规定了人人都有参与体育的权利，但是在实践中，依然存在体育参与的不公平现象，体育参与的均等化常因性别、年龄、健康状况、体育技能等种种因素干扰而难以实现。这就使通过体育促进社会参与的效果大打折扣。在当前，要特别关注农民工等流动人口、残疾人等弱势群体的体育参与，还要对促进民族间和谐的体育活动加以特别关注，以促进我国社会的包容与和谐。

2. 以多样性的体育促进人的社会化

要着重体育社会功能的发挥，重新权衡群众体育的活动内容。大力开展社会功能强的运动项目和体育活动，如针对青少年的集体性球类活动，针对社区居民互动性强的健身娱乐项目，促进社会融入参与者异质性高的活动，吸纳志愿服务多的活动，跨界性强的体育活动，如学校—社区—体育协会联动的活动等。

同时，在体育场地和设施的设计与建设中，纳入对体育社会功能的考量，如建设多功能的活动场地，为体育社会功能的发挥提供必要的物质条件。

3. 以体育组织建设促进社会建设

(1) 促进社会组织的建立

党的十八届三中提出"促进群众在城乡社区治理、基层公共事务和公益事业中依法自我管理、自我服务、自我教育、自我监督"。社区是社会生活中最重要的社会单位，如何建立符合我国国情的社区组织，无论对社会还是对政府都是一个新课题。体育社会组织的业余性与公益性，使其成为"我为人人，人人为我"的社会自我服务的社会典范，世界上许多国家积累了丰富的经验，有一整套民众在体育中自我管理、服务、教育和监督的制度措施。我国草根层次已经涌现出一大批自发的社区体育组织。近年来，随着社会建设的进程，这些非正式的基层体育组织正在经历一个再组织化的过程，成为社区组织结构中的一个重要组成部分。

(2) 促进社会联系的开拓

在市场经济条件下，体育组织的生存与发展需要从社会各个部门开拓资源，形成群众体育系统与社会其他系统资源流通的网络。这就需要寻找社会各部门与群众体育的利益结合点，如果找不到这些结合点，或是找错了这些结合点，网络就不会形成，各种资源也难以流动，是一盘死棋。因此，群众体育以体育的社会功能，如体育的经济、政治、教育、文化等方面的功能为依据，充分利用市场经济的机制和互利原则，抓住群体活动与社会各有关部门的利益结合点，对参与各部门应给以不同的动机激励，以明白无误的事实告诉它们各自在开展群众体育的受益状况，与这些部门分别建立起新的互动机制，激发社会各部门根据自己的特点，主动对群体管理体系给予不同方向和内容的投入，从而使这一组织体系的各种资源如人、财、物、信息和时间流动起来。如通过群体的经济效益，沟通与社会经济部门（如生产、商业等）的联系；通过群体的健身效益，沟通与社会福利、卫生部门的联系；通过群体的社会效益，沟通与社会行政部门和工、青、妇社会团体的联系等。显然，体育组织的跨界特点，促进了社会各部门丰富而多样的社会联系的建立，而这些横向的社会联系正是社会建设所特别需要的。

（3）促进社会机制的改善

社会建设需要一套社会机制加以运作，如参与、协同、监督、反馈等。体育社会组织在本质上是由社会运作的，其所涉及的组织机制在相当程度上就是社会机制。由于体育的特性，体育组织在构建社会机制的某方面有其得天独厚之处，特别是在"建立社会参与机制，充分发挥人民群众积极性、主动性、创造性"方面，在社会各方的协同合作的社会协调机制方面摸索和积累了可资社会建设参考的经验。

群众体育涉及社会各个部门和各种因素，各种类别和规模的群众体育组织都有大量的工作需要人们合作才能完成，其决策的特点是协商式的。因此，协调各方的行为，使之朝着计划确定的目标前进，成为体育社会组织的重要职能。这就要求对组织成员、组织管理者及组织相关的外部各方的利益进行仔细的了解和分析，通过一系列耐心、细致的工作，将各个方面努力整合起来，形成合力，完善各种社会机制。

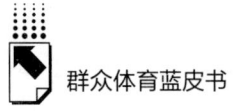

（4）促进社会工作骨干的培养

社区是一个小社会，浓缩了当今社会的基本矛盾关系，要做好社区工作需要具备综合性能力。对此，党的十六届六中全会指出"注重培养选拔熟悉社会建设和管理的优秀干部"，"建设宏大的社会工作人才队伍，造就一支结构合理、素质优良的社会工作人才队伍，是构建和谐社会的迫切需要"。基层体育组织的工作头绪多，矛盾复杂，可以有效地锻炼人的社会大局观，社会协调能力及矛盾处理能力。从这个意义讲，群众体育组织也是社区工作骨干的孵化器。还应看到，群众体育组织涉及的人员不仅是群众体育组织内各类人员，还包括与群众体育活动有关的社会部门和团体的人员，通过群众体育组织提高这些相关人士的合作意识及协同能力，对社区建设的人员具有辐射效应。

（5）促进社会志愿服务的提升

群众体育组织开展的是规模最大的民生型公益事业，世界各国的体育实践都在证明，群众体育是容纳志愿服务人数最多，内容最为丰富的一个领域。在千千万万、大大小小的群众体育组织中，有一大批骨干分子作为组织的基石，参与组织的各种活动。他们热心于公益事业，不计私利、不辞辛苦、长年累月地为社会服务。没有这些人，体育组织无法存在，体育活动也无法实施。他们实际上是体育公共服务的重要提供者，为其他领域的志愿服务提供了经验，培养了一支宏大的社会队伍。不仅如此，由于体育中特有的德治与法治，体育志愿服务还涉及现代社会所需要的公民意识及公民行为。

4. 以公共体育服务促进社会发展的新格局

构建公共体育服务体系，是当今体育服务于中国社会发展的基本国策。公共体育服务的基本内容属于群众体育领域。在当前应高度关注体育公务服务的政府购买。体育公务服务的政府购买，不仅关系我国体育公共服务的提供，而且关系体育发展的体制和机制创新。由于政府购买体育公共服务，涉及政府、企业和社团三个主体，以及行政手段、市场机制和志愿服务三种机制，这一新生事物中隐藏着体制和机制创新的重要价值。正如《国务院办公厅关于政府向社会力量购买服务的指导意见》所指出的："推行政府向社会力量购买服务是创新公共服务提供方式、加快服务业发展、引导有效需求的重要途径，对于深化社会领域改革，推动政府职能转变，整合利用社会资源，增强公众参与意识，激发经济社会活力，增加公共服务供给，提高公共服务水平和效率，都具有重要意义。"①

政府向社会力量购买公共服务有助于促进社会服务组织不断提高在公共服务和社会治理方面的主动性，而不是使其只是被动地完成政府部门交办的任务。只有这样，才能真正实现"党委领导、政府负责、社会协同、民众参与"的格局。②

（三）充分发挥体育小团体组织的社会功能

我国群众体育活动有大大小小、多种多样的组织，其中与人民群众的日常生活有着最经常和最直接联系的是大量的体育小团体，如健美操队、秧歌队、锻炼队、长跑队、晨练点、辅导站等。随着经济和社会发展水平的提高，这类自发的群众体育组织如雨后春笋般地涌现出来。由于它们贴近生活、业余、小型、多样、灵活，表现出极强的生命力，发展极为迅速，是我国群众体育的重要支柱。群众体育小团体由于其融洽的人际关系和平等的人际沟通，在社会建设中的作用不可小视。

群众体育小团体的成员往往有相同的体育爱好和体育动机。共同的体育兴趣爱好使其成员得以超越各自在教育、经济、社会和文化等方面的不同，参与同一个运动项目或体育活动。参与者在其共同参与的体育活动中超越了业缘关系，而体会到社会的包容性。体育活动的趣味性、活动目标的公益性，为异质性的参与者提供了互动平台。在这里，"人们将平常生活暂时悬置"③，不再为功利性的利害关系所束缚，于是更能以自己本色示人。在体育活动中，参与者间的沟通是面对面的、完全平等的平行沟通，因而容易协

---

① 《国务院办公厅关于政府向社会力量购买服务的指导意见》，2013年9月26日。
② 关信平：《政府购买服务：我国公共服务体制改革的新起点》，《中国社会报》2013年8月16日。
③ 赫伊津哈：《游戏的人》，中国美术学院出版社，1996，第14页。

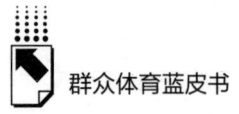

调人际关系,加强成员间的友谊、形成较强团体内聚力。这种良好的人际关系和人际沟通不仅协调了成员间的情感和行为,而且使成员之间在思想情感上有充分的交流。体育小团体组织中的社会互动具有天然的亲和力,易使其成员相互间产生认同感和归属感。社会学界有学者提出"通过文体活动建立起来的交往结构为社区构建提供潜在的社会基础"①。

目前我国这类群众体育小团体组织也存在诸多不足之处,其中最迫切需要解决的是组织不稳定。从组织性质来看,它们大多具有非正式的组织特征,即大部分是自发产生的,没有明确的规章制度,组织中成员的地位与角色、权利与义务都没有明确的规定。这些组织常常因为骨干分子的变动等原因,不能继续维持活动。许多体育小团体缺乏长期的目标和计划性,处于自生自灭的状态。这些群众体育小团体要在我国体育和社会建设中发挥其独特的作用,必须提高其组织的稳定性。这就需要将草根层次的非正式的体育小团队纳入更大的组织体系网络中,以获得稳定的组织支撑。具体来说,就是让这些草根组织与我国既有的正式体育组织,如各体育项目协会及人群协会进行组织对接,获得正式身份,获得稳定的各种资源。

四 结束语

社会建设作为国家发展战略的提出,标志着我国社会发展进入"以人为本"作为价值取向的新阶段。党的十八大提出的社会治理体系和治理能力,又将社会建设的战略意义提到一个新高度。由于体育与生俱来的人文精神,使之与社会建设的价值取向高度契合。由于体育多方面的社会功能,使之在扩大社会参与、促进社会融入、改善社会治理、传播社会价值等诸多领域具有促进社会建设,构建社会和谐的独特功能。因此,以群众体育促进社会建设,是我国社会进入这一发展时期的现实需要。群众体育与社会建设结

---

① 杨敏:《作为国家治理单元的社区:对城市社区建设运动过程中居民社区参与和社区认知的个案研究》,《社会学研究》2007年第4期,第153页。

合，也为我国体育开辟了广阔的发展前景。但是，由于我国体育的基本样式是在计划经济时代形成的，其体育理念、组织体制与运作机制还远不能适应市场经济条件下社会建设的要求。这就要求我们将群众体育的基本目标由强调人的自然属性的健身，转向强调人的社会属性的全面发展；将发展群众体育的"政府本位"转向"社会本位"，寻求群众体育与社会建设的结合点，通过群众体育与社会建设的互动，达到以群众体育促社会建设，以社会建设促群众体育的双赢局面。

B.4
论市场在群众体育发展中的作用[*]

鲍明晓 邱雪 吴卅[**]

摘 要： 党的十八届三中全会明确提出要发挥市场在资源配置中的决定性作用。群众体育由基本公共服务和非基本公共服务两个部分组成，前者由政府保障，后者由市场满足。研究认为，群众体育作为全民体育、生涯体育，它覆盖面最广，占用资源最多，激励约束关系也最为复杂，引入市场机制，发挥市场效能来推动群众体育发展是必然选择。从为什么要发挥市场作用、如何发挥市场作用以及发挥市场作用应该处理好的几对关系三个方面较为全面地阐述了市场在促进群众体育发展中的重要作用。分类有序推进群众体育体制机制改革创新，深化体制内改革、放手体制外发展，准确剥离公共体育服务中的非基本部分，是当前加快我国群众体育发展的战略问题。

关键词： 群众体育 体育需求 非基本公共服务 全民健身服务业

群众体育是覆盖全体公民的体育形态，其运行既涉及政府责任、民生保障，又涉及社会组织、自愿服务，同时也与经济发展、公司运营、居民消费

---

[*] 本文刊发于《北京体育大学学报》2014年第10期。
[**] 鲍明晓，国家体育总局科研所研究员，博士研究生导师，研究方向为体育经济学、体育政策研究。邱雪，国家体育总局科研所副研究员。吴卅，国家体育总局科研所助理研究员。

有直接关联。如何在继续强化政府责任，切实保障全体公民基本公共体育服务的同时，按照"保障基本、引导中端、放开高端"，分类有序地推进群众体育体制机制改革创新，深化体制内改革、放手体制外发展，准确剥离公共体育服务中的非基本部分，使之纳入产业化、连锁化、专业化发展轨道，形成政府、社会、市场分工合作，事业产业相互促进，基本公共体育服务与全民健身服务业联动发展的新格局和新机制，是当前加快我国群众体育发展的战略问题。

一 为什么要发挥市场作用

（一）国民体育需求的变化

人的体育需求是作为生物人的自然需要和作为社会人的文化需要的复合性需求。从一般意义上讲，人的体育需求会随着社会文明进步和社会经济发展水平的不断提高而相应地提升，表现为总量水平不断提高，需求结构不断丰富，保障和供给机制日益复杂和多元。在计划经济时代，我国居民的体育需求不仅总量水平低，而且在内容结构上也比较单一，每天做一套广播体操，每年参加单位组织的一两次运动会，就是体育需求呈现和满足的基本样式，并且这一时期居民体育需求与生活方式没有连接，主要还是单位组织文体活动的一部分。

改革开放之后，随着社会转型和经济发展，我国居民的体育需求不仅在总量水平上迅猛增长、形式内容丰富多彩、实现方式自主多元，而且基本摆脱了单位文体活动的从属地位，与个体自身积极健康活跃生活方式的养成产生了日益紧密的内生性连接。[①] 每天都坚持健走、跑步或习练各种形式的健身和养生功法的人群越来越广，"一三五打球、二四六游泳健身"的人群越来越多，以徒步走、登山、自行车骑行、汽车自驾、野外露营等为代表的户

---

① 国家体育总局：《改革开放30年的中国体育》，人民体育出版社，2008。

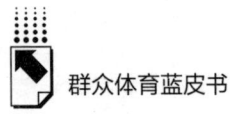

外运动越来越火爆，就连过去定位为高消费的网球、高尔夫球和滑雪也褪去了"贵族"色彩。30多年改革开放的创新实践把中国带到了一个前所未有的高度，也让国民整体的体育需求水平达到了从未有过的高度。在这样的背景和现实下开展群众体育工作，如果还一味地坚持群众体育的纯公益性，要求政府以财政支持的办法来统包统管，既不现实也不明智。可行的办法就是剥离群众体育活动内容中的非基本公共服务的部分，使之入消费、进市场、变产业。只有这样，政府保障公民基本公共体育服务的目标才能更好地落实。同时，通过市场来激活群众体育的运行机制，引入和调动更多的增量资源来推动群众体育更好更快发展的目标才能实现。

（二）群众体育特性

群众体育不仅覆盖全民，而且伴随每个人全部生命周期，其本质是全民体育、生涯体育和活跃健康生活方式体育。这一点与极少部分人从事的和特定生命周期从事的竞技体育形成鲜明对比。所以，全民性和全周期性是群众体育的两个最显著的特点。[①]

全民性要求政府全覆盖、无歧视地为每一位公民提供基本公共体育服务，不能以任何政治的、经济的、种族的、文化的因素或借口把一部分人排除在外，这是公民的权利也是政府的责任，并且政府还有义务随着经济社会发展水平的不断提升而相应地不断提高基本公共体育服务的水平。[②]

全周期性要求社会中的每一个家庭都要尽可能地为其家庭成员提供与其生命周期相适应的体育活动形式和内容。一般来说，在婴幼儿时期主要通过运动游戏来促进身体发育，培养基本运动能力；在青少年时期主要是学习基本的运动知识、技能，培养运动兴趣，养成体育锻炼习惯和运动兴趣；在工作周期里主要是通过运动来活机体、促健康、调心情、增交往、添情趣；在退休之后的颐养周期主要是通过运动来抗衰老、防疾病、丰富晚年生活。应

[①] 国家体育总局：《第三次全国群众体育现状调查报告》，人民体育出版社，2010。
[②] 迟福林：《政府职能与公共服务》，《今日中国论坛》2009年第Z2期，第34页。

该说无论你从事的是哪个行业，这样的周期律都是适用的，即便你是专业运动员，运动生涯结束后仍然要回归生活体育。

群众体育全民性带来的横向到边和全周期性带来的纵向到底的特征，再加上近14亿人口和区域、城乡发展水平差异大的国情，都是使得当下群众体育的改革与发展，如果单凭政府一己之力和还比较薄弱的社会组织力量来驱动的话，必然力不从心、难以为继。现实的选择是寻找市场驱动力，通过给中高端大众体育健身需求找到合理的市场对价机制和渠道，让更多的社会中上层人群转而去享受市场服务，从而既为中下层人群，特别是社会弱势群体更好地享受政府提供的基本公共体育服务节约了资源，又为中上层人群提供有支付能力支撑的更好的多样化、个性化的体育健身需求提供了可能。所以，只有最大限度地释放市场力量，才可能取得双赢结果，才会给我国群众体育发展带来更强的活力、更大的空间。

（三）市场作用

人类发展的历史进程表明市场才是推动进步的最重要的力量。工业革命以来，全球财富的快速增长，人民生活水平的迅速提高，关键点在于发现市场力量、发挥市场作用。改革开放以来的中国实践，也雄辩地证明了市场是中国奇迹的真正缔造者，凡是市场作用发挥比较好的地区、领域和行业，发展的就快就好，反之，就慢就差。

群众体育的多重属性和多样形态，决定了市场必须在群众体育发展中占有重要位置。[1] 因为，在群众体育范畴中除基本公共服务之外都是市场作用的空间，都属于竞争性领域，是居民健身娱乐业的重要组成部分，在发展空间上，基本公共服务是有限的，非基本公共服务是无限的。现在有一种倾向，总希望将群众体育的所有部分都纳入公共服务、都界定为政府责任，都由政府来埋单，这是一种典型的不想作为、不敢作为的慵懒思维。真正搞好当前我国的群众体育工作，正确划分群众体育中的基本公共服务和非基本公

---

[1] 杨圣明：《加快迈向服务经济时代的步伐》，《财贸经济》2008年第11期，第62~72页。

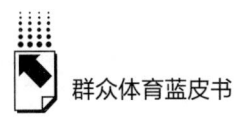
群众体育蓝皮书

共服务,并将后者切实有效地放到市场中去,发挥市场在这一领域资源配置中的决定性作用,促进全民健身服务业的迅速发展,这是必然要求。唯此,才有可能看到群众体育发展中的新机制、新形象、新局面和大思路、大格局、大空间。

二 如何发挥市场作用

(一)引导和激发大众体育健身消费

有实际支付能力支撑的消费需求是任何专业市场形成和发展的第一推动力。当前我国居民体育健身消费不够活跃,与其说是支付能力不够,不如说是消费观念陈旧。就现今市场上绝大部分消费型运动项目来说,人年均消费一般都在几百元到几千元之间,总体上这类消费只能算是一个千元级消费。就目前我国普通家庭年收入而言,千元级消费显然不是一个支付能力的问题,而是一个消费观念的问题。

1. 我国居民健身观念陈旧主要表现

陈旧观念主要表现在两个方面。

(1) 受既有群众体育组织管理和运行方式的影响,相当多的人认为群众体育是政府和单位应该提供的福利,不花钱可以,花钱不干。

(2) 对健康投资的价值认识不足。与国人对子女教育的投入、对人际交往的投入,甚至是对自身形象改善的投入相比,对自己全生命周期的健康促进和维护的投入明显不足。我们的健康投入往往是生病以后的医疗投入,而不是没病时健康维护的投入,是没病时不投入,有病时倾家当产地全投入。

2. 必须在消费者教育和引导上下大功夫

要善用多种媒介和渠道,讲清两个方面的道理。

(1) 要告诉民众,群众体育是全体公民自愿参与的生活型体育活动,它不是政府包办体育的代名词,政府在发展群众体育中的作用是有限的,它只提供基本体育公共服务,个性化、多样化以及更高层次的体育健身需求只能通过市场购买才能实现,只享受政府提供的免费的基本体育服务对形成个体积极健康生活方式是不够的。要鼓励每一位公民在享受基本公共服务的同时也要去市场进行体育健身消费,特别是要有针对性地去引导社会中上阶层群众更多地在市场中进行体育健身消费。

(2)要大力倡导和宣传"运动是良医"(exercise is medicine)的科学理念。目前威胁人类生命的十大疾病基本上都是由不良生活方式造成的慢性病,国际社会对防治这类疾病的基本共识是,慢性病重在防不在治,通过运动来干预不良的生活方式是最实际、最有效的办法。当前,"运动是良医"在欧美已经是深得人心的社会实践,而我国在这一观念的导入和实践方面还有明显的差距。当然,除了这两方面的道理之外,还要积极倡导运动是快乐、运动是时尚、运动是品位、运动是友情、运动是生命的清泉、心田的甘露,多视角、多维度地调动尽可能多的人去参与大众健身消费。可以肯定地说,没有大众健身消费的普遍活跃,就不可能有群众体育的百花齐放和万紫千红。

(二)增加有效供给匹配

需求与供给的有效匹配是市场形成的基本条件。寻找群众体育发展中的市场驱动力,既要激发需求,也要增加供给。传统经济学观点认为,只有需求是真实的存在,自然就会有供给与之匹配,但用这一观点还解释不了当前我国体育健身市场的供给现状,主要原因是我国体育健身市场的供给主体绝大部分仍然是原来计划经济体制下官办体育形成的体育部门场馆、机关、事业单位和学校所属的内部场馆向社会开放,它们在不提折旧、不收租金,享受政府场馆大修和维修专项补贴,甚至设备采购、人员工资也由财政列支的情况下,开展单位创收,亏了是国家的,盈了是单位福利。与之形成鲜明对比的是,民营资本自主投资兴办的各类体育健身企业,则要在得不到财政任何补贴的情况下,承受着不断高企的租金、税费和人员支出成本,生存越来越困难。近年来很多民营健身俱乐部关张倒闭就是例证。前者和后者事实上

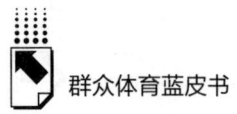

存在的巨大的不平等，无疑会极大挫伤各类民营资本投资体育健身市场的积极性，这是造成当前我国体育健身市场总体上有效供给不足的主要原因。

化解这一矛盾，必须从改革入手。一是由财政投资建设的体育部门、机关事业单位和学校的场馆总体上要回归公益性，向社会免费开放，免费开放所产生的额外支出由各级财政专项补贴，以弥补我国体育基本公共服务资源整体上存在着的巨大缺口。二是少部分常年专营的内属经营性场馆，应改企转制。这样做，一方面可以回收部分国有投资；另一方面也逼着它们成为真正的市场主体，与其他民营健身企业公平竞争。无歧视的公平竞争是培育和催生市场供给主体最根本的办法。要切实消除由制度扭曲造成的供给主体的不平等、不公平，通过增加体育健身市场的有效供给来激发驱动群众体育发展的市场。

当然，增加有效供给除了要消除制度扭曲，解决市场供给主体的平等地位问题，还要着力解决一些当前我国体育健身企业生存发展中普遍存在的一些共性问题，如体育经营性用地紧张、企业税费、用水用电用气无优惠、政府向体育健身企业购买体育公共服务不足等。只要这些问题能逐一得到有效的解决，体育健身市场中的供给主体就会有效生成和发展，民众个性化、多样化的体育健身需求就能得到更好的满足，群众体育发展才能如虎添翼。

（三）维护市场秩序

在群众体育发展中发挥市场作用，并不排除政府在这一领域应该发挥的作用。只是政府的作用不是去替代市场主体或干预市场主体的微观运营，而是要当好裁判员，有效地维护好体育健身市场的市场秩序。维护市场秩序必须做好两个方面的工作，一是公平竞争的市场环境。这包括调整公共体育场馆职能定位，开展部分公共体育场馆的转制试点，防止机关事业单位利用国有资产为单位谋利，消除体育部门、机关事业单位内部场馆开展有偿经营对民营健身企业生存与发展造成的事实上的不公平竞争。[①] 二是发挥市场在群

---

① 于善旭：《中国政府对全民健身公共服务的法治推进》，《成都体育学院学报》2012年第1期，第18~23页。

众体育发展中的作用,保护消费者合法权益和维护不同所有制投资主体公平竞争同等重要,因为前者关乎消费激情的调动,后者关乎投资热情的保护。一句话,只有政府在维护体育健身产业市场秩序方面到位作为,群众体育才能获得来自市场的有效驱动力。

(四)配套改革学校体育

通过市场途径来推动群众体育发展,前提是大众体育健身消费的活跃。而大众体育健身消费的活跃除了在一般意义上讲必须有意、有钱、有闲之处,还有一个较为特殊的条件那就是必须有技能。譬如,游泳、乒羽、足球、篮球、网球、户外运动、水上运动、冰雪运动、高尔夫球等是目前大众普遍喜爱也愿意消费的运动项目[①],但受我国学校体育指导思想和陈旧教育内容体系的拖累,很多人对这类项目缺少必要的技能储备,难以享受项目的乐趣,进而影响项目消费的意愿。为此,要发挥市场在促进群众体育发展中的作用还必须配套改革学校体育教育理念和教学内容体系。在教育理念方面,要切实转变唯体质论,绝不能因为学生体质下降就把体育课简单地变成身体素质提高课,课外体育活动变成达标或体育加试的挣分课,让学生单调机械地重复几个身体训练的手段,从而彻底毁掉学生的体育兴趣,使体育课从人人喜爱变成人人厌恶。转变的方向应该是以激发学生的体育兴趣为导向,以培养学生基本体育知识和运动技能为核心,以促成学生终身从事体育锻炼习惯为目的,来组织和开展体育教育和教学活动。

在教学内容体系的调整上要与时俱进,彻底改变田径、体操一统天下,高抬腿、推铅球、前滚翻年年都有的陈旧体系,大幅增加与终身体育锻炼高度相关的球类运动和户外运动的教学比例,同时根据地区和气候差异,适度增加一些特色项目的教学比例,如水上运动、冰雪运动、传统武术和民族民俗民间体育运动项目等。让我们的孩子在学校教育阶段就能掌握几项终身从

---

① 国家体育总局:《第三次全国群众体育现状调查报告》,人民体育出版社,2010。

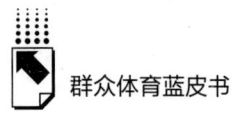

事体育锻炼必需的技能,并建立起对体育的浓厚兴趣,养成体育锻炼习惯,才有可能借助市场的力量来推动群众体育普遍化、生活化的开展。

三 发挥市场作用必须理好的几个关系

(一)群众体育发展中的政府作用与市场作用的关系

群众体育由基本公共体育服务与非基本公共体育服务两部分构成。基本公共体育服务是政府责任,政府应发挥主导作用;非基本公共体育服务是公民在享受基本公共体育服务之上对个性化、多样化、更高品质健身需求的自主选择,市场应发挥主导作用。[①] 从理论上厘清和界定好两个作用的边界,对有效发挥两个作用至关重要。当前在我国群众体育发展中,既不能无限放大政府责任,试图实现政府对群众体育的统包统管,也不能过度夸大市场作用,减免政府责任。实际上,只要把政府作用和市场作用的边界界定清晰,确保二者互不越位、互不错位,两个作用就能生产良性协同的化学反应。

一方面政府在满足全体公民基本公共体育服务方面做得越好,公民个性化、多样化、更高品质的体育健身需求就旺盛,市场作用的空间也就越大;另一方面市场在满足公民个性化、多样化、更高品质的体育健身需求的能力愈强,社会群体中自愿放弃享受政府提供的基本公共体育服务的人数就越多,社会中下阶层,特别是弱势群体享受基本公共体育服务的资源就越丰富,政府随着经济社会发展升级基本公共体育服务的能力也就越强。

所以,发挥市场在促进群众体育发展中的作用,不仅不会消解政府应该提供的基本公共体育服务,而且有利于基本公共服务的落实和品质的稳定提升。更重要的是它还可以催生一个充满活力的健身休闲产业,更好地发挥现代体育的多元功能,推动体育与经济社会的联动和协同发展。

---

① 国家体育总局群体司:《全民健身计划文集》,人民体育出版社,2011。

（二）群众体育发展中的事业与产业的关系

群众体育中的事业与产业实际上是群众体育作为一种服务向社会提供的两种方式。事业部分是指政府向全体公民提供的基本公共体育服务，属于公共事业范畴。产业部分是指各类体育健身企业向消费者提供的非基本公共体育服务，属于产业范畴。事业部分的投入主要依靠政府，产业部分的投入主要依靠市场。群众体育发展中的事业与产业关系是相辅相成的关系，事业是产业发展的基础和前提，而产业则是事业发展的延伸和拓展。群众体育中的事业与产业部分能否协调发展，不仅关系整个中国体育能否更有效地促进经济发展、社会和谐和人的全面发展，也关系群众体育自身发须要处理好的一对重要关系。

（三）群众体育与竞技体育、学校体育协同发展的关系

群众体育、竞技体育和学校体育是现代体育的三大组成部分，是一个有机的整体。一般来说，群众体育是基本面，是一国体育发展的基础实力；竞技体育是核心表现，代表专业体育的发展水平；学校体育则是群众体育和竞技体育共有的基础，决定着一国体育未来发展的潜力和质量。[1]

充分发挥市场在促进群众体育发展中的作用，必须首先处理好群众体育与竞技体育的关系，重建"普及促提高，提高带普及"的内生和联动关系，纠正群众体育脱离运动项目运行的不良倾向，解决国家级单项运动协会只抓提高、只管国家队建设，而不管项目普及，不抓项目社会基础、经济基础和文化基础建设的问题，以及国家队、运动明星不接地气，不承担项目推广社会责任的问题。[2] 实际上，普及与提高的良性互动关系建立得越好，竞技体育发展的基础和后劲就越扎实，群众体育的形式和内容就越丰富多彩，民众

---

[1] 国家体育总局政策法规司：《中国体育哲学社会科学研究（1978～2010）》，人民体育出版社，2013。

[2] 于善旭：《中国政府对全民健身公共服务的法治推进》，《成都体育学院学报》2012年第1期，第18～23页。

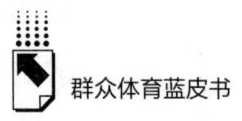

个性化、多样化的体育健身消费需求才能被持续而有效地激发，市场作用的空间才能显现。

其次，要处理好群众体育与学校体育的关系，一方面学校体育本身就是群众体育的组成部分，二者在发展目标上是一致的，学校体育的教育理念设置和教学内容选择都应该按照群众体育的总目标、总要求来设置和选择。另一方面群众体育对属于自身子系统的学校体育也要适时提出动态调整与更新要求，切实把培养学生终身参加体育锻炼的习惯和掌握基本体育知识和技能置于学校体育的核心地位，绝不能因为两者分属不同政府管理部门，就封闭运行、各自为战。只有真正处理好了两者关系，群众体育广泛持续开展所需要运动兴趣、运动习惯、体育知识、体育技能才能在学校体育中得到有效的解决，市场促进群众体育发展的空间才能有效打开。

（四）群众体育发展中的平台建设、组织建设与内容建设的关系

发展群众体育必须处理好平台建设、组织建设和内容建设的关系。平台建设包括全民健身路径、全民健身站点、社区体育中心、青少年俱乐部、户外运动营地、综合性的全民健身活动中心、公共体育场馆以及各类商业性的体育健身会所等。平台建设是群众体育发展中的路网建设，属于基础设施建设，必须全力建好。[1]

但平台建设也要处理好基本公共服务平台和非基本公共服务平台的关系，前者虽然是重点，但绝不是全部，一定要为后者留出空间，方便民众在两类平台之间的自主选择和自由切换。组织建设同样要解决好公益性组织、准公益性组织和市场组织之间的关系，要通过社团改革和自愿机制的建立和完善，健全公益性组织，通过加快推进事业单位改革来逐步清理准公益性组织，通过消除不公平竞争和推广政府购买公共服务来培育和发展市场组织，

---

[1] 刘国永、杨桦：《中国群众体育发展报告》，社会科学文献出版社，2014。

推动群众体育组织建设的多元化、有机化和效能化。①

内容建设关键是要解决基本公共服务非项目化和内容创新动力不足的问题。要推动各级各类运动项目协会创新本项目基本公共服务的内容，要切实把全民健身中的各类市场主体作为内容创新的主力，鼓励和引导它们根据市场需求变化创新活动内容和组织形式。

在群众体育发展中平台建设是基础，组织建设是关键，内容建设是灵魂，三者之间是相互依赖、相互促进的协同关系，有舞台没跳舞的人不行、有跳舞的人没舞台也不行，即使有舞台有跳舞的人但总跳一种舞同样不行。所以，协调好"三个建设"才能最大限度地调动全民健身的热情，才能真正实现群众体育发展由过去的政府独轮推动向政府、社会、市场、公民个人四轮驱动的转变。

（五）改革与发展的关系

人民群众不断增长的多元化、多样化体育健身需求与整体供给能力不足的矛盾，是当前我国群众体育发展中的主要矛盾。强调发挥市场在促进群众体育发展中的作用根本目的是加快发展，化解制约发展的主要矛盾。要实现这一点不破除制约发展的观念障碍、体制障碍、制度障碍就无法达成。为此，要坚持以改革促发展，加快推进体育行政部门职能转变、体育事业单位改革、体育社团改革、体育财政资金分配使用办法改革、政府购买公共体育服务改革、公共体育设施建设与管理办法改革等，突破障碍，理顺机制。要坚持发展引领改革，要根据群众体育发展的普遍规律和现时中国的约束条件，统筹局部与整体、近期目标与中长期目标、发展中的问题与发展起来的问题，以科学发展为引领，加强改革的顶层设计和操作路径的设计，确保改革紧扣发展的需要和目标。充分发挥市场在促进群众体育发展中的作用，说到底是发展的需要，而改革是达成这一目标的必要手段。只有真正处理好改革与发展的关系，政府与市场才能形成合力，"保障基本、引导中端、放开

---

① 鲍明晓：《财富体育论》，人民体育出版社，2011。

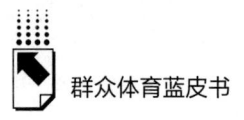

高端"的思路才能落地,盘活存量、引入增量,调动尽可能多的资源来推动群众体育又好又快发展的目标才能实现。

总之,市场与其说是交易的媒介,不如说是人类社会迄今为止最为有效的资源配置机制、效率提升机制和激励约束机制。群众体育是全民体育、生涯体育和活跃健康生活方式的体育,它覆盖面最广、占用资源最多,激励约束关系也最为复杂,引入市场机制,发挥市场效能来推动群众体育发展理所应当。可以肯定地说,当前我国群众体育发展的新空间、新动力在市场,不在政府。

基于社会营销理论的全民健身体系构建

林 琼 陈绮文*

摘 要： 社会营销是传统营销概念伴随着现代社会不断发展的产物，它采用市场营销策略促使目标群体接受某种观念并且采取相应的行动，最终提高社会整体福利，为解决社会问题提供了新的思路与方法。在全民健身上升为国家战略的实施过程中，社会营销的技术与手段也能发挥重要作用。本文通过"推动"和"拉动"营销策略并结合两者之间的关系，探讨如何借助这两种策略及其组合构建新型的全民健身体系。

关键词： 全民健身体系 社会营销 推动策略 拉动策略

迄今为止，我国的政策法规中没有对于"全民健身"的官方定义。有关全民健身的提法，可以追溯至原国家体委于1993年颁布的《关于深化体育改革的意见》中"坚持社会化方向，加快群众体育的发展，制定全民健身计划"的表述，"全民健身计划"或"全民健身"作为一个名词走入百姓生活，已经有20多年。

国务院于2009年颁布的《全民健身条例》中提出"将全民健身事业纳入本级国民经济和社会发展规划，促进全民健身事业均衡协调发展"，2014

---

* 林琼，中央财经大学教授，经济学博士，主要研究方向为体育营销、互联网经济、信息化建设等；陈绮文，中央财经大学副教授，体育学博士，主要研究方向为全民健身、国民体质监测。

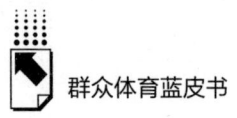

年10月国务院颁布的《关于加快发展体育产业促进体育消费的若干意见》（以下称国发〔2014〕46号文），更是把全民健身上升为国家战略。显然，如何把全民健身引入百姓生活，使广大民众关注自身健康并科学健身，将成为实施该国家战略的重要内容。

一 问题的提出

多数人把全民健身体系等同于全民健身服务体系。本文认为，全民健身体系由两部分构成，即全民健身观念体系和全民健身公共服务体系。只有改变了广大民众对于健身的观念，才能使民众投入健身活动，从而真正需要全民健身的公共服务体系。当然，全民健身公共服务体系的优劣反过来也会影响全民健身观念体系。可以说，这两个体系之间相辅相成。就国内的整体现状而言，这两个体系均存在问题，且具有极大的改善空间。

（一）全民健身观念体系

我国百姓对于全民健身的认识程度与民众日益提高的生活水平不相匹配。究其原因，王晓芳等（2013）[1]认为，宣传主体单一、大型活动宣传影响有限、日常健身信息供给不畅、社会体育指导员培训实效性低、体育非营利组织自我宣传力度不足等是制约我国全民健身宣传工作的瓶颈。于善旭（2012）[2]强调，尽管政府依法推进全民健身公共服务，但没有指出相应的路径。刘艳等（2011）虽然提出了"在全民健身体系构建中公民参与的实现路径包括：公民听证、咨询委员会、公民调查或网上征求意见、关键公众接触"[3]等方式，但就国内现状看，并未从根本上改变广大民众的全民健身观念意识。

---

[1] 王晓芳、张瑞林、庞辉：《我国全民健身公共服务宣传机制分析》，《体育文化导刊》2013年第11期，第17~20页。

[2] 于善旭：《中国政府对全民健身公共服务的法治推进》，《成都体育学院学报》2012年第1期，第18~23页。

[3] 刘艳、谢正阳：《"公民参与"——全民健身体系构建中公民体育权利实现的重要路径》，《体育科研》2011年第2期，第96~100页。

（二）全民健身的公共服务体系

国内百姓没有亲身参与健身活动的原因不一而足，与此相关的研究文献也很多。比如，肖林鹏（2008）[①] 提出全民健身服务体系是我国公共体育服务体系的基本组成部分，是由满足全民健身需求的要素构成的有机整体。金涛等（2013）将我国公共体育服务供给的困境总结为三重失灵，即市场失灵、政府失灵和社会失灵。其中政府失灵表现为"政府公共体育服务目标与公共体育需求相背离、政府对公共体育资源的绝对垄断性比较容易引发寻租行为、政府提供公共体育服务缺乏竞争机制和成本效益观念，导致效率低下"[②]。王忠杰等（2012）[③] 指出当前多数体育场馆属于准公共产品，投资主体为政府，私人投资比例不足。在场馆配置方面，人均场馆占有率低，多数体育场馆开放程度不高。戴平等（2014）[④] 通过探讨社区全民健身公共服务组织管理体系相关概念内涵及基础理论，分析了"需求与供给"系统下的社区全民健身公共服务组织管理体系实现路径。

综上所述可以发现，在分析全民健身体系存在问题的成因时，几乎所有文献都是从政府如何推动全民健身的角度进行讨论的。换句话说，在上述语境里，广大民众在全民健身体系中处于被动接受的地位。即便有作者（如刘艳等）提到了公民参与的实现路径，但仍未提及如何让民众在全民健身体系中发挥积极主动性。从美国运动医学会（ACSM）在期刊《*ACSM's Health & Fitness Journal*》第11/12期所发布的《2015年世界健身趋势调查报告：什么在驱动市场》中，我们发现健身行业在2015年仍然具有巨大的

[①] 肖林鹏：《论全民健身服务体系的概念及其结构》，《西安体育学院学报》2008年第7期，第6~11页。
[②] 金涛、张凤彪、周超：《我国公共体育服务供给困境及原因分析》，《北京体育大学学报》2013年第12期，第30~37页。
[③] 王忠杰、崔瑞华：《全民健身场馆产品属性、配置及优化策略》，《武汉体育学院学报》2012年第8期，第49~53页。
[④] 戴平、梅楠：《"需求与供给"视角下的社区全民健身公共服务组织管理体系研究》，《沈阳体育学院学报》2014年第8期，第50~55页。

发展潜力,且对我国开展全民健身活动具有重要的启示。①

本文认为,广大民众作为全民健身体系的参与主体,是"全民健身"的身体力行者,只有当民众积极主动地参与到科学健身活动中,方能彰显全民健身的国家战略地位。为此,我们引入社会营销理论及其促销策略,试图构建新型的全民健身体系。

二 社会营销理论及其相关策略

(一)社会营销理论及其应用

社会营销(Social Marketing)理论由学者 Kotler 和 Zaltman(1971)② 提出,最初用于说明通过产品开发、定价、沟通、分销以及市场研究等技术影响社会观念的接受程度。经过几十年的实践探索和研究,Kotler(2002)等学者在吸收多方研究成果的基础上,提出了目前大家较为认可的解释:"社会营销是为了个人、集团或者社会整体利益,采用市场营销的原理和技巧,使得目标群体自愿的接受、拒绝、改变或者摒弃一种行为。"③ 根据该解释得知社会营销具备三个特性:一是社会营销的目的是影响社会(或目标群体)的行为,该行为是自愿进行的;二是社会营销通过借鉴和使用市场营销的原理技术,将市场营销中的市场调查、市场细分、营销策略等手段系统地应用于社会变革运动的"产品"当中,使之更加满足目标群体的需求;三是社会营销的最终目标是提高社会的整体福利。

自 20 世纪 90 年代以来,社会营销理论研究逐步成熟,并被成功地用于

---

① 王娟、王正珍、李勇勤、孔垂辉、李晓佳、张磊:《ACSM 2015 年世界健身趋势调查报告及对我国全民健身活动的启示》,《北京体育大学学报》2015 年第 1 期,第 51~56 页。
② Kotler P., Zaltman G., "Social Marketing: An approach to planned social change", *Journal of Marketing* 35 (1971): 3-12.
③ Kotler P, Roberto E, Lee N., *Social Marketing: Improving the Quality of Life.* (Sage Publications, 2002).

解决美国的某些社会问题，特别是被应用于公共卫生领域。[①] 在我国，社会营销的理念在非营利组织中逐渐得到推广应用，越来越多的企业开始注重其自身的社会责任，并将社会营销理论应用于诸多活动之中，比如企业参与公益事业活动或者通过明星的影响力拍摄反吸毒宣传片等。随着我国进入新的社会转型期，各种社会要素不断变化重组，越来越多的社会问题需要新的思路加以研究与解决。社会营销理论及其技术为解决社会问题提供了新的思路与方法，将其应用于全民健身体系的构建恰逢其时。

（二）社会营销策略及其效果

由于社会营销理论系统地借助市场营销的原理、技巧与手段，并建立在市场营销的理论基础之上，因此社会营销的战略设计同样包括四大基本要素：产品、价格、渠道、促销，即我们通常所说的4P's策略。本文主要讨论促销策略及其在全民健身体系构建中的应用。

常见的促销策略包括两种看起来相反，实则相辅相成的促销方式，即推动策略（Push strategy）和拉动策略（Pull strategy）。

1. 推动策略亦称高压策略

推动策略亦称高压策略，其产品主要由厂商经由批发商、零售商（统称中间商）最终流向消费者。这种促销策略的重点在于人员推销，推销员通过游说中间商销售产品，并由中间商积极向消费者推销，让产品沿分销渠道向前推进。在社会营销中，以推销"不吸毒"这个"产品"为例。推动策略表现为：厂商（即政府）向其分销渠道（地方各级政府或社会组织）推销"产品"（有关不吸毒的宣传材料或文件精神），地方各级政府积极向消费者（广大民众）"推销"该产品（比如通过社区普及有关吸毒危害的知识，派发反吸毒宣传册等），希望消费者能够接受这些观念（摒弃吸毒行为），从而达到销售"不吸毒"这一产品的目的。这种"推动"方式使得消

[①] Kotler P, Roberto E, Lee N. *Social Marketing: Improving the Quality of Life.* (Sage Publications, 2002).

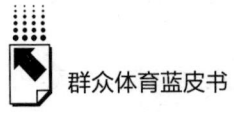

费者带有被动接受的特点，其所带来的营销效果未必明显。推动策略的产品信息流向如图1所示。

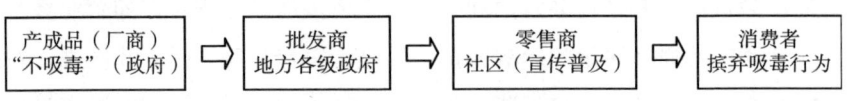

图1 推动策略的产品（信息）流

2. 拉动策略也称吸引策略

拉动策略也称吸引策略，是指发挥消费者的主观能动性，通过各种方式引起消费者的注意，激发消费者的购买欲望，由此产生零售商向批发商，进而向厂商进货的需求，最终实现产品的销售。采用拉动策略的最大特点是更容易生产出具有针对性且能满足消费者需求的产品。在社会营销过程中，如果能够采用拉动策略，则目标群体的社会行为更有可能发生，此时自愿行为的发生具有主动性，从而增强推动策略的营销效果。就拿深受许多中老年人喜爱的广场舞来说，尽管存在扰民现象，但群众的自发组织热情"倒推"地方政府或社区为广场舞人群划出专门的活动场地，有些甚至为活动者配备无线耳机以防扰民，而国家体育总局也顺应消费者需求开发出相应的"产品"——举办全国广场舞大赛，广场舞爱好者在心情愉悦的同时达到了健身的目的。拉动策略的产品信息流向如图2所示。

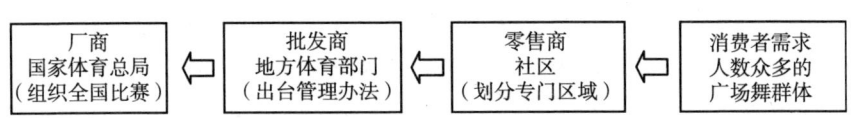

图2 拉动策略的产品（信息）流

三 社会营销理论及策略如何构建全民健身体系

根据分析，用社会营销理论解读全民健身体系，两者具有相当高的契合度。全民健身计划的推广是为了让广大民众树立健身意识并自愿形成每天参加一次以上体育健身活动、掌握两种以上健身方法，每年进行一次体质测试的社会行为，其最终目标是提高国民身体素质和健康水平，提升全社会的整体福利。在全民健身上升为国家战略的背景下，结合2025年体育产业总规模超过5万亿元的发展目标，本文采用"推动"和"拉动"两个策略，并结合两者之间的关系，探讨如何构建新型的全民健身体系，使"全民健身"真正由观念体系变为公共服务体系。图3所示的是新型的全民健身体系架构，下文将对此进行详尽的描述。

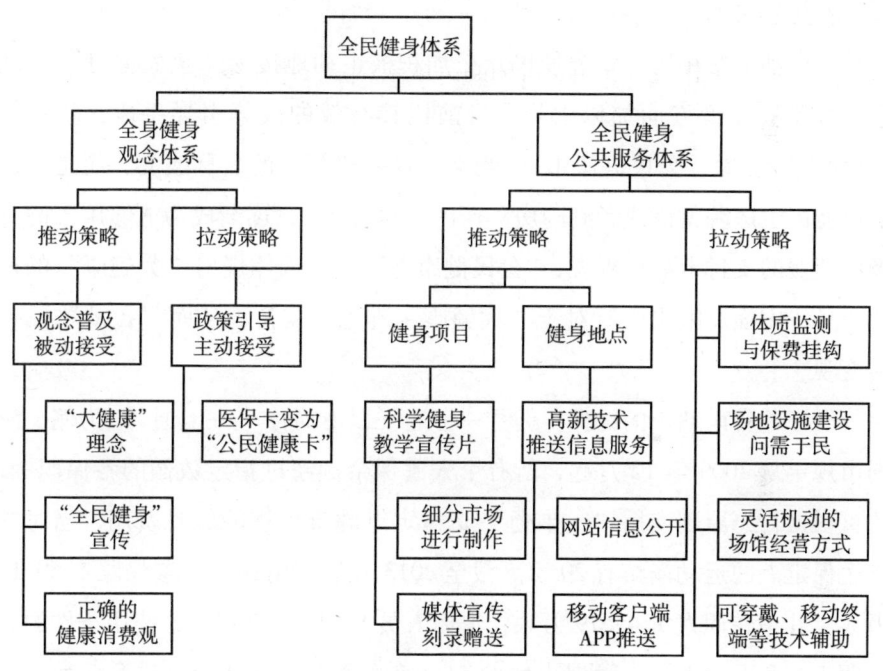

图3　基于营销策略的全民健身体系模型

（一）社会营销之全民健身观念体系

1. 推动策略

目前来看，广大民众对于"全民健身"的概念并没有清晰的认识。借助推动策略，政府应当极力宣传"大健康"的理念。在全民健身的观念体系里,"大健康"理念是倡导对健康的正确认识,良好的"治病"(医疗)环境可以使人恢复健康,但保持健康(不生病)应当更受推崇。保持健康状态可以减少对医疗的需求,从而缓解"看病难,看病贵"的问题。所以,"全民健身"的宣传重点应放在如何消除亚健康状态、提高身体素质,做好健康管理、健康维护等方面,使民众从透支健康、对抗疾病的旧观念转向呵护健康、预防疾病的新观念。而"全民健身"可以让民众接受科学的健康指导,树立正确的健康消费观,提高民众的健康水平。

2. 拉动策略

与推动策略相比,要想使民众更加积极主动地接受"全民健身"的观念,必须从政策方面加以引导。目前比较有效的政策引导手段,就是把"医保卡"变为"公民健康卡"。当然,这并非简单的名称改变,而是让过去只能用于医院就诊或者到药房买药的"医保卡",逐渐成为能够用于健身场所消费的支付卡。可以说,"公民健康卡"一方面体现出"大健康"的理念,另一方面反映出政府对于"大健康"理念的支持,从而"拉动"民众转变观念。

以江苏省南通市的医保·健身一卡通(以下简称"一卡通")为例。南通市规定从2009年12月起,所有个人医保余额超过指定数额的参保职工,均可根据自愿原则使用"一卡通"支付定点健身场馆的健身费用,当时参与医保定点的运动场馆有20家。截至2013年底,南通市区参保职工59.16万人,其中在职人员43.79万人,退休人员15.37万人,符合使用条件的参保职工6.8万余人,占参保人数的11.5%,个人账户结余超过5亿元。与此同时,每年使用"一卡通"的健身人数逐年递增(见表1)。

表1 南通市医保·健身一卡通使用情况

单位:人,万元

年份	累计健身	健身消费金额	年份	累计健身	健身消费金额
2010	2896	295	2012	7725	786
2011	4100	420	2013	9200	950

据调查，健身卡的购买者集中在35周岁以上的在职年龄段，占总购买金额的82.65%，其中35~45周岁的占38.9%，46周岁及以上的占43.75%。另外，有80%以上使用"一卡通"健身的人，发热感冒等小病小痛明显减少。经常参与健身后，医保门诊支出减少20%~25%的人约占七成，支出减少15%~20%的人约占1/4，没有明显变化的人占5%左右。① 南通的"一卡通"试点结果表明，政策引导对于民众观念的转变具有决定性作用，且该政策能够形成明显的拉动效应。

（二）社会营销之全民健身公共服务体系

房斌（2011）② 提出全民健身公共服务体系是指一个能够有效满足广大群众日益增长的体育健身需求，并确保其得到充分实现的以"政府领导、社会参与、市场运作"投资兴办的，以公共体育场地设施为支撑的，覆盖全社会的公益性体育组织网络、群众性体育活动、公益社会体育指导员队伍、体育健身指导以及体育信息服务的保障系统。基于此，本文将探讨如何从推动和拉动两个策略出发，为广大民众践行"大健康"理念提供良好的全民健身公共服务体系。

1. 推动策略

本文认为很多人没有实际参与健身的原因主要有两个：一是不知道自己适合参加何种健身项目，二是不清楚去哪里健身。以下提供相应的解决方案。

（1）科学健身教学宣传片。体育行政管理部门邀请健身专家针对不同年龄段民众的身体特点，遴选出适合相应年龄段民众参与的健身项目，并分别录制成科学健身教学片。把这些宣传片通过专门网站、电视频道进行传播，或直接刻录成DVD低价销售甚至免费赠予低收入健身者。科学健身教学片如同"产品说明"，针对不同的细分市场（比如年龄、健身项目等）制

---

① 数据来自国家体育总局群众体育司相关课题。
② 房斌：《全民健身公共服务体系构建的发展路径及对未来发展趋势的探究》，《体育与科学》2011年第5期，第44~48页。

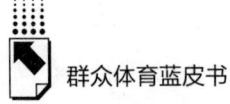

作出来，选择合适的时间、地点、方式进行宣传。以年龄为例，在制作以老年人为目标消费群体的教学片时，可以介绍老年人在不同季节适宜参加的健身项目，健身时应掌握的要领及注意事项等。

(2) 高新技术推送信息服务。国发〔2014〕46号文指出，要在城市社区建设15分钟健身圈。众所周知，体育场地或设施是提供全民健身公共服务的硬件设施，通过专门的网站或手机APP等服务手段，让参与健身的民众了解其"15分钟健身圈"内健身场所的地理位置、开放时间、活动组织情况、设施空闲情况等，使民众更方便地免费获取相关信息，从而选择合适的健身场所。

2. 拉动策略

广大民众既是全民健身公共服务体系的服务对象，也是参与主体。只有当民众参与全民健身活动时，该服务体系的存在才有价值。到目前为止，我国的全民健身计划一直以政府制定政策为主导，并据此建设全民健身设施或场所，在实际运行中，与全民健身有关的活动或体育指导员等，也基本由各级政府部门说了算，民众没有足够的话语权。刘峥等（2014）[①]描述了在公共体育服务政策制定中的民意参与困境，主要表现为：政策议程的启动以上级政策意志为由，政策方案的谋划以权利精英参与为主，政策方案的发布以先定案再沟通为序等。这些制约因素表明现有的公共体育服务政策制定尚未实现"问需于民"，导致民众喜爱的项目场地设施供不应求，不喜欢或不会使用的设施少人问津。事实上，每年财政资金在全民健身设施建设与维护方面的预算本就不多，但仍造成某种程度的浪费。为此，本文提出以下思路拉动全民健身公共服务体系的构建。

(1) 体质监测与保费挂钩。国发〔2014〕46号文指出"完善国民体质监测制度，为群众提供体质测试服务，定期发布国民体质监测报告"。为此，本文建议在"大健康"理念的指导下，全民健身公共服务体系应在完

---

① 刘峥、唐炎：《公共体育服务政策执行阻滞的表现、成因及治理》，《体育科学》2014年第10期，第78~82页。

善制度和提供服务的过程中，将国民体质监测服务外包给符合一定等级和条件的医院、体检中心或社区体育俱乐部等机构，根据民众的体质测试结果进行有针对性的健康咨询并给出运动处方，甚至通过开展医体结合的模式①，逐步作为收缴个人医疗保险费的参考依据。如果能够建立起以国民体质监测数据为核心的"大健康"数据中心，将民众参加社会（医疗）保险的保费与自身的体质测试数据联系起来，必然能够促使民众参与健身活动，提升全社会的健康水平。

（2）健身场地或设施建设。在建设全民健身场所或设施时，首先寻求健身专家的意见，由专家团队提供各种适宜于基本健身运动的项目与器材清单。其次，应当问需于民，了解民众对于基本健身项目的喜爱程度，作为健身场所或设施的建设依据。随着生活水平的日益提高，应在条件许可的情况下，建设全民健身综合服务中心。结合专家和民众的建议以及实际需求，综合健身场所的室内外设计可以包括室内的体质监测室、健身房、羽毛球、乒乓球等；室外的篮球场、笼式足球场、门球场、乒乓球台、健身器材等，丰富民众的健身手段。

（3）灵活机动的场馆经营。为满足广大民众不断增长的健身需求，各类场馆应根据实际情况，采取多变的价格策略开放健身场馆，如基本公共服务定价和准公共服务定价，在符合要求的前提下，把公民健康卡作为全民健身活动的支付手段之一。国发〔2014〕46号文提出要大力吸引社会资本参与场馆的建设与运营，政府应在市场准入、税收优惠等政策方面给予支持，并及时修订与此相关的法律法规，使社会资本在法治的环境里，运用适当的手段经营健身场馆，为民众参与健身活动提供更好的服务。

（4）可穿戴设备及其他辅助手段。利用移动网络、可穿戴设备等便利设施满足消费者的各种健身需求，实现产品和服务的成功营销。如某公司生产出可支付智能穿戴产品"刷刷手环"，并与北京市政交通一卡通有限公司

---

① 罗曦娟、王正珍、朱玲等：《糖尿病前期人群的运动处方：设计与实施》，《北京体育大学学报》2014年第10期，第1~6页。

合作，将健康运动检测功能与日常支付功能结合起来，使健身活动融入百姓的日常生活当中。

四 总结

在全民健身已经上升为国家战略的大背景下，构建愈发完备的全民健身体系对于增强国民身体素质，提高全社会的整体健康水平，促进我国由"体育大国"向"体育强国"转变，具有十分重要的推动作用。通过大量研究与比较分析，本文将全民健身体系分成全民健身观念体系和全民健身公共服务体系两个部分，通过社会营销理论及其促销方式，从推动策略和拉动策略两个方面为全民健身观念体系和公共服务体系的构建提出相应的解决方案。随着我国对体育改革力度的加大，依靠老体系、老思维、老经验已经不能满足和适应当前全民健身的新形势和新需求，依托市场经济发展背景下的社会营销理论一改往日仅从政府角度考虑如何推广全民健身的思考模式，以推、拉两种营销方式将政府部门与体育消费群体结合起来，将健身观念与服务体系作为一项社会产品推销给广大民众，最终实现提高社会整体福利的目标。

宏观视野

Macro Perspective

B.6

2014年《全民健身条例》和《全民健身计划（2011~2015年）》贯彻落实情况检查调研报告

《全民健身条例》贯彻落实情况检查调研组*

摘　要： 2014年11~12月，联合检查调研组赴吉林等4省（市）检查调研《条例》和《计划》贯彻落实情况。检查调研结果显示，各地在贯彻落实《条例》和《计划》工作中采取了新措施、呈现出新特点，但同时也存在城乡、地区之间发展水平仍存在一定差异，体育社会组织的人群结构失衡，社会体育指导员参与健身指导的比例有待提升，学校体育设施向公众开放等问题。针对问题，下一阶段将重点做好以下工

---

* 《全民健身条例》贯彻落实情况检查调研组由国家体育总局会同全国人大教科文卫委员会、国家发改委、教育部、财政部和国务院法制办等部委组成。

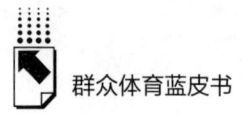

作：落实全民健身国家战略；推进依法治体，加强顶层设计，统筹协调构建全民健身国家战略法规体系；创新体制机制，加快推进基本公共体育服务均等化；激活基层体育社会组织，整合社会体育资源，提高场馆建设和管理水平。

关键词： 《全民健身条例》《全民健身计划（2011～2015年）》 体育社会组织

为继续做好《全民健身条例》（以下简称《条例》）和《全民健身计划（2011～2015年）》（以下简称《计划》）贯彻落实工作，进一步完善全民健身公共服务体系建设，加快推进形成"政府主导、部门协同、全社会共同参与"的大群体工作格局，2014年11～12月，国家体育总局连续第五年会同全国人大教科文卫委员会、国家发改委、教育部、财政部和国务院法制办等部委，组成联合检查调研组，赴吉林、浙江、上海和重庆4省（市）检查调研《条例》和《计划》贯彻落实情况。此次检查调研以国务院印发《关于加快发展体育产业促进体育消费的若干意见》为契机，紧扣各地工作实际，突出检查调研重点、注重实效、联系群众，取得了良好效果。

一 各地贯彻落实《条例》和《计划》工作的特点

在连续四年重点推动各级政府做好"三纳入"的工作基础上，2014年重点检查调研《计划》和各级政府《全民健身实施计划》评估工作进展、各地构建全民健身公共服务体系的情况，并对各地老年人体育和运动员文化教育进行专项检查。从检查调研情况看，各地在贯彻落实《条例》和《计划》工作中采取了新措施、呈现出新特点。

(一)进一步强化政府主导,全民健身工作重心逐步下移

从检查调研情况看,4省(市)的"三纳入"已经实现了省(市)、地(市)和县(区)三级政府的全覆盖,为开展全民健身工作提供了有力的制度保障。很多地方在"三纳入"基础上把全民健身工作与党委、政府的重点工作进行融合部署,实现了"多纳入"。浙江省宁波市、上海市嘉定区建立了全民健身工作领导小组,把全民健身工作纳入精神文明建设和政府议事日程之中,实现了"五纳入",建立起更加完善的组织保障机制。

随着工作的深入,各地政府将全民健身工作重心逐渐向镇(乡、街道)等基层组织下沉,切实提高了提供公共体育服务的效率和可及性。此次检查调研的4个省(市)纷纷通过开展体育强县(市、区)、体育强镇(乡)、体育先进街道、先进社区创建活动,把"体育创强"纳入各级政府的工作职能。以浙江省为例,截至2013年底,该省已创建体育强县(市、区)56个、体育强镇(乡)890个、体育先进街道175个、城市先进社区1325个,体育强县(市、区)覆盖率达到65%,体育强镇(乡)覆盖率超过80%。全民健身工作重心的下移,有利于更好地满足人民群众多样化的体育健身需求、有利于进一步加强保障和改善民生,有利于更加充分发挥体育在基层政权建设中的独特功能。

(二)各级政府主导整合各类社会资源的意识和能力普遍提升,社会融资渠道不断拓宽

近年来,各级政府投入全民健身事业的财政资金总量不断加大。"十二五"时期以来,上海市公共财政在开展全民健身活动、建设全民健身实事工程等方面的支出年均增幅超过15%。2011~2014年,浙江省仅省本级财政累计投入全民健身资金达到5亿元。吉林省从2012年开始,按人均3元的标准,每年投入8000多万元用于全民健身事业,投入3000万元专项经费建设全民健身"五个一"工程,全省各级财政在"十二五"时期投入全民健身扶持资金达27.4亿元。

各级政府在开展全民健身事业的同时，整合社会资源加大投入。浙江省各级政府通过与各类体育社团合作，每年通过市场化运作向社会筹集的资金达1.2亿元。例如，宁波市宁海县大力建设健身步道，引发当地居民的户外运动热潮，催生了80多家户外运动用品制造企业。该县还设立了每年500万元的体育产业发展引导资金，拉动了当地居民体育健身消费，全民健身事业步入良性发展轨道。上海市和重庆市不断创新群众体育赛事的办赛模式，积极引入社会资金共同办赛，以开展市民运动会和"城市乐跑"等大型体育赛事为引导，累计吸引办赛资金2100余万元，年均开展各级各类健身活动2000次以上，经常参加体育锻炼的人数比例不断提高，市民身体素质明显得到改善。上海市嘉定区主动整合企业资源、商圈优势、项目资源，实现了当地政府与企业互惠互利、合作共赢，区内安亭镇与上海国际汽车城集团合作，利用上海汽车会展中心闲置档期，将部分季节性空闲场地改成45片羽毛球场地，满足当地居民的健身需求。

（三）建设百姓身边的健身场地设施，拓展增量与激活存量并举，实现由单纯注重数量向质量、数量并重转变

在对4省（市）的检查调研中发现，各地通过建设大型综合性公共体育场馆和小型社区体育健身设施，增加体育场地设施的供给总量。与前一次体育场馆普查数据结果相比，各地人均体育场地面积增量约为0.3~0.5平方米，基本达到"十二五"规划的目标。

近年来，各省（市）在体育场地设施建设中更加注重布局的合理性，使体育设施贴近百姓。如上海市建设"30分钟体育生活圈"，建成8756个健身苑点、324处社区公共运动场、201条百姓健身步道、96个百姓健身房、28个百姓游泳池。宁波市推动群众健身场馆设施由单一功能向多重功能转变，由点向面扩展，全市共建有健身路径7825条、各类球场3860多片、登山步道1000余公里，仅宁海县就拥有500多公里的森林健身步道，为满足群众就近就便多元化健身提供了方便。重庆市公益性体育场地设施"一场、一馆、一池"达标的区县增加至25个。长春市打造城区"10分钟

体育健身圈",社区体育设施配置率达到100%,全民健身条件得到大幅度改善。

各地政府在新建体育设施的同时,积极采取措施盘活现有场地存量,特别是在推进学校场地设施向社会开放方面,形成一系列具有推广价值的管理办法。例如,上海在有条件的学校实施分隔工程和灯光工程,通过对学校体育场地的合理改建,分隔了教学设施和体育设施,并通过灯光工程延长体育场地晚间开放的时间,方便了更多的居民参与锻炼。嘉定区推行全民健身卡进校园,将学校体育设施资源通过嘉定体育网络平台纳入公共体育资源系统,实现信息化开放管理,区内54所开放学校已实现全民健身卡刷卡网点全覆盖。

(四)老年人体育组织网络发展迅速,老年人体育活动蓬勃开展

全民健身组织建设是全民健身公共服务体系的重要组成部分,而老年体育健身组织建设是当前全民健身工作需要着重强化发展的关键环节。此次调研发现,各地以老年体协为代表的社会体育组织不断健全壮大。在上海,全市17个区(县)都成立了老年体育协会,各街道、乡(镇)也都建有老年体育组织,基本实现了老年人体育组织全覆盖。重庆市目前共有基层老年体协组织8680个,会员158万余人,辅导站5670个,辅导员、教练员骨干等2万余人,全市老年体育协会已实现网络化。吉林全省范围内形成了五级组织网络,各级老年体协组织共有8600多个,除市县全覆盖外,97%的乡(镇、街道)办事处、80%的社区和行政村都建立了老年体协。在浙江省宁波市,全市99%以上的行政村以及9个市级行业(系统)建立老年体协组织,全市四级老年体协专职工作人员270多人,老年体育辅导站2900多个,辅导员9500多人。老年体育协会组织队伍的不断扩大,不仅丰富了老年人的体育健身活动,提高了老年人的生活质量,更为我国群众体育组织建设增添了活力。

(五)全民健身活动凸显特色化和品牌化,社会参与热情高涨

此次调研发现,各地政府和体育主管部门结合地域特点和群众需求,因

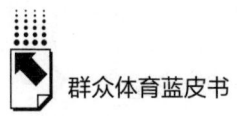

地制宜举办富有特色、形成品牌的群众体育赛事。例如，上海市嘉定区开展元旦万人健身跑、春节冬泳、千人跳踢、拔河等群众体育品牌项目，近三年年均开展体育赛事近2000次，经常参加体育锻炼人数比例达到43%。吉林省突出冬季冰雪项目，长春市举办诸如净月潭瓦萨滑雪节、南湖公园全国冬泳邀请赛等赛事，积极打造"一地一品""一地多品"的特色品牌全民健身活动，年均开展各类活动多达2000次。重庆市打造国际级马拉松赛事、李雪芮杯羽毛球赛、公开水域游泳比赛以及各种少数民族和独具传统文化的全民健身赛事，连续举办了四届重庆市全民健身运动会，直接参与活动人数多达10余万人，活动覆盖上百万人次。浙江省也成功举办了两届体育大会，组织了杭州国际马拉松赛、实施"长三角体育圈"全民健身大联动，累计参与人数达几十万人次。

二 贯彻落实《条例》和《计划》存在的主要问题

从本次检查调研的情况看，各级政府贯彻《条例》和《计划》取得了较为明显的进步，全民健身工作水平较前几年有了较大程度的提高。但与全面建成小康社会的总体要求和人民群众日益多元化的体育健身需求相比，仍有一定差距，需要各级党委政府加强领导、各部门和全社会形成合力，共同对存在的主要问题加以解决。

（一）城乡、地区之间发展水平仍存在着一定差异

从调研省份看，上海、浙江在公共财政投入、场地设施、经常参加体育锻炼人数比例和国民体质测试合格率等体现全民健身发展质量和水平的多项指标上，明显高于吉林和重庆。在各省（市）内部，城市（区）发展水平明显好于农村，显现出各地贯彻落实《条例》和《计划》的工作仍明显受本地经济社会发展水平等诸多因素的限制，基本公共体育服务的均等化仍将是下一阶段各级政府需着力解决的突出问题。

（二）体育社会组织的人群结构失衡

在全民健身组织建设日益健全的同时，各地出现了不同程度的体育社会组织结构"老龄化"的问题，主要表现在老年体育组织规模快速增长，学生、职工等其他人群体育组织数量增长不明显。以上海和重庆为例，老年人体育协会占当地体育社会组织的比例分别高达40%和50%。如何在不影响老年人体育事业发展的情况下，倡导社会各年龄段群体积极参加体育社会组织，特别是充分发挥网络组织、草根组织等非政府组织力量开展覆盖各年龄段人群的体育健身活动，是下一步体育社会组织建设的重点。

（三）社会体育指导员参与健身指导的比例有待提升

从此次调研的4省（市）社会体育指导员人数统计看，虽然数量不断增加，但存在着社会体育指导员参与健身指导比例不高的问题。社会体育指导员志愿指导群众体育健身的积极性不够，未能有效满足群众对于组织开展活动、传授健身方法、科学健身指导等方面的需要。有效提高社会体育指导员的指导比例是满足科学健身需求的重点。

（四）大多学校体育设施不愿意向公众开放

此次调研发现，各地学校由于对学生安全、教学秩序等方面的顾虑，大多不愿意打开校门向居民开放健身设施。但上海和浙江等地采取"分隔工程"等有效措施，解决学校体育设施向公众开放问题效果显著，未来可在对这些措施进行总结的基础上在全国推广，激励各地不断创新管理模式，激活体育健身设施的存量资源。

三　下一步工作重点

针对本次贯彻落实《条例》和《计划》检查调研中发现的问题，下一阶段将重点做好以下工作。

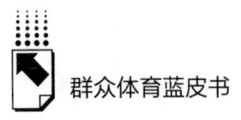

（一）认真学习贯彻落实习近平总书记系列重要讲话和党的十八届三中、四中全会精神，落实全民健身国家战略

将全民健身上升为国家战略，充分体现了党中央、国务院对体育工作、特别是全民健身工作的高度重视和殷切期望，要求我们要因势而谋、顺势而为，将政府、社会、市场、个人的多元诉求统一到国家战略的层面进行统筹、协调、整合。国务院《关于加快发展体育产业促进体育消费的若干意见》（以下简称《意见》）的出台，为全民健身工作的转型发展提出了更高的要求。《意见》明确提出：到2025年，人均体育场地面积达到2平方米，群众体育健身和消费意识显著增强，人均体育消费支出明显提高，经常参加体育锻炼的人数达到5亿人，体育公共服务基本覆盖全民。这表明我国全民健身工作机遇与挑战并存，任重而道远。如何强化政府履行基本公共服务职能，提高全民体育健身意识，拉动体育健身消费，促进体育事业与体育产业、体育产业与其他产业协调发展，是下一步工作的重点。

（二）推进依法治体，加强顶层设计，统筹协调构建全民健身国家战略法规体系

对《体育法》《公共文化体育设施条例》《全民健身条例》《关于加快发展体育产业促进体育消费的若干意见》《关于加快构建现代公共文化服务体系的意见》《国家基本公共文化服务保障标准》等相关内容进行梳理和统筹完善，构建协调统一、规范有序的全民健身法规体系，为全民健身计划建立必要的法律支撑体系。

（三）创新体制机制，加快推进基本公共体育服务均等化

全民健身工作正经历着由政府推动向"政府主导、部门协同、全社会共同参与"工作格局的演进。在此过程中，将加强部门协调和行业融合，针对全民健身设施资源、资产管理、使用保障、社会力量参与、组织管理等制约发展的难点问题，由国务院相关部门共同开展专项调查研究，提出解决

方案，形成长效机制。一方面政府须主导到位并逐步采取向社会购买服务、第三方评估等创新性的管理手段，激活社会力量参与全民健身；另一方面政府可以定期开展群众健身需求和满意度调查，在制定相关政策和规划前问需于民，并尽快建立与全民健身相关的数据库，提高政府决策的科学性和有效性。这些工作方式的创新、工作方法的转变直接关系到公共体育服务均等化目标的实现，将成为下一步的工作重点。

（四）激活基层体育社会组织，整合社会体育资源，提高场馆建设和管理水平

继续坚持建管并举，进一步培育和发展各地县（区）级体育社会组织，建立激励机制，鼓励基层体育社会组织参与指导群众健身活动，广泛开展全民健身活动。继续加大社会指导员培训和使用力度，加强指导员志愿服务意识的培养，推进全民健身志愿服务的专业化和常态化。结合国家重大方针政策和战略规划，实施欠发达地区重点帮扶工程，继续加大对中西部地区以及农村地区全民健身工作的扶持力度。更加重视农民体育健身工程、农村文体活动室及社区多功能公共运动场所建设，积极推进全民健身体育场地设施建设向纵深发展，并鼓励社会组织承担或参与场地设施的建设和管理，提供多样性的公共体育服务。

B.7 《全民健身条例》和《全民健身计划（2011~2015年）》贯彻落实情况检查调研报告（青少年体育部分）

国家体育总局青少年体育司

摘　要： 2014年11~12月，国家体育总局青少司赴吉林等4省（市），检查调研《条例》《计划》以及运动员文化教育贯彻落实情况。检查调研结果显示，各地青少年公共体育服务水平不断提升，地方青少年运动员文化教育配套法规政策趋于完善，公办体校"两纳入"工作取得进展，运动员文化教育常态化工作机制基本建立。存在问题主要表现在青少年体育部门联动的工作机制有待进一步深化，运动员文化教育"两纳入"工作还存在一定差距，青少年参与课外体育健身活动缺乏科学的指导人员，社会资源的参与和融入不够等。针对问题，应加强宏观战略研究，制定并实施青少年体育活动促进计划，继续落实公办体育运动学校"两纳入"，建立国家级、省级运动员文化教育工作两级督导机制。

关键词： 青少年体育　"两纳入"公办体育

为进一步做好《全民健身条例》（以下简称《条例》）和《全民健身计划（2011~2015年）》（以下简称《计划》）贯彻落实工作，推进地方各级政府履行青少年公共体育服务职能，促进青少年体育工作全面协调可持续发展，青少司在国家体育总局的统一部署下，于 2014 年 11～12 月赴吉林、浙江、上海和重庆 4 省（市），检查调研《条例》《计划》以及运动员文化教育贯彻落实情况。检查调研组采取召开调研省（市）分管省领导、省直相关部门及地市级政府领导参加的座谈会和深入实地调研等方式了解情况。现将检查调研情况汇报如下。

一 各地贯彻落实工作取得新进展

在前几年全面检查调研的基础上，今年青少年体育工作重点检查青少年体育公共服务体系建设和运动员文化教育贯彻落实情况。从检查调研情况看，与往年相比，各地贯彻落实工作取得了新的进展，措施更加得力，效果更加明显。

（一）青少年公共体育服务水平不断提升，各具特色、亮点纷呈

从调研的情况看，"体教结合、资源共享、责任共担、合力推进"的工作机制正在逐步形成；各级青少年体育组织构架日趋完善，数量不断增加，并逐渐向学校、社区等基层拓展；青少年体育活动场地不断拓展，学校体育场馆开放工作不断深化；青少年体育活动蓬勃开展，阳光体育活动品牌逐渐形成。各级青少年体育组织和学校积极开展丰富多彩的阳光体育活动，各地小学、初中、高中、大学四级联赛制度初步形成，越来越多的青少年学生通过参加青少年阳光体育活动参与到体育健身中来，享受体育的魅力和快乐。

上海市委、市政府通过制定《关于深入本市体教结合工作的意见》（以下简称"双八条"），对青少年公共体育服务工作从顶层进行研究和设计，明确了体育、教育部门"双八条"工作职责，整合体教两家优质资源，极大促进了双方的协作和融合。体教两部门共同推进体育课专项化改革，参与学校体育教学改革试点；共同开展阳光体育大联赛，成立校园足球联盟，引入第三方组织运作赛事，构建形成大中小学"一条龙"的足球联赛体系；

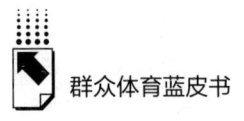

共同开展专业教练员、优秀运动员进校园活动，共同推进体育教师专项技能培训；共同推进学校体育场地开放工作，通过实施学校体育场馆"分隔工程"和"灯光工程"建设，学校体育场馆开放率达到86%。

浙江省通过政府统筹、资源共享的方式，系统推进青少年课外体育活动和学校体育场馆开放工作。省政府下发《关于进一步贯彻落实〈关于推进学校体育设施向社会开放实施意见〉的通知》，要求各地政府在确保校园稳定安全和教学秩序的前提下，逐步、有序地实施学校体育设施向社会开放。目前，全省高校已普遍在课余和节假日期间向社会开放学校体育设施。各市、县在试点的基础上，积极创造条件，逐步推进中小学体育设施向社会开放。特别是杭州市实施"三全"新政，提出了"全面开放、全域联动、全民健身"的工作思路，将中小学校体育场地设施开放列入2014年政府为民办实事工程，采取以市民卡、杭州通卡为载体，对进入校园健身的市民进行身份识别与管理，全市有条件开放的中小学体育场地设施向社会开放率达到90%。

长春市将冰雪体育文化与城市建设布局相结合，通过政府购买服务的方式，整合体育、教育师资力量和场馆资源，为青少年学生免费提供各类体育技能培训活动，全程免费购买保险。将青少年体育俱乐部、体育传统校和业余体育运动学校的建设布局工作纳入打造冰雪重点城市、足球和篮球城市的工作内容，加大对冰雪特色学校和体校的扶持力度，定期开展评估检查和交流指导工作。

（二）运动员文化教育工作

2014年运动员文化教育工作检查的重点是地（市）、县（区）《关于进一步加强运动员文化教育和运动员保障工作的指导意见》（以下简称《指导意见》）配套政策出台和基层体校落实到位情况。

1. 地方相关配套法规政策趋于完善

从调研情况看，4个调研省（市）都出台了贯彻落实《指导意见》的实施细则，建立了省级层面的运动员文化教育工作联席会议制度，运动员文化教育工作向基层部门延伸成效明显。

浙江省将运动员文化教育工作纳入创建体育强市考核评分内容，要求各级市政府建立统一的领导机构，体育与教育行政部门建立运动员文化教育联席会议和督导制度，建立健全各级各类体校规章制度与考评机制。宁波、绍兴以市政府名义出台《关于进一步加强运动员文化教育和运动员保障工作的实施意见》，嘉兴市政府下发了《关于进一步推进我市"体教结合"工作的通知》，嘉兴市体育局、教育局、财政局联合下发《嘉兴市"市队联办"体育后备人才基地管理办法》。部分市县少体校组织机构日趋健全、教学工作特色鲜明，建立了体育、教育部门文化教育联席制度和督导制度。

上海市将"继续加强运动员文化教育工作"列入体教结合"双八条"工作内容，明确了体育、教育部门的任务分工，提出了"把运动队办到学校，让运动员从学校走出"的工作目标，体教两家合力探索把市级运动队办到高校的新机制，合作共建的市击剑队、冰壶队都取得了很好的成绩。同时，全市17个区（县）均制定了本地加强体教结合工作的实施意见等相关文件。

重庆市按照"区县共建""体教共建"共同培养竞技体育后备人才队伍的模式，推进运动员文化教育工作。市政府办公厅转发《关于贯彻落实国家体育总局等部门〈关于进一步加强运动员文化教育和运动员保障工作的指导意见〉实施方案》，市体育局印发了《关于进一步加强优秀运动员文化教育工作的意见》作为配套落实文件。

吉林省长春市、吉林市、白城市、梅河口市出台了贯彻落实运动员文化教育的实施意见，其余的地市在2015年上半年全部完成实施意见的出台。

2. 公办体校"两纳入"工作取得进展

"两纳入"是指公办体育运动学校纳入当地教育发展规划，文化教育经费纳入同级财政预算。在实地督导检查中，浙江省25所公办体校中的22所已基本实现"两纳入"。吉林省6所公办体校已经全部实现了"两纳入"。同时，还在全国率先实行运动员学籍化管理，运动员入队成绩合格并考入吉林体育学院，才能在运动队落实编制，保证运动员完成高等教育。上海市在公办体校全部完成"两纳入"之后，开始向"多纳入"过渡，即逐步纳入教育体育部门联合督导、纳入对体校领导和教练员工作考核内容、纳入运动员个人职业发展规划中。徐汇区体校按照"双八条"的要求，创新出"双跟机制""双向激励机制""责任共担机制"，实现了体教结合向体教融合的转变。重庆市4所公办体校已全部完成"两纳入"。

3. 运动员文化教育常态化工作机制基本建立

为加大各省贯彻落实力度，2014年初，国家体育总局冯建中副局长以个人名义就全国各省贯彻落实《指导意见》的情况，分别给分管体育的省区市领导写信，请各市领导关心重视此项工作，多数领导回了信，有的省份还专门组织会议抓好落实。通过一系列政策的实施，有效地提高了各级体校、基层教练员对运动员文化教育工作的认识。

目前，有90%的省份已与教育部门建立了联席会议制度，其中81%的省份在2014年与教育部门召开了联席会议；有52%的省份制定了运动员文化教育督导办法，有62%的省份成立了运动员文化教育督导机构，其中有48%的省份在2014年开展了运动员文化教育督导；有76%的省份开展了赛前运动员文化测试。

二 贯彻落实《条例》《计划》和运动员文化教育中存在的主要问题

（一）青少年体育部门联动的工作机制有待进一步深化

中共中央国务院《关于加强青少年体育增强青少年体质的意见》和《关于进一步加强学校体育工作的若干意见》中都提出，要建立体育、教育等部门协同、全社会共同参与的青少年体育工作机制，统筹协调解决学校体育工作中存在的重要问题。这种部门联动的工作机制不是几个部门之间的简单结合，而是应该建立目标统一、职责清晰、资源共享、责任共担的深度合作和交叉融合，真正做到政策共同研究、计划共同制定、问题共同解决、成果共同享用，建立一整套行之有效深化合作的体制与机制。但是，从目前的情况看，这种部门融合的工作局面还未形成，职责分工还不够明确，特别是社会力量参与青少年体育的机制还没充分建立，没有形成强有力的工作合力。

（二）运动员文化教育虽然取得了进展，但是"两纳入"工作还存在一定差距

从调研的情况看，要落实好"两纳入"工作主要依靠当地党委和政府的重视和支持。虽然大部分的地方政府也建立了体教联席会议制度和督导检查制度，但是以政府主导、部门协同的协调运转机制，特别是定期研究和解决重点、难点问题的工作机制还需进一步健全。

（三）青少年参与课外体育健身活动缺乏科学的指导人员

社会体育指导员是全民健身志愿服务的专业人员和主力军，但是从调研的情况看，目前我国社会体育指导员的服务对象主要是中老年人群，78%的青少年在参加校外体育锻炼时缺乏指导。参考日本、英国、美国、德国等发达国家社会体育现状可以看出，社会体育指导员（志愿者）的主要服务对象都是青少年和儿童，针对青少年的身心发展规律设置相应类别的社会体育指导员是有效推进青少年体育工作的重要举措。

（四）社会资源参与和融入不够

青少年体育关系到千家万户，涉及方方面面，需要全社会的共同支持和参与。但是，对于青少年体育的重要战略作用，全社会的认识尚未统一，各方资源还不能凝聚整合，发展的合力尚未有效形成。需要建立和完善学校、家庭和社会相结合的青少年体育活动网络，通过各种办法和创新来调动全社会关心、支持和参与青少年体育工作的积极性和力量。

群众体育蓝皮书

三 下一步工作的重点和思路

针对《条例》和《计划》贯彻落实情况检查调研中发现的问题，将重点做好以下工作。

（一）加强宏观战略研究，做好规划制定工作

青少年体育工作涉及面广，须按照国家推进治理体系建设的总体要求，加强对青少年体育工作的顶层设计和战略研究。国家体育总局已牵头联合教育部、财政部、国家发改委等八个部门共同研究制定《青少年体育振兴规划》（以下简称《规划》）。该《规划》正在调研、研制阶段，目的是构建一个相关部门共同参与、明确职责、资源整合、合作协调的机制，如该《规划》可行，建议国务院将此纳入国家层面规划。

（二）制订并实施青少年体育活动促进计划

贯彻落实《关于加快发展体育产业促进体育消费的若干意见》，以政府为主导，加大政策扶持和资金扶持力度，带动社会、市场资源扩大青少年体育产品和服务的供给，青少年体育活动设施规模不断增加，公益类青少年体育活动更加丰富，切实使体育民生工程惠及广大青少年。

（三）建立国家级省级运动员文化教育工作两级督导机制

运动员文化教育以继续落实公办体育运动学校"两纳入"工作为抓手，以督导检查为核心，联合教育部、财政部等相关部门以国务院教育督导委员会的名义有重点、有针对性地对各级人民政府贯彻落实情况进行督导。继续将运动员文化教育督导检查纳入国家体育总局全民健身督导序列，不断加大督导检查力度。建立体育、教育、财政、人社、编制部门参与的联席会议制度，定期研究运动员文化教育工作，确保《指导意见》各项要求落到实处。同时督促各地市级政府部门在制定本地区"十三五"发展规划中，将公办

体校运动员文化教育工作纳入当地教育发展规划，运动员文化教育经费纳入同级财政预算。

（四）在现有社会体育指导员体系内增设青少年体育指导员分支

将青少年社会体育指导员工作纳入《社会体育指导员发展规划（2016~2020年)》中整体考虑。研究制定适应青少年身心健康、体魄强健的社会体育指导员培训大纲和培训教材。将青少年社会体育指导员的发展工作与青少年体育俱乐部、体育传统校的管理工作相结合，建立青少年社会体育组织网络体系，为青少年社会体育指导员提供服务场所。

地方群体
Local Mass Sports

B.8
常州市政府购买公共体育服务的实践与思考

任洪兴 陈新荣 叶民*

摘 要： 政府购买公共体育服务是新时期转变政府职能、建设服务型政府的重要举措，是推动体育事业改革发展、创新体育治理方式的重要举措，也是丰富公共体育服务供给主体和供给方式的重要途径。本文通过介绍常州市政府购买公共体育服务的主要做法，并根据存在的问题，提出有针对性的对策措施。

关键词： 政府购买服务 公共体育服务 常州

---

* 任洪兴，常州市体育总会副主席；陈新荣，常州市体育局群众体育处处长；叶民，常州市体育总会秘书处处长

党的十八届三中全会明确提出，"要正确处理政府和社会的关系，实施政社分开，凡属事务性管理服务，原则上都要引入竞争机制，通过合同、委托等方式向社会购买"。政府购买公共体育服务作为体育治理方式创新的重要举措，为解决群众不断增长的体育需求和社会体育资源相对不足之间的矛盾提供了一种新的方式。近年来，江苏、上海、北京、浙江等地开始了政府购买公共体育服务的尝试。江苏省常州市从2014年起正式启动政府购买公共体育服务项目，通过一年多的实践，取得了积极成效，积累了一定的经验。

一 常州市对政府购买公共体育服务重要意义的认识

政府购买公共服务是推进政府治理现代化的题中应有之义，在我国肇始于20世纪90年代，最初在上海、广东等发达地区试点。近年来，政府向社会力量购买公共服务工作已经在各地逐步推开。2013年9月，国务院办公厅印发《关于政府向社会力量购买服务的指导意见》，提出"政府向社会力量购买服务，就是通过发挥市场机制作用，把政府直接向社会公众提供的一部分公共服务事项，按照一定的方式和程序，交由具备条件的社会力量承担，并由政府根据服务数量和质量向其支付费用"。并指出推行政府向社会力量购买服务是创新公共服务提供方式、加快服务业发展、引导有效需求的重要途径，对于深化社会领域改革，推动政府职能转变，整合利用社会资源，增强公众参与意识，激发经济社会活力，增加公共服务供给，提高公共服务水平和效率，都具有重要意义。

2015年5月，国务院办公厅转发文化部、财政部、新闻出版广电总局、国家体育总局四部门《关于做好政府向社会力量购买公共文化服务工作的意见》，提出政府向社会力量购买公共文化服务，既是深入推进依法行政、转变政府职能、建设服务型政府的重要环节，也是规范和引导社会组织健康发展、推动公共文化服务社会化发展的重要途径，对于进一步深化文化体制改革，丰富公共文化服务供给，提高公共文化服务效能，满足人民群众精神

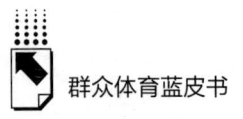

文化和体育健身需求具有重要意义。政府购买公共体育服务是政府购买公共服务的重要内容,加快推进政府购买公共体育服务对于进一步推动政府职能转变,促进体育事业改革发展,不断丰富公共体育产品供给,提升公共体育服务水平,满足人民群众日益增长的体育需求具有十分重要的意义。

(一)政府购买公共体育服务是转变政府职能,建设服务型政府的需要

政府购买公共体育服务,有利于进一步厘清政府与社会、政府与市场之间的关系,把一些不该管、管不好、管不了的公共体育服务事项向社会组织和社会力量转移,从"全能型政府"转为"服务型政府",从公共体育服务的"生产者"转为"供给者",变"划桨人"为"掌舵者",政府从具体繁杂的服务性事务中解脱出来,及时掌握、有效回应并适度引导社会公众体育需求,制定公共体育服务规划和标准,打造多元化的公共体育服务主体,有效监督公共体育服务质量。

(二)政府购买公共体育服务是新时期推动体育事业改革发展的需要

2013年底,国家体育总局和江苏省政府在常州共同签署《建设公共体育服务体系示范区合作协议》,明确提出"加大政府购买服务力度,有效扩大公共体育服务供给"。政府购买公共体育服务是新形势下深化体育事业发展体制机制改革,转变体育事业发展方式,创新履行公共体育服务职责,实现公共体育服务从单纯依靠行政主导的政府"大包大揽"向"政府主导、部门协同、全社会共同参与"转变的重要途径。

(三)政府购买公共体育服务是满足人民群众日益增长的多元体育需求的需要

随着经济社会的发展和生活水平的提高,居民生活方式发生明显改变,越来越多的居民关注身心健康,健身需求不断增长,且呈现出多层次、多样化的特点。政府购买公共体育服务有利于解决大众公共体育健身需求旺盛与政府公共体育服务供给不足之间的矛盾，丰富公共体育服务供给主体和供给方式，提升公共体育服务质量和均等化水平。

（四）政府购买公共体育服务是培育发展体育社会组织的需要

体育社会组织因其具有的非营利性是政府购买公共体育服务的天然承接主体，有利于保证政府购买服务的公平性。政府购买公共体育服务能够引导和促进体育社会组织严格规范管理，注重能力建设，提升服务水平，增强承接政府职能转移的能力，提高公共体育服务质量。

二 常州市推进政府购买公共体育服务的实践探索

（一）常州市政府购买公共服务制度建设简述

2013年10月，常州市委、市政府办公室共同印发《关于推进政府购买公共服务改革的实施意见》，提出围绕政府职能转变的要求，科学界定政府购买公共服务范围，分类管理政府购买公共服务项目，引入公开竞争机制，规范政府购买服务行为，提升公共服务质量与效率，提高财政支出绩效的总体目标，以推进全市政府购买公共服务改革。为确保全市政府购买公共服务工作有序开展，2014年2月，常州市政府办公室印发了《常州市政府购买公共服务指导目录（暂行）》，包括教育服务、医疗卫生服务、社会服务、文化体育服务、环境服务、城市公共交通服务、公共设施管理服务、水利管理服务及其他公共服务等共九大类91项，进一步明确了政府购买公共服务的种类、性质和内容。2014年3月，常州市财政局印发了《常州市市级政府购买公共服务操作办法（暂行）》，进一步明确了常州市市级政府购买公共服务的实施范围、购买目录、实施流程、资金管理及工作机制等内容，特别是提出了政府采购、直接资助和项目申请三种购买方式及具体操作办法，对市级各政府部门购买公共服务具有十分重要的指导意义。

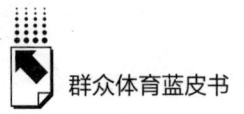

（二）常州市政府购买公共体育服务制度建设简述

为规范政府购买公共体育服务行为，提升公共体育服务质量与效率，充分调动社会组织和社会力量参与公共体育服务的积极性，加快全市公共体育服务体系建设，2013年12月，常州市体育局和常州市财政局联合下发了《常州市关于购买公共体育服务的实施办法（暂行）》（下简称《办法》），推进实施政府购买公共体育服务走在了全市和全省的前列。

《办法》对购买主体、承接主体、购买内容、购买方式、实施办法及监督管理等内容进行了详细的规定。《办法》规定，政府向社会力量购买公共体育服务的主体是市级体育行政部门和参照公务员法管理、具有行政管理职能的事业单位。承接政府购买服务的主体包括依法在民政部门登记成立的社会组织以及依法在工商管理或行业主管部门登记成立的企业、机构等社会力量。按照受益广泛、群众急需、保障基本的原则，政府向社会力量购买的公共体育服务主要包括承办市级以上的各类体育赛事（活动），组队参加省级以上各类体育赛事（活动）；业余训练等项目的培训，社会体育指导员的教育培训，体育运动员、教练员、科研人员和管理人员的教育培训；学校等企事业单位的体育设施向社会开放服务，体育场馆的经营管理，全民健身活动站（点）的管理；国民体质测试服务；体育中介服务和其他公共体育服务。《办法》规定，根据政府购买公共体育服务项目的特点和要求，可以选择不同的购买方式，主要包括政府采购制、直接资助制和项目申请制。对政府购买公共体育服务项目进行合同化管理，购买主体分两次支付购买资金。市体育局、市财政局成立购买公共体育服务领导小组，加强监督管理，组织绩效评价，并根据评价结果对承继单位进行信用积分管理。

（三）常州市政府购买公共体育服务实践探索

2014年4月，常州市政府购买公共体育服务五大类22项公共体育服务（群体类）项目对外公开发布，43家企业和体育组织参与竞标；7月，16家单位与市体育局签约；12月，18个赛事活动项目均按期完成。据统计，

2014年常州市政府购买的18项赛事活动中,现场观摩和参与的群众近10万人。2015年,常州市进一步加大购买力度,扩大购买范围,完善购买办法,总计投入400万元,共向社会力量购买黄金联赛、谁是球王、业余比赛、展示活动、健身服务五大类31项,51家单位参与竞标,通过第三方评审的方式,最终29家单位获得了29项赛事活动的举办权。综合两年的实践探索,常州市推进购买公共体育服务的主要做法和经验如下。

1. 买什么?——百姓说了算

常州市在制定政府购买公共体育服务项目目录时,坚持以市民百姓的需求为第一导向。《常州市关于政府购买公共体育服务实施办法(暂行)》中确定的赛事活动举办、人才教育培训、体育设施开放、场馆经营管理、体质测试服务等11种购买项目,都是以百姓的现实需求为出发点。2014年和2015年,常州市向社会力量购买的公共体育服务项目(见表1和表2),都是经过充分调研包括召开专题会议、网上征求意见等而确定的,努力满足不同市民群体的需求。服务项目分为三类:一是国家体育总局重点推广的项目,比如"三大球"、健身气功等;二是常州百姓喜闻乐见的项目,比如太极拳剑、健身秧歌、体育舞蹈等;三是普及度高,群众参与度高的项目,比如自行车、徒步、棋类等。

表1 2014年常州市政府购买公共体育服务项目一览表

序号	类别	项目名称	中标单位
1	群体赛事	常州市业余篮球比赛	常州少体校场馆管理有限公司
2		常州市业余足球比赛	常州市足球协会
3		常州市业余排球比赛	常州市排球协会
4		常州市业余网球比赛	常州天尼士体育咨询服务有限公司
5		常州市健身秧歌比赛	常州市体育舞蹈运动协会
6		常州市业余乒乓球比赛	常州市乒乓球协会
7		常州市业余自行车比赛	常州市捷安特自行车运动俱乐部
8		常州市门球比赛	常州市门球协会
9		常州市舞龙舞狮比赛	常州市舞龙舞狮协会
10		常州市体育舞蹈比赛	常州市体育舞蹈协会
11		常州市跆拳道大众比赛	常州市跆拳道协会
12		常州市航空模型比赛	常州市航空航海运动协会

续表

序号	类别	项目名称	中标单位
13	健身活动	常州市全民健身徒步大会	常州龙毅户外运动公司
14		常州市太极拳、剑展示活动	常州市武术运动协会
15		常州市健身气功交流展示活动	天宁区青龙街道体育总会
16		常州市老年人柔力球展示活动	常州市老年人体育协会
17		常州市环太湖自行车千人骑行活动	南京扬子广告有限公司常州分公司
18		常州市健身腰鼓展示活动	常州市老年人体育协会
19	设施建设	全民健身活动站点更新、新建健身器材	英派斯、铁人
20	业务培训	基层体育管理服务人员培训	常州市社会体育指导员协会
21		二级社会体育指导员晋级、技能培训	
22	管理服务	全民健身活动站点器材管理维护服务	属地管理

注：第19项全民健身活动站点更新、新建健身器材通过政府公开招标方式进行采购；第22项全民健身活动站点器材管理维护服务按照有关文件进行属地管理，市体育局给予管理经费补助。

表2　2015年常州市政府购买公共体育服务项目一览表

序号	类别	项目名称	中标单位
1	黄金联赛	常州市足球俱乐部联赛	常州市足球协会
2		常州市篮球俱乐部联赛	常州体育产业发展有限公司
3	谁是球王	常州市5人制足球赛	常州市飞龙体育公园
4		常州市3人制篮球赛	常州市奥体少体校场馆管理有限公司
5		常州市乒乓球赛	常州市乒乓球运动协会
6		常州市羽毛球赛	常州市奥体场馆管理有限公司
7		常州市网球赛	常州市天尼士体育咨询服务有限公司
8	业余比赛	常州市排球赛	常州市排球运动协会
9		常州市自行车赛	常州市捷安特自行车运动俱乐部
10		常州市门球赛	常州市门球运动协会
11		常州市游泳赛	常州市奥体场馆管理有限公司（春江分公司）
12		常州市体育舞蹈赛	常州市体育舞蹈运动协会
13		常州市跆拳道大众赛	常州市跆拳道运动协会
14		常州市台球赛	常州市华乐曼体育文化发展有限公司
15		常州市轮滑赛	常州市轮滑协会
16		常州市太极拳比赛	常州龙城太极武术馆
17		常州市象棋、围棋赛	常州市棋类协会、常州市常春棋院
18		常州市国际象棋赛	常州市国际象棋协会
19		常州市钓鱼赛	扬子晚报常州记者站
20		常州市舞龙舞狮赛	常州市舞龙舞狮运动协会
21		常州市健身秧歌赛	常州市卿之华文化传媒有限公司
22		常州市健美操赛	常州市体育舞蹈运动协会

续表

序号	类别	项目名称	中标单位
23	展示活动	常州市全民健身嘉年华展示活动（8月8日全民健身日专题活动）	常州市奥体场馆管理有限公司（戚墅堰分公司）
24		市健身气功交流展示活动	常州市天宁区青龙街道体育总会
25		常州市太极拳、太极剑展示活动	常州市武术运动协会
26		常州市老年人柔力球展示活动	常州市老年人体育协会
27		常州市健身腰鼓展示活动	常州市老年人体育协会
28		常州市健步走活动	常州龙城磨坊户外运动俱乐部
29	健身服务	科学健身指导示范点（城区）100个	各示范点
30		国民体质测试服务	城区个体质测定与运动健身指导站
31		社会体育指导员培训	常州市社会体育指导员协会

2. 怎么买？——第三方说了算

坚持公平公正原则，科学选取承接政府购买公共体育服务项目单位。2014年，常州市政府购买公共体育服务领导小组制定了项目评审办法和评审标准，成立了由财政局、体育局、民政局等有关政府部门代表和高校专家、体育社会组织代表、热心体育事业的社会人士代表等20人组成了专家评审小组，对申报承接政府购买公共体育服务项目的申报材料，从基础条件、相关经历、实施方案、经费预算、安全保障和服务创新等六个方面进行打分评审（见表3），纪检监察部门派员全程监督，初步确定了18个群体类项目的承接单位。2015年，常州市进一步完善了项目评审办法和评审方式。根据不同类别项目的差别，分别制定了黄金联赛、谁是球王、业余比赛、展示活动类项目的评分细则（见表3和表4）。为确保评审过程的公正性，采取第三方评审的方式，专家组共7名成员，全部由省内外高校专家、资深体育记者组成，政府部门人员不再参与。同时，增加了项目申报单位现场陈述环节，每个单位可在项目评审现场进行5分钟的竞标陈述，并回答评审专家提问，评审专家根据项目申报材料和现场陈述情况综合打分，并现场公布成绩，进一步提高了项目评审环节的公开透明度。

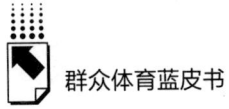

表3 2014年常州市政府购买公共体育服务项目评分细则

评分内容	评分标准	采分点
基础条件（10分）	具有较强的专业能力和业务知识能力，硬件设施符合承办活动基本条件具有完整的组织内部运作体系和规章制度具有独立的财务和资产管理制度，具有依法缴纳税收和社会保险的良好记录，并符合登记管理部门依法认定的其他条件	具备如本专业的裁判员等级证书，或者所承办过类似比赛获得市级、省级表彰的证书，或者能证明以上要求的相关辅助材料（3分） 提供相关比赛场地的材料（2分） 提供组织名称，管理内部制度和规章制度，以及相关运行的制度（3分） 提供组织财务账号，年度财务报表等相关证明材料（2分）
相关经历（10分）	举办过相类似的比赛，具有丰富的承办经验，以往的比赛较为成功，有较好的社会知名度和社会声誉	提供以往承办比赛一览表，以及比赛的秩序册或其他证明材料（5分） 新闻媒体报道材料，举办比赛获奖情况等其他证明材料（5分）
实施方案（30分）	实施方案的完整性、真实性、详细程度，突出可行性、针对性、科学性原则	提供完整的实施方案（10分） 内容包括拟承办比赛的场地、范围，初步时间、人数、比赛天数（10分） 前期准备工作，经费预算（10分）
经费预算（20分）	承办活动经费预算具体，详细，合理，科学。具有较强的市场开拓意识和资金筹措能力，能为活动的正常运行提供较为充足的资金保障	针对比赛的具体情况，对比赛的经费进行详细的预算，包括基础费用（前期宣传费用、场地费用、组织裁判费用、水电费等）（10分） 自筹费用（包括奖励等相关其他费用）（10分）
安全保障（20分）	申请报告中体现较强安全意识，实施方案对于举办活动有安全预案，安全保障措施具体、到位，具备风险意识，具有独立承担民事责任的能力	方案中有关于安全保障的措施（5分） 有详细的安全预案（5分） 对于比赛中可能会出现的突发情况有合理科学的处理措施，有保险（10分）
服务创新（10分）	对承办活动有正确的理解，具有较强的公益意识和服务意识，活动举办有较强的社会效应	在承办活动过程中体现公益性，有较好的承办意识，服务意识较强（5分） 所举办的活动能体现特色，并有较好的宣传和借鉴作用（5分）

表4　2015年常州市政府购买公共体育服务项目评分细则

评分内容	评分标准	采分点
基本条件 （25分）	1. 场地设施 （10分）	承办赛事场地基本符合办赛要求的得5分 适合办赛要求的得8分 场地设施优良，完全符合办赛要求的得10分
	2. 承办经历 （15分）	有承办过相应比赛经历的得8分 承办过2次以上市级规模较大比赛的得12分 承办过2014年政府购买服务，受到较好评价的或承办过国家级、省级赛事的得15分
活动方案 （40分）	3. 组织策划 （15分）	对于赛事有详细的组织策划方案。成立专门的赛事组织机构，指导思想明确、活动过程清晰得10分 公益性强、方案操作性强、措施明确、有较强的可实施性得13分 所聘请裁判都具有资格的再加1分，队伍中有国家级裁判员或具有国际级裁判员资格的再加2分
	4. 承办规模 （25分）	拟组织比赛的预计队伍、人数、天数（涵盖2市5区），至少14支队伍，人数在250人以上的得10分 21支队伍以上，人数在500人以上的得15分 28支队伍以上，人数超过800人以上的得20分 周周有赛事，活动周期在3个月以上加再加3分；4个月以上的再加4分；5个月以上的再加5分
经费管理 （15分）	5. 市场运作 （10分）	承办方通过市场运作获得社会赞助（包括物品）得5分 赞助数额基本达到政府扶持资金一半的得8分 赞助数额达到和超过政府扶持资金的得10分
	6. 经费预算 （5分）	承办方有详细、合理的经费预算的得3分 政府补助经费全额用于赛事的组织保障的得5分
安全保障 （10分）	7. 安全预案 （8分）	有安全预案得5分 有全过程具体安全预案的得6分 安全预案针对性强、操作性强、贯穿全过程的得8分
	8. 保险措施 （2分）	承办单位为每位参赛运动员都提供保险的得2分 不提供的不得分
社会效应 （10分）	9. 活动特色 （5分）	拟承接单位围绕公益性原则，定位准确，操作具体，形式新颖，受益面广，预计能产生亮点和较好社会效应，有借鉴意义。根据方案和阐述给予3~5分
	10. 宣传效果 （5分）	承办单位有宣传方案的得2分 有整体、全过程宣传措施的得3分 有立体的、多渠道宣传措施的得5分

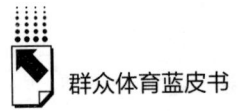

3. 怎么实施？——承接主体说了算

市体育局提出总体要求，即公益性、广泛性、安全性。公益性是指承办所有比赛不能以营利为目的，体现惠民性；广泛性是指作为全市的活动，必须覆盖全部辖区，体现参与性；安全性是指所有赛事，承接方都必须为参赛选手购买保险，必须有详细的安全预案和措施，体现安全健康性。同时，双方签订政府购买公共体育服务项目合同书，明确双方的权利和义务，进行合同化管理。合同签订后，市体育局支付50%的资金，项目完成后，根据绩效评估结果支付剩余资金。在此基础上，项目的具体实施方案则完全由承接主体决定，政府部门不干预、不介入。承接主体可进行市场运作，吸引的社会资助全部归承接主体所有。2014年常州市购买的18项赛事活动，政府投入99万元，吸引社会资金超过100万元，既满足了百姓的体育需求，又节约并规范了财政资金的使用，实现了社会效益和经济效益双赢。

4. 怎么评价？——社会说了算

项目实施得好不好，有没有满足百姓的需求，要根据项目所产生的社会效益来定。一方面与项目合同书进行逐一对照，判定是否完全履行协议。市体育局推出热线电话和网络平台，接受广大群众监督和投诉。另一方面实行第三方绩效评估。2015年，市体育局委托第三方（高校）对所有政府购买公共体育服务项目进行全过程评价，制定评价指标体系（见表5），出具项目实施情况评估报告，以此作为市体育局支付剩余资金的依据。

表5 2015年常州市政府购买公共体育服务赛事类项目绩效评价指标（暂行）

一级指标	二级指标	主要观察点	考核权重	考核内容	评分标准
建设体系（8分）	1.1 赛事申报	相关材料	2	场地、人员、协办单位承诺书，财务审计报告等	少1项扣0.5分，少两项（以上）扣1分
		申报书	1	按要求递交申报书、评审PPT等	材料符合不符合要求扣0.5分，无材料扣1分

续表

一级指标	二级指标	主要观察点	考核权重	考核内容	评分标准
建设体系（8分）	1.2 赛事设置	办赛宗旨、服务对象	1	面向全民、服务大众、普惠均等，确保利民、便民、惠民	办赛宗旨不明确扣0.5分，惠民指标不清晰扣0.5分
		赛事模式、场次、人数	2	模式新、覆盖广、影响深、参与众、传媒齐、效果好，赛事设置科学、合理、务实、可行	效果没有达到评价指标要求扣0.5分
	1.3 赛事管理	管理机构、人员配备	1	有健全的组织机构，人员配备齐全，工作效率高	机构不完整扣0.5分，人员不齐全扣0.5分
		规范、制度建设，工作流程执行	1	规范、制度、工作流程健全，并能认真执行，确保赛事活动正常开展	规章制度不健全扣0.5分，无规章制度扣1分；有规章制度执行不到位扣0.5分
运营管理（62分）	2.1 赛事完成情况	赛事完成率	10	赛事完成率 = 实际完成赛事场数 ÷ 计划完成赛事场数 × 100%	赛事完成率每降低10个百分点扣1分，低于30%扣10分
	2.2 人员参与与赛事规模	报名参赛人数	5	赛事是否通过社会公开报名进行；是否建立网络报名、电话报名、现场报名于一体的较为完善的赛事	没有通过多渠道（至少2个）进行公开报名的扣2分；报名人数低于方案预计人数60%扣2分，低于40%扣3分，低于30%扣5分
		赛事规模	10	报名系统；与申报方案预计的报名人数是否吻合 黄金联赛：赛事覆盖2市5区。分预算、总决赛，预算队伍不低于32支队伍，市总决赛不低于16支队伍，竞赛参赛总人数不低于1000人或组织不同类别赛事5个，每单项比赛人数不少于200人	黄金联赛：覆盖区域每少1个区（市）扣2分，队伍每少1支扣0.5分；参赛总人数或组织赛事类别低于60%的扣2分，低于40%扣3分，低于30%扣5分

续表

一级指标	二级指标	主要观察点	考核权重	考核内容	评分标准
运营管理 （62分）	2.2 人员参与与赛事规模	赛事规模	10	谁是球王：赛事覆盖2市5区。5人制足球，参赛队伍不低于21支，参赛人数不低于400人；3人制篮球赛参赛队伍不低于32支，参赛人数不低于600人；羽毛球赛参赛人数不低于1000人；乒乓球赛参赛人数不低于500人；网球比赛参赛人数不低于400人	谁是球王：覆盖区域每少1个区（市）扣2分，队伍每少1支扣0.5分；参赛总人数或组织赛事类别低于60%扣2分，低于40%3分，低于30%扣5分
				展示活动：8月8日展示活动人数不得低于2000人，其他活动不得低于500人。	展示活动：人数低于60%扣2分，低于40%扣3分，低于30%扣5分。
				业余比赛：人数最低不少于400人，个别项目除外	业余比赛：人数低于60%扣2分，低于40%扣3分，低于30%扣5分。个别项目除外
	2.3 媒体宣传	主流媒体宣传	7	黄金联赛：承办单位应在办赛过程中向相关主流媒体（电视台、中吴网、常州日报、常州晚报、常州体育局信息网等）提供宣传稿、图片和音视频资料不少于10次（段），发布不少于8次。 谁是球王：提供不少于5次，发布不少于4次。 其他活动：提供不少于2次，发布不少于1次。	主流媒体提供报道资料数量或次数低于标准60%扣3分，低于40%扣5分，低于30%扣7分 宣传媒介种类不低于3项，每少一项扣1分
		其他媒介宣传	3	鼓励形式多样的媒介宣传。新闻发布、宣传印册、文化衫、网络视频、公交移动广告、LED显示屏户外广告等，赛事类不少于2项，其他活动不少于1项	

续表

一级指标	二级指标	主要观察点	考核权重	考核内容	评分标准
运营管理 (62分)	2.4 赛事组织	申报方案执行	3	是否按申报方案实施,如对申报方案有修改或改动,是否提前上报修订方案,并征得同意后执行	实施与方案申报不符合扣1分
		赛事组织方案	3	赛事的各类筹备、宣传、组织、竞赛和活动方案(秩序册)、总结等资料翔实齐备	材料不齐全扣1~2分,无材料扣3分
		赛事资源管理	3	参赛运动员、裁判员、工作人员、观众、场馆、设备、器材等管理制度、承诺书、协议书、组织方案等资料翔实齐备。	相关材料不齐全扣1~2分,无材料扣3分
	2.5 社会化运作	合作伙伴、赞助款项	5	考察办赛企业赞助合作伙伴、合作协议,审验赞助金额和实物	无赞助合作伙伴扣5分;有资质赞助伙伴、合作协议,审验赞助金额和实物每少1项扣1分
	2.6 经费管理	政府投入资金使用率	5	政府投入资金使用率 = $\dfrac{\text{办赛总支出额}}{\text{政府投入资金总额}}$	低于标准60%扣3分,低于40%扣4分,低于30%扣5分
		自筹资金使用率	5	自筹资金使用率 = $\dfrac{\text{社会赞助资金总额}}{\text{政府投入资金总额}}$	低于标准60%扣2分,低于40%扣3分,低于20%扣5分
		财务专项管理	3	项目专项管理,专款专用;财务管理科学规范,各项财务手续齐全,并对财务进行专项审计	管理规范、手续齐全,专项审计不符合一项扣1分
条件保障 (18分)	3.1 内部质量保障	内部质量保障体系	1	有齐全的工作规范、规章制度、工作流程,并形成较为完备的监控和保障体系	保障体系不完备扣0.5,无保障体系扣1分

续表

一级指标	二级指标	主要观察点	考核权重	考核内容	评分标准
条件保障（18分）	3.1 内部质量保障	机构、人员保障	3	配有常设机构，相关人员配备合理、工作效率高；裁判队伍稳定、裁判等级高，有聘用协议，能满足赛事要求。	机构不完备扣1分，人员不完备扣1分
	3.2 场馆设备保障	场馆保障	5	有专属或租用场馆（有使用承诺书或租用协议），场馆符合竞赛或活动要求，能保证赛事顺利完成	场馆不符合国家标准扣1~3分
		设施保障	2	赛事有活动灯光、音响以及运动辅助设施齐备，能满足赛事要求	设施不完备扣1~2分
		器材保障	1	赛事或活动器材准备充分，符合赛事或活动要求	器材准备不符合标准扣0.5~1分
	3.3 安全防范保障	赛事安全预案	2	有齐备的消防疏散预案、伤害事故处置预案、各类突发事件处置预案等	各类安全预案每少一项扣1分
		意外伤害保险	2	参赛人员购买人身意外伤害保险	没购买人身意外伤害保险扣2分
		突发事件防范	2	与参赛人员、集体签署文明参赛承诺书，配备医疗点、医护人员、车辆、器材、公安机关备案材料	无承诺书扣1分，无相关配套扣1分
建设成果12分	4.1 满意度测评	民众满意度测评	2	有民众测评表，赛事与活动的策划、宣传、组织、知情、参与、服务等	无民众测评过程扣2分，有表格没有按要求认真完成扣1分
		政府满意度测评	2	有政府测评表，及时按要求上交材料、材料齐备，是否按计划保质保量完成赛事或活动，是否有投诉	无政府测评过程扣2分，有表格没有按要求认真完成扣1分

续表

一级指标	二级指标	主要观察点	考核权重	考核内容	评分标准
建设成果 12分	4.1 满意度测评	参赛人员满意度测评	2	电话、突发和不文明事件管控和处置、经费使用等；有参赛人员测评表，赛事或活动的组织、管理、服务、公平、公正、公开等	无参赛人员测评过程扣2分，有表格没有按要求认真完成扣1分
	4.2 关注度测评	民众关注度测评	1	有民众关注度测评表，知晓、关注、建议、意见等	民众关注度不明显扣0.5分
		媒体关注度测评	1	有媒体关注度测评表，知晓、关注、建议、意见等	媒体关注度不明显扣0.5分
	4.3 获奖情况	省市级活动评审中获奖	2	所组织的赛事或活动在省市各类评审中获奖，参赛选手在省级比赛中获奖；	没有获市级奖扣2分，没有获省级奖扣1分，最高扣2分
		8月8日全民健身日展示	2	所承担项目积极参与8月8日全民健身日展示活动，所组织的赛事或活动的个人、集体，在8月8日全民健身日展示活中，获得奖励和表彰	没有参加扣2分，参与没有获奖扣1分
特色创新（附加5分）	5.1 特色鲜明、优势明显	建设特色和项目优势	3	赛事或活动在组织模式、宣传策划、项目成果、参与人群等方面有创新，体现出明显的本项目特色，并在全省具有明显的领先地位	在组织、策划、成果等各项中有特色创新的，每一项加1分，累计不超过3分
		体育文化特色	2	赛事或活动突显常州市优秀的体育文化环境，具有较明显的体育文化积累与传承，营造良好的社会体育文化氛围	能有效改善常州体育文化氛围、能明显体现常州地域体育传统文化特色的加1~2分，特别优秀累计不超过2分
	权重合计		100+5		

群众体育蓝皮书

三 常州市推进政府购买公共体育服务的对策措施

总体上看,常州市政府购买公共体育服务一年多的实践取得了积极的成效。一是在"开门办体育"理念的指引下,常州市"政府主导,部门联动,全社会共同参与"的工作机制得到进一步完善,特别是社会力量参与提供公共体育服务的热情空前高涨。二是有效地推动了常州市体育社会组织的发展。政府购买公共体育服务为体育社会组织发挥作用提供了新的平台,同时也对体育社会组织的规范建设、办赛能力、专业水平、市场运作能力提出了新的要求。三是市民百姓得到了实惠,体现"体育即民生"的宗旨。市民百姓参与体育活动的人数更多、选择更广,赛事活动的组织水平都有了明显的提高,市民百姓参与体育活动的意识进一步加强。目前,常州市政府购买公共体育服务尚处在探索阶段,还存在很多问题和困难,有待进一步完善和提升。比如,政府购买公共体育服务的制度体系包括购买方式和绩效评价体系还不完善,范围和内容还需要进一步扩大,整体影响力还不够,对体育社会组织发展的促进作用还不明显等,需要在今后的工作中从以下几个方面加以解决。

(一)建立完善政府购买公共体育服务制度体系

一方面依靠规范性文件推进政府购买公共体育服务的规制格局已经不适应时代发展,国家层面要尽快修改完善现行《体育法》《政府采购法》《政府采购法实施条例》等法律法规,让政府购买公共体育服务有法可依。另一方面要进一步完善常州市购买公共体育服务的实施办法、评审办法、绩效评价办法等内容,让政府购买公共体育服务有章可循、科学规范。

(二)不断拓展政府购买公共体育服务的范围和方式

加大政府购买公共体育服务资金投入,把均衡享受公共体育服务作为政府购买服务的原则,改"政府配餐"为"百姓点菜",充分考虑社会各阶层和群体的需求和利益，合理设置政府购买公共体育服务项目目录。根据公共体育服务项目不同的特点，采取不同的购买方式，进一步完善政府购买竞争机制，公开透明地选择有能力提供且物有所值的公共体育服务第三方组织。

（三）加快培育体育社会组织成为公共体育服务的承接主体

政府从政策、资金、场地、培训、舆论等方面支持各类体育社会组织发展壮大，形成促进体育社会组织发展的长效机制。增强体育社会组织的社会公信力，提升自身规范管理能力；增强体育社会组织的专业化水平，提升承接政府购买公共体育服务能力；增强体育社会组织的社会影响力，提升社会资源整合能力。

（四）切实做好对政府购买公共体育服务的宣传引导

要充分利用传统媒体和新媒体渠道，广泛宣传实施政府购买公共体育服务的重要意义、主要内容、政策措施和流程安排，精心做好政策解读，主动回应社会关切，充分调动社会参与的积极性，为推进政府购买公共体育服务营造良好的舆论氛围和工作环境，形成政府、承接单位、社会、百姓"多方共赢"的良好局面。

B.9
全民健身"牵手"移动互联网
——湖北省"去运动"APP项目研究

湖北省体育总局

摘　要： 2012年，湖北省获批成为全国大型体育场馆改革试点省。借此东风，湖北省体育局在2014年7月18日推出了湖北省体育公共服务平台（"去运动"APP、PC网站、手机微网站、微信公众号）。"去运动"APP（一款通过手机等移动终端为用户提供场馆预订等健身服务的应用软件）作为湖北省体育公共服务平台的首期项目，湖北省"去运动"APP的运作实践说明，当全民健身"牵手"移动互联网，将给全民健身的组织和参与方式带来一些深层次的改变。本文通过研究"去运动"APP的开发、推广及发展现状，旨在探索全民健身与移动互联网融合发展的新途径、新方式。

关键词： 湖北　"去运动"　APP项目　体育公共服务平台　体育场馆

　　2013年，《国家体育总局等八部门关于加强大型体育场馆运营管理改革创新提高公共服务水平的意见》（以下简称《意见》）发布，指出各地体育局、财政厅等相关单位以邓小平理论、"三个代表"重要思想、科学发展观为指导，以满足人民群众日益增长的体育需求为目标，以改革为动力，以体制机制创新为重点，着力提升大型体育场馆运营管理能力和公共服务水平，为加快建设公共体育服务体系和全面建成小康社会做出贡献。2014年湖北省体育局按照《意见》要求，进一步深化场馆改革，积极推进"以盘活场馆资源和体育场馆免费、低收费开放为重点，以政府购买公共体育资源和体育场馆服务为支撑"新一轮场馆改革。联合互联网公司共同开发"去运动"APP平台，为政府购买公共体育服务提供了客观、可量化的依据，推动了湖北群众体育资源的全面和深度整合。

一 研究目的

以湖北省体育局与荆楚网合作推出的"去运动"APP平台阶段性成果为研究对象，通过总结相关经验，在翔实数据基础上，对湖北省公共体育场馆运营现状、在运营过称中遇到的问题和困难以及未来展望等问题进行系统分析。通过分析问题，探索规律，从而为市场经济条件下我国公共体育场馆摆脱经营管理困境，进行有益探索，以更好地整合公共体育场馆和社会体育场馆资源满足人民群众体育健身需求，达到多方共赢的目的。

二 研究方法

（一）文献资料研究法

查阅国内外公共体育场馆、体育设施运营，O2O网站建设及运营等方面的国内外相关权威期刊文献进行研究。

（二）数据分析法

对全国体育场馆及湖北省体育场馆相关数据以及"去运动"用户数量，场地预订量等多方面数据进行对比，并用Excel进行对比分析。

（三）对比分析

对比市面上较为主流涉及场馆预订及体育服务的功能性网站和手机软

件，从运营内容、软件体验、用户等多方面进行对比研究，整理出公共体育场馆在互联网浪潮下所面临的机遇与问题。

三 结果与分析

（一）国内公共体育场馆基本情况及面临的问题

截至2013年12月31日，全国共有体育场地169.46万个，用地面积39.82亿平方米，建筑面积2.59亿平方米，场地面积19.92亿平方米（见表1）。① 其中，室内体育场地16.91万个，场地面积0.62亿平方米；室外体育场地152.55万个，场地面积19.30亿平方米。以2013年末全国总人口13.61亿人② 计算，平均每万人拥有体育场地12.45个，人均体育场地面积1.46平方米。

表1 各系统体育场地数量及面积情况

单位：万个，%，亿平方米

系统	场地数量		场地面积	
	数量	占比	面积	占比
体育系统	2.43	1.43	0.95	4.79
教育系统	66.05	38.98	10.56	53.01
高校系统	4.97	2.94	0.82	4.15
中小学	58.49	34.51	9.29	46.61
其他教育系统	2.59	1.53	0.45	2.25
军队系统	5.22	3.08	0.43	2.17
其他系统	95.76	56.51	7.98	40.03
合 计	169.46	100	19.92	100

资料来源：《第六次全国体育场地普查数据公告》，《中国体育报》2014年12月26日。

在全国体育场地中，体育系统管理的体育场地2.43万个，只占全部场地的1.43%；场地面积0.95亿平方米，占4.79%。教育系统管理的体育场

---

① 《第六次全国体育场地普查数据公告》，《中国体育报》2014年12月26日。
② 国家统计局：《中国统计年鉴（2014）》，中国统计出版社，2014。

地66.05万个,占38.98%;场地面积10.56亿平方米,占53.01%。其他系统管理的体育场地95.76万个,占56.51%,场地面积7.98亿平方米,占40.03%。其他系统指除体育系统、教育系统和军队系统外,社会其他各行业(系统)所管理的体育场地,以及难以划分管理单位归属的体育场地。

表2是全国不同区域体育场馆分布的情况。湖北省作为中部省份,场地数量和场地面积远远低于东部部分省份,仅高于东北部分省份。数据分析说明,湖北公共体育场地资源明显不足。

表2 东、中、西部和东北地区体育场地分布情况

单位:万个,亿平方米

地区	省份数量	场地数量	场地面积
东部	10	71.10	9.38
中部	6	40.39	4.18
西部	12	42.63	4.28
东北	3	10.12	1.65
合计	31	164.24	19.49

表3则是第五次全国体育场地普查与第六次体育场地普查的详细对比。可以看出,全国体育场地的建设上取得了很多可喜的成绩,人均体育场地面积增长率高达41.75%。但我国与发达国家的差距还很大,在20世纪90年代末,全美国人均拥有体育场所面积为30平方米,平均每万人拥有200多个体育场地,相当于中国的60倍。

表3 2003年和2013年全国体育场地主要指标变化情况

单位:%

指标单位	2003年	2013年	增长率(%)
全国体育场地总数量(万个)	85.01	169.46	99.34
全国体育场地总用地面积(亿平方米)	22.50	39.82	76.98
全国体育场地总建筑面积(亿平方米)	0.75	2.59	245.33
全国体育场地总场地面积(亿平方米)	13.30	19.92	49.77
人均体育场地面积(平方米)	1.03	1.46	41.75
每万人拥有体育场地数量(个)	6.58	12.45	89.21

（二）"去运动"平台建设背景与意义

1. 形势需要

表4是平台建设的背景。

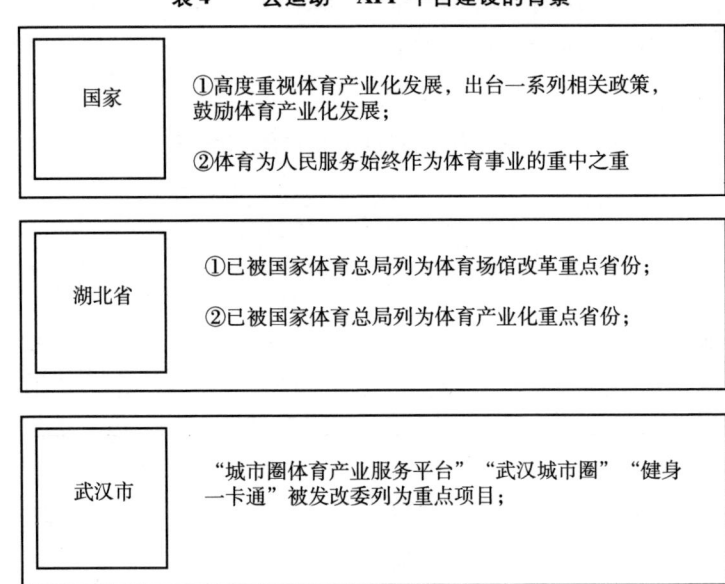

表4 "去运动"APP平台建设的背景

国家	①高度重视体育产业化发展，出台一系列相关政策，鼓励体育产业化发展； ②体育为人民服务始终作为体育事业的重中之重
湖北省	①已被国家体育总局列为体育场馆改革重点省份； ②已被国家体育总局列为体育产业化重点省份；
武汉市	"城市圈体育产业服务平台""武汉城市圈""健身一卡通"被发改委列为重点项目；

当代体育集政治影响力、经济生产力、文化传播力、社会亲和力于一体，在增强人民体质，促进人的全面发展，丰富社会文化生活，维护社会稳定，培育经济新亮点和构建和谐社会等方面都有不可替代的作用，是中国特色社会主义事业的重要组成部分。党的十八届三中全会做出的关于全面深化改革的决定，为体育事业的繁荣发展带来了新的发展机遇，提供了强大的精神动力。

2. 现实需要

（1）创新体育公共服务的需要。改革开放以来，我国政治稳定、经济繁荣、社会进步，全民健身需求越来越大，满足健身需求的差距越来越大，体育发展空间越来越大，迫使体育改革创新的动力越来越大。但在湖北省，有以下几个方面的不足。

第一，场地不足。人均体育场地面积仅仅只有1.4平方米。

第二，消费不足。年人均文化体育消费在150元左右，居民体育消费额占居民人均收入的1.3%左右。

第三，参与不足。经常参加体育锻炼的人数占总人口的比例不足30%（在校学生除外）。

第四，服务不足。平均每个场馆开展的体育项目只有3项。

第五，信息不对称。群众健身有时间没空间，或有空间没时间，场地资源得不到合理配置。

（2）深化体育场馆改革的需要。2012年，国家体育总局批准湖北省为大型体育场馆改革试点省，2013年发布了《国家体育总局等八部门关于加强大型体育场馆运营管理改革创新提高公共服务水平的意见》，要求运用现代信息技术手段，整合资源，完善服务信息系统，探索把健身消费与移动互联关联，促进互联互通，提高场馆运营网络化服务和信息化管理水平。两年来，湖北省体育局抓住改革契机，通过深入试点、精心筹划、试点工作取得了初步成效，得到了国家体育总局的高度认可。

2014年，湖北省体育局按照《意见》要求，进一步深化场馆改革，将改革向全省拓展，向纵深推进：在向全省推广试点场馆改革经验的同时，积极推进"以盘活场馆资源和体育场馆免费、低收费开放为重点，以政府购买公共体育服务为支撑，以湖北省体育公共服务平台建设为载体"的新一轮场馆改革。具体来说，就是通过湖北体育公共服务平台开发成果之一——"去运动"APP，对体育场馆公共服务情况（含为公众提供的免费或低收费场地、免费或低收费时段、免费或低收费人次、场馆的服务和运营、社会满意度等）进行量化考核和评价，并以量化考核评价结果为依据，通过补贴、奖励、政府购买服务等方式对场馆免费、低收费开放进行支持和鼓励。

3. 建设意义

（1）可以深度整合省内体育资源。目前，湖北省范围内的体育资源整合还只是局限于举办活动、项目建设等方面，整合领域和服务内容需要进一步拓展和加深，合作方式还需要由政府推动向市场推动转变，合作机制应从单方利益驱动转变为在利益共享下的互动性合作。为此，需要建立一个服务于全省的全民健身综合信息服务平台，深度整合省内各类体育资源。

（2）可以提高体育资源整合效率。湖北"去运动"APP，有助于进一步提高湖北省体育资源的整合效率，服务范围涵盖全民健身等多方面，不仅可以帮助体育部门提升管理效能，强化管理手段，还将直接服务于湖北省广大的人民群众，让更多的群众从体育信息化中得到实实在在的好处，让全民健身更方便。

（3）可以推进群众体育信息化建设。目前，一些体育方面的网站多为政府网站，功能多局限于政府官方信息发布和行政审批等，广大群众只是信息的接受方，大大制约了群众参加体育活动的积极性。"去运动"APP，通过发挥信息科技优势，深度整合全省体育资源，推动湖北群众体育资源的全面和深度整合，为建设湖北体育强省注入新的动力，逐步实现"湖北数字体育"。

（三）湖北省"去运动"平台的架构设计及特点

1. "去运动"平台的构想

"去运动"APP创意之源——互联网健身"塔式结构"。

2. 整体架构

"4+8+X"：

"4"就是"四位一体"，平台由APP平台（"去运动"）、手机版网站、微信公众号和PC平台四个子平台构成；"8"就是平台涵盖八大功能：场馆预订、同城约战、体质检测、健身订制、体育赛事、体育商城、会员中心、健康管理；"X"就是建立大数据，再次开发利用与体育相关的所有资源，空间无限大、市场无限大、效益无限大（见图1）。

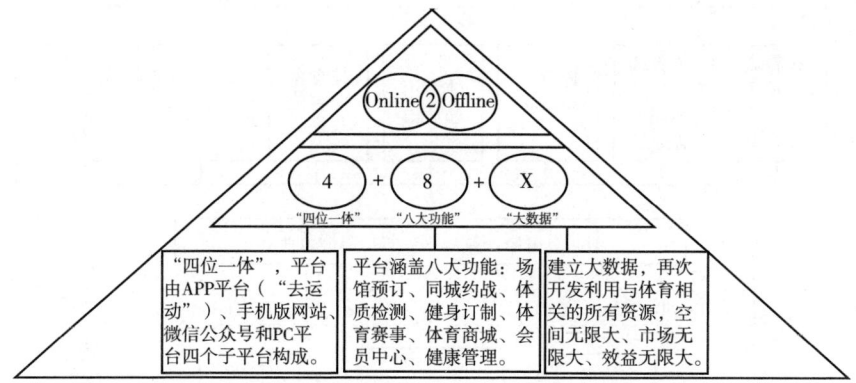

图1 "去运动"APP构想

3. 平台运营架构

"去运动"APP平台采取线上与线下相结合的O2O模式，通过与"数字化的内容服务模式、平台化的立体结构模式和媒体化的渠道应用模式"相结合，打造完整的综合运营体系。

湖北"去运动"APP充分借助了新媒体营销资源，在微博、微信、微视频、手机电视、网站等平台上同步进行了推广，通过这些新媒体应用覆盖了各种线上交互方式和传播渠道，打造了全新的渠道应用模式（见图2）。

4. "去运动"APP的特点

适应性：顺应了移动互联网时代、大数据时代、云计算时代及体育新需求时代的要求，探索了一条全民健身与移动互联网融合发展的新模式、新途径。

公益性：对群众分时段免费、优惠开放；对场馆有奖励、有补贴。

主导性：以体育部门为主导，打造互联网体育格局，创新互联网健身模式。

融合性：通过移动互联网整合了体育部门和全社会资源，实现线上和线下的有机融合。

专业性：充分发挥体育部门、赛事、专业技术人员、体育科技等资源在全民健身中的专业性作用。

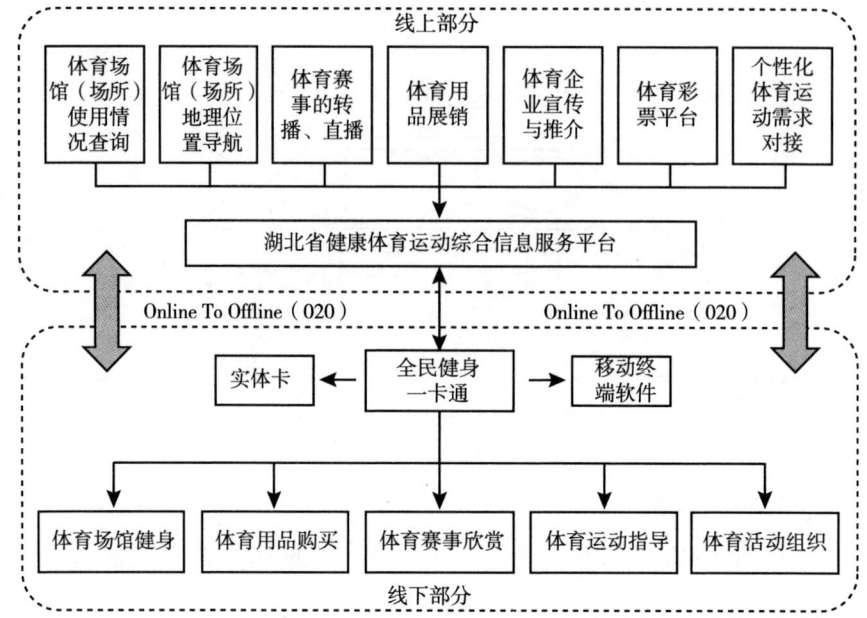

图 2 "去运动"APP 平台运营架构

综合性：实现了功能的综合（四大子平台的综合）和服务的综合（八大功能的综合）。

持续性：根据市场需求、市场在资源配置中的决定性作用，不断开发新产品，实行"三化"运行（市场化、公司化、专业化），为互联网体育、互联网健身可持续发展奠定了坚实的基础。

"去运动"APP 平台可提供全国知名体育网站的信息（见表5）。

表 5 "去运动"APP 平台主要内容

名称	开发经营方	平台范围	服务内容	覆盖地区	特点
去运动	湖北省体育局 荆楚网 爱运动体育信息 科技有限公司	手机软件 微信公众号 手机网站	场馆预定 平台约战 体育新闻 健康资讯推送	湖北省	政府主导,公益性与商业性相结合
趣运动	广州柠蜜信息科技有限公司	平台网站 手机软件	场馆预定 平台约战	广、上、深、北 4个城市	综合性强

续表

名称	开发经营方	平台范围	服务内容	覆盖地区	特点
动起来	北京天天乐动科技有限公司	手机软件	场馆预定 平台约战	北京	页面简单
群体通	广州市体育局 广州市全民健身网	平台网站 手机软件	场馆预定 比赛组织 体育新闻 健康资讯服务	广州市	政府主导公益性与商业性相结合
乐奇足球	深圳市米诺奇科技有限公司	手机软件	场馆预定 平台约战 比赛组织	全国范围内23个城市	专注于足球场地与赛事组织
爱踢球	上海近云天网络科技有限公司	手机软件	球队管理 比赛组织 平台约战 场馆预定	上海	以社交为主的足球球迷平台
动族	杭州红黑网络科技有限公司	手机软件	比赛组织 场馆预定	北、上、广、深、杭5个城市	注册人数较少,以体育活动邀约为主
E动体育	北京万驰体育文化发展有限公司	平台网站 手机软件	比赛组织 教练预约 场馆预定	北京	独特的教练预约,专业的比赛报名机制
场馆通(北京)	百度公司	手机软件	场馆预定	北京	专注于羽毛球场地预定
场馆通(浙江)	浙江省体育局	平台网站	场馆地址查询	浙江省	功能单一,只提供场馆位置查询
格瓦拉运动	上海格瓦商务信息咨询有限公司	手机软件 手机网站	场馆预定	北、上、杭、南、广、深6个城市	O2O网站,经验丰富整合能力强
爱约赛	智美控股集团 北京动乐网络科技有限公司	平台网站 手机软件	场馆预定 平台约战 比赛组织 健康资讯	全国(其中场馆预定覆盖北、上、广、深)	专业体育上市公司,实力雄厚

（四）"去运动"APP的建设目标

通过3年的建设，将湖北省体育公共服务平台"去运动"平台建设成参与人数占省域体育人口30%以上的、全国知名的、能独立自主运营的综合性服务平台，使"去运动"APP成为指导群众健身，引导体育消费的风向标，成为联系政府和群众的桥梁和纽带，改善体育公共服务的重要载体。充分发挥平台在移动互联时代的技术优势，满足广大人民群众日益增长的多元化、多层次体育消费需求，促进体育产业与群众体育、竞技体育协调发展。

1. 资源目标

建成全湖北省公共体育场馆信息数据库，包括各个场馆（场所）的详细信息和使用状况；建成全省全民健身大数据库，包括各类健身人群在内的全民健身大数据库，进行分类指引；建成全省社会体育指导员数据库，涵盖全省体育相关人员；建成中国知名的网上体育用品博览中心，涵盖各大体育用品和相关企业，进行展销和宣传，在全国形成一定知名度。

2. 组织体系目标

建成涵盖全湖北省各市、县（区）、乡（镇、街道）、村（社区）的五级配套完善的全民健身场地设施网络，全部实现信息共享；建立健全社区、乡（镇）、机关、企事业单位的体育组织，与平台系统对接，实现垂直管理；成立平台理事会，对平台的建设、发展和运营进行综合管理和有效组织。

3. 公益服务目标

每年在湖北省范围内组织公共体育活动，组织大型群众体育活动，宣传和推广全民健身，从线上到线下大力普及全民健身知识；每年为一批有需要、有条件的青少年儿童提供专业的体育指导培训，培育体育后备人才。

（五）"去运动"平台特点

1. 优点

（1）"去运动"APP是由省级体育局与企业相合作搭建，有利于利用双方优势，提供更优质的服务。

（2）"去运动"APP所提供的服务是较全面的，覆盖到了体育相关的方方面面。

（3）"去运动"APP独特的公益性与商业性相结合，既提供了很多政府购买的免费场地时间来进行惠民服务，也盘活了体育场馆的大部分空闲时间。

（4）"去运动"APP预约服务准确到每小时及每片区域，不同于很多O2O团购网站所服务的预定业务，平台预约准确性可大大提高使用感受和场馆的利用率，起到消费者与场馆双赢的目的。

2. 缺点

（1）"去运动"APP在PC端不能提供相关服务，目前只提供手机软件下载和手机微网站及微信公众号宣传工作。用户不能通过电脑来进行体育服务。

（2）"去运动"APP与政府合作，现阶段只能覆盖湖北省，在其他地区不能提供相关服务。

（六）湖北省"去运动"APP运营现状

1. "去运动"APP运营现状

移动互联网为传统行业变革创新提供了有利条件。当前，世界经济发展的重要战略选择之一，就是利用移动互联网技术促进传统行业的转型升级，打造"互联网+"模式。而具体到体育行业的改革与发展，不仅要注重技术层面的更迭，更要注重社会公益需要和良性经济循环发展的需求，为此湖北省体育局推出的"去运动"APP和湖北省体育公共服务平台，方便群众参与健身运动，同时出台了一系列政府采购与补贴政策，既为公益服务，又可以引导体育业界共同努力，为湖北省体育改革与发展做出了有益的探索。

"去运动"APP自2014年7月18日上线至2015年5月，湖北省体育局在政府购买社会体育公共服务方面已投入资金1800万元左右。全省目前有610家体育场馆与平台签约免费、低收费开放协议。其中武汉市有302家体育

场馆在平台上提供场地预订服务,做到了全省覆盖。用户已达30多万人,用户活跃度达50%,每天至少推出2万个免费或低收费运动时段,每天有近10万人在平台上预订场馆,全省已有近400万人次通过"去运动"APP享受了免费和低收费的运动"红利"。

在一些靠近社区的体育场馆,群众可以就近免费健身,参加体育健身的积极性大大高涨,从而改变了打麻将等一些不健康的生活方式,一些中小学生课余时间也不再沉溺网吧,而是利用"去运动"平台提供的免费健身机会,到附近的体育场所参加台球、羽毛球等一些健康有益的体育活动……

一些体育场馆在与"去运动"APP签约后,社会体育场馆的场地使用率也普遍提高,改变了以前体育场馆"黄金时段一票难求,空闲时段门可罗雀"的状况,场馆的收益平均提升了30%以上。"去运动"平台上线以来,很多群众、体育场馆通过网上留言、送锦旗等多种方式,表达感激之情,网上近20万人次点赞。多次收到群众送来的锦旗与感谢信,中央电视台及湖北本地媒体报道200余篇,国家体育总局表示予以支持,近10个省份来湖北省学习调研。

"去运动"APP实现了"三个盘活""八个促进","三个盘活":盘活了"场地资源""赛事资源""专业资源","八个促进":促进了"场馆建筑业""场馆服务业""体育信息""体育赛事""体育旅游""体育培训""体育用品""体育康复"等产业的发展。

由于湖北省体育公共服务平台和"去运动"APP的良好发展态势,基于湖北省体育公共服务平台的良好发展态势以及美好的发展前景,目前已有风险投资机构给出了1.5亿元的估值。平台已经与保险公司合作推出了运动保险,与银行合作的一卡通联名卡也在推进之中。如果湖北模式能够复制到其他5个省会城市,第二轮融资可能给到6亿元,三年内启动上市程序。

2. "去运动"APP下一步规划

湖北"去运动"APP计划通过多种线上与线下的运营,实现2015年底60万用户下载量,签约场馆650家,活跃用户30万,线上线下各种体育比赛达到一年500~800场次的运营目标。

四　结论与建议

（一）结论

第一，湖北省体育公共服务面临着体育场地不足、消费者消费力不足、运动人群参与不足、体育场馆提供服务不足、信息不对称等问题。

第二，"去运动"APP的建设现阶段提供的服务较为全面，但也有些服务目前还未能提供，平台建设有待加强。

第三，体育服务类平台市场竞争激烈，只有提供独特服务才能更有利于平台发展。

第四，"去运动"APP现阶段的发展，在一定程度上与政府推出的场馆免费、低收费开放政策有关。如何增强平台的"自我造血"功能，是平台今后可持续发展的关键。

第五，"去运动"APP目前只能服务于湖北省，服务范围有限。

（二）建议

第一，"去运动"APP应迅速加快PC端平台建设，使用户可以在PC端实现体育场馆预定，平台约战等相关服务。

第二，"去运动"APP要发挥本地企业优势提供健身教练预约等与其他平台不同的服务才能更有利于发展。

第三，"去运动"APP应调整赢利方式，调整结构，逐步摆脱依靠政府购买等政策的影响，这样才有利于平台长远的发展。

第四，应把"去运动"APP现阶段成熟经验进行复制，引入外资投入，加快对外发展步伐，只有不断覆盖其他区域才能实现平台的最终发展目标。

B.10 《深圳经济特区促进全民健身条例》立法综述

深圳市文体旅游局政策法规处

摘　要： 以1999年《深圳经济特区促进全民健身若干规定》为基础，历时两年，修订后的《深圳经济特区促进全民健身条例》于2014年8月28日获深圳市第五届人大常委会第三十一次会议表决通过，已于2015年1月1日正式施行。本文首先介绍了该条例"开门立法"的立法过程、"促进发展，力求创新"的立法思路、"重实际、重操作"的立法精神和"从管理转向服务，从防范转向保障"的立法理念；其次，重点介绍了该条例中针对全民健身设施管理主体、中小学校健身设施开放、健身活动和比赛的冠名以及健身激励机制等热点难点问题所进行的思考，论述了所设计的相关制度；最后，从法律实施的角度，就相关配套制度的制定以及宣传推广、法治培训等方面介绍了所做的工作，遇到的问题和经验总结。

关键词： 深圳　全民健身　立法　激励机制

1999年，深圳市颁布实施了《深圳经济特区促进全民健身若干规定》；2012年，根据深圳市飞速发展的实际情况，深圳市文体旅游局启动了修改工作。经过近两年的努力，《深圳经济特区促进全民健身条例》（以下简称

《条例》）于2014年8月28日获深圳市第五届人大常委会第三十一次会议表决通过，于2015年1月1日正式施行，在深圳市民中产生了较大影响，获得了广泛关注。本文将从立法过程、制度设计和法律实施三方面对该条例立法工作涉及的一些问题进行综述。

一　立法过程

（一）高度重视调研工作，实施开门立法

2013年10月，《条例》草案稿进行了一审，在一审意见中较普遍的是指出鼓励性、原则性条款较多，缺乏针对性和可操作性，因此决定进行较大的修改。修改的基础就是要重新进行充分的调研。为此，重新制定了调研方案，从2014年3~6月重新开展调研，扩大了调研范围，增加了调研方式，具体化调研内容。

1. 发动人大、政协参与调研

一是由市人大函请各区人大常委会组织开展有关调研活动，调研内容即《深圳市促进全民健身条例（草案）立法调查问卷》（见附件1），市立法调研小组提供指导，并选点参加。二是动员市人大代表、政协委员各200人，各区人大代表、政协委员各100人，参加问卷调查，并征求对条例草案的修改意见。三是要求各区人大在调研时要选择有代表性的社区、体育场馆、中小学校等进行现场调研，并与其主管单位、管理人员、周边居民进行座谈和问卷调查。

2. 广泛开展市民问卷调查

由深圳市人大和市文体旅游局委托调查机构，在全市范围内进行民意调查，发放调查问卷5000份。同时，将调查问卷在深圳市政府网站、市人大网站、市文体旅游局网站以及深圳新闻网公布，收集网民意见，并进行数据汇总分析。

3. 立法调研小组开展重点调研

调研包括召开座谈会，邀请立法咨询专家库的专家进行论证；选择市财

政资金投资建设的体育场馆和社会资金投资建设的体育场馆各1家进行调研;选择2所市属公立中小学校,对其体育设施的开放问题进行调研;选择市政公园或居民住宅小区2个,就全民健身设施建设、开放、管理等问题进行调研;赴上海、长沙、苏州、香港四地进行实地调研,主要了解上海、长沙在促进中小学校体育设施开放方面的成功经验,苏州实施"阳光健身卡"工程的有关情况以及香港在社区公共体育设施开放和管理方面的丰富经验。

经过调研,对深圳市全民健身活动的热点、难点问题有了清楚的了解(见附件2《深圳经济特区全民健身活动调研结论》),对解决问题有了初步思路,这些为下一步有针对性地修改《条例》打下了很好的基础。

(二)体现"重实际、重操作"的立法精神

《条例》的基础是1999年的《深圳经济特区促进全民健身若干规定》,经过十余年,深圳市的实际情况和群众的认识都已经有了巨大的变化,因此必须进行大的修改。在修订过程中,根据全国人大"立法能具体尽量具体,能明确尽量明确"的要求,删减了原则性、理论性的条文,加入权责明晰的制度和具有法律责任的刚性处罚等内容,使《条例》具有更强的可操作性。

(三)体现"从管理转向服务,从防范转向保障"的立法理念

中央近年来一直反复强调要转变政府职能,转变管理方式,《条例》较充分地体现了上述理念,例如所规定的政府部门职责,更多的是服务性的内容,并且尽可能提出了量化标准。比如,《条例》第九条规定:在每年11月全民健身月活动期间,市、区政府体育行政部门应当在本行政区域内组织开展不少于三个项目的全民健身比赛活动以及不少于两次的科学健身讲座;第十一条规定,市、区政府体育行政部门应当每四年至少组织一次本行政区域内的综合性全民健身比赛活动等内容。在规定体育场馆、学校等单位的义务时,则主要是从保障群众权利、满足群众需求的角度出发,重点解决市民

健身需求与健身设施不足的矛盾,一是要求公立中小学体育场2015年起必须开放(民办中小学可以参照执行),规定了开放时间,应由学校和政府购买"安全责任保险"等。二是规定财政资金投资建设的体育场、体育馆必须面向社会开放,开放时间每周不得少于56个小时。

(四)体现"促进发展,力求创新"的立法思路

这一思路首先体现在立法形式上,一审稿运用特区立法权,定名为《深圳经济特区促进全民健身条例(草案)》(以下简称《草案》),但在一审时,市人大常委会组成人员有人提出《草案》的立法形式采取较大市立法更为合适。从《草案》的内容看,其主要是为执行《体育法》《公共文化体育设施条例》《全民健身条例》等法律和行政法规的规定,而根据深圳市实际情况做出的具体规定,突破上位法的内容较少。因此,在其后的修改中,一直强调深圳作为改革创新城市,在立法时也要高度重视创新性,必须要有创新的思维和创新的制度,这样在最终立法形式上还是使用了特区立法。从《条例》条文来看,在明确全民健身设施管理责任主体、管理方式,建立市民健身激励制度以及赋予体育比赛、活动冠名权等方面确实做到了一定程度的创新。

二 重要制度

(一)关于全民健身设施管理单位和管理方式

根据调研所知,当前在社区公园、市政公园等场所的健身设施的使用、管理和维护等方面普遍存在管理、养护责任主体不清晰的问题,导致健身设施管养不善的现象时常发生。为明晰健身设施的管理责任,《条例》在第三十条直接规定"全民健身设施所属场地的管理单位为全民健身设施的管理单位,但市、区政府另有指定的除外",并在第三十一条明确了管理单位的职责。同时为解决管理责任主体事实上存在的多种实际困难,在第三十条又

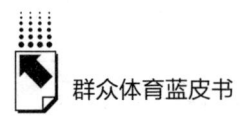

赋予管理责任主体可自主选择管理方式的权力，即管理责任主体可以采取自行管理或者委托管理的方式。

（二）关于免费开放全民健身设施要求和鼓励措施

一方面《条例》对体育场馆和学校体育设施的免费开放提出了许多硬性规定，除开放时间外，对于财政投资的专业体育场馆还提出举办免费健身指导和讲座等活动的要求，应当说高度契合立法目的。同时，出于对体育场馆产权和经营管理复杂性、多样性的考虑，也尽量避免提出过于细致的要求，比如有人大代表认为应当规定财政投资建设的体育场馆每年举办免费健身指导等活动的次数，这个建议就没有被采纳。另一方面《条例》规定政府对免费开放的健身设施可以进行补贴，这是具有合理性的。一是全民健身设施的开放需要一定的成本，因此为鼓励全民健身活动的开展，对免费开放的健身设施政府给予一定补贴是必要的。二是《条例》规定健身设施在法定节假日免费开放的才有可能获得政府补贴，我国面向全民的法定节假日共计11天，期间较长，因此对在此期间免费开放的健身设施给予补贴是合理的。三是政府是否对免费开放的健身设施进行补贴是由体育行政主管部门根据实际情况做出决定，一般给予的补贴不高于其营业成本，仅具有象征性，政府补贴是有限的和可控的。总之，关于免费开放，硬性要求和经济鼓励都是必要的，只有双管齐下，才能保证免费开放政策能落实到位。

（三）关于学校体育设施的开放

在各地健身条例或法规中，学校体育设施的开放都是一个难点问题，深圳也不例外，一直有代表担心开放学校体育设施可能带来安全隐患，并与教学产生矛盾。但总体上看，为解决市民健身需求与健身设施不足的矛盾，中小学体育设施的开放是大势所趋。安全隐患问题和教学问题是可以解决的技术问题。所以《条例》首先区分了公立中小学校和民办中小学校，民办中小学校是"可参照适用"公立中小学校的规定。而对公立中小学校，则通过四个方面的明确规定,以消除开放顾虑:一是对学校开放体育设施的时间进行了规定,《条例》第三十六条规定"非寄宿制公立中小学体育场的开放时间平日为教学之外的时间","体育馆的开放时间由学校自主确定","寄宿制公立中小学校体育场、体育馆实行寒暑假开放,开放时间参照非寄宿制中小学校体育场、体育馆开放时间"。二是为促使参加健身活动的人珍惜锻炼机会并控制人流量,在第三十六条规定"可适当收取费用"。三是在第四十一条规定学校开放体育设施的"安全责任保险"措施,最大限度减少市民在学校参加健身出现意外伤害引发的纠纷。四是在第三十七条要求学校完善开放条件,采取委托管理或者合作管理方式开放体育设施并制定相应的安全管理制度。通过以上四条,可以说中小学校校方在必须开放体育设施的前提下拥有了极大的自主性和灵活性,不至于产生抵触情绪。

(四)关于体育表演、竞赛等健身活动的名称和冠名

《条例》第十二条和第十三条规定了体育表演、比赛的冠名规则和冠名权,这是考虑到当前体育表演和比赛越来越蓬勃发展,企业、社会团体和个人有通过赞助体育表演、比赛获得冠名权的需求,而当前法律法规尚未对体育表演、比赛的名称和冠名进行规定。在实践中体育表演、比赛的名称和冠名存在很多不规范的情况,甚至造成欺骗的现象,因此有必要对体育表演、比赛等健身活动的冠名进行规范。有观点认为《条例》第十二条对体育表演、比赛等健身活动的冠名限制过多。实际上,《条例》确定的冠名规则更多的是考虑要维护体育表演、比赛市场的秩序,维护一般群众的知情权,避免发生虚假宣传,致使市民受骗的情况。因此,可以冠名是权利,如何冠名是义务。

(五)关于市民健身激励制度

一般来讲,越是经常参加健身活动的人,身体就越健康,其医疗保险个人账户的余额累积也就越多。根据调研所知,苏州市实行"阳光健身卡"

的做法，是允许市民将其医疗保险个人账户余额的一定比例转入健身账户，用于个人健身消费。运行8年以来，产生了较好的社会效果：一方面市民身体更加健康，节约了医疗资源；另一方面体育健身产业也从中受益。目前，这一制度在常州、南通等地也已开展。因此，《条例》第四十九条第一款对此给予原则规定，要建立市民健身激励制度。原本设想中的市民健身激励制度是一个制度的集合，但限于目前条件，仅在第二款提出了一项具体措施，即有条件地允许市民将其医疗保险个人账户余额有限用于健身消费。与苏州模式不同的是，用于消费的余额始终在其医保账户内，只是一个可用额度，既可以用，也可以不用，不转到其他账户。

对这一措施，立法审议人员基本上给予了一致肯定，但是个别部门对该制度的合法性和可行性提出了质疑。但经认真研究后，人大法律委员会认为合法性和可行性不存在问题，一是深圳市特区立法对此予以规定是合法的，国家《社保法》并未禁止医疗保险个人账户余额可用于健身活动，在其总则规定"社会保险水平应当与经济社会发展水平相适应"，深圳市立法是对《社保法》原则规定的细化。二是深圳市医疗保险保障能力完全可以满足用于健身支出的需求，全市社保资金经过多年积累，社会保障能力得到很大提高，经过测算，全市人均医疗保障能力是全国平均水平的10倍，完全有能力提供更高水平的保障。三是深圳市立法形式采取的是特区立法，有权就市民医疗个人账户一定余额用于健身活动做出规定。四是该制度风险具有可控性，可用于健身的比例仅为个人医保账户余额10%，而且并非所有达到此标准的市民均可使用该额度。

（六）关于法律责任的刚性

从《条例》第五章"法律责任"来看，有观点认为，公共体育设施开放的刚性不足，《条例》没有规定未开放公共体育设施的法律责任。而立法者的观点是，《条例》的立法目的旨在促进全民健身活动的开展，其主要发挥的是引导、促进作用，国务院《全民健身条例》规定"公办学校应当积极创造条件向公众开放体育设施；国家鼓励民办学校向公众开放体育设施",也并未设定有关法律责任。财政投资的全民健身设施特别是中小学校的体育场、体育馆,考虑到教学和安全的需要,加之每个学校自身条件不尽相同,其体育设施的开放和开放时间的调整,应当是一个逐步推开的过程。因此,《条例》对中小学未开放体育设施的法律责任在第五十四条仅作了有限规定。对违反有关强制性规定的处罚规定也较温和,如违反健身活动名称规定的、财政投资建设的全民健身设施违反有关开放规定的、利用财政资金建设的体育场馆主体部分从事与体育无关的经营活动的、擅自拆除全民健身设施的等,规定的主要是限期改正。

三 法律实施

徒法不足以自行,相比立法成果,法律颁布后的实施工作和运行效果更为重要,为此,深圳市文体旅游局从2014年10月起就详细制订并实施了贯彻落实《条例》的工作方案,包括以下四个方面。

(一)广泛开展实施前的宣传

通过电视、报刊、网络等媒体,采取研讨会、座谈会、讲座等多种形式,采取短期集中宣传与长期持续宣传相结合,促进《条例》内容在各职能部门、各区政府、社会各企事业单位和广大市民中得到广泛认知,不断增强市民健身意识,形成全社会关心、参与、支持全民健身工作的良好氛围。

《条例》正式实施前分四个步骤开展宣传活动,一是初期阶段(8月下旬),以《条例》通过市人大审议为新闻点,主要通过电视宣传、网站公开、报纸连载等方式报道宣传《条例》亮点内容;二是中期阶段(9~10月),对《条例》的主要内容进行深入宣传。以开展新闻发布会、专家研讨会、动漫广告宣传、广播节目中插入宣传等方式将《条例》内容以通俗易懂的方式呈现给公众;三是高潮阶段(11月),每年11月是深圳市全民健身活动月,11月1日市民长跑日当天利用横幅标语、媒体报道的方式为

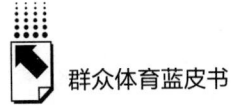

《条例》即将施行造势，动员全市各学校和健身场所管理者配合派发《条例》相关内容宣传单张，从爱好健身的人群入手，起到宣传、带动的作用，同时与各类体育协会合作，开展若干项全民健身比赛活动。每一项活动都充分做到事前宣传和事中、事后报道，在全市范围内掀起全民健身活动的高潮；四是结尾阶段（12月），以"12·4"法制宣传日为契机，开展"《深圳经济特区促进全民健身条例》法制宣传周"活动。以社区为单位，为市民开展若干场科学健身讲座，同时宣传《条例》内容并答疑解惑，派发《条例》小册子及小礼品，加深市民对《条例》中保护自身权益条款的理解，并进一步为《条例》正式施行做准备。

在宣传方式方面采取多种手段并举，一是报纸，通过《深圳特区报》《深圳商报》等报纸宣传。开辟"促进全民健身"专栏、专版，对《条例》从各方位、各角度进行深入报道。二是电视台，采取动漫手法的表现形式，通过电视画面以每条15秒钟的广告形式向广大市民播放《条例》宣传短片，让市民更快、更好地掌握《条例》中与市民权益息息相关的内容，达到最佳宣传效果。三是广播电台，利用深圳电台《交通频道》的热门直播节目，以"《条例》内容小问答"的方式，每日播报一则《条例》相关内容的宣传，并在电台节目安排了一次直播室访谈和一次电话采访，邀请体育行政部门负责人或专家，解读《条例》重要内容及新旧变化。四是通过门户网站。在市文体旅游局门户网站开辟《条例》宣传专区，解读《条例》重点内容及网上为市民答疑解惑。

（二）全面开展法规培训工作

加强对市、区体育行政部门工作人员，体育行业中介组织、健身场所负责人以及社会体育指导员等相关人员的培训，普及《条例》知识，增强相关单位责任意识，强化配套管理措施，提高服务质量。具体内容包括：邀请市人大法制委员会专家对市、区体育行政部门管理人员进行法规培训，对体育类社会团体进行培训，对社会体育指导员进行培训，对体质测定站工作人员进行培训以及对体育场馆管理者进行培训等。

(三）抓紧制定配套制度

《条例》中设计了多项有关管理、考核、鼓励、扶持等制度，均需要有关部门和单位尽快研究制定将各项制度加以落实的具体措施，形成配套制度，促进各项制度设计具有可操作性，能够落到实处。这些制度包括对社会体育指导员培训、管理、考核的各项制度，全民健身科学研究成果推广应用相关制度，为政府管理的在公共场所常年免费开放的体育设施购买安全责任保险的具体实施办法，对法定节假日免费开放的全民健身场所馆的鼓励办法，对列入"非物质文化遗产"名录的民间传统体育项目给予扶持的具体办法等。其中最重要的无疑是尽快研究制定医保个人账户用于健身消费的具体制度和配套规定。

（四）督导检查落实各项工作

除《条例》第八条规定的部门各项职责外，散见于各条款的要求中也包含了许多工作。例如，每年4月1日前要发布上一年度全市全民健身实施计划落实情况和国民体质状况报告；要建立全民健身信息服务平台，完善全民健身活动有关服务信息的公开工作；要落实实施国民体质监测各项工作，检查市、区、街道、社区设立体质测定站的有关情况；要落实对由市、区体育行政部门负责的在市政府公园、社区、绿地等安置的健身设施的管理职责；要检查财政资金投资建设的体育场（馆）向公众开放是否执行到位、相关管理工作是否到位；各区体育行政部门应当为健身路径及简易健身设施制订购买安全责任保险的具体办法；各区体育行政部门应当检查落实辖区内体育健身场馆的开放规定；市、区人大应当检查学校体育设施是否按规定开放，检查各区体育行政部门全民健身计划落实及国民体质测定站运行情况等。

综上所述，《深圳经济特区促进全民健身条例》作为深圳市地方立法近年来较有代表性的一部特区法规，得到了较多认可，其突出特点就在于强调了法律法规应当接地气，少一些原则规定，多一些量化指标；少一些宣示条款，多一些具体办法。

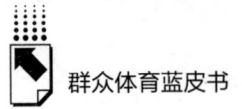

附件1　深圳市促进全民健身条例（草案）立法调查问卷

1. 您的年龄在哪个区间？

    A. 20 岁以下

    B. 20～30 岁

    C. 30～35 岁

    D. 35～40 岁

    E. 40 岁以上

2. 您居住地在哪个区？

    A. 福田区

    B. 罗湖区

    C. 盐田区

    D. 南山区

    E. 龙岗区

    F. 大鹏区

    G. 宝安区

    H. 龙华区

3. 您参加哪些健身活动？

    A. 跑步、健身操等徒步、徒手运动

    B. 单双杠、跳绳等器械运动

    C. 自行车、跑步机等有氧运动

    D. 杠铃、拉力器等力量型运动

    E. 其他运动

4. 请问每周您是否经常参加健身活动？

    A. 经常

    B. 还好

    C. 偶尔

    D. 不运动

5. 您经常在哪健身？

　　A. 社区公园

　　B. 市政公园

　　C. 专业体育场馆

　　D. 附近学校

　　E. 其他地方

6. 您是否希望居住地附近的学校开放体育设施？

　　A. 希望

　　B. 不希望

　　C. 看情况

　　D. 无所谓

7. 您希望中小学体育设施什么期间开放？

　　A. 每天都要开放，法定节假日除外

　　B. 周末和寒暑假开放

　　C. 周末和寒暑假开放，法定节假日除外

　　D. 无所谓

8. 您希望中小学体育设施在什么时间段开放？

　　A. 平日开放，早上5：30～7：00，晚上18：30～21：30

　　B. 周末和寒暑假，5：30～21：30

　　C. 周末和寒暑假，5：30～21：30，法定节假日7：30～20：30

　　D. 不知道如何是好

9. 中小学体育设施开放收取适当费用，您是否接受？

　　A. 接受

　　B. 不接受

　　C. 看情况

　　D. 与我无关

10. 政府建设的专业体育场馆收费，您是否接受？

　　A. 接受

B. 不接受

C. 看情况

D. 与我无关

11. 您参加健身活动，是否愿意购买有关意外伤害保险？

    A. 愿意

    B. 不愿意

    C. 看情况

    D. 无所谓

12. 在中小学的体育设施健身发生的意外伤害，您觉得如何处理比较合适？

    A. 自负其责

    B. 管理单位负责

    C. 要求政府负责

    D. 不知道

13. 中小学开放体育设施若要避免意外伤害赔偿纠纷，您觉得采取何种措施才是比较适当的？

    A. 事先声明，意外伤害责任自负

    B. 由学校购买第三者责任险

    C. 参加健身的市民应当购买保险

    D. 不知道

14. 政府建设的体育设施损坏问题如何处理？

    A. 谁损坏，谁负责

    B. 实际管理者负责

    C. 正常磨损的，由管理者负责；非正常磨损的，由损害者负责

    D. 不知道

15. 您认为深圳市举办体育赛事，应当采取什么形式？

    A. 政府和体育行政部门承办

    B. 政府购买服务

C. 主要由社会力量承办

D. 无所谓

16. 深圳市举办大型健身活动或者体育赛事，您觉得应当由谁购买意外伤害保险比较合适？

A. 谁举办，谁负责购买

B. 市、区政府购买

C. 健身活动或者体育赛事的报名者购买

D. 不知道

附件2　深圳经济特区全民健身活动调研结论

一　全市全民健身设施开放情况

（一）财政投资建设的专业体育场、体育馆

总体上，除宝安区外，市里及其他各区体育场馆都在网上向社会公示了其开放时间和免费时段，较好地满足了向社会开放的要求。另外，各体育场馆均购买了有关安全责任保险，比较注重对抗意外事件所产生的风险，客观上也为参加锻炼的市民提供了一份保障。宝安区的区、街道两级大中型综合性体育场馆因使用成本高，开放程度受到影响，难以满足辖区群众的健身需求。

（二）公立中小学体育设施开放情况

深圳市公立中小学校众多，都配建相应的体育设施，为保障体育教学提供了坚实的物质基础，同时这些体育设施也是全民健身事业潜在的可利用资源。从全市中小学体育设施的开放情况看，各区情况有所不同。

罗湖和福田两区公立中小学体育设施向社会开放的情况较好：一是制定了学校有关体育设施开放工作办法，学校开放体育设施有章可循；二是在保障教学需要的前提下，划出一定时段向社会免费开放，较好地兼顾了学生体育锻炼和居民健身的需要。

南山和盐田两区公立中小学体育设施则在非教学时间及节假日主要对社

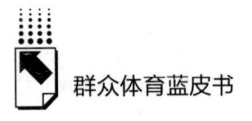

会团体、社会组织免费开放，考虑到校园安全问题，目前不对个人开放。

宝安和龙岗两区公立中小学校体育设施向社会开放情况有待改善。宝安区仅有5所学校按照《条例》规定对公众开放体育场地和体育设施。龙岗区的中小学基于安全等方面的考虑，目前没有对社会开放。

（三）财政投资建设的其他健身设施开放情况

其他健身设施主要包括健身路径、健身绿道和室外乒乓球台等简易设施。这些设施分布广泛、贴近群众，均已向社会全天免费开放，设施的使用率较高。

二 全民健身工作存在的问题

从各区调研的情况看，深圳市全民健身工作普遍存在"三重三轻"的问题，即"重体育竞技赛事，轻普及群众性科学健身；重大场馆建设，轻社区小场地建设；重一次性建设投入，轻日常管理和维护投入"，对促进全民健身工作的重要性认识不足，同时全民健身设施规划、建设、管理也存在薄弱环节。

（一）健身设施不足，规划布局不均衡

参加健身的人数越来越多，健身场所不足的问题突显，特别是人员密集区域，健身设施供不应求，主要体现在：所在社区没有规划健身场地，健身场地建设慢、设计不合理，难以使用。在街道之间，健身设施数量差距很大，比如在宝安区内，人口规模、社区数量相近的街道相比，拥有体育设施面积、健身路径数量相差7倍。工业区以及外来劳务工生活聚集地内，健身场地缺乏的问题更为严重；另外，绝大部分公园、社区的体育设施都没有适合残疾人锻炼的场所和器材。

（二）全民健身经费和设施多头管理，权责不清

全民健身的经费有财政预算、体育彩票公益金、社区服务基础设施建设项目资金、残疾人职业康复中心建设项目资金等，分别由文体旅游局、发改局、残联等部门各自使用，在社区和公园的健身路径、绿道和其他简易健身设施方面，分头管理。有的设施由体育行政部门建设，有的由街道建设，管理上互有交叉。由于对健身设施的使用、管理和维护等方面缺少清晰的责权

划分，全民健身设施的维修、保养等方面容易出现互相推诿，损坏的体育设施不能及时得到维修或者长期不维修。

（三）学校开放体育设施后存在管理难度增加和经费不足的问题

学校体育场馆对外开放后，管理难度加大。一是各学校不同程度出现不良分子偷盗公共财物、损坏设施设备的情况；二是部分参加健身活动的市民不良卫生习惯给学校卫生保洁、疾病预防等工作带来了压力；三是由于学校体育场馆对外开放增加的设施设备维护、水电能源消耗、保洁、管理、保险费等不能及时到位，均由学校承担，给学校财务开支增加了压力。

（四）健身设施开放后健身活动扰民问题

个别学校和广场开放后，方便了辖区居民体育锻炼，但也由于健身人员声音过大，影响到周边居民。

（五）财政投资建设的专业体育场馆转企后营利目的与公益定位的矛盾问题

深圳市部分体育场馆实行企业化经营后，为了实现赢利，不得不将体育场馆部分出租，承接商业活动，而作为财政投资的体育场馆本身属于公益性基础设施，其本应用于公益事业，二者之间存在着一定的矛盾，让经营者往往顾此失彼，左右为难。

（六）人才队伍管理不到位

社会体育指导员在开展全民健身活动中具有重要的作用，深圳市体育指导员数量众多，但由于缺少必要指导、培训、组织，这支体育人才队伍的作用没有得到充分发挥，有的体育指导员持证多年，却从未开展过社会体育指导工作。有的则开展的体育指导工作比较单一。

三 关于加强深圳市全民健身工作的意见和建议

（一）市、区政府和有关职能部门提高思想认识，将促进全民健身工作作为惠民工程来抓

全民健身活动直接关系人民群众的身体健康和生活质量，是人民群众最关心的问题之一。市、区政府及各职能部门要进一步提高对全民健身工作的认识，以对人民高度负责的态度，把做好全民健身工作作为当前体育惠民工

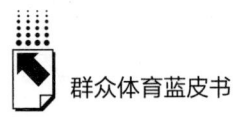

程来抓，要创造条件，提高人民群众科学健身素养，营造浓厚、健康的体育健身氛围，让体育健身真正成为群众生活的重要内容。

（二）加强全民健身设施的规划、建设和管理工作

一是将全民健身事业纳入本级国民经济和社会发展规划，将全民健身工作所需经费列入本级财政预算；二是根据社会经济的发展和居民健身的需求，综合考虑土地资源、基础设施、交通出行及人群特点等实际情况，因地制宜，科学规划，利用闲置的政府储备用地、公园；对居民相对集中、体育设施相对落后社区，加快建设全民健身设施，补足目前深圳市体育资源总量不足的刚性缺口。另外，对于新建、扩建、改建市政工程和居民住宅区时，应严格依法配建全民健身设施。

（三）进一步明确各方职责

对全民健身设施的管理应按照属地管理原则，确定管理单位；管理单位要建立岗位责任制和工作目标管理责任制，加强对设施的维护更新，完善综合服务功能，提高使用效率。

（四）学校体育场馆的向社会开放应当兼顾教学和安全

学校体育设施对外开放要解决好管理模式、安全责任、资金补助、保险等问题；新建公办学校，应充分考虑学校体育设施向公众开放的实际需要，学校体育设施与学校教学区域应保持适当隔离，避免相互影响而导致开放困难。

（五）注重培养和使用全民健身人才队伍

建议将社会体育指导员的使用纳入文化钟点工范畴，加强集中培训，规范各项管理制度，明确工作内容和形式，充分发挥社会体育指导员宣传发动群众健身、指导群众科学健身的积极作用。

（六）探索实行委托专业机构管理全民健身设施的做法

全民健身设施根据不同类别，如学校体育设施、社区和市政公园体育设施，可考虑将其统一委托给专业的第三方机构进行管理，由第三方机构配备专门的管理人员与安保人员，负责对设施进行检修、保养，维护秩序。

（七）探索实行市民健身激励制度

经常参加健身活动，身体就会健康，就会节约有限的医疗资源。苏州、昆山等地采取允许市民将医疗保险个人账户余额的一部分用于个人健身消费，一方面有利于促进市民参加健身活动，另一方面也有利于体育健身产业的发展，社会效果很好，这种有益的做法值得深圳市学习。

部门协同
Sector Collaboration

B.11
发挥经营性俱乐部作用，拓展登山户外运动市场，构建全民健身公共服务体系

张志坚*

摘　要：	经营性俱乐部具有联系政府、社会组织和群众的纽带作用，推动运动社会化发展的主力军作用，拓展运动市场的先锋队作用。要充分发挥作为运动市场主体的经营性俱乐部的作用，对它们进行"服务、引导、规范"，使它们在遵循市场规则的前提下成长和发展，就能不断拓展运动市场，使运动产业成为全民健身公共服务体系的重要组成部分。
关键词：	经营性俱乐部　运动市场　全民健身公共服务体系

---

* 张志坚，国家体育总局登山运动管理中心户外部主任。

发挥经营性俱乐部作用，拓展登山户外运动市场，构建全民健身公共服务体系

中国登山协会作为中华全国体育总会的团体会员，顺应时代的发展和群众的需求，在传统的高山探险基础上，充分利用社会资源，积极开拓登山户外运动市场，努力构建全民健身公共服务体系，取得了一定的效果。

总结10余年来我们的思路和做法，可以构成以下一条简洁的路线：要构建全民健身公共服务体系，就必须充分依靠政府，充分依靠社会，充分发挥市场配置资源的决定作用。紧紧抓住作为运动市场主体的经营性俱乐部（企业），对它们进行"服务、引导、规范"，使它们在遵循市场规则的前提下成长和发展，就能不断拓展运动市场，并逐步构建起全民健身公共服务体系。

一 充分认识经营性俱乐部在推动运动发展方面的作用

本文所指经营性俱乐部，是指具有一定专业知识、技能、人才、规模，采取俱乐部形式运行，并在工商部门注册的企业性俱乐部（或公司），其业务主要是在登山户外运动方面进行技术服务。

与非经营性俱乐部比较，经营性俱乐部具有管理、技术、人才、创新及把握市场能力强等优势。市场"适者生存"和"优胜劣汰"的基本规律，使经营性俱乐部不断自我革新、自我完善，从而成为社会上某一运动项目的"高手俱乐部"。它们对全民健身运动的发展具有重要作用。

1. 联系政府、社会组织和大众的纽带

俱乐部属于社会最基层的专业性群众组织，为了生存和发展，一是不断扩大群众（俱乐部成员）基数，使更多的人参与到其组织及活动中来，这就要求它必须紧密地与大众尤其是爱好者保持密切的联系；二是为了增加市场竞争力，俱乐部要不断学习新知识、新技术、培养新人才，这就要求它必须与专业性的社会组织包括同行保持紧密联系；三是为了建立良好的社会形象，俱乐部要经常开展公益性活动，这就要求它必须与政府和社会组织保持密切联系。这样，通过专业俱乐部的纽带作用，就把政府、社会组织和大众的联系建立起来了。

在我国登山户外运动的发展实践上，俱乐部实际上还起到了推动地方协会成立和发展的重要作用。

2000年以前，"登山运动"基本上等于现在认识的"高山探险运动"，而"山地户外运动"直到2005年才被批准为我国正式开展的体育项目。因此，在2005年以前，我国登山户外运动的政府管理机构、协会寥寥无几。在俱乐部的极力推动下，至今，我国省级登山户外运动协会已经达到25个，还有一些省份正在酝酿成立。省以下协会已经达到100多家，大多数协会的骨干成员，也基本由经营性俱乐部的负责人担任。

2. 推动运动社会化发展的主力军

如前所述，经营性俱乐部为了生存和发展，要不断扩大群众（俱乐部成员）基数，使更多的人参与到其组织及活动中来。这是经营性俱乐部的主要业务和赢利点。为了实现利益最大化，经营性俱乐部会不遗余力地扩大宣传、争取群众（客源），并做好服务。由于俱乐部数量众多，遍布全国，客观上，俱乐部就成了推动体育运动社会化发展的主力军。

更是由于"市场在资源配置中的决定性地位"，这些经营性俱乐部，根据市场需求和本身优势，选择了"差异化"发展的道路。目前，在中国登山协会注册的经营性俱乐部，在登山户外运动项目上，已经遍及高山探险、攀岩攀冰、户外探险、山地穿越、徒步露营等；在工作性质上，也已基本覆盖竞赛组织、活动策划、咨询服务、户外培训、后勤保障、广告宣传、媒体服务、基础设施规划设计建设等领域，极大地推动了登山户外运动的社会化发展，促进了运动与产业的融合。

3. 拓展运动市场的先锋队

经营性俱乐部的企业性质，使这些俱乐部成为拓展运动市场的先锋队。为了寻求新的经济增长点，这些俱乐部是最早、也是不断尝试将运动项目与产业结合的单位。

这包括两方面内容：一是将运动项目与市场相结合，寻求运动项目在市场中的地位和价值；二是创造、开拓运动项目新的市场形式、新的合作领域。

发挥经营性俱乐部作用，拓展登山户外运动市场，构建全民健身公共服务体系

前者如徒步活动。徒步是一项简便易行的休闲性大众健身体育项目，但也正是因为其简便易行，很难与市场结合。但在经营性俱乐部的眼中，它却具有很大的市场价值。中国登山协会注册的一家俱乐部，与中国登山协会合作，将健身徒步与旅行（不是旅游）、挑战自我相结合，创造出了长距离多阶段徒步模式，在我国青海、河北、四川、贵州、黑龙江等地连创佳绩，不但人数连年递增，而且基本实现了"自我造血"功能，闯出了户外产业的一条新途径。

后者如登山比赛。单个山峰的攀登比赛，时间短、影响小，难以形成品牌效应。中国登山协会的一家俱乐部与中国登山协会、中国风景名胜协会合作，创造出了"100座名山、100个梦想"的"健身名山登山赛"，取得了很好的社会效果，市场价值也得到很大的提升。

二 发挥俱乐部作用，拓展登山户外运动市场的实践

2000年左右，中国登山协会顺应社会要求，在工作指导思想上基本完成了三个转变，即由以高山探险为主向以低山户外为主的转变，由以专业运动员为主向以爱好者和群众为主的转变，由以技术难度为主向以休闲健身为主的转变。

然而，过去的登山运动一直是一个没有"腿"的运动。除西藏、新疆、青海在体育局内设有专门的登山运动管理中心、少数几个省份建立了登山协会外，其他省份甚至没有机构管理登山户外运动。要实现这"三个转变"，组织谁？依靠谁？是当初的一个难题。

2000年以后，伴随我国经济体制改革的深入，一些由登山户外爱好者组织起来的俱乐部，成为引起关注的一支新兴力量。但当时这些登山户外俱乐部，没有指导、没有技术、没有规范，人少力薄，还经常出事。能不能把这支"散兵游勇"的队伍，收编后进行正规化建设，成为发展户外运动事业的一支主力部队呢？

2002年底，中国登山协会召开了第一届登山户外运动俱乐部大会。在

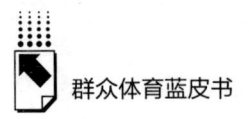

与会的100多人中,有俱乐部的负责人、有登山户外爱好者,还有相关单位(如体育部门)人员。当时大家谈论的,都是登山户外界的"低级"话题,如注册登记没人管、保险公司不给上保险等。通过这次会议,中国登山协会逐渐明晰了针对俱乐部工作的指导方针:服务、引导、规范。

"服务、引导、规范"这6个字,不是简单的并列关系,而是一种工作顺序。

从对经营性俱乐部的服务入手,解决俱乐部存在的实际困难,取得了解和信任后,逐渐对俱乐部的全面工作进行正规化引导,引导到一定的阶段,再进行规范。例如,针对没有登山户外运动专项保险,俱乐部组织活动风险大的问题,中国登山协会专门组织专家与中体保险经纪公司一起,联合研制出我国第一个登山户外运动的专项保险。现在,登山户外专项保险已经和平常其他保险一样品种繁多而实惠。再如:针对俱乐部技术人员缺乏的状况,中国登山协会在编制紧张的情况下,专门内设了一个面向社会的培训部(后成立正式部门),培训高山探险、攀岩、户外运动方面的从业人员和爱好者。从2002年至今,仅户外运动方面已经培养出9643名持有中国登山协会初级户外指导员(职业资格)以上证书的技术人员。

为了引导和规范登山户外运动俱乐部的行为,中国登山协会于2003年制定出台了《登山户外运动俱乐部资质认证标准》和《登山户外运动俱乐部技术等级标准》,2011年合并修订为《登山户外运动俱乐部管理办法(试行)》。在这些文件中,详细规定了俱乐部应有的内部管理制度,如会员制度、安全操作规范、装备检查制度、环境保护制度等。在此基础上,根据俱乐部的规模、社会影响力、技术水平,设定了三个层次的等级。达到不同等级的俱乐部享有不同程度的权利,如AAA级俱乐部可以承办中国登山协会主办的B、C级比赛和活动等。这样,就把俱乐部的发展逐步引导到中国登山协会的要求上来。同时,中国登山协会举办比赛和活动,也就有了"帮手"、有了"腿"。截至2014年底,在中国登山协会正式注册的登山户外运动俱乐部(经营性)有159家,其中达到星级标准的78家(1名中级、2名初级证书以上技术人员,500人/年活动,内部管理制度等条件)。

现在，这些经营性俱乐部，再也不是 2000 年时的"散兵游勇"，已经成为我们体育事业发展的主力军。由于这些专业俱乐部主要是企业性质的，因此接受指导、发展运动、推动产业、规范市场，都成为这些俱乐部的自觉行动。由于企业的性质和爱好者兴趣的驱动，这些俱乐部，甚至比体制内一些机构的发展动力还要大。

从第一届俱乐部大会的"谈问题、寻帮助、找出路"，到现在第十三届大会宣传党和国家的方针政策、通报工作安排、经验交流、户外运动动态介绍、户外文化与户外产业发展研讨等"大事、国事"，不仅在规模上已与当年不能同日而语，在内容上也已经发展成为登山户外行业每年一度的重大盛事。

以上的实践经验表明：依靠社会、结合市场发展体育事业，是一条完全行得通的路子，关键是要掌握社会工作的方法、把握市场运行的规律。

三 把运动产业作为构建全民健身公共服务体系的坚强柱石

国务院《关于加快发展体育产业，促进体育消费的若干意见》指出：要"遵循产业发展规律，完善市场机制，积极培育多元市场主体，吸引社会资本参与，充分调动全社会积极性与创造力，提供适应群众需求、丰富多样的产品和服务"。国家体育总局局长刘鹏在 2014 年全国体育局长会议上的讲话也明确指出：要"转变事业发展的方式"，"从政府主办向政府主导、部门协同、全社会共同参与转变"。

通过 10 几年的实践探索：在一些具有较大市场前景的体育运动项目上，经营性体育俱乐部（企业）在发展体育产业、构建全民健身服务体系方面具有重要的作用。

这些"具有较大市场前景的体育运动项目"包括：与旅行、旅游相结合的项目（"线状项目"），如汽车、自行车、徒步、登山等；具有突出运动休闲功能的项目（"点状项目"），如高尔夫、滑雪、钓鱼、潜水、漂流、

露营等。

1. 这些项目的市场主体（俱乐部）的服务体系基本健全并具有不断完善的功能

由于市场配置资源的决定性作用，这些"具有较大市场前景的体育运动项目"进入市场后，会形成一个个的市场主体（俱乐部），它们必须按照经济规律运行，因此无论是内部的组织、人员、场地、活动，还是外部的交通、通信、食宿和后勤保障，都已经具有了一定的规模。为了保持市场的竞争力，这些项目主体本身需要不断地丰富和完善其服务体系，这样，就形成了一个以运动项目主体（俱乐部）为核心的小的社会服务体系。政府、社会组织加以引导和规范，就可能形成一个覆盖全社会的以行业或项目为核心的大的社会服务体系。这些以行业或项目为核心的社会服务体系，应该是全民健身服务体系的重要组成部分。

2. 正确评价经营性俱乐部在全民健身活动中的价值

以登山户外运动为例。中国登山协会注册的俱乐部绝大多数都有自己的会员。这些俱乐部注册会员多的可达几十万人，如广州的天涯俱乐部，2013年11月，持卡会员12万人，注册会员多达364043人；少的也有几千人。这些人，都是登山户外运动的爱好者，当然也是全民健身的组成部分。除会员外，俱乐部为了创造价值，要不断组织群众和爱好者参加活动（体育活动），客观上带动了全民健身运动的开展。

此外，作为具有一定风险的登山户外运动，技术服务是服务体系的核心。"高手云集"的经营性俱乐部，为了实现其市场价值，需要不断地向大众宣传和推广现代的登山理念和户外运动科学健身方式，实际上起到了全民健身"义务指导员"的作用。

如前文所述，经营性俱乐部在推动和普及登山户外运动新方式、新领域方面的作用，不容低估。目前我国去海外从事探险、户外运动的人群，基本都由经营性俱乐部开辟路线并带队"贴身服务"。

概括而言，经营性俱乐部要实现利润，就需要人群。这是经营性俱乐部在客观上推动全民健身运动发展的"铁律"。

发挥经营性俱乐部作用,拓展登山户外运动市场,构建全民健身公共服务体系

3. 运动产业的发展,才能最终实现全民健身运动的可持续发展

综观全球全民健身运动开展较好的国家和地区,基本上都是运动产业发展比较好的国家和地区。正如美国户外基金会(Outdoor Foundation, OF)在美国户外参与人口报告中指出的:"户外参与人口是户外产业的基础"。

以美国的户外产业和户外人口为例。美国户外产业协会(Outdoor Industry Association, OIA)2012年发表了"户外休闲经济"报告。该组织统计了包括自行车、摩托车、健行(攀岩攀冰)、露营(房车及帐篷营地、木屋)、越野汽车、水上运动、雪上运动、钓鱼、打猎和野生动植物观赏10个户外运动项目的产业情况表明:户外运动一年的产值为6460亿美元,其中户外装备销售1207亿美元,旅行及服务为5248亿美元,两者之比为1:4.3。OF公布了2006~2013年美国参与户外运动占全国总人口的比例,2013年为1.419亿人,占美国总人口的49.2%。2006~2013年参与户外运动的人数占美国总人口的比例分别为:49.1%、50.0%、48.6%、48.9%、48.6%、49.4%、49.4%和49.2%,可见比例基本固定在人口的一半左右。

按照2012年美国户外产业总产值和参与人口的数量,我们可以计算出美国人均消费约为4500美元。

我国目前没有进行户外运动的统计工作。以下数据,可以提供参考。

2014年南京户外用品展销期间,"中国户外用品联盟"发表了2013年中国户外用品零售总额为178亿元。按照1:4的比例估算其相关服务业的产值应为712亿元,则户外行业总产值约900亿元。

对于我国户外人口总数及人均消费额,同样没有统计数据。如果按照发展阶段看,2013年我国人均GDP为6629美元,相当于美国20世纪70年代初期水平。那时美国也没有户外人口的统计数字。如果按照总人口的10%计算户外人口,则我国则有1.3亿人为户外人口,人均消费约为690元。

由以上的数据和分析可以得出以下认识。

第一,运动产业是一个巨大的产业,我国还有很大的发展空间。

第二,运动产业可以带动大量的群众参与到运动中来,实现真正的"全民健身"。

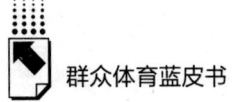

运动产业一旦启动，就成为推动群众健身的恒久力量，不会因为人的主观因素而波折起伏。运动产业越大，参与的群众就越多；参与的群众越多，运动产业就越大。把资本追求利润的天性运用到全民健身中来，就会最终实现全民健身的可持续发展。

需要说明的是，全民健身服务体系是一个庞杂的系统工程。体育产业是其中重要的组成部分，但不是全部。全民健身公共服务体系不是纯"公益性质"的社会事业，不能将体育产业等同于全民健身公共服务体系。

高度重视经营性俱乐部联系政府、社会组织和群众的纽带作用、推动体育运动社会化发展的主力军作用、拓展运动市场的先锋队作用，充分发挥经营性俱乐部在技术、人才、市场方面的优势，努力推动运动产业的繁荣和发展，就能为大众提供丰富多彩、形式多样的健身形式和方法，成为全民健身公共服务体系一块坚强柱石。

B.12 我国基层残疾人群众体育健身现状调查与发展对策研究

代青松 周坤 刘振翼*

摘　要： 本文采用文献资料法、问卷调查法、专家访谈法等方法，对我国基层残疾人群众健身的基本情况、健身内容形式、健身场地设施、健身指导人员和健身影响因素方面进行分析。研究发现，当前我国残疾人参加健身活动整体状况并不乐观，不同类型残疾人参加体育健身活动存在差异；残疾人参加体育健身动机主要是康复健体，形式以个体锻炼为主；不同类型、年龄的残疾人参加体育健身活动选择项目不同；残疾人经济收入低，体育健身消费少；残疾人参加体育锻炼的场所主要集中在大众休闲（社区空地或公园），健身器材数量少；缺乏专门指导人员。以此提出残疾人体育健身发展的对策和建议。

关键词： 残疾人　康复健体　群众体育健身

一　前言

我国正处于全面建设小康社会的时期，在加快公共体育服务体系建设、

---

* 代青松，中国残疾人体育运动管理中心特奥部；周坤，中国残疾人体育运动管理中心特奥部；刘振翼，北京体育大学社会体育系。

努力实现基本公共服务均等化的大背景下，残疾人群众体育是残疾人体育公共服务体系的基础，能够真正地惠及广大残疾人，必将成为今后很长一段时期中国残疾人体育的核心内容和战略任务。

2008年，《中共中央国务院关于促进残疾人事业发展的意见》明确指出："落实全民健身计划，开展残疾人群众性体育健身活动，增强体质、康复身心。"群众性体育健身活动是残疾人的重要权利，也是残疾人康复健身、融入社会的重要途径。在《中国残疾人事业"十二五"发展纲要》中把加强残疾人群众体育工作、促进残疾人康复健身、提高社会参与能力作为主要任务。然而，目前对基层残疾人群众体育健身现状研究相对较少，与国家基本公共服务行动、政府购买服务等一系列改革发展新政难以有效对接，在很大程度上影响了我国残疾人体育事业的发展。因此，系统、全面、科学地掌握我国残疾人群众体育健身的现状，为广大残疾人提供良好的体育健身环境，更好地满足残疾人群众体育健身需求，采取有力措施和对策等，都将成为政府和体育职能部门亟待了解和解决的问题。基于以上考虑，对我国基层残疾人群众体育健身现状进行系统全面的调查、分析和研究，找出我国基层残疾人群众体育健身存在的问题，为科学制定我国基层残疾人群众体育发展规划提供切实可行的决策依据和实施办法。

二 研究对象与方法

（一）研究对象

本研究涉及北京、天津、辽宁、甘肃、新疆维吾尔自治区5个省份，以残疾人体育活动中心、社区活动点、特教学校中的残疾人为主要调查对象。

（二）研究方法

1. 文献资料法

在中国知网CNKI、维普网和万方数据三个具有影响力的中文电子数据库中，以题目中包含"残疾人群众体育"或"残疾人健身"为检索条件，对发表于 2005 年 1 月 1 日至 12 月 31 日期间中文期刊的论文进行计算机检索，对首次论文检索过程中，符合检索条件的论文和参考文献进行人工检索，增补在计算机检索过程中漏检的相关论文。

2. 专家访谈法

为了保证"我国基层残疾人群众体育健身现状调查问卷"所设置题目的有效性，研究采用专家访谈的方法，征询残疾人群众体育研究领域方面专家的意见，共访谈专家 5 人。访谈主要围绕残疾人群众体育健身所包含的具体内容进行。访谈结束后，将专家访谈的资料进行归纳整理，按照专家给予的意见对问卷进行修正。

3. 问卷调查法

此次调研，5 个省市共发放问卷 500 份，回收问卷 468 份，有效问卷 446 份，回收率为 93.6%，有效率为 95.2%（见表 1）。

表 1　残疾人调查问卷的发放与回收情况

单位：%

省市	发放数量	回收数量	有效问卷数量	回收率	有效率
北京	100	100	97	100.0	97.0
天津	100	93	88	93.0	94.6
辽宁	100	100	96	100.0	96.0
甘肃	100	85	79	85.0	92.9
新疆	100	90	86	90.0	95.6
总计	500	468	446	93.6	95.3

三　研究结果与分析

（一）残疾人参加体育健身活动的基本情况

1. 不同类型残疾人参加体育健身活动的比例

在调查参加体育健身活动的残疾人群中，听力、语言、肢体障碍类所占比重较大，三类残疾人占整个残疾人群平均比例的60%左右；智力、视力障碍人群次之，分别为32.64%和19.44%；精神障碍和多重障碍残疾人所占比重较小，所占比例不足10%（见图1）。

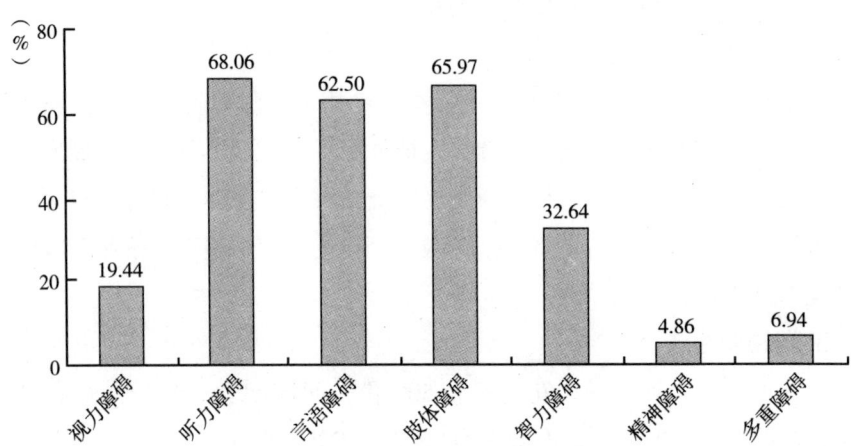

图1　参加体育健身活动的残疾人类别

注：存在交叉障碍。

2. 残疾人普遍喜欢体育健身活动

超过80%的残疾人都喜欢参加体育健身活动，但其中仍有约13.81%的残疾人对体育健身持有"无所谓"的态度（见图2）。

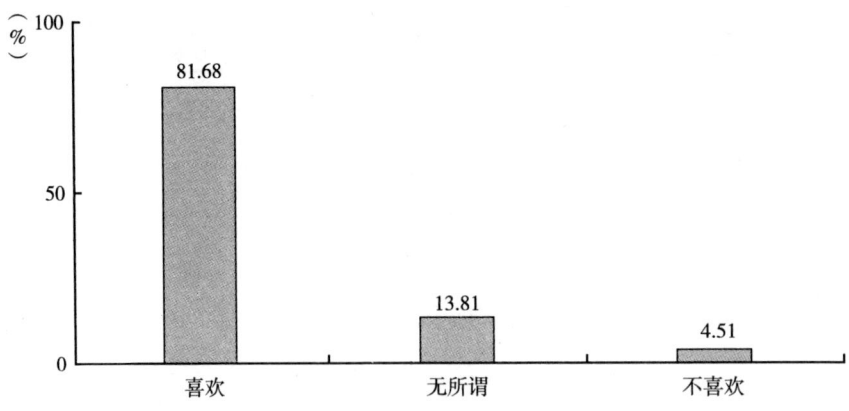

图2　残疾人对体育健身的喜爱程度

3. 参加体育健身动机主要是康复健体

"康复健体"是被残疾人认可的,具有最高的体育价值。另外,位于"康复健体"之后的"休闲娱乐"与"社会交往"的相差人数并不多,可见除"康复健体"外,"休闲娱乐"与"社会交往"也是残疾人参与体育健身活动的重要动机(见图3)。

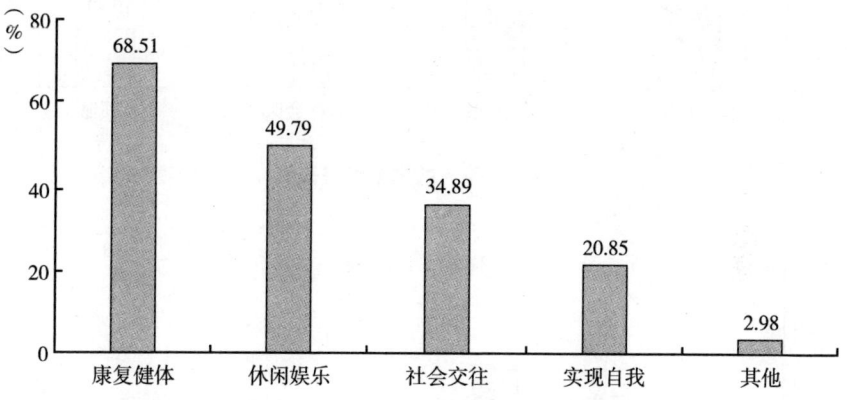

图3 喜欢体育健身活动的残疾人参加体育健身活动的动机

4. 残疾人经济收入低,体育健身消费少

在受调查残疾人中,有约50%的人并无收入,依靠家人供养,相当于有"工资收入"与"社会保障"人数的总和。其中,有社会保障经济来源的残疾人仅占受访人群的11.39%,可见国家对残疾人的社会保障仍有较大缺失,而有工资收入的残疾人仅占受访人群的28.22%,可见目前残疾人的就业率仍普遍偏低(见图4)。

5. 残疾人文化程度偏低,影响获取健身知识

获取健身途径的常用方式主要有网络资源、参加体育比赛以及图书、影像资料。其中,大专及以上文化程度的残疾人使用网络资源相对较多,约占50%左右;高中文化程度(含特殊教育)的残疾人使用图书、影像资料的相对较多,分别占40%和30%。除最常用的获取途径外,初中及初中以下文化程度的残疾人通过培训讲座、社区宣传栏获取健身知识的情况也较多,分别为25%和30%(见图5)。

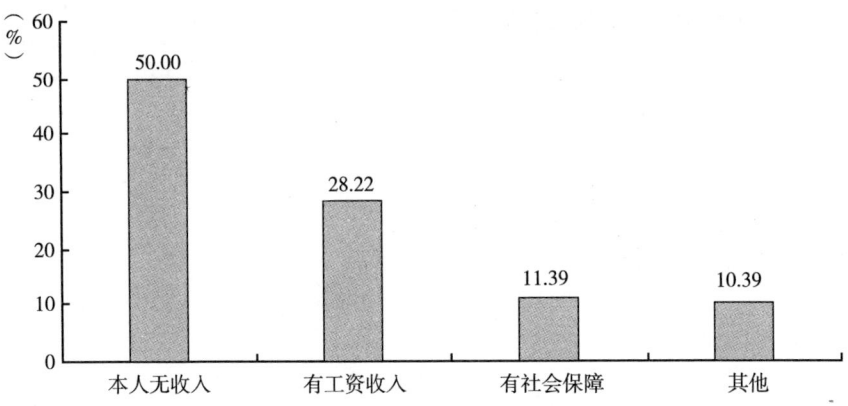

图4 残疾人的主要经济来源

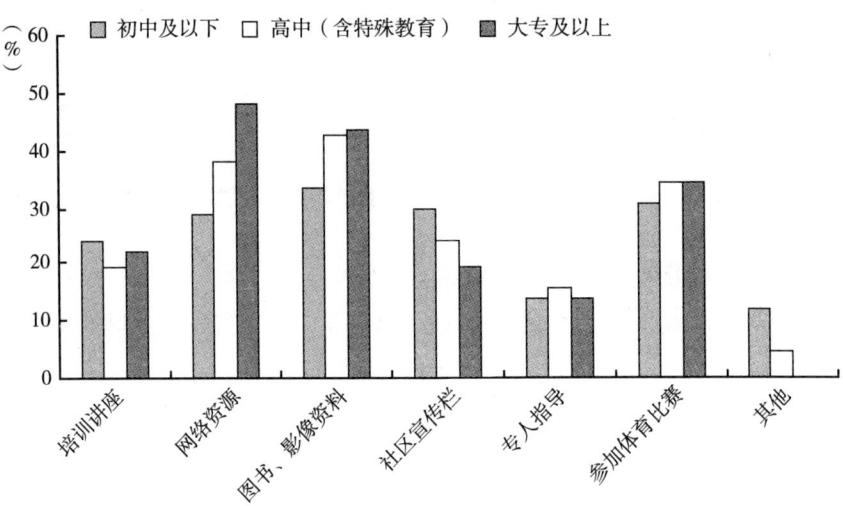

图5 残疾人的文化程度和获取健身知识的途径

（二）残疾人参加体育健身活动的内容和形式

1. 残疾人经常参加的体育健身项目

残疾人主要选择快走、慢跑的健身方式，其次选择球类活动、舞蹈、健身操、太极拳。对民俗项目、游泳与器械型力量练习选择得相对较少（见图6）。

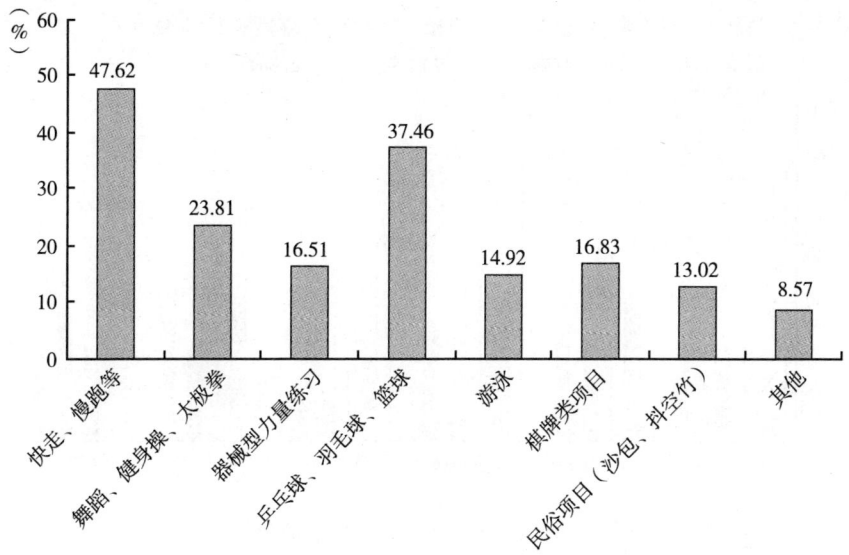

图6 残疾人经常参加的体育健身项目

2. 不同类型残疾人选择健身活动项目存在差异

快走、慢跑是不同类型残疾人普遍选择的主要健身方式；听力残疾人和言语残疾人多选择具有竞技性和趣味性的球类活动，肢体残疾人多选择少移动的器械型力量练习和棋牌类项目，精神残疾和智力残疾人多选择舞蹈、健身操、游泳等舒缓的有氧健身项目（见图7）。

3. 不同年龄残疾人参加健身活动项目存在着差异

每个年龄段的人都经常参加快走和慢跑这种体育健身项目。另外，16岁及以下的残疾人偏好器械、游泳、健身以及与球类等竞技性较高、活动较剧烈的项目。喜欢乒乓球、羽毛球这类对抗性运动的残疾人年龄在17~35岁的占了绝大部分。36~55岁的残疾人中则有较多人喜欢棋牌类项目、健身项目和球类项目。而56岁及以上的残疾人主要参加器械型力量练习和棋牌类项目（见图8）。

4. 残疾人体育健身主要以个体锻炼为主

所有的残疾人都倾向于进行个人锻炼或与家人、朋友、同事一起锻炼这两种健身形式。倾向于参加政府组织和民间组织开展残疾人群众体育健身活动的残疾人相对较少（见图9）。

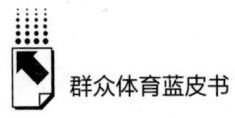

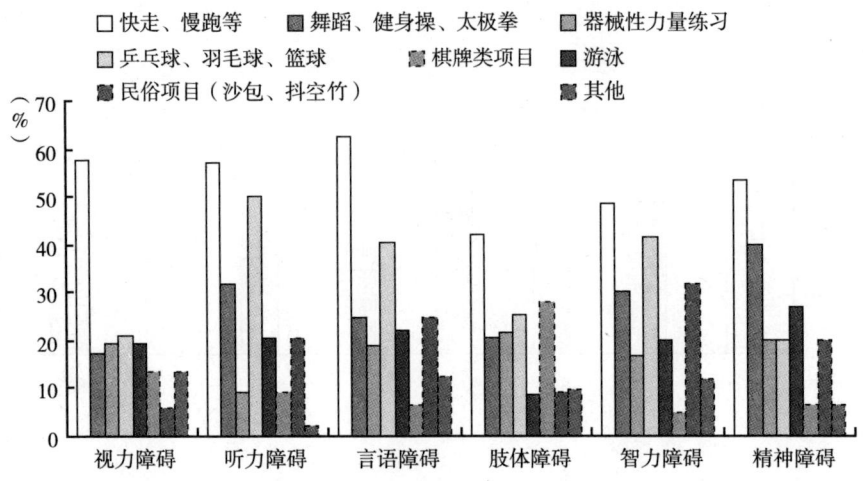

图7 不同类型残疾人参加的健身活动项目

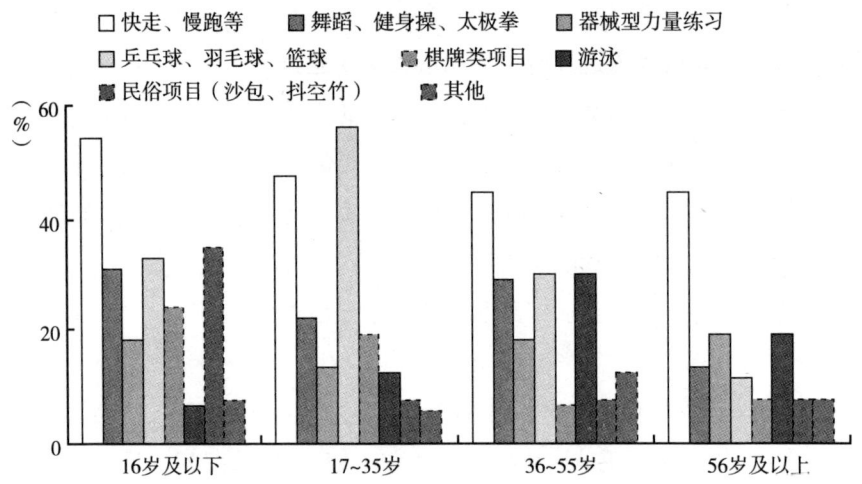

图8 不同年龄段的残疾人经常参加的体育健身项目

（三）残疾人体育运动场地与设施调查

1.残疾人经常参加体育健身的场所

残疾人参加体育锻炼的场地主要集中在大众休闲场所（社区空地或公

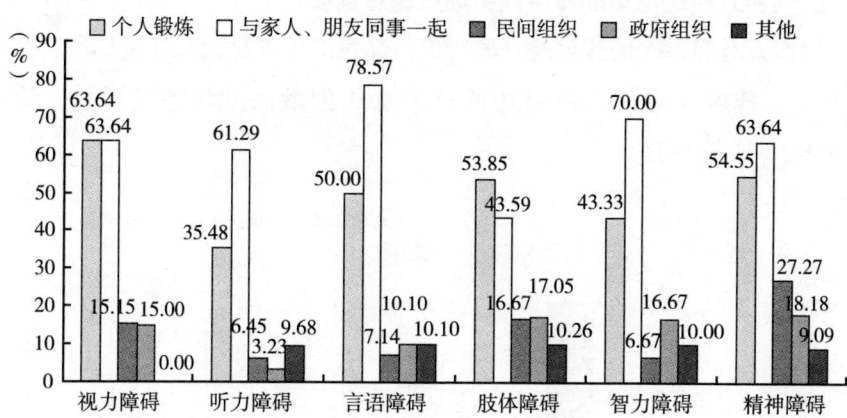

图 9　不同类型的残疾人对体育健身形式的倾向

注：此项为多选题。

园），其次是在学校和自家庭院。收费体育场所的使用率仅占 7.62%。是残疾人不常去的健身场所（见图 10）。

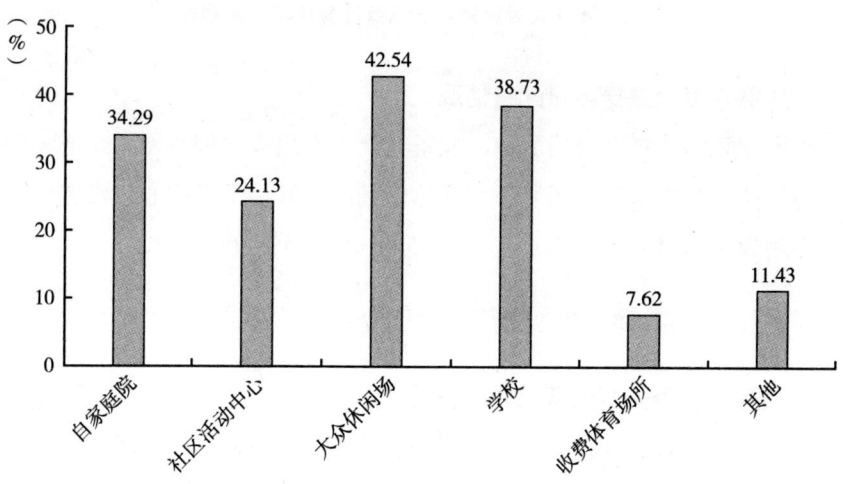

图 10　残疾人经常参加体育健身场所

注：此项为多选题。

2. 残疾人对经常参加体育健身场所满意程度

残疾人对经常去的体育健身场所最不满意的地方是大众休闲场所，约占51.16%。残疾人对体育健身场所持满意比例最高的地方是学校，约占56.52%（见图11）。

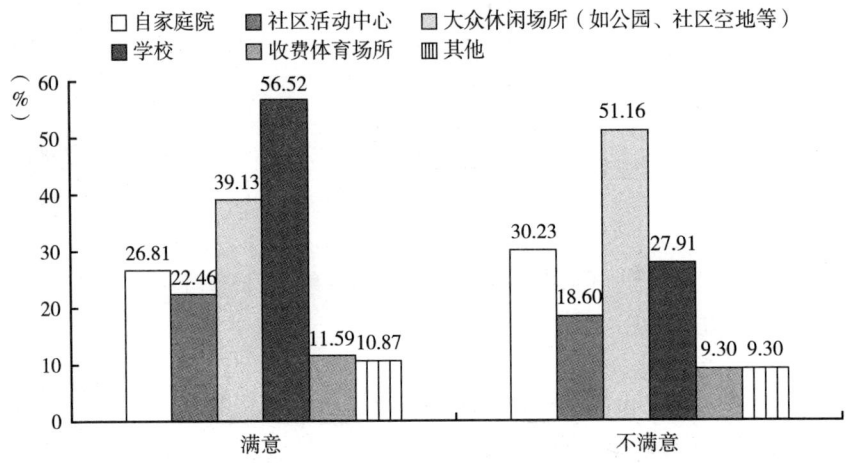

图11 残疾人对经常参加体育健身场所满意程度

3. 残疾人专用健身器材配备情况

在所列举的体育健身场所中，配备残疾人专用体育健身器材少或无的比例相对较高。在收费体育场所、大众休闲场所、社区活动中心中没有配备残疾人专用健身器材的分别为45%、43.59%、37.5%（见图12）。

（四）残疾人体育健身指导人员情况

1. 残疾人接受体育健身指导的情况

在所调查的残疾人中，接受过体育健身指导的残疾人占59.9%，没有接受过体育健身指导的残疾人占40.1%（见图13）。

在对残疾人进行体育健身指导的人员中，排名第一位的是体育教师或体育专业学生，占69.14%；其次，对残疾人进行体育健身发挥作用的是家人，占39.51%。接受过家人指导的残疾人类型多为"智力障碍"和"肢体

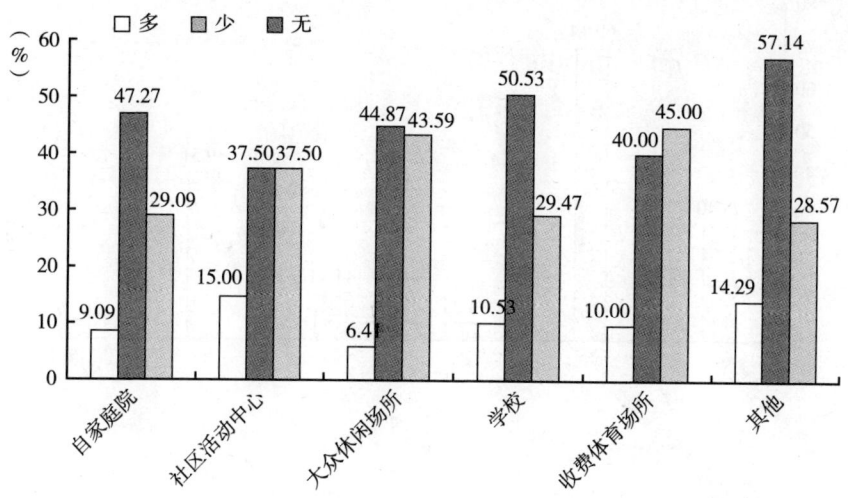

图12 体育健身场所配备残疾人专用健身器材情况

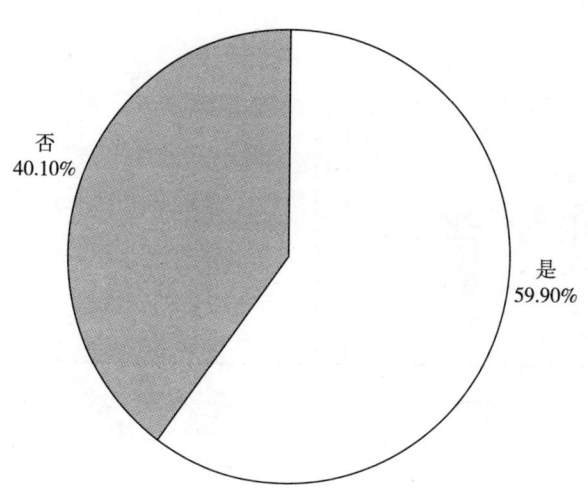

图13 残疾人是否接受过体育健身指导

障碍"（见图14）。

在残疾人健身场所中，有49.15%的残疾人表示在大众休闲场所没有接受过健身指导人员的指导，其他场所相对较少（见图15）。

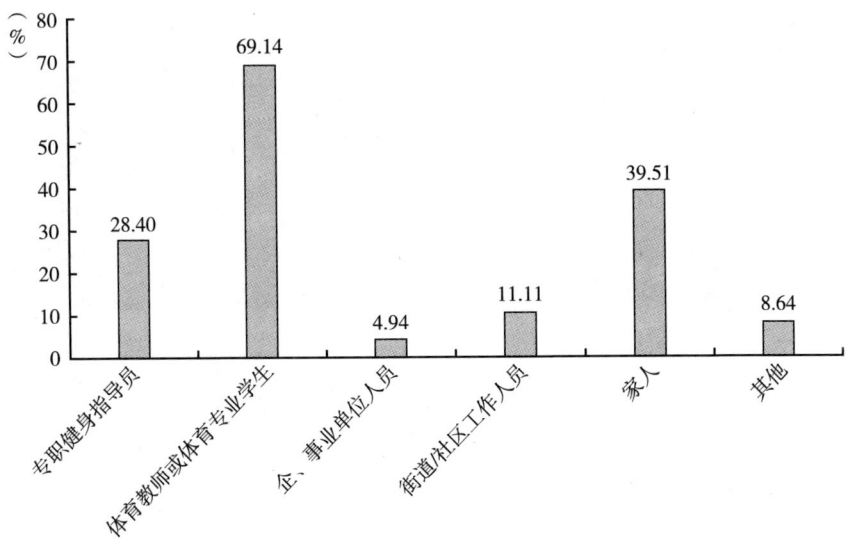

图 14　残疾人接受过哪类人员健身指导

注：此项为多选题。

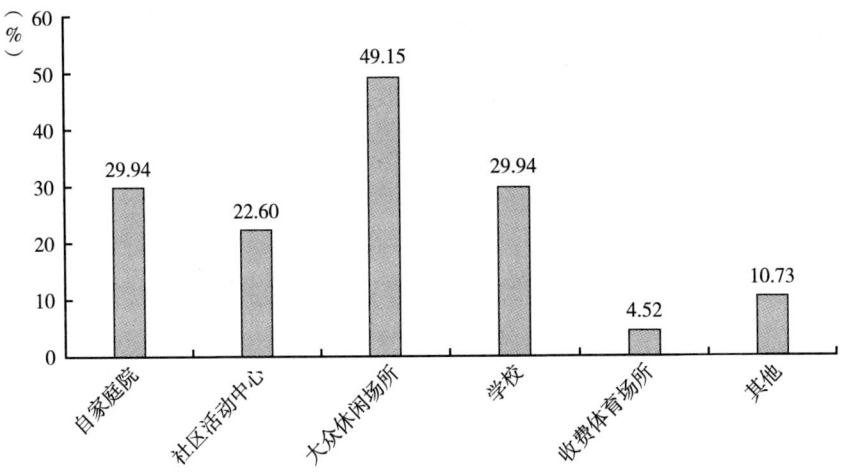

图 15　没有接受体育健身指导的残疾人健身场地分布区域

注：此项为多选题。

2. 残疾人希望得到体育健身指导的内容

残疾人希望指导员能够在传授健身技能、讲解科学健身知识和组织健身活动三个方面给予更多的指导（见图16）。

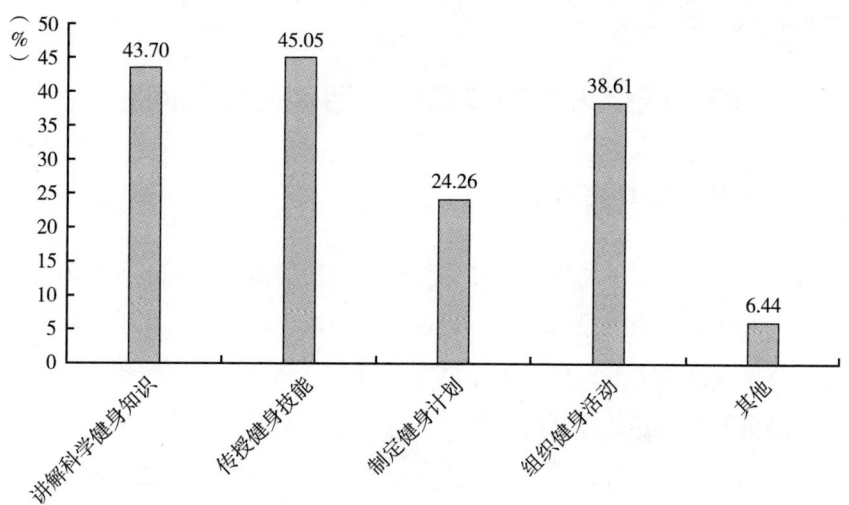

图 16　残疾人希望得到健身指导员的哪些指导

注：此项为多选题。

（五）影响残疾人体育健身的因素

"缺少组织人员""缺少经费""缺少指导人员"已经成为制约残疾人参加体育健身的主要客观原因，"没有参加健身的意识"和"怕暴露缺陷，遭别人观察或者嘲笑"成为主要主观原因（见图17）。

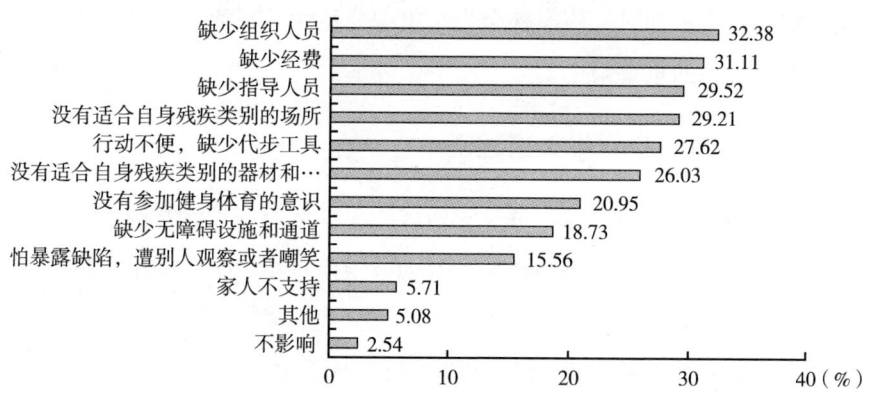

图 17　影响残疾人参加体育健身的主要因素

注：此项为多选题。

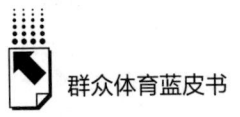

四 残疾人参加体育健身活动存在的问题

(一)体育健身消费投入少

根据被调查人群平均用于参加体育健身活动的消费金额不难发现,大多数残疾人对体育消费的投入较少。通过现状分析可以看出:几乎有一半的残疾人群体没有经济来源,完全需要靠家人供养。其中有很多残疾人还处在以解决自身温饱为目标的生活状态当中,绝大部分消费都要用于满足自身生活所需要的开销,在这种条件下他们完全没有多余的经费用在健身活动的支出上。另外,即使有一些家庭具备了满足解决生活之外的开支,但因为残疾人具有需要家人陪同参与体育健身等客观原因,使得这一部分人群的体育消费水平也受到制约。

对于有工资收入的或具备一定生活条件的残疾人群而言,他们每周参加体育健身的次数是最多的。由此可见,经济现状是影响残疾人群参与健身活动的关键因素之一。从整体情况来看,残疾人群体参与体育健身的状况尚不乐观。残疾人的经济水平决定了在较长一段时期内,他们没有多余的经费用在健身活动上,因此,国家和地方政府对残疾人群众体育事业财政经费的支出比重亟待提高。同时,依靠社会力量组织公益性健身活动,也是残疾人参加体育健身活动的重要渠道。

(二)体育健身宣传渠道过于单一

通过调查数据不难发现,绝大多数残疾人群体对参与体育健身的态度都是非常积极的,但是他们参与体育健身的意识还有待加强,其中有很多人对参与健身活动的积极性并不高,有很大一部分人对周边开展哪些形式的健身活动、如何加入体育健身活动以及健身活动会不会造成伤害等问题都不清楚。这与近几年我国开展群体健身活动的宣传力度还不够有关,活动开展的宣传渠道与残疾群体接收信息的方式出现一定程度的脱节。

根据调查残疾群体获取体育健身知识的途径可以看出，除了传统观念中的图书、影像资料外，通过网络资源和参加体育比赛或体育活动获取信息的人群占了很大比例，这说明随着我国互联网信息化建设不断推进，残疾人群通过互联网接收信息的能力得到普遍提升，他们接收信息的方式已经不拘泥于传统的传播模式。另外，通过亲身经历体育比赛及活动，使残疾群体关于体育活动的观念和看法有了更为直观的感受，通过参与分享体育活动给他们带来的快乐，更有助于调动其在今后参与健身活动的主动性。

（三）体育健身组织体系尚不完善

通过调研发现，所有的残疾人都倾向于个人锻炼要与家人或朋友、同事一起健身，这一现象产生的原因有其因为身体上的缺欠，必须要求在参加体育健身的过程中，有家人和朋友的陪伴帮助；另外一个原因是自信心不足，害怕他人的取笑等因素。但是从他们的诉求中可以看出，希望参与健身活动占有比较大的比例。这些数据在一定程度上可以反映出政府组织和民间组织并没有发挥应有的作用，这也是目前残疾人群众体育健身活动组织开展过程中存在最大的问题，需要政府和民间组织共同改变现有组织活动模式，吸引广大残疾人参与进来。

通过对工作人员的调研也不难发现，残疾人群众体育健身组织体系的建设还有很大的空间。目前，多数县级残联没有专门从事群众体育的工作人员，同时政府的基层职能部门如街道、居委会或社区，与基层残联、残疾人专门协会组织缺乏联动，工作相对独立，融合度较低，这在一定程度上制约了残疾人体育健身活动的组织和开展。

（四）体育健身指导工作有待提升

根据数据可以看出，大部分的残疾人群体在参与体育健身活动的过程中，并没有接受过志愿者服务和体育健身指导员的指导。其中，接受过志愿者服务的人群对于志愿者服务不满意的地方主要是因为志愿者参加活动的次数太少。同时，接受过健身指导的群体表示指导人员大部分都由体育教师或体育专业学生承担，而接受体育教师或体育专业学生健身指导的残疾人大部分都是学生，而不是社会残疾人群体。在制约残疾人体育健身的因素当中，缺少组织人员和缺少指导人员两个方面所占比重较大，这种情况反映出现有的残疾人体育健身指导人员并没有很好地担任健身指导的工作，没有深入健身指导工作的一线，健身指导工作还停留在选定的某一特定区域。

（五）体育健身场所建设相对滞后

在影响残疾人体育健身的因素当中，没有适合残疾人自身残疾类别的场所所占的比重较大。残疾人群体参加体育健身的场所依次集中在大众休闲场所、自家庭院和学校，其中在学校进行体育健身人群的年龄集中在16岁以下，也就是说，学校基本上为在校学生参加体育健身活动提供场地保障。除此之外，可以看出健身群体经常活动的健身场所都是离家比较近、方便出行的地方。产生这一现象的原因有两个方面，一是行动不方便使得残疾群体不愿意去距离较远的场所参加体育健身活动；二是残疾人无法使用交通工具或存在交通障碍，也是影响残疾人参与体育运动的潜在因素。残疾群体选择社区活动中心和一些收费体育场所进行健身活动的比例较小，主要原因可能是这部分场所多数没有完善的无障碍设施，没有配备残疾人专用的体育健身器材，没有专业的残疾人健身指导人员。

（六）体育健身专用器材欠缺

在影响健身场所满意度方面，公共健身器材设施不健全也是较为关键的因素之一。绝大部分参与健身的残疾人表示，在常去的体育健身场所当中，健身器材的数量少。另外，在所有残疾人群体参与的健身项目当中，都存在健身器材数量偏少、器材陈旧的问题。通过交叉分析可以看出，不论是哪一种体育健身场所，对残疾人专用体育健身器材的配备不是偏少就是根本没有，情况都不理想。大部分残疾人群体认为，现有的体育健身场所不能满足残疾人开展体育健身活动的需求，其主要原因是适合残疾人使用的健身器材数量少，适合残疾人使用的健身器材种类不齐全。因此，体育健身场所配备的残疾人专用体育健身器材不能符合广大残疾人的要求。政府部门或残疾人体育管理部门要认真考虑广大残疾人的需要，改进目前的状况。

五　对策和建议

当前，我国残疾人体育工作虽已取得很大成就，但应客观地看到，主要成就集中在竞技体育方面，而在我国残疾人群众体育方面相对滞后，短板较多，突出表现在政府能够提供的残疾人体育健身公共服务和保障上与广大残疾人日益增长的体育健身需求有较大差距。另外，政府及有关部门对于残疾人公共体育健身服务的功能和主导作用也未能得到充分发挥和体现。体制建设、工作机制不完善、投入总量不足、服务和保障能力薄弱，是摆在我们面前的现实问题。根据在我国残疾人体育健身发展中存在的突出问题，结合未来体育健身发展趋势和国外大众体育发展的主要经验，提出如下促进我国残疾人体育健身发展的对策与建议。

（一）加强残疾人群众体育健身宣传引导

残疾人对健身的认识不足，相关政府部门对残疾人健身重视程度不够，导致了残疾人的健身热情不高。各级残联要加强与媒体的沟通，不断创新，利用数字化新媒体手段进行残疾人群众体育健身的传教，增强残疾人体育健身意识，营造残疾人体育健身的氛围，增强社会影响力。同时，要制定并出台相关政策法规及工作保障措施，改变重竞技、轻群体的工作观念，制定切实可行的体育健身工作办法，提高残疾人工作者对群体工作的重视程度，加大对残疾人群众体育健身的投入。

（二）加强基层残疾人体育组织管理体系建设

基层残疾人体育健身组织管理体系建设是做好基层残疾人体育健身工作的一个重要环节，是发展基层残疾人体育工作的重要组织保障和构建残疾人体育服务体系的重要依托。没有卓有成效的残疾人体育基层组织管理工作，

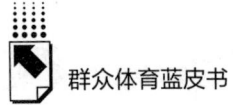

就无法实现我国残疾人体育工作的整体任务和目标。通过调研发现，基层残疾人体育组织管理体系建设尚不完善，多数县级残联没有从事残疾人体育组织管理的专职人员，基层的政府职能部门、街道、居委会或社区与基层残联、残疾人专门协会组织缺乏联动，工作相对独立，在一定程度上制约了基层残疾人体育健身工作及相关活动的组织和开展。因此，要搞好基层残疾人体育健身工作，可以通过加强基层残疾人体育组织管理体系建设来有效推动。一方面依托目前正大力开展的残疾人体育健身示范点、示范社区建设，在政府宏观指导、协调下，残联、民政、体育、教育等有关部门实现统筹联动，有计划地组织开展残疾人体育健身活动并加以规范和管理；另一方面积极鼓励、帮助残疾人自发成立基层残疾人体育协会或俱乐部，实现残疾人自主管理、自愿参与、自发组织残疾人日常健身活动，有效带动更多残疾人参与到体育健身行列中来，形成政府、社区、残疾人一体化、跨部门的残疾人体育健身组织管理体系，促使各方的积极性及作用均能得到有效发挥。

（三）加大政府投入，拓宽经费来源

经费问题是制约残疾人群众体育健身活动开展的一个主要因素。通过调研发现，残疾人收入普遍较低，对于健身消费的能力不足，主要依靠相关机构和部门组织来开展健身活动。然而，长期以来，基层残疾人体育活动经费投入较少，组织活动次数有限，远远无法满足广大残疾人对于体育健身活动的需求。借鉴西方体育先进国家的经验，开展残疾人群众体育的经费以多渠道集资为主。因此，残疾人群众体育健身的经费来源应多样化，一方面逐步增加国家和地方政府残疾人群众体育事业财政经费的支出比重，加大残疾人体育社会组织、公共场地器材设施、体育健身活动组织、人员培训等方面的投入力度；另一方面应充分调动社会力量，宣传和落实相关优惠政策，搭建残疾人体育公益平台，鼓励企事业单位、社会团体和社会爱心人士赞助、支持残疾人群众体育健身，拓宽残疾人体育健身消费领域，开发残疾人体育健身、康复、娱乐市场，逐步形成由政府主导、社会力量广泛参与的与市场资

源配置共同发挥作用的可持续的筹资机制，保障残疾人群众体育事业的可持续发展。

（四）加大基层残疾人体育健身示范站点建设

在基层社区中大力建设残疾人体育健身示范站点，对于基层残疾人体育健身工作的开展有极大的示范和引领作用，同时为基层健身活动的组织开展提供了有效的载体和保障。体育活动点，如北京、上海等地，在市区内有遍布在街道社区的温馨家园、阳光之家等残疾人活动站点，已成为辖区内残疾人开展体育健身活动的重要阵地，残疾人能够就近方便地参加体育健身活动，极大地推动了基层残疾人体育健身活动的开展以及残疾人体育健身服务和保障水平的提升。大力推广示范点模式，进一步完善其审批、评定、指导和监督管理的办法及标准，直接满足基层广大残疾人对体育健身需求，将成为今后推动我国残疾人群众体育工作的一项重要举措。

（五）广泛开展残疾人健身志愿服务活动，加大残疾人体育指导员培养力度

广泛开展残疾人健身志愿服务活动，作为推动残疾人群众体育健身发展的突破口，形成以残疾人体育指导员队伍为主体，由优秀残疾人运动员、教练员和体育院校教师、专业学生组成的健身志愿服务队伍，搭建社会参与平台，动员社会各界爱心人士，共同参与残疾人健身志愿服务工作。同时，进一步加大残疾人体育指导员培养的力度，逐步形成多级的组织、培训、考核、审批和评估体系，建立残疾人体育指导员资格证书制度。尽可能为残疾人指导员建立优惠政策，鼓励他们发挥作用，使残疾人能得到切实有效的指导。

（六）大力推动残疾人学校体育的发展

特教学校中的青少年残疾人是开展体育健身活动最积极的人群。特教学校开展体育活动的人群相对集中，便于组织，另外特教学校的健身资源较为

丰富。加强特教学校体育活动的开展，有利于培养青少年残疾人树立正确的体育健身观，从小养成终身体育的习惯，为残疾人体育健身开展起到示范的作用。加强残疾人学校体育活动，为残疾人青少年搭建广阔的体育交流平台，如体育运动项目进校园，合作建设体育运动项目特色学校；打造面向特教学校参与的品牌赛事；搭建国际交流平台，组织选派在校的残疾青少年学生开展交流活动；推动体育或师范院校开设残疾人体育健身指导的教学课程，建立高素质的残疾人体育教师队伍。

（七）加快残疾人体育公共服务标准化建设

残疾人体育公共服务是国家基本公共文化体育服务体系中的一个重要组成部分。依据与国家文化体育相关的法律法规，国家基本公共文化体育服务在体育设施布局、场馆建设、设备配置、人员配备、服务规范等方面均制定了相应的标准，并逐步形成体系。但残疾人体育公共服务，目前尚没有完整并且标准的体系，在残疾人体育工作开展中缺乏评价标准。因此，通过建立健全残疾人体育公共服务标准体系，达到服务质量目标化、服务方法规范化、服务过程程序化，从而获得最佳服务秩序和社会效益。

残疾人群众体育是一项复杂的系统工程，需要多措并举，因此需要各方面和各部门的协同努力，才能促进该项工程的不断发展和进步。

社会兴办
Social Set-up

B.13
对体育彩票资助全民健身事业与公信力建设的关系研究

杨春雷*

摘　要： 长期以来，体育彩票为资助全民健身事业的发展做出了突出贡献，本文从体彩公益金使用对彩票公信力建设的角度分析了目前体彩公益金在资助全民健身事业中存在的法规不健全、监督体系不完善以及使用宣传不到位的问题，并从完善体育彩票治理体系的高度，提出了相应的建议。

关键词： 全民健身　公信力　彩票

---

* 杨春雷，国家体育总局体育彩票管理中心战略发展处主任科员，经济学硕士。

体育彩票是国家公益彩票，1994年3月11日，国务院批准原国家体委在全国范围内统一发行、统一印制、统一管理体育彩票，以弥补大型体育赛事举办经费的不足，为体育事业的发展开辟了一条新的道路，中国体育彩票自此诞生。

2015年，中国体育彩票已经实现全国统一发行21周年。20多年来，乘着改革开放的东风，在党和国家的亲切关怀和正确领导下，各级体育行政部门和体育彩票机构认真贯彻落实党中央、国务院的部署与要求，在各级财政部门的严格监管下，坚守"来之于民，用之于民"的发行宗旨，解放思想，实事求是，开拓创新，科学发展，走出了一条有中国特色的体育彩票发展道路。本文重点分析体彩公信力建设与资助全民健身事业的关系、当前存在的问题及下一步改进建议。

一 长期以来，体育彩票为我国群众体育的发展做出了突出贡献

自1994年体育彩票在全国统一发行销售以来，截至2014年12月31日，体育彩票已经累计销售约8781亿元，累计筹集体彩公益金约2484亿元，为我国体育事业的发展做出了突出贡献，目前已经成为体育事业发展的"生命线"（见表1）。

从整体上说，体育彩票对体育事业的支持主要包括两个方面，一是来自体彩发行销售机构的支持；二是来自体彩公益金的支持，体彩公益金的使用范围主要包括体育事业与社会公益事业两大部分。其中，体育事业主要包括群众体育和竞技体育两大领域。2013年，《中央集中彩票公益金支持体育事业专项资金管理办法》进一步明确了体彩公益金的补助范围主要包括群众体育和竞技体育两大领域。其中，用于群众体育的比例不低于70%，用于竞技体育的比例不高于30%。

20多年来，体育彩票公益金在支持群众体育，特别是资助全民健身事业上主要呈现出了以下两个特点。

表1 1994~2014年全国体育彩票公益金筹集情况

单位：万元

年份	公益金筹集
1994~1995	22542
1996	28747
1997	42719
1998	75952
1999	121113
2000	274592
2001	447964
2002	762060
2003	704709
2004	539788
2005	1036167
2006	1060581
2007	1270608
2008	1370178
2009	1652086
2010	1919429
2011	2528264
2012	2938039
2013	3508352
2014	4542300
合计	24846190

1. 体育彩票公益金在资助全民健身事业上的支出不断加大

自体育彩票于1994年发行销售以来，一方面在全民健身计划上的支出额不断增加，从国家体育总局集中使用的公益金情况来看，从1996年的3357万元增加至2014年的199366万元，2014年的支出额是1996年的59.4倍。另一方面全民健身计划的支出在整个体育事业总支出额中的占比也不断提高，从国家体育总局集中使用的公益金情况来看，1996年在全民健身计划上的支出额占比仅为46.3%，这一支出额比例在2014年达到了88.6%，有了很大幅度的提升（见表2）。

表2 1994～2014年国家体育总局集中使用公益金情况

单位：万元，%

年份	全民健身计划	总支出	全民健身占比
1994～1995	—	—	—
1996	3357	7257	46.3
1997	4820	7888	61.1
1998	7423	12371	60.0
1999	10265	14986	68.5
2000	32159	47366	67.9
2001	28069	39939	70.3
2002	27000	40000	67.5
2003	27000	40000	67.5
2004	27100	42887	63.2
2005	26680	48857	54.6
2006	28400	60595	46.9
2007	33152	69402	47.8
2008	80363	157500	51.0
2009	46685	70000	66.7
2010	76910	105300	73.0
2011	113170	143024	79.1
2012	159084	201048	79.1
2013	203969	230544	88.5
2014	199366	224892	88.6
总计	1134972	1563856	72.6

2. 体育彩票公益金用于全民健身计划的具体内容在不断调整和变化

总体来说，这种使用范围随着体育事业的发展和持续扩大。根据《中央集中彩票公益金支持体育事业专项资金管理办法》的有关规定，体育彩票公益金在群众体育领域的支出包括援建公共体育场地、设施和捐赠体育健身器材；资助群众体育组织和队伍建设；资助或组织开展全民健身活动；组织开展全民健身科学研究与宣传（见表3）。

表3 1994~2014年国家体育总局集中使用公益金情况

各级地方体育部门	国家体育总局
1. 资助建设"全民健身活动中心" 2. 建设"全民健身工程" 3. 资助青少年体育俱乐部 4. 补助大型群众体育俱乐部 5. 支持各类群众健身活动 6. 添置群众体育设施器材 7. 进行国民体质监测及群体科研 8. 支边扶贫 9. 建设及维修群众体育场地	1. 援建体育场地设施和捐赠体育健身器材 2. 资助群众体育组织、社会体育指导员队伍建设 3. 开展群众健身活动和举办群众性综合性运动会 4. 开展健身科学研究，宣传普及健身知识，推广健身方法，开展国民体质监测和测定 5. 支边扶贫 6. 返还各省、自治区、直辖市用于全民健身活动

二 全民健身项目在使用体彩公益金上存在的问题不利于提升体彩公信力

总体来看，在过去的20多年里，体育彩票在支持群众体育发展上取得了很大成绩、做出了很大贡献。但是，这些资金的具体去向、使用成效是怎样的？与体彩公信力建设之间的关系是怎样的？目前，对这方面的研究还是比较少的。

必须看到，彩票是国家公益彩票，公信力是彩票发展的根基，没有公信公益，彩票的发展无从谈起。在彩票发行销售初期，人们普遍关注彩票发行销售的公平公正，特别是开奖环节一度是社会关注的焦点。但是随着人们对彩票认识的深化，社会关注点很多都集中在彩票公益金的使用方面，在这方面社会质疑也是最多的。可以说，彩票的发行销售与公益金的使用管理是密不可分的，彩票公信力的建设不仅是彩票发行销售机构的事情，更多地还体现在彩票公益金的使用管理上，任何一方面出现问题都会导致满盘皆输，严重影响彩票的公信力。前不久，《中国体育彩票公益金使用情况研究报告（1994~2013）》对外发布，对体育彩票20年公益金使用情况进行了详细梳理和总结，体现出对彩民、公众知情权的极大尊重，也让社会公众在更大程度、更方便、更直接地了解体彩公益金"来之于民用之于民"的宗旨和作用。

在2014年底,国家审计署对彩票资金进行了专项审计,2015年6月25日,审计署发布了审计公告。从审计公告来看,这次对彩票资金的专项审计范围很广,对18个省份的228个省市级彩票销售机构、4965个彩票公益金资助项目,2012~2014年的彩票发行费和彩票公益金进行了审计,不仅发现彩票在发行销售中存在一些问题,更为重要的是也发现了在彩票公益金使用和管理上存在的诸多违法违规的问题。全民健身事业作为体彩公益金使用的主要方向,公益金的使用和管理对彩票的公信力会产生重大影响,目前全民健身事业在使用体彩公益金、影响体彩公信力上存在以下问题。

1. 彩票的法律体系特别是彩票公益金资助群众体育的法规制度尚不健全

我国彩票业尽管已有20多年的历史,但一直缺乏相关的法律法规,随着彩票发行销售规模的扩大,2009年《彩票管理条例》出台后,才填补了彩票业的这一法律空白;2012年《彩票管理条例实施细则》颁布实施之后,彩票发行销售管理办法、财务管理办法等规章制度也陆续颁布,但是彩票法却一直没有出台,彩票的法律体系并不完善。

而且,从现有的彩票法律法规来看,侧重点主要集中在对彩票发行机构、彩票销售机构的管理上,比如对彩票游戏审批的管理、彩票市场的管理以及对彩票发行费的管理等方面。而对彩票公益金的使用管理,应坚持决策权、执行权、监督权相对分离,既相互制约又相互协调的原则,把彩票公益金的分配、使用和监管分离。就目前实际情况来看,还没有实现这种方式,目前的体育部门一般既是公益金的使用部门,在监督上也以自我监管为主,这也是这次审计发现在公益金上存在诸多问题的主要原因。同时,对公益金使用管理的法规制度也比较少,层次相对较低,仅限于部门规章,就体育总局而言,曾出台过《国家体育总局彩票公益金使用管理规定》,但也仅限于国家体育总局层面,具体的使用也缺乏外部的监督。

2. 体彩公益金在资助群众体育项目的评估及后续管理上存在一些问题

目前,我国体育彩票公益金很大一部分都用来支持群众体育的发展,在资助全民健身项目时也很重视体彩公益金的分配管理，对体彩公益金的分配有严格的制度和流程，对申报项目的类型、项目可行性等各方面都有严格的要求。

但是，必须看到，一些由体彩公益金资助的全民健身项目在申报成功后，也都不同程度地存在一些问题。由于全民健身项目比较多，对审批后的各个项目，体育部门以及财政部门都难以做到对所有项目在资金使用、项目进展上进行跟踪管理，导致有些全民健身项目在资金拨付后建设缓慢，或者无法完成项目预期的目标。更有甚者，一些项目在批复后，资金被挪作他用，或者存在不同程度的浪费，这次专项审计也发现一些地方存在彩票公益金的挪用行为。这些都导致体育彩票公益金的实际作用难以得到充分发挥。

另外，对全民健身项目的效果缺乏考核和评估，一些地区尽管也重视全民健身项目的建设，但是对后续的管理和维护比较轻视，导致项目的使用效益不高。例如，有些已经建成的全民健身场馆长期闲置、无人问津，甚至改做其他用途，还有些全民健身设施设置的门槛过高，群众根本难以使用，这些都导致体彩公益金使用效率比较低。

3. 体彩公益金资助的全民健身项目对体育彩票的宣传还不到位

体育彩票是国家公益彩票，依据《彩票管理条例》及实施细则的规定，"彩票公益金资助的基本建设实施、设备或者社会公益活动，应当以显著方式标明彩票公益金资助标识"，从而实现彩票发行销售与公益金使用的良性互动。

同时，为规范体育彩票公益金的宣传，2014年国家体育总局颁布实施了《体育彩票公益金资助项目宣传管理办法》。虽然有这一系列法规制度的规定，但是在长期的实践中，尽管体彩公益金大力支持了全民健身事业的发展，但是各级公益金使用部门却没有严格执行这些规定，用体彩公益金资助的全民健身设施没有体育彩票标识的现象仍然普遍存在，许多由体育彩票资助的全民健身活动影响范围也很小，难以对体育彩票进行有效的宣传推广，不利于提升社会形象。

三 围绕提升体彩公信力，加强对公益金支持的全民健身项目的管理

以上问题反映出，体育彩票公益金的使用管理与公信力建设关系紧密，可以说是公信力建设的重要环节。目前体育彩票公益金在支持全民健身事业上存在的这些问题，是不利于提升体彩公信力的，也不利于促进体育彩票的可持续发展。为此，就需要加快体育彩票的治理体系建设，丰富治理手段，提升治理水平。具体来看，主要应采取以下措施。

1. 不断完善体彩公益金资助全民健身项目的各项法规制度

从世界范围来看，很多发行彩票的国家和地区都高度重视对彩票公益金的使用管理，都制定了彩票法，在彩票公益金的使用上，也坚持分配、使用和监管分离的原则，对彩票公益金的监督管理进行了法规上的规定。为此，我国彩票业也要进一步加快立法进程，从法律的角度强化对彩票公益金的使用监管，明确各级审计部门在彩票公益金使用上的监督职能，并发挥社会大众、媒体的监督作用。同时，要进一步规范体彩公益金资助的全民健身项目的审批制度，建立规范的项目评估机制，成立项目评估专家库，通过第三方机构对全民健身项目进行招投标等方式规范项目评估过程。

2. 建立健全立体化的全民健身公益金资助项目监督体系

从世界各国监管彩票公益金资助项目的经验来看，都十分注重公益金资助项目的公开、透明，不仅会定期公开每一个公益金资助项目的详细信息，而且不少国家也都建立了追溯机制，对每项公益金资助项目的名称、金额、负责人、联系方式等信息都建立了数据库，社会公众可以直接查询、质询。为此，我国彩票业也要在加快立法进程的同时，健全相应的监督管理体系。首先，要加强对公益金资助的全民健身项目的监督，将体彩公益金项目投入领域的选择、项目的审批、质量监督、审计监督、效果评估和作用发挥等情况向社会公开，确保整个资金投入链条的公开和透明，对于涉及资金较多的大型公益性项目引入第三方评估机制，提升评估数据的可信度和公信力，接受社会公众的监督。其次，各地方体育部门要充分利用现代信息技术，建立公益金资助项目的数据库，公众可查询每一个公益金资助项目的信息。最后，要建立公益金资助项目的投诉机制，接受针对资助项目的检举，对反映的情况进行核实处理并及时公布处理情况。

3. 推动体彩公益金资助的全民健身项目宣传工作的常态化

提升体育彩票的公益形象离不开公益金资助项目的宣传。国家体育总局高度重视体育彩票公益金资助项目的宣传工作，制订并颁发了《体育彩票公益金资助项目宣传管理办法》。该办法明确了彩票公益金资助项目宣传工作的责任主体、宣传方式和检查监督等，根据体育彩票公益金使用方向和资助项目类别，国家体育总局还同时制订了《体育彩票公益金资助项目目录》，要求体育彩票公益金资助项目实施单位应按照《体育彩票公益金资助项目标牌设计及安装规范》的要求，使用规范的标志、文字、标牌对体育彩票公益金进行宣传。这一系列规章制度、文件的关键在落实，必须把公益金资助项目的宣传与公益金的分配相挂钩，只有这样，才能有力地促进体育彩票公益金资助全民健身项目宣传工作的规范化。

总之，体育彩票的发行销售与公益金的使用管理是一体的，特别是公益金使用的公开、透明与否，会严重影响体育彩票的公信力建设。2014年底，审计署对彩票业的专项审计势必对体育彩票的发展产生十分深远的影响，审计发现的问题也会促进彩票业的改革，推进体育彩票治理体系的建设。对于目前体育彩票在资助全民健身事业上存在的法规制度不健全、监督管理不完善以及使用宣传不到位的问题，要通过完善法规制度、建立立体化的监督体系以及促进公益金使用宣传的常态化逐步解决，从而不断提升体育彩票的公信力。

B.14 移动互联重构全民健身千亿元市场

严靖峰[*]

摘 要： 目前，移动互联技术的不断改进、移动通信设备的普及和移动互联人口的不断增加已得到市场的认可和关注。同时，居民生活水平的提高将促进全民健身运动的不断发展，如何解决全民健身长期、有效、可持续发展需要突破诸多的问题，移动互联技术将成为新的解决方案。体育O2O、运动类智能硬件、体育组织线上社交化等将有效改善或解决现有场馆资源闲置、群众体育科技化匮乏、全民健身运动组织化偏低等问题。移动互联技术与全民健身的跨界融合将推动相关技术的不断发展，同时庞大的移动互联人口和体育人口相结合将带来巨大的体量市场。本文结合2014年斯迈夫体育论坛（湖北）夏季峰会具体案例分析全民健身及移动互联的发展现状，讨论移动互联对全民健身现有问题的解决方案和推动作用。

关键词： 移动互联 全民健身 智能硬件

前 言

随着国家经济实力和综合国力的显著增强，居民生活水平提高，消费实力增强，结合北京奥运会及各项重大赛事的成功举办，全社会对于体育运动

---

[*] 严靖峰，北京斯迈夫体育产业发展有限公司品牌部副经理。

的综合作用及意义有了全新的认识，由此带动体育人口的不断增加，国内体育事业的发展站上了新的台阶，群众体育的发展将不断带动相关产业的发展和增值，成为一大新的市场契机。

移动通信设备的普及将居民生活向智能化推进，科技的不断发展和创新也不断让居民生活向信息化、便捷化迈进，传统行业在移动互联时代面临产业转型和技术创新。结合群众体育的基本特性，将基础性、传统型群众体育项目通过移动互联技术进行深加工、精打造，以移动互联技术提升效率。以群众体育特点和积累为基础，加上互联网的理念和技术，将进一步推动群众体育事业的发展，改进群众体育事业的表现形式，丰富群众体育参与手法。

一 移动互联重构全民健身千亿元市场

以"移动互联思维，重新架构全民健身千亿元市场"为主题的斯迈夫体育论坛2014（湖北）夏季峰会于2014年7月18日在湖北省武汉市举行，来自包括移动互联网、投资界、体育系统等近千名嘉宾汇集江城，以探究移动互联技术接入全民健身工作，打开体育产业市场为核心议题展开了热烈讨论。

会上，斯迈夫体育论坛主席、中国奥委会副主席王钧先生出席大会并发表题为《接轨移动互联，全民健身调整新航向》的开幕词。国家体育总局经济司司长刘扶民的主旨发言为《寻找体育产业下一个"蓝海市场"》，阐述了中国体育产业继体育服装制造业之后的产业重心发展方向。

（一）移动互联网发展现状

智能手机普及率不断提高，智能移动终端数量不断增加，推动移动互联技术不断革新和发展，工信部发布的《2014年手机行业发展回顾及展望》显示，2014年，手机整体产量为16.3亿部，同比增长6.8%（见图1）。智能手机市场占有率为86%，比上年提高12.9个百分点。

工信部指出，随着智能移动终端的不断增加，辅以国内市场4G网络带

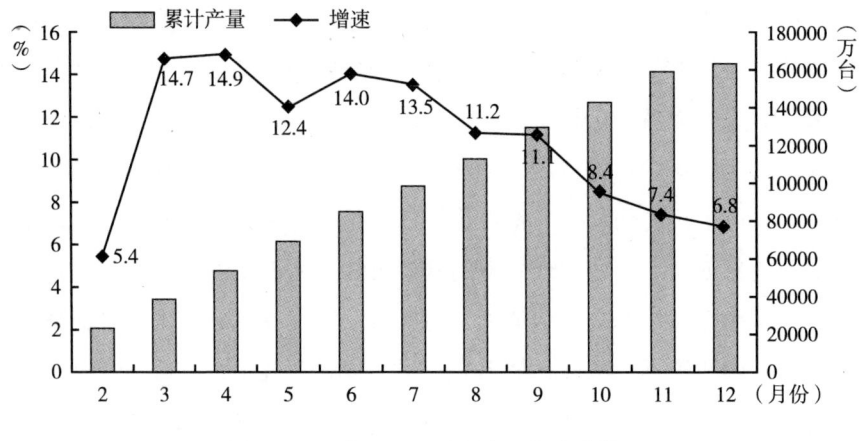

图1　2014年2~12月国内手机生产情况

动效应突出,跨界合作趋势进一步增强。在移动互联网时代,手机制造企业与互联网企业的合作日趋紧密,如腾讯、百度、阿里、360和乐视等纷纷与手机企业联手合作,以达到创新营销和巩固渠道的目的。

智能终端用户的大量增加,促使移动互联网得到大力发展。相关企业在积极布局移动互联网业务时展开激烈的竞争。竞争扩展了传统互联网业务,并向移动终端转移,移动运营商、一些移动互联网公司和终端厂商都积极参与其中。随着4G时代的到来和智能手机用户的大量增加,移动电子商务在快速发展的同时,也促进移动互联跨界市场得到进一步发展。

移动终端技术的普及,移动互联技术的提升,激发智能终端用户的大幅度增加,移动互联人口的急剧增加使之产生巨大的市场规模效应,蕴藏着强大的市场潜力。

(二)传统行业跨界融合移动互联

2013年伊始,移动智能终端快速普及,"终端+应用"驱动移动互联网产业强劲发展。数据显示,截至2014年底,中国移动用户数已超过12亿户,移动网民在整个互联网用户中的渗透率超过了82%。以移动商务、移动支付为例,在移动互联网基础上,移动商务及移动支付的增速颇为可观。

天猫"双十一"购物狂欢节的单日交易量达到350亿元,其中有1/4交易量来自移动终端。2013年,手机游戏整个核心市场规模超过100亿元,增速达到246%。这种现象凸显移动互联技术衍生下的巨大市场消费力和移动互联人口规模效应,受到各界关注,移动互联与各传统行业的跨界融合也在不断推动传统行业的产业变革。在2014年中国互联网发展中,互联网将与传统行业加速融合,4G引领移动互联网行业新变革。中国互联网协会副理事长高新民表示:"2014年对于互联网行业来说,是非常值得期待的一年。移动互联网、大数据、产业融合以及电子商务等业务,无论是从技术、产业还是行业发展模式层面,都将在未来成为行业发展的重要驱动力。"

从中不难发现,诸多传统行业不断跨界融合移动互联技术,着力移动互联平台构建,改进传统行业支付场景、渠道。移动互联下的巨大市场潜力颇受传统行业关注,同时移动互联技术也在推动着传统行业不断革新乃至颠覆传统行业的运营模式,将传统行业不断线上化、便捷化改进,增加用户体验、提高用户互动等,这正是2014年斯迈夫体育论坛夏季峰会着眼移动互联与全民健身的重要原因之一。

(三)当全民健身遇上移动互联

在2014年斯迈夫体育论坛(湖北)夏季峰会讨论主题为"当全民健身遇上移动互联"时,奇虎360副总裁石晓红,动点科技创始人、美国顶尖科技媒体TechCrunch,深圳好家庭实业有限公司董事长张佳华,咕咚网创始人申波及江苏省体育局副局长颜争鸣在会上展开讨论,针对体育与移动互联跨界融合的实践和探索展开讨论。

1. 全民健身需求强烈,体育人口增加

全民健身运动是指全国人民以各种身体练习为主要手段,通过参与各种体育活动,达到强身健体、愉悦身心的过程。全民健身运动的开展与实施,对提高劳动者素质,建立科学、文明、健康的生活方式,促进竞技体育与群众体育的协调发展有着积极的意义。

近30年来,青少年体质健康水平连续下降,亚健康群体不断扩大。随着国内经济的平稳发展,居民消费能力的不断提高,全民健身工作的紧迫性与居民消费能力的提高相呼应,国内体育人口发展进入快车道。

与移动互联人口的不断增加相类似,全民健身工作的不断推进将带来体育人口的大幅增加,全民健身的发展将带来显著的市场消费效应与人口规模效应。但是,当前的全民健身可持续发展还存在诸多问题,利用移动互联技术推动全民健身市场发展,在提高居民身体素质的同时,推进全民健身工作的开展。

2. 利用移动互联技术,提高体育场馆设施的开放和利用率

《第六次全国体育场地普及数据公报》显示,截至2013年底,全国共有体育场地169.46万个,用地面积39.82亿平方米,建筑面积2.59亿平方米,场地面积19.92亿平方米(见表1)。

表1 全国体育设施基本情况

单位:万个,亿平方米,%

系统类型	场地数量		场地面积	
	数量	占比	数量	占比
体育系统	2.43	1.43	0.95	4.79
教育系统	66.05	38.98	10.56	53.01
其中:高等院校	4.97	2.94	0.82	4.56
中小学	58.49	34.51	9.29	46.61
其他教育系统单位	2.59	1.53	0.45	2.25
军队系统	5.22	3.08	0.43	2.17
其他系统	95.76	56.51	7.98	40.03
合计	169.46	100.00	19.92	100.00

在全国体育场地中,体育系统管理的体育场地为2.43万个,占1.43%;场地面积为0.95亿平方米,占4.79%。教育系统管理的体育场地为66.05万个,占38.98%;场地面积为10.56亿平方米,占53.01%。军队系统管理的体育场地为5.22万个,占3.08%;场地面积为0.43亿平方米,占2.17%。其他系统管理的体育场地为95.76万个,占56.51%;场地面积为7.98亿平方米,占40.03%。

各系统所属体育场馆对外开放性不高,以教育系统所属场馆为例,教育系统管理的体育场地面积超过全国体育场地总数一半,其场地对外开放的比例仅为29.2%。这一方面反映体育场地开放比例及利用率不高,另一方面也反映出在全民健身过程中群众体育缺少体育场地,从中折射出在体育场地信息上的不对称与开发利用上的局限性。

通过移动互联技术对现有体育场地资源进行云端收录、整合,调配各体育场地资源的合理利用和充分利用,解决全民健身工作中群众体育的场地稀缺问题,提高体育场地的利用率,利用移动互联将相应场地进行开发,以市场运作反哺体育场地的维护和运营费用,增加体育场地的可持续发展。"去运动"APP在2014年斯迈夫体育论坛(湖北)夏季峰会中正式上线,正是利用移动互联技术解决场地利用率和开发的代表案例之一。

3. 利用移动端社交开发,提高全民健身运动组织化程度

根据统计,目前我国登记注册的群众体育社团已有130768个,其中组织实施全国性及跨省活动的体育社团有1528个,省级及跨地市活动的体育社团20765个,地、县以上活动的社团53791个。体育社团的大量涌现充分反映国民对体育的需求,结合国内人口基数,目前群众健身的组织化程度依然偏低且活力不足。

在全民健身和群众健身的过程中,体育社团和群组的出现将增加全民健身过程中的娱乐性和积极性,体育社团保持活力将对全民健身工作产生积极作用,加强现有全民健身的社交性或将成为解决全民健身运动组织化的方法之一。

利用移动互联技术,将运动类智能硬件的海量数据和现有社交平台进行融合,并将一定区域内正在进行同一体育运动或体育运动参与频率高的体育人群进行精细划分。通过移动互联技术建设线上体育社区和草根运动群体,将体育运动社交化、线上化,以线上体育社区和草根运动群体为发展基础,提高体育运动中的互动性、参与性、科技性,侧重增加全民健身的参与度,将体育社区和草根运动群体正规化、合法化,解决现有全民健身运动组织化低的问题。

结合线上体育社区和草根运动群体的作用，形成众多高质量、高频率的体育运动组织，有组织且数量庞大的体育人口数量将带来更大的市场开发价值和潜力。在2014年斯迈夫体育论坛（湖北）夏季峰会首届中国运动与大健康类智能产品大赛中荣获"年度最受市场欢迎奖"的咕咚手环正是利用运动类智能硬件与移动智能技术将全民健身线上化、社交化的典型代表之一。

4. 利用移动互联平台整合，增加社会体育指导员数量和指导率

社会体育指导员是全民健身运动中的技术指导者，群众体育的组织者和传播者，对我国群众体育事业发展具有重要作用。随着全民健身运动的深入开展，各级社会指导员的数量和指导率有逐年增长的趋势，同时体育事业的规范化、持续化发展，使社会体育指导员的数量不断增加。结合现有情况分析，在基层社会体育组织中虽然二级、三级社会体育指导员指导率比国家级、一级社会体育指导员的实际指导率高，但总体来看，社会体育指导员在全民健身中的指导率还需进一步提高。

在全民健身过程中，一方面群众对优秀教练资源和社会体育指导员需求强烈；另一方面大量优质教练资源处于闲置状态，没有达到资源合理配置和充分利用的行业标准。利用移动互联技术，整合优质教练资源，对接智能终端设备，将相关信息和资源进行推介，同时对教练资源和社会指导员资源辅以市场开发手段，增加社会体育指导员数量，提高社会体育指导员工作积极性，提高指导率。社会体育指导员和教练资源的不断丰富，将对全民健身运动产生推动作用。

二 "去运动"APP在斯迈夫体育论坛正式上线，体育互联网化的具体案例

（一）湖北省体育局推出"去运动"APP正式上线

在斯迈夫论坛2014（湖北）夏季峰会中，湖北省体育局推出全民健身

公共服务平台项目——"去运动"APP。

湖北省体育局局长胡德春在夏季峰会中提到"人们对于体育健身的需求越来越大，作为体育人，我们希望通过引入移动互联网，来改变人们的体育生活"，顺势推进"去运动"APP正式上线。

"去运动"APP是由湖北省体育局、荆楚网共同开发的国内首家体育公共服务平台。"去运动"平台签约湖北省100余家运动场馆，分时段免费对公众开放，该APP的正式推出标志着在全民健身发展过程中场馆资源真正实现可视化、移动化、智能化，颇受市场和民众关注。

湖北省体育局在推进"去运动"平台建设过程中，提供最优质的场馆、最专业的教练、最权威的运动专家资源为民众服务，力促全民健身的大力发展。利用"去运动"APP客户端，民众可根据自己的兴趣爱好随时预订免费运动场馆及运动项目，接受在线健身指导、在线体测等优质服务。

截至2014年底，"去运动"APP平台已签约了全省423家运动场馆，用户超过10万人，累计300万人次使用该平台享受免费健身服务。

（二）移动互联推动全民健身变革

全民健身，作为一项惠民健康工程，在长期推进和发展的过程中诸项问题已经显现，一方面运动场馆门票过高，普通百姓望而却步，健身运动贵族化倾向明显；另一方面，运动场馆资源利用存在严重的不均衡现象。

体育场馆资源呈现两极分化的不合理现象，部分交通便利、知名度高的场馆，黄金时段一票难求，非黄金时段门可罗雀；一些知名度不高的场馆，却存在吃不饱的问题，赢利能力欠佳。由此造成大量场馆闲置与普通百姓运动难的矛盾。

利用移动互联技术促进场馆资源、教练员资源的合理利用和充分使用成为突破全民健身推进过程中的重要手段之一。

以推动"去运动"APP上线的湖北省为例，湖北省体育局在全民健身工作的推进中面临以下瓶颈。一是场地不足，人均体育场地面积仅为1.4平方米；二是消费不够，年人均文化体育消费不足150元，居民体育消费额占居民人均收入的1.3%左右；三是参与不多，经常参加体育锻炼的人数占总人口的比例只有32%（在校学生除外）；四是服务不足，平均每个场馆开展的体育项目只有3项；五是信息不对称，场馆的黄金时段"一票难求"，非黄金时段"门庭冷落"。

利用"去运动"APP群众即可在手机移动端查找所需体育健身场所信息，在"去运动"平台中收纳了包括大型公共体育场馆至社区健身苑点在内的湖北省内大部分健身场地信息，群众可根据自身需要抢购免费或低收费的运动场馆及项目。

"去运动"APP等移动端产品标志着全民健身工作将充分利用移动互联网技术，形成互联网体育，以此来改变体育发展方式、场馆运行方式以及全民健身方式。通过移动互联网与全民健身的"嫁接"创新方式，不仅打破了全民健身的时空限制，也为群众健身提供了一种低成本、高效、便捷的工具。

（三）以商业发展反哺公益事业

以湖北省体育局为例，通过政府购买体育公共服务，提供给大型体育场馆以免费时段或低收费向公众开放，并对相关场馆给予一定补贴，将大量场馆信息收录至"去运动"APP平台充分运用社会力量有效整合场馆资源，提供专业的、高质量的体育公共服务，让公众享有更多便利和实惠，解决民众在进行体育活动过程中场馆紧缺的难题，有效促进全民健身运动的进一步推进。

以政府公益性投入开展全民健身服务，利用商业化模式运营创造巨大效益，最终又以效益反哺公益，其主旨通过移动互联网信息化管理手段，将政府购买体育服务的所有信息在网上公开，接受社会监督和大众公开点评，同时倒逼场馆提升服务质量。利用移动互联技术，可有效地将闲置场馆资源进行调配，将全民健身活动进行错峰疏导，推进体育场馆的合理利用和充分使用。

移动互联技术的发展将推进民众解决原有健身服务科技化水平较低的问题，同时为体育事业的可持续发展及经济社会发展提供产业支持。

（四）体育O2O备受市场关注市场前景广阔

《关于加快发展体育产业促进体育消费的若干意见》提出，至2025年国内体育产业总值将超过5万亿元，并将全民健身上升为国家战略等发展目标和战略。面对体育产业万亿元市场，利用移动互联网技术开发的体育O2O产品能够解决哪些问题，对5万亿元市场的形成能起到怎样的推动作用备受市场关注。结合2014年体育O2O产品的发展状况，本文认为体育O2O将解决以下问题。

1. 合理化资源配置

目前，国内人均体育设施不到1平方米，体育消费是典型的地理消费，有体育需求的消费者可以搜索到合理半径内相应的体育服务，围绕体育产业提供服务的机构，也可以基于地理半径搜索到潜在消费者，实现双向搜索。

2. 去中介化

体育O2O将解决供需双方的难点，实现供需双方的直接对接，去除中间环节，减少用户时间成本、物质成本，并配置合适教练，实现双方利益最大化。

3. 打破时、空限制

体育O2O用户在场地的选择上更加灵活、自由，将小区、公园或者用户制定的运动场馆收录至终端服务器后推向消费者，解决闲置场地营收维护问题。

随着全民健身的大力推进和体育产业的长足发展，体育O2O产品已经得到消费者的认可和市场的关注。截至2014年末，已有数家体育O2O产品得到资本市场的关注和支持，以运动社交市场为主的去动健身手机软件获1000万美元A轮投资；以硬件与社交为主的运动类智能穿戴厂商咕咚获得3000万美元B轮融资；O2O社区虎扑更是获得1亿美元C轮融资。

全民健身的不断推进，将带动体育人口的大幅度增加，移动互联技术解决居民在运动健身过程中的场地、教练员等问题；由此产生的经济效益反哺场馆等公益性体育设施和项目，提高全民健身工作中存在的科技性问题，同时对体育产业的发展形成支柱。

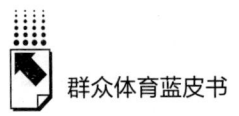

三 首届中国运动与大健康类智能硬件大赛

2014年7月18日下午,由斯迈夫主办,加意新品组织承办的首届中国运动与大健康类智能硬件大赛在斯迈夫夏季峰会上举行。北京金纽合科技有限公司的冥想大师瑜伽毯荣获"年度最具投资价值奖",成都乐动信息技术有限公司的咕咚手环荣获"年度最受市场欢迎奖"。

(一)智能硬件发展颇受市场关注

智能硬件的发展浪潮从2013年就不断受到市场的认可和关注。3D打印、车联网、智能路由、智能手环造就了一波硬件创业的热潮。2014年,众筹平台名声大噪,在智能硬件连接领域里,不断受到市场的关注。

瑞士信贷集团预测,目前全球可穿戴智能产品市场规模约为30亿～50亿美元,未来2～3年有望成长为300亿～500亿美元的巨大市场,年均增长率将不低于50%,特别是随着4G和移动终端的普及,国内可穿戴智能产品市场也将迎来爆发式增长。

中国是智能可穿戴设备的新兴市场,随着智能手机和物联网技术的成熟,2012年市场规模为8.9亿元。随着智能手机和物联网技术的成熟,到2015年,中国智能可穿戴设备市场规模可达26.1亿元,年均增长43.1%。从细分市场看,生活健康类可穿戴设备最为热门,预计2012～2015年年均增长33.5%。

中国作为智能可穿戴设备的重要市场之一,预计未来三年将实现35%的年均增长率。从电子终端演进趋势上来看,智能手机已经步入成熟期,厂商陷入了硬件参数比拼之中,产品形态和功能并未有颠覆性的创新。而作为新兴的智能可穿戴设备,为用户提供了更多的想象空间,符合用户"高便携性"的需求,极可能成为下一代主流的电子终端产品。

运动健康类智能硬件设备的市场增速高、市场体量巨大,正是斯迈夫体育论坛举办首届运动类智能硬件大赛的原因之一。通过竞赛手段推动国内运动类智能硬件市场的关注度，推进开发设计公司的技术革新水平，也正是其初衷之一。

（二）首届中国运动与大健康类智能产品大赛推动全民健身科技化

首届中国运动与大健康类智能产品大赛是体育产业与前沿科技紧密结合的一次重要创新活动。首届智能硬件大赛开创国内目前运动类智能硬件大赛的先河，选拔优秀运动类智能硬件产品与市场、资本、用户对接，促进运动类智能硬件在国内的创新发展。

智能硬件的发展将对全民健身及体育产业产生极大的影响，使体育健身方式多样化，健身质量得到提高，体育资源得到合理配置。运动与健康智能设备的应用与开发，使体育健身更为时尚并吸引更多亚健康群体参与运动，优秀的体育赛事结合移动互联技术有更为丰富的参与体验和民众口碑，进而推动整个体育产业的创新升级。

运动类智能硬件将是未来全民健身接入移动互联的一个主要接口，它既能够满足大众对全民健身日趋多样化与专业化的需求，同时也能满足移动互联网时代用户的碎片化需求。

主办方希望通过组织这样的活动，让移动互联科技以及智能硬件更快地进入生活应用，从而提升国内广大体育健身人群的运动质量，让体育运动更为科学、更为健康、更为智能、也更为有趣地在社交媒体上分享交流。利用赛事形式这种高互动、高关注的活动形式，帮助用心开发、满足群众需求的优秀智能产品进行有效的市场推广。

（三）健身监测、运动社交是运动健康类产品的关键

市场调研机构 Gartner 公司数据显示，应用于健身及个人保健的可穿戴式电子产品，其相关装置、APP 与服务市场到 2016 年可达到 50 亿美元的市场规模。运动健康类可穿戴设备主要包括活动监测、计步器、睡眠监测以及心率监测等，外形可以做成诸如手环、手带、腕表、服装鞋帽等。

将健身数据通过移动互联设备进行采集和上传，海量人体健康数据将成

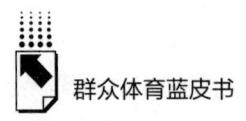

为未来健康管理的重要组成部分。苹果与耐克公司合作推出"Nike + iPod"服务让拥有 Nike 运动鞋和 iPod 的用户能获得跑步锻炼时的数据。跑步时,通过运动鞋内传感器和 iPod 实现无线连接,iPod 会记录用户的运动日期、时间、距离、卡路里消耗值等数据。跑步结束后,用户可将 iPod 数据同步上传到 Nike 平台上,为自己建立一份健身档案。

获得首届中国运动与大健康类智能产品大赛"年度最受市场欢迎奖"的成都乐动信息技术有限公司的咕咚手环。乐动公司开发的相关移动端 APP "咕咚"是一款 GPS 运动激励手机软件,可以追踪参与者的运动路线,并将运动轨迹等信息通过多种方式来分享到微信朋友圈,让你运动更有"动力"。同时,利用海量健身数据分析寻找周围也在运动的健身爱好者,通过查看对方运动分享及运动故事阅读,加入附近运动群体。

咕咚手环与咕咚 APP 的结合,打破了"Nike + iPod"单一平台与特定装备的局限性,利用运动类智能硬件与移动互联技术使线下运动与线上平台融合更加紧密、更加便捷。同时以咕咚手环和咕咚 APP 为代表的运动类智能硬件与平台打造线上社区,集合线下用户资源,将体育运动社交化、群体化,使体育运动更具有娱乐性、群体性。体育运动类线上社区的搭建将促进更多的"草根"体育组织出现,有效推动全民健身工作的开展。

移动互联技术和运动类智能硬件的结合,可使体育运动数据实现海量储存和量化精准分析,这对建立更加完善、更加全面的全民健身信息库具有积极作用,将成为全民健身工作长期推进和指标制定的依据和基础。针对不同人群,如对中老年、青少年及脑力工作者等特殊人群进行量化精准分析,并通过移动互联技术将健康、合理的运动健身计划传达到体育运动爱好者终端,从而更加高效合理地提高居民体质和身体素质,提高全民健身工作的效率。

(四)运动类智能硬件存在的问题及发展方向

首届中国运动与大健康类智能产品大赛从 2014 年 6 月 1 日起,所有报名的运动类智能硬件将在国内知名的创新产品推广平台加意网上进行展示,与广大科技人群和体育人群进行在线互动,至 2014 年 7 月 18 日进行现场展示及评审，历时 2 月的赛事筹备和竞赛期。在这一期间，我们发现，运动与大健康类智能硬件领域仍处在发展的初级阶段，相应的产业链、商业模式等都没有成型，运动与大健康类智能硬件的发展仍有一些问题需要解决。

1. 独立性不强

大部分智能硬件设备属于智能手机的辅助工具，一部分是对智能手机功能的拓展，一部分是对智能手机功能的平移。智能手机辅助外设的定位使其失去了独立存在的必要性，一方面智能硬件本身直接对接移动互联技术的应用依然偏少，仍然需要中间设备作为终端，这大大降低了智能硬件的便捷性与实用性。另一方面智能可穿戴设备的硬件设计、生产需要对接多个合作伙伴和厂商，使其从研发到实现的整个过程及其繁多，在一定程度上延长了智能硬件的研发周期。

通过技术创新提高运动类智能硬件的独立性与实用性，使智能硬件与移动互联技术直接应用，缩短智能硬件的研发周期。智能硬件技术创新和研发周期的缩短将进一步推进全民健身的科技化和信息化。

2. 功能尚不完善

随着智能硬件市场的不断发展壮大，逐步形成了一个新的智能硬件的 APP 市场，但目前智能硬件功能尚不完善，专属应用较少。整个智能硬件市场呈现生态环境高度碎片化状态。

现有智能硬件设备多数通过移动手机终端对接移动互联网，利用手机 APP 进行运动数据监测和运动指导，智能硬件技术的革新和变化需要移动终端技术的相应提高。打造完善的智能硬件市场生态圈，整合智能硬件与移动互联技术，降低智能硬件市场碎片化，将有利于提高群众体育的高效性。

3. 以数据为中心，用户体验差

大部分的智能硬件，都强调以数据为中心，实现与第三方数据的有效对接，主要集中在对各种数据进行分析、处理、综合等，以期为用户提供更多、更可靠的数据和分析。但是，由于不同的健康大数据服务平台进行数据整合的方式、标准不同，导致数据标准多样化，不同平台间的数据不能互通，在一定程度上忽略了人机交互设计和用户体验。智能硬件功能应用于用户的常规需求贴合度较低，不能满足用户对于运动类智能硬件的期望。

运动类智能硬件以海量数据为基准，以精准分析为量化指标。但现有的各类健康大数据平台数据存在独立性，使诸多数据无法进行有效整合，应建立统一的标注，健康数据平台的有效整合可对全民健身的发展提供有效、合理的数据支持。智能硬件的不断创新，数据平台的不断扩容，需要数据分析技术不断得到提高，向移动终端用户提供全民健身中体育运动的指导和建议。未来的智能可穿戴设备将进一步整合传感器采集的数据与云服务，同时整合第三方服务机构，为用户提供基于大数据的个性化服务。

四 结语

2014年斯迈夫体育论坛（湖北）夏季峰会阐述了中国体育产业的发展现状和未来趋势，认为"撬动体育千亿元市场的支点极可能是移动互联网"；会议提出"用互联网以及移动互联网的思维和技术，去实现体育产业由千亿元级市场向万亿元级市场过渡升级"。从这些会议的内容我们不难看出，中国的体育产业开始将目光放到互联网以及移动互联网之上，认为其将成为体育产业未来发展的主要推动力。

目前，移动互联技术的不断进步和智能硬件的发展已经进入轨道，利用移动互联技术解决全民健身中所存在的问题，这将带来全民健身及体育产业中新的体育市场。

通过对全民健身和体育产业现状的分析可以看出，传统的线下体育用品市场在长期的竞争状态下已经几近饱和，体育产业如果要想获得新的发展，就必须脱离传统束缚，寻求新的发展空间。互联网尤其是移动互联网的出现，给中国的体育产业提供了转型升级的机会。利用移动互联网的优势，可以将行业信息以及体育产品信息在所有网络覆盖的空间进行推送，这是传统线下市场力所不及的。

通过移动互联技术，将全民健身中繁重的线下资源在线上进行整合，将全民健身中群众所需的资源通过云端进行推送，解决全民健身中现有体育场地、社会指导员、教练员以及运动健身数据等问题。结合商业手段进行市场开发，通过市场手段推动全民健身可持续发展，对资源进行合理调配。通过移动客户端推送信息具有很好的指向性，能够有针对性地进行宣传与推广。移动客户端能够突破传统的时间与空间的限制，使消费者能够随时随地享受其带来的服务。移动客户端同时还是一个互动的平台，利用其互动功能将全民健身人群进行集合，将全民健身推向社交化、线上化，庞大的移动互联人口和体育人口将相互促进、相互推动。

移动互联网将推动全民健身和体育产业的整体发展，将拓宽传统体育企业及新型互联网体育企业销售渠道进行整合，扩大全民健身消费群体，对销售市场进行合理转移。正如国家体育总局经济司司长刘扶民的主旨发言《寻找体育产业下一个"蓝海市场"》所说，移动互联网和全民健身的跨界融合发展将成为中国体育产业继体育用品制造业之后的产业重心发展方向。

B.15
全民健身，从这里开始
——"2015全民健身嘉年华"活动介绍

亚洲健身学院

摘 要： "2015全民健身嘉年华活动"是由全民健身促进会和亚洲健身学院联合发起并主办，面向全国亿万人群的全国性全民健身公益活动，在全国100个百万人口以上的城市举办。活动分为"亿万百姓健身嘉年华"和"专业健身交流大会"两大板块，具有开展力度大，参与人数众多；内容丰富，国际顶级导师亲临授课；促进健身行业协同发展；影响力大、宣传面广等特点。

关键词： 全民健身嘉年华 健身交流 公益活动

一 活动宗旨

"2015全民健身嘉年华活动"是为响应中共中央国务院印发的《关于加快发展体育产业促进体育消费的若干意见》（国发〔2014〕46号）的精神，秉承"促进群众体育与竞技体育全面发展，加快体育强国建设，不断满足人民群众日益增长的体育需求"的主导思想，遵循"营造重视体育、支持体育、参与体育的社会氛围，将全民健身上升为国家战略"，"推进体育产业各门类和业态全面发展，促进体育产业与其他产业相互融合，实现体育产业与经济社会协调发展"的基本原则，实现"体育产业体系更加完善""体育环境明显优化""体育产业基础更加坚实"发展目标的大型全民健身公益推广活动。该活动由全民健身促进会和AFA亚洲健身学院联合发起并主办，是面向全国亿万人群的全国性全民健身公益活动，2015年将在全国100个百万人口以上的城市举办，该活动同时也得到了国家体育总局群体司的大力支持。

"2015全民健身嘉年华活动"旨在倡导全民健身意识，普及大众健身知识，丰富大众健身的形式和内涵，促进全民健身产业的快速及良性发展，全面提升健身从业者的专业水准，改善全民体质健康、发展社会健身文化事业，以确保国务院〔2014〕46号文件精神的顺利实施。

活动本着"全民健身"的公益性理念，真正面向全国广大普通民众，所有活动经费均寻求各地企业支持解决。通过开展一系列的全民科学健身系列推广活动，将国内外最新的科学健身内容和方法传递给亿万普通百姓，掀起全国开展全民健身运动的热潮，通过健身运动这个载体，促进和谐社会的发展，使普通百姓以简单、有效、科学、好玩的方式参与健身、享受健身带来的乐趣，发挥全民健身在实现中国梦过程中的正能量。

二 活动目标

第一，全面贯彻落实《国务院关于加快发展体育产业促进体育消费的若干意见》，以活动为载体，促进多领域多行业融合发展。

第二，加快推进《全民健身计划》，将活动内容贯彻到基层，落到实处，为举办城市建设具有持续性发展的全民健身活动平台和内容。

第三，为普通市民提供一个科学化和系统化的健身参与平台，培养全民健身意识和自主健身运动能力。

第四，通过举办活动，以点带面，以少带多，最终实现热爱健身，懂得健身的全民参与状态。

第五，结合传统媒体和互联网媒体，广泛传播健身资讯和方法，使健身运动能够及时便利地进入普通百姓生活中，了解健身、参与健身、享受健身运动的乐趣。

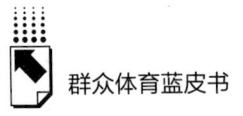

三 活动内容

"2015全民健身嘉年华活动"分为两大板块内容,即"亿万百姓健身嘉年华"和"专业健身交流大会"。

(一)"亿万百姓健身嘉年华"

"亿万百姓健身嘉年华"是由AFA亚洲健身学院与浩沙国际联合举办的覆盖全国的大型全民健身公益活动。2015年,在全国23个省、4个直辖市、5个自治区、两个特别行政区共举办100站,直接参与总人数超过10万人,活动影响人群超过百万。活动主要面向广大各地群众,以AFA亚洲健身学院专属品牌流行健身课程FOC中国风、POP系列、SSJ形体爵士等为主,并辅以有氧搏击、有氧踏板、有氧爵士、有氧舞蹈等课程。课程设置具有简单性、趣味性、时尚性、专业性的特点,具有较强的大众参与和普及意义,对于丰富全民健身活动的形式,增强大众对科学健身、快乐健身的意识和兴趣,发展全民健身事业,都具有十分积极的作用。

(二)"专业健身交流大会"

"专业健身交流大会"是由AFA亚洲健身学院与AFSA亚洲健身康体协会联合主办,面向全国健身教练、健身俱乐部投资人、健身俱乐部管理者、健身器械与服饰企业等广大健身从业者的专业性健身交流盛会。2015年在全国8个省份共举办8场,直接参与人数超过万人,惠及人群超过50万人。大会汇集国内外上百位健身领域的知名专家学者,以团体操教练培训、俱乐部管理培训、私人教练培训为核心板块,以最新的国内外前沿专业课程和知识为载体,以国际健身课程展示、健身私人教练及管理培训、专业健身讲座、健身行业高端论坛及研讨会的形式全面展开。课程及活动设置丰富多彩,具有很强的专业性,对于全面提升我国健身行业从业者的专业水平,拓宽健身从业者的眼界都有积极的推动作用。同时,大会为与会人员提供了一个广阔的交流合作平台，旨在整合各地健身资源，为当地的学校、健身俱乐部、健身设备产业、专业培训机构搭建起广阔的沟通合作桥梁，使我国健身产业市场朝着专业化、科学化、系统化、国际化的方向健康发展，同时为即将毕业的学校学生解决了大量的就业岗位，也促进了健身行业人员专业化的发展。

四 活动影响大，惠及面广

（一）活动开展力度大，参与人数众多

全国健身促进会及各地方健身健美协会和有关合作单位均对活动高度重视，与2014年相比，活动规模进一步扩大，活动内容和专家人数快速增加。

"活力亚洲·时尚健身课程嘉年华"活动从2015年将在全国百万人口以上的城市举办100站。合作的健身俱乐部超过150家，直接参与人数超过10万人，惠及人口超过百万人。活动所到之处人气爆棚，为当地全民健身运动的普及与开展起到了良好的促进作用，老百姓在感受健身好处之外，也体验到了科学健身、快乐健身的乐趣，活动同时也为当地合作俱乐部带来巨大的品牌影响力，频频引爆销售狂潮，创造俱乐部单日销售32万元的骄人业绩，以活动带动健身俱乐部的销售，对当地体育产业的发展起到直接地促进作用。

（二）活动内容丰富，国际顶级导师亲临授课

大会汇集国内外上百位健身领域的知名专家学者，以简单、有效、科学的方式向亿万百姓传递最新的国内外前沿健身方法和知识。通过采用健身科普讲座、健身亲子行、中老年健身养生、全民健身体能大赛等形式，为各个年龄段的普通民众提供了丰富多彩的健身运动形式，特别值得一提的是：上百位国内外健身顶级专家和导师亲临嘉年华活动现场为普通民众面对面传授最新健身运动的方法和知识，现场解决老百姓在健身过程中产生的各种疑问

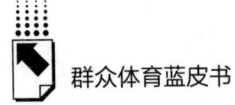

和难题，使参与其中的普通民众更加科学地认识健身运动的重要性，并掌握了丰富的健身运动方法和形式，直接为全民健身运动的发展，特别是普通民众体质健康的提升起到了积极的促进作用。

（三）活动促进健身行业协同发展

本年度活动继续加大了对全国各地的健身俱乐部教练和经营者、健身行业器械和服务供应商、学校教师和学生等人群参与活动的支持力度，通过举办健身职业技能课程、大中小学时尚健身课程、俱乐部经营与管理课程、健身市场推广与营销等形式，为全国各级各类院校的教师与学生，各大健身俱乐部教练与经营者，各地区负责全民健身运动开展的职能部门提供了一个汇集专业学习、人才就业、科学研究、政策研讨、国内外行业交流的大型专业盛会，对各地区健身运动的推广和普及、学校健身运动的不断发展、学生实践与就业、扩大各学校社会影响力和服务社会的能力、全国健身俱乐部人才培养、健身运动的科学化研究等将起到积极的促进作用。进一步充实了全民健身从业者队伍的力量，为全民健身运动事业的发展奠定了良好的人才基础。

（四）活动影响力大，宣传面广

"2015年全民健身嘉年华"系列活动新闻发布会暨活动启动仪式点燃了2015年的活动之火。由于此次活动所具备的良好社会意义，引发了包括CCTV-5、BTV-体育、腾讯网、人民网等多家电视媒体的相继报道，数十家网络、平面媒体也争相报道了此次活动。

不仅如此，在嘉年华活动期间，CHINAFIT网、《健与美》杂志、健身中国、《健仕》杂志、优酷网、腾讯网等多家媒体跟踪关注实时报道，尤其是在网络自媒体平台的宣传和传播上得到了所有参与人群自发的传播和宣传，使活动不仅在举办地得到了宣传，同时也通过网络自媒体平台将活动从线下传播到线上，每个参与嘉年华的人群都将活动和自己的健康活力状态结合在一起进行传播，真正使健身运动、生活方式、品牌传播三者融为一体，达到了活动传播最佳的状态，也就是健身运动、健康生活的人生最佳状态。

2015全民健身嘉年华活动还在如火如荼地举行，我们衷心希望通过与各级政府紧密合作，将全民健身运动事业发展得更好，将全民健身嘉年华活动打造成一个将健身运动、休闲生活、健身赛事紧密结合的盛会，一个能够覆盖全社会各个人群都需要的健身盛会，一个集合了时尚、活力、阳光的盛会，一个能够为国家打造体育旅游产业、全民健身运动、家庭健康幸福的盛会。

这是一次全民健身运动的盛会，其中凝聚了当代中国时尚健身先锋不懈的追求与使命；这是健身领域坚实力量的集结，带着信念、责任、理想聚在一起；这更是一个崭新的实现中国梦的起点，至此，我们有理由相信，这是让我们为之毕生努力的事业。全民健身，从全民健身嘉年华开始。

他山之石

Report on Subjects for Reference

B.16
英国发展残疾人大众体育的实践及其启示[*]

李冬庭[**]

摘　要： 运用文献资料、数理统计、分析比较等研究方法，对英国发展残疾人大众体育的政策和管理、战略和措施以及发展情况、主要特点进行系统梳理和研究。英国实行政府主导，公共部门、私营部门和第三部门广泛参与残疾人健身一体化的体育管理和经营机制，采取有效的包容性主流措施和专项措施，在实现大众体育包容发展上有其独特优势和成功经验。我国应

---

[*] 本文是中国残联课题"新时期我国残疾人体育组织体系和运作机制研究"（2014&ZD009）子课题2——"澳、日、英、美四国残疾人体育组织体系和运作机制研究"的阶段性成果。
[**] 李冬庭，中国残疾人体育运动管理中心主任助理，高级工程师，主要研究领域为残疾人体育政策与实践、残疾人体育比较研究。

当借鉴其有益的经验和做法,在"大群体"工作格局下,完善残疾人群众体育发展运行机制,采取有力措施,提升发展速度和质量,为实现残疾人切实平等享有体育权利发展目标做出贡献。

关键词: 英国 残疾人大众体育 一体化管理

经过30多年的发展,我国残疾人竞技体育取得了令世界瞩目的成就,但残疾人群众体育发展仍然严重滞后。如何加快残疾人群众体育发展,提高残疾人参与体育活动的人口比例,是我国实现残疾人群众体育和竞技体育均衡发展面临的一项重大挑战,也是关乎做好残疾人公共体育服务、同步实现小康目标、让残疾人切实平等地享有体育权利的一项重要内容。具有全球视野,熟知公共服务国际先进理念,研究、了解国际残疾人体育发展新动态、新趋势,借鉴国外有益的经验和做法,有助于我们探索出一条实现残疾人体育均衡、可持续发展的有效途径。英国是世界体育强国之一,其职业体育、奥运体育、残奥体育发展成就名列世界前茅;其发展大众体育(包括社区体育和学校体育)、残疾人大众体育的政策理念、管理体制、运行机制和发展措施等对我国残疾人体育发展的借鉴和参考价值值得关注。

一 英国残疾人大众体育政策、管理和运行机制

(一)英国体育管理

学界认为,英国相关体育政策始于第二次世界大战结束之后,体育政策和发展战略变迁经历了从二战结束到20世纪70年代、80~90年代和90年代中后期至今几个阶段,是一个从注重体育场地设施建设、提高社会目标人

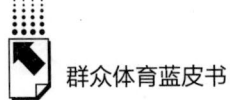

群水平到兼顾大众体育和精英体育均衡发展的战略变迁过程。[1] 从开始时期的依靠自发的民间体育非营利组织，逐步演变为自20世纪90年代中后期至今的注重充分发挥公共部门、私营部门和第三部门开展体育活动的作用，强调三者建立合作伙伴关系、形成发展合力的运作模式。

英国文化、媒体和体育部是负责体育管理的政府部门，其主要职责是制定体育政策和指导方针，为体育发展提供财政支持，协调联邦政府的体育政策，代表英国处理国际体育关系等，该部所辖非部委编制公共机构"英国体育理事会"和"英格兰体育理事会"，分别负责中央层面的精英体育和大众体育项目发展和投资管理，即英国体育理事会负责管理全英精英体育，英格兰体育理事会、苏格兰体育理事会、威尔士体育理事会和北爱尔兰体育理事会则分别负责其辖区的大众体育工作，包括负责奥运会、残奥会精英运动员的发掘、培养和输送工作。英国教育部及苏格兰、威尔士、北爱尔兰教育等部门则配合体育主管部门和机构负责实施学校体育发展工作。

（二）发展大众体育政策和战略

21世纪初，英国出台了《游戏计划》和《英国体育框架》两个重要的政策文件，阐述了到2020年的体育战略：一方面利用精英体育带动大众体育发展，扩大大众体育参与程度；另一方面在推广大众体育过程中，为精英体育发掘、培养和输送优秀人才。到2020年，英国精英体育要保持在世界前五名之内；英国每周参加中等强度体育活动5天以上、每天时间不低于30分钟（以下简称"5×30"）的人口比例由2002年的32%增加到70%[2]，实现使英国成为世界上"最为活跃和成功的体育国家"的愿景。英国充分利用申办2012年伦敦奥运会、残奥会的历史机遇，将体育发展战略贯穿在运动会的申办、筹备和实施过程中。在成功举办奥运会、残奥会后，公布了《关于创建

---

[1] 徐兰君等：《二战后英国大众体育发展战略的变迁》，《曲阜师范大学学报》2012年第3期，第109~110页。

[2] Department for Culture, Media and Sport, *Game Plan: A Strategy for Delivering Government's Sport and Physical Activity Objectives*, 2002.

2012伦敦奥运会、残奥会永久性遗产》的政策文件，提出再用10年时间继续实施2012年奥运会、残奥会遗产行动计划，以创造永久性的、能使整个国家经济、体育和文化受益的遗产。为此，英国政府还颁发了《保证有更多人参加体育活动》和《保持和提高英国的精英体育成绩》两项配套政策[1]，进一步阐述了促进英国大众体育和精英体育均衡发展的政策、计划和措施。与此同时，苏格兰、威尔士和北爱尔兰也都先后制定和颁布了各自的体育政策和发展战略，如北爱尔兰《体育事项：体育和娱乐体育战略（2009~2019）》、苏格兰《让我们一起努力使苏格兰更加活跃——体力活动战略》，威尔士《向更高处攀登》体育运动和体力活动战略和《社区体育战略（2012~2020）》，提出每周参加中等强度"5×30"体育活动的成年人比例平均每年至少提高一个百分点。

（三）残疾人大众体育组织体系和运行机制

英国将残疾人体育视为体育不可分割的组成部分，实行残疾人体育和健全人体育一体化管理，将残疾人体育按照体育运动的特点分别纳入大众体育和精英体育管理范畴，并形成了一个植根于整个体育管理组织体系之内的，由各级政府负责体育管理的公共机构、一体化单项体育协会和残疾人体育组织等组成的分工明确、相互联系、各有侧重的残疾人体育工作体系（见图1）。负责残疾人大众体育管理的政府部门有英国文化、传媒和体育部，苏格兰政府，威尔士政府，北爱尔兰政府；配合管理的部门和机构有教育部、卫生部、社区和地方政府部、政府平等办公室、残疾人事务办公室、国家彩票机构、体育场地安全机构、英国体育理事会等，体育理事会是具体负责大众体育的管理机构。在地方一级负责体育工作的政府和机构有地方政府434个，郡（区）体育伙伴、办公室等机构54个。英国共有认可的国家级体育协会和组织322个（见表1）[2]，其中部分协会和组织参与对残疾人大众体育的

---

[1] Department for Culture, Media and Sport, *Creating a Lasting Legacy from the 2012 Olympic and Paralympic Games*, *Getting More People Playing Sport*, *Maintaining and Improving Britain's Elite Sports Performance*, 2013.

[2] Recognised NGB and Sport List, August 2014, http://www.sportengland.org/media/359647/

管理和服务，包括全英认可的国家级残疾人体育协会和组织18个。目前，英国实施了残疾人、健全人项目一体化管理的体育活动达到29项，涉及133个单项体育主管协会。

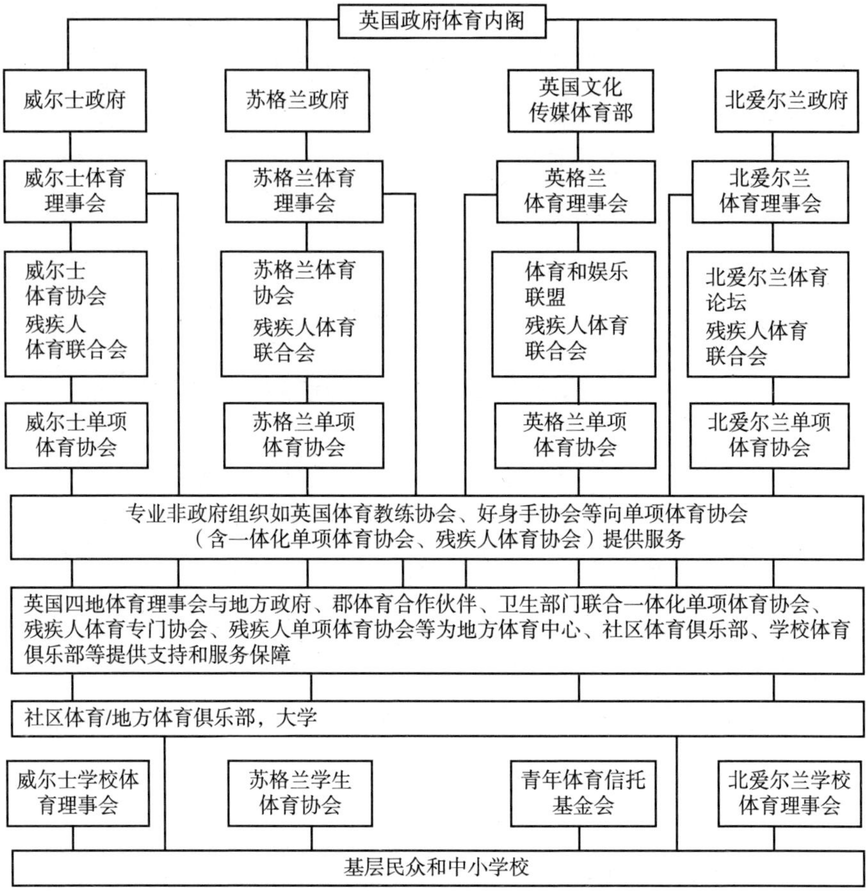

```
                    ┌───────────────────────┐
                    │   英国政府体育内阁     │
                    └───────────┬───────────┘
        ┌───────────┬───────────┼───────────┬───────────┐
   ┌────┴────┐ ┌────┴────┐ ┌────┴────┐ ┌────┴────┐
   │威尔士政府│ │苏格兰政府│ │英国文化 │ │北爱尔兰 │
   │         │ │         │ │传媒体育部│ │政府     │
   └────┬────┘ └────┬────┘ └────┬────┘ └────┬────┘
   ┌────┴────┐ ┌────┴────┐ ┌────┴────┐ ┌────┴────┐
   │威尔士体育│ │苏格兰体育│ │英格兰   │ │北爱尔兰 │
   │理事会   │ │理事会   │ │体育理事会│ │体育理事会│
   └────┬────┘ └────┬────┘ └────┬────┘ └────┬────┘
   ┌────┴────┐ ┌────┴────┐ ┌────┴────┐ ┌────┴────┐
   │威尔士   │ │苏格兰体育│ │体育和娱乐│ │北爱尔兰 │
   │体育协会 │ │协会     │ │联盟     │ │体育论坛 │
   │残疾人   │ │残疾人体育│ │残疾人体育│ │残疾人体育│
   │体育联合会│ │联合会   │ │联合会   │ │联合会   │
   └────┬────┘ └────┬────┘ └────┬────┘ └────┬────┘
   ┌────┴────┐ ┌────┴────┐ ┌────┴────┐ ┌────┴────┐
   │威尔士单项│ │苏格兰单项│ │英格兰单项│ │北爱尔兰单项│
   │体育协会 │ │体育协会 │ │体育协会 │ │体育协会 │
   └─────────┘ └─────────┘ └─────────┘ └─────────┘
```

专业非政府组织如英国体育教练协会、好身手协会等向单项体育协会（含一体化单项体育协会、残疾人体育协会）提供服务

英国四地体育理事会与地方政府、郡体育合作伙伴、卫生部门联合一体化单项体育协会、残疾人体育专门协会、残疾人单项体育协会等为地方体育中心、社区体育俱乐部、学校体育俱乐部等提供支持和服务保障

社区体育/地方体育俱乐部，大学

| 威尔士学校体育理事会 | 苏格兰学生体育协会 | 青年体育信托基金会 | 北爱尔兰学校体育理事会 |

基层民众和中小学校

图1 残疾人大众体育组织体系结构

表1 全英认可的国家级体育协会、组织情况

单位：个

体育理事会	英国	英格兰	苏格兰	威尔士	北爱尔兰	合计
国家级体育主管协会	85	48	66	52	71	322

二 发展大众体育的主流措施

英国发展残疾人大众体育的措施由两部分组成,一是包容性发展大众体育的主流措施,二是残疾人大众体育发展的专项措施。包容性大众体育发展主流措施有以下几个。

(一)大力开展对体育和积极休闲活动价值的宣传,积极倡导健康生活

英国政府采用讲座、培训、精英运动员现场说教等方式,开展关于体育具有的改善健康水平、增强社会凝聚力、促进经济社会发展等多元价值的广泛社会宣传、推广活动,努力引导包括残疾人在内的广大民众,认同和接受坚持参加体育和积极休闲活动的健康生活方式。

(二)持续保持高水平公共资金投入,建设世界一流体育设施和条件,满足大众体育多样化需求,让体育成为全体国民受益的福利事业

1. 投资原则

帮助更多人养成爱好体育的生活习惯,为年轻人参加体育运动创造更多机会;发现和培养有潜质运动员;在合适的地方提供合适的设施;支持地方政府参与体育投资;确保社区拥有实实在在参加体育活动的机会。

2. 资金来源和投资规模

英国体育资金来源于国家财政资金、国家彩票公益金、地方财政资金、社会组织和私营部门捐助、赞助等。自1995年起,国家彩票公益金成为体育投入资金的重要来源之一。2011年之前,分配给体育、文化遗产和艺术部门的份额各占彩票公益金总收入的16%;自2011年起,调整为20%。1995年至2014年3月31日,彩票公益金投资总额为292.15亿英镑,其中投资体育项目达到52.05亿英镑,占彩票公益金总收入的17.8%。2001~

2014 财年，英国中央政府和地方政府投入体育和休闲娱乐的公共资金（财政资金和彩票公益金）规模和比重见表 2，2004～2013 年英国人均休闲和体育支出见表 3。

3. 投资计划管理和投资方式

英国实施了一系列项目投资计划，所有投资都遵循严格的审批程序和资金使用原则，采用征集、公开和混合三种方式，保证投资效益。国家投资计划均由英伦四国体育理事会负责审批、监督执行和效果评估；地方投资计划，由地方政府自行管理。

表 2 2001～2014 年英国体育和休闲娱乐事业公共资金投入情况统计

单位：百万英镑，%，英镑

财年	中央财政		地方财政		财政投入合计			彩票资金	公共资金总计	人均
	数额	占 GDP	数额	占 GDP	数额	占 GDP	人均（镑）			
2001～2002	400	0.04	3800	0.35	4200	0.39	71	537.24	4737.24	80.00
2002～2003	600	0.05	3900	0.34	4500	0.39	75	302.88	4802.88	80.00
2003～2004	400	0.03	4200	0.35	4600	0.38	77	235.50	4835.50	80.00
2004～2005	400	0.03	4400	0.35	4800	0.38	79	243.24	5043.24	83.00
2005～2006	400	0.03	4800	0.36	5200	0.39	86	266.13	5466.13	90.00
2006～2007	700	0.05	4900	0.35	5600	0.40	92	161.96	5761.96	94.00
2007～2008	700	0.05	5200	0.36	5900	0.41	96	161.05	6061.05	99.00
2008～2009	1100	0.08	5600	0.40	6700	0.48	108	272.87	6972.87	113.00
2009～2010	1200	0.08	5900	0.39	7100	0.47	114	339.17	7439.17	119.00
2010～2011	1200	0.08	5500	0.35	6700	0.42	107	117.21	6817.21	109.00
2011～2012	1300	0.08	5400	0.33	6700	0.41	106	203.79	6903.79	109.00
2012～2013	1800	0.11	5100	0.31	6900	0.41	109	424.05	7324.05	115.00
2013～2014	600	0.03	5100	0.29	5700	0.33	89	391.39	6091.39	95.00

注：其中包括用于发展参赛奥运会、残奥会项目等精英体育投入资金，2013 年 3 月 31 日以前每财年大约为 1 亿英镑，2013 年 4 月 1 日以后每财年为 1.25 亿英镑。

表3 2004～2013年英伦四国人均可识别休闲和体育支出

单位：英镑

国家	2004～2005	2005～2006	2006～2007	2007～2008	2008～2009	2009～2010	2010～2011	2011～2012	2012～2013
英格兰	42	45	46	47	51	56	50	47	54
苏格兰	85	90	97	102	107	115	111	132	135
威尔士	79	78	90	109	103	86	81	83	71
北爱尔兰	88	91	80	109	125	116	124	115	127

（三）实施青少年体育战略，帮助青少年养成终身参加体育和积极休闲活动的生活方式

1. 激励青少年参加体育运动

英格兰组织议会议员、体育倡导员、奥运会、残奥会奖牌运动员等深入社区、学校开展宣传发动工作，激励和帮助青少年养成终身参加体育活动的生活习惯。

2. 改进和提高中小学体育教学水平，增加学生课外体育运动机会

在英国，体育课一直为中小学必修课程，并通过培训体育教师、聘用体育专业人士指导等方式提高教学水平和教学效果，为此，英国政府宣布2013～2020年为小学提供12亿英镑专项资金，用于改进体育教学和为学生提供体育运动机会。

3. 推广学校运动会计划，为更多青少年增加参与竞技体育的机会

2011年，英国将始于2006年仅为全英最有天赋青少年参加的全英学校运动会改为所有5～19岁学生都可以参加的分四个层次举行的学校运动会。第一级运动会是所有中小学生参加的校内运动会，第二级运动会是跨校间的运动会，第三级运动会是郡县举办的多项目运动会，第四级运动会是全英选拔出的精英青少年参加的多项目运动会，参与项目将由12个逐步增加到30个左右。

4. 各单项体育协会制定"体育工作计划"

各单项体育协会制定"体育工作计划",保证将60%的投资用于为青少年提供参与体育的机会、建立爱好体育运动习惯上。

(四)充分发挥体育专业协会的作用,做好专业服务,提高各类人群参与体育活动人口比例

体育理事会通过签署合作协议,依据体育协会的"体育工作计划"和执行效果,向这些体育社会组织购买服务。"体育工作计划"包括发展大众体育、为精英体育培养和输送人才、运动项目推广普及、体育俱乐部发展建设和专业技术服务指导等具体工作内容和指标,政府特别鼓励各个协会发展包容性体育运动项目,或为残疾人开发专项体育运动项目。例如,英格兰体育理事会与46个单项体育协会签订了总额达4.93亿镑的"2013~2017年体育工作计划"合作协议,其中有42个体育协会承诺为残疾人实施体育项目,有15个协会明确为残疾人提供专有项目,有23个协会的"体育工作计划"为包容性计划。

(五)发挥地方政府作用,建立有效合作机制,做好基层服务工作

大众参加体育活动的场所都是在基层的体育中心、体育俱乐部、健身俱乐部以及学校、公园、广场等,其中各类体育俱乐部是英国大众参与体育活动的主要场所。为此,英国在体育管理上重点是在地方建立郡县体育伙伴等工作机构,由这些机构与地方政府、体育协会、体育俱乐部等社会组织形成合作伙伴,联手为社区居民和学校学生提供参加体育活动的机会。

1. 支持发展体育俱乐部

一是实施多项投资计划支持俱乐部发展,鼓励学校俱乐部向社会开放;二是推行注册俱乐部标志,保证体育运动服务质量;三是实施"社区业余体育俱乐部计划",给予俱乐部税费减免等优惠政策。

2. 建设卫星俱乐部

通过建设卫星俱乐部等方式将学校体育俱乐部与社区体育俱乐部建立联

系，有助于学生毕业后继续参加体育活动。

3. 支持志愿者工作

实施"体育活动制造者计划"，扩大志愿者工作队伍；建立体育志愿者工作网，将体育志愿者与郡县体育伙伴网络建立起联系。

4. 建立体育工作网

建立体育运动教练工作网，帮助协会与区域伙伴、地方伙伴建立联系；支持协会发展俱乐部，培训教练和志愿者；帮助吸引外部投资，完善设施建设等，为实现体育协会和体育理事会既定目标提供支持。

（六）重视对大众体育发展情况的监测研究和绩效评估，不断改进创新举措，提升实施效果

英伦四国体育理事会都建立起纳入国家统计体系的大众体育发展情况监测和绩效评估机制，如英格兰的"活跃人群调查"、威尔士的"活跃成年人调查"等，定期公布调查评估结果；一些社会体育组织也开展独立的专项调查研究，如体育和休闲联盟两年一度的全英体育俱乐部调查等，为政府决策提供有价值的信息、数据和政策建议。

三 发展残疾人大众体育专项措施

为了保障残疾人同其他人一样切实平等地享有参与体育活动的机会，针对残疾人的特点，实施专项措施促进残疾人大众体育发展，缩小与非残疾人大众体育发展的差距。

（一）大力推广关于残疾的社会模式定义，让残疾人平等健身的理念深入人心

联合国《残疾人权利公约》推出残疾定义的社会模式，更加关注残疾人的能力而不是残疾，强调造成障碍的主要原因是社会环境，政府和社会负有消除障碍、改善残疾人生存环境的责任和使命。英国于2010年颁布修改

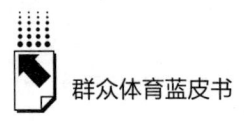

《平等法》，实施"平等战略"，提出建设强大、现代和公正的英国；随后颁布实施"实现潜能"等一系列推进更加包容、更好无障碍环境社区建设的政策和措施，持续致力于改善残疾人体育发展的社会、法律及人文环境。

（二）鼓励和支持残疾人体育组织的发展，多方建立合作伙伴关系，共同推进残疾人体育发展

英伦四国都建立了辖区残疾人体育联合会、残疾人体育专门协会和单项残疾人体育协会等组织；体育理事会与残疾人体育组织结成合作伙伴，向残疾人体育组织提供资金和专业帮助，支持开展残疾人体育活动；国家、地方、郡县各级残疾人体育组织与残疾人组织、社区组织之间建立合作伙伴关系等，合力为残疾人大众体育发展做出贡献。

（三）实施包容的体育计划，提高残疾人参加体育活动人口的比例

例如，英格兰投资1820万英镑实施包容体育计划，为88个涉及智障、脑瘫、肢残、视障等各类残疾类别的足球、自行车、赛艇等多个体育运动项目提供资金，每周参加中等强度1×30体育活动的残疾人数比例达到了94%。

（四）推行残疾人俱乐部标志注册制度，推广包容健身计划

残疾人体育联合会积极推行残疾人多项体育运动或残疾人专项体育运动俱乐部注册标志。包容健身计划（IFI）则是鼓励更多的体育俱乐部为残疾人提供服务，包容健身倡议标志每三年评估一次（如临时等级、注册等级、优秀等级），鼓励俱乐部从入门等级提高到优秀等级。

（五）以多种方式增加残疾人大众体育专项投资

据统计，2009～2014年英格兰为发展残疾人大众体育提供专项投资1.71亿英镑，占英格兰体育投资总额的11.2%（见表4）。[①]

[①] www.sportengland.org/our-work/disability/disability-infographics

表4　2009~2014年英格兰公共资金投入残疾人体育情况统计

单位：百万英镑

项目	2013~2017体育协会	无障碍设施	7个残疾人体育组织	英格兰残疾人体育联合会	2013聋奥会	活跃儿童包容培训	夏季特奥会	配备设备	包容体育	新项目	合计
金额	91.5	47.0	1.37	1.98	0.134	1.0	1.91	1.15	18.2	8.0	171

四　残疾人大众体育发展情况

（一）体育俱乐部发展和提供服务情况

2013年英国体育俱乐部调查显示，全英有注册体育俱乐部15.1万多家，平均每个俱乐部拥有会员114名；其中在每41名参与体育活动的会员中有2名残疾人，占4.9%；有35%的俱乐部拥有残疾人体育运动的设备，33%的俱乐部设有降低的路石、轮椅坡道以及方便残疾人使用的电梯等便利设施；有436个体育设施获得包容健身计划（IFI）标志；每个俱乐部平均拥有24名全职或兼职志愿者，其中有9名为教练。①

（二）学校体育发展情况

1. 体育教学情况

"体育教学和体育运动专项资金"的实施，使英格兰聘用外部教练的学校达到82%，拥有专业体育教学教师的学校为54%；体育课聘用外部教练的学校达到91%，专业体育教师为47%。苏格兰每周参加两小时以上体育教学课的残疾中学生人数比例为24%（非残疾学生为53%）。

2. 学校运动会

截至2014年7月31日，英格兰有1.78万所中小学、709万名学生参加

---

① Sport and Recreation Alliance, *Sport Club Survey* 2013. http：//www.sportandrecreation.org.uk.

了学校运动会。英国2012年第四级学校运动会共设立12个奥运会、残奥会项目,其中为残疾人提供体育项目有5项。运动会参赛学生达到1600名。另外有大约700名教练、赛事辅助人员和志愿者为赛事提供服务,学校运动会观众超过3.5万人。

(三)残疾人参加体育运动或体育活动情况

调查显示,2014年英格兰有17.8%的残疾人每周参加1×30中等强度体育活动,比2005年提高了2.7个百分点(见表5)。① 苏格兰有26%的成年残疾人每周累计参加150分钟的体育活动(健全人为44%)。② 2012年威尔士分别有29%和57%的残疾人参加3×30体育活动和1×30体育活动(见表6)。③ 2013年,北爱尔兰有21%的残疾人参与大众体育(见表7)。④

表5 2005~2014年16岁及以上成年人每周参加1×30体育活动情况调查

单位:百万人,%

年份	2005/06	2007/08	2008/09	2009/10	2010/11	2011/12	2012/13	2013/14
参加总人数	13.90	14.80	14.90	14.90	14.80	15.50	15.50	15.60
其中:残疾人	1.42	1.57	1.52	1.53	1.66	1.72	1.74	1.56
残疾人口比	15.10	16.70	16.20	16.30	17.70	18.30	18.50	17.80
健全人口比	37.80	39.30	39.20	38.90	37.70	39.40	39.20	39.20

表6 2012年威尔士活跃成年人调查情况关键数据汇总

单位:%

	参与3×30体育活动			参与1×30体育活动			俱乐部会员		
	残疾人	健全人	成年人	残疾人	健全人	成年人	残疾人	健全人	成年人
全体	29	45	39(29)	57	79	70(56)	20	31	27(16)

注:括弧内数字为2008~2009年调查数据。

---

① *Active People Survey June*,2014,http://www.efds.co.uk/resources/facts_and_statistics.
② "Scottish Government Equality Outcomes,Disability Evidence Review," *Scottish Government Social Research*,2013.
③ *Active Adults Survey*,2012,http://sport.wales/research—policy/surveys-and-statistics/.
④ *The Northern Ireland Sport and Physical Activity Survey*,2010,http://www.sportni.net/sportni/wp-content/uploads/2013/03/SAPASReport.pdf.

表7 2008~2013财年北爱尔兰每周参加1×30体育活动情况统计

单位：%

财年	2008~2009	2009~2010	2010~2011	2011~2012	2012~2013
残疾人	11	19	23	23	21
社会经济劣势人群	—	30	29	29	40
妇女	24	30	36	36	41
成年人	31	37	41	41	47

五 启示和思考

（一）对我国的启示

1. 持续改善残疾人体育发展的法律环境和社会人文环境

英国实施"平等战略"，建设包容、无障碍社区开展文体活动，社区为开展残疾人体育营造了良好的人文环境和社会氛围。

2. 坚持政府主导、社会组织广泛参与、残健一体化的体育管理和经营

政府主导体现在两个层面，一是政府负责制定政策、方针、规划、战略并提供资金，担负实现公共体育服务公平、普惠的最终责任；二是政府公共事业机构具体负责管理投资、协调社会组织、建立伙伴关系、调动社会资源等方面的问题，实现政府的发展目标。从管理体制、运行机制和实施措施方面做到：残健一体、资源共享、平等对待，对残疾人大众体育实行专业化管理、包容发展。英国是世界上体育社会组织最为发达的国家之一，体育社会组织以提供有偿或志愿服务等形式，参与体育政策的制定过程，规划、战略的形成过程，计划、措施的执行和反馈过程。

3. 将体育事业作为一项重要产业和福利事业

一是保持高水平的资金投入，使公共体育投资占到英国国民生产总值的0.33%~0.48%；二是重点投资大众体育，保证残疾人体育投资份额，实现大众体育的包容发展；三是以投资管理为主线，以地方管理为重点，以做好基层服务为中心，为包括残疾人在内的所有社区居民和学校学生提供更多的体育机会,努力提高参与体育活动人口的比例。

4. 对大众体育发展情况和绩效进行监测评估

政府实施对大众体育发展情况和绩效的监测评估,为科学制定体育政策和发展战略提供重要依据,为管理机构和服务机构执行并完善计划、措施提供参考。为保证客观、公正,政府机构一般都委托具有良好信誉的服务机构具体实施。

5. 实行政府信息公开,积极推进体育平等

在英国,平等是一切工作的核心理念,公平、普惠是制定一切公共体育服务政策、战略、计划、措施的准绳,同时是实施的手段和衡量检验的标尺。体育投资等信息都通过网上等渠道公布公示,广泛接受民众的监督。

(二)发展建议

1. 进一步改善我国残疾人体育发展的社会、法律和人文环境

各级政府应认真贯彻我国《残疾人保障法》《体育法》《全民健身条例》等法律法规,做好《残疾人权利公约》的履约工作,推广关于残疾社会模式定义,加强无障碍环境建设和改造,加大体育知识和体育多元价值的宣传力度,把发展残疾人群众体育作为包容社区建设、和谐社会建设的重要课题和抓手,认真落实。

2. 深化改革,进一步完善残疾人体育管理体系,积极探索有效运行机制

包容发展是经济社会发展的必然趋势,是残疾人群众体育发展的根本出路。在我国现行体育管理体制下,一要认真总结经验,进一步研究和落实在"大群体"格局下各级残疾人联合会和体育管理部门间的有效合作机制;二要倡导新的"主流观",即包容性发展主流观,明确体育系统承担残疾人群众体育发展的责任和义务,发挥地方政府统筹资源的作用,制定和实施包括残疾人在内的群众体育包容发展的政策和措施;三要采取措施,大力扶持残疾人体育社会组织、体育推广和指导队伍的建设和发展,鼓励和帮助更多机构和个人为发展残疾人体育做出贡献。

3. 建立和完善投资机制，大力发展包容性体育基础设施，做好残疾人公共体育服务

我国应建立起与国家经济发展水平相适应、与国民生产总值（GDP）相联系的体育投资机制，明确中央和地方发展群众体育的权责，让"三纳入"落在实处、切实发挥效用；进一步完善动员社会资源支持群众体育发展的激励机制；合理分配群众体育和竞技体育的投资比例，保证对残疾人群众体育的投资水平，增加残疾人参与体育活动的机会；加强包括建立和实施残疾人体育服务标准在内的残疾人体育服务体系建设，提升残疾人体育服务水平和效果。

4. 建立健全公开、透明的残疾人体育发展监测体系，改革绩效考核机制

建立全国残疾人群众体育统计监测体系，定期公布监测结果，如通过《中国统计年鉴》、体育蓝皮书和互联网等形式发布；公开投资计划和相关信息，广泛接受社会监督；实施以评估残疾人群众体育成绩为主体的全国残疾人体育工作绩效考核机制，促进残疾人体育均衡、可持续发展。

B.17
国际体育健身休闲产业发展现状及趋势研究

陈 琳*

摘 要: 我国体育产业结构中体育用品制造业比重较大,《国务院关于加快发展体育产业促进体育消费的若干意见》提出要改善产业结构,促进体育消费,因此发展体育健身休闲产业将是我国体育产业发展的总体趋势之一。本文从体育健身休闲产业的概念和地位着手,通过大量的数据对比,重点分析体育发达国家体育健身休闲产业的现状、特点,从体育产业占比、活动内容、人口参与率等角度归纳出发达国家体育健身休闲产业的成熟经验,并提出国际体育健身休闲产业未来的发展趋势以及对我国的启示。

关键词: 体育产业 健身休闲 国际比较

随着国民经济和群众需求的增长,我国体育产业发展迅速,从产业结构分析,在我国的体育产业中体育用品制造业比重较大,体育健身休闲产业还有很大的发展空间。2014年12月,国务院发布了《关于加快发展体育产业、促进体育消费的若干意见》,提出"要改善产业结构,大力培育健身休闲、竞赛表演、场馆服务、中介培训等体育服务业",为促进体育消费,发展体育健身休闲产业

---

* 陈琳,国家体育总局体育信息中心副研究员。

将是我国体育产业发展的总体趋势之一。世界上许多体育发达国家的体育健身休闲产业都比较成熟，是体育产业发展的基础和重要支撑。因此，本文拟从体育健身休闲产业概念和地位的角度出发，重点研究体育发达国家的体育健身休闲产业的现状、特点和发展趋势，探索我国体育健身休闲产业发展之路。

一 体育健身休闲产业的概念与特点

1. 体育健身休闲产业的概念

体育健身休闲产业广义上是指社会各部门提供的与体育健身休闲活动相关的产业领域，包括体育健身休闲产品和服务，以及与这些产品和服务相关的经营活动的总和。体育健身休闲产业与体育用品制造业、体育竞赛表演业、体育中介服务业不同，它的界定较为宽泛，既包括体育健身、体育休闲、体育旅游等身体参与性活动，也包括观看赛事等观赏类活动，同时也包括与参与活动和观赏活动相关的器材装备产品服务、培训服务和中介服务等所有与体育休闲相关的产品及其服务。因此，体育健身休闲产业很难进行单独分类统计，与体育用品制造业、体育竞赛表演业、体育中介服务业等类别均有交叉并直接相关。加上各国历史文化背景有一定的差异，对体育健身休闲活动内容的界定和统计指标也不完全相同。

2. 体育健身休闲产业与体育产业各领域的关系

对国际体育健身休闲产业进行描述和分析前首先需要把握各国体育产业的整体状况，并对相关领域进行结构分析。美国经济学家埃尔菲·米克曾将体育娱乐与休闲产业（Sports entertainment and recreation）作为体育产业的三大支柱之一进行分类，另两大支柱分别是体育产品与服务（Sports product and services）和体育组织（Sports support organization）（见图1）。由此可知体育健身休闲产业在体育产业中的重要地位。

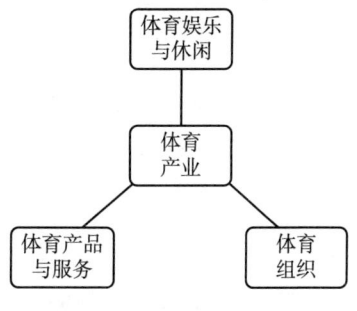

图1 体育产业的三大支柱

图2以体育健身休闲产业为中心分析体育产业,可见其具有特殊的地位和影响力,它是整个体育产业发展的原动力,因为离开了人对体育健身休闲活动的兴趣与参与,一切都无从谈起。

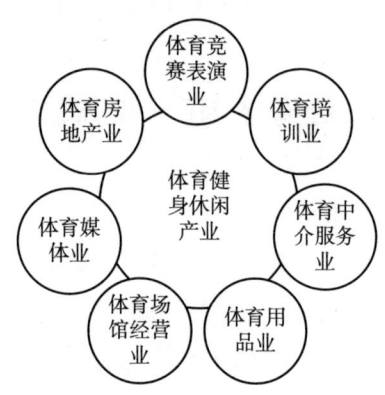

图2　以体育健身休闲产业为中心的体育产业分类

3. 体育健身休闲产业的内容与分类

体育健身休闲活动内容广泛、形式多样。图3按照体育健身休闲活动的特点,将其进行如下分类。

(1)户外运动,包括登山、攀岩、蹦极等极限运动,野营、自行车、健身跑、滑雪、骑马、高尔夫、广场舞等。

(2)水上运动,包括水上滑板、皮划艇、帆船、游艇、冲浪、潜水、钓鱼、漂流、沙滩排球、沙滩足球等。

(3)体育活动,包括以健身休闲为目的的体育竞技类活动,如大部分球类运动。

(4)观看赛事,包括观看体育赛事及与赛事相关的活动。

(5)体育旅游,包括以参与体育健身休闲活动、观看体育赛事为主要目的的旅游活动,如打高尔夫、看奥运会比赛。

(6)新兴活动,包括在网络和科技新产品基础上开发出来的体育健身休闲活动,如体感运动游戏机。

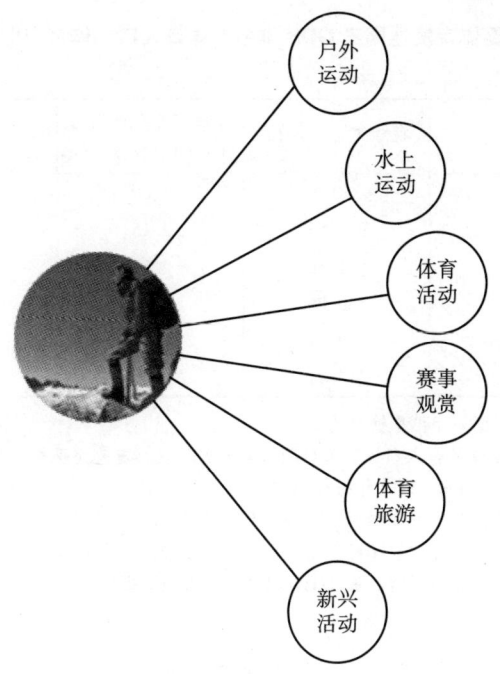

图 3　体育健身休闲产业分类

二　主要体育发达国家体育健身休闲产业现状与特点

1. 国民经济为体育产业发展奠定基础

体育健身休闲产业是整个体育产业的一部分，体育产业是国民经济的一部分，因此发展体育健身休闲产业必须研究国民经济和体育产业整体状况。而且，体育健身休闲产业的特点是离不开作为活动主体的人，所以必须要研究体育人口的特点和发展规律。发展体育健身休闲产业必须研究适合该国经济发展阶段和形势需要的最优模式，使其在国民经济大环境下起到引领和超越产业发展的作用。

表 1 是主要体育发达国家 GDP 世界排名、体育产业与体育人口统计数据的对照表，数据显示，一个国家体育人口的比例和体育产业的发展水平与国民经济的整体发展水平成正比。

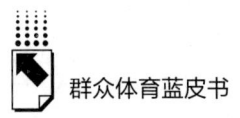

群众体育蓝皮书

表1 主要体育发达国家GDP排名与体育人口、体育产业数据对比

单位：亿美元，%

GDP世界排名	国家	体育产业总产值	体育产业总产值占GDP比重	体育人口占总人口比例
1	美国	4350.00	3.00	63.0
3	日本	948.55	2.15	50.0
4	德国	651.56	2.31	49.0
6	英国	530.26	2.33	44.7
12	澳大利亚	129.31	0.96	33.6
14	韩国	315.71	2.95	41.5

注：非美元货币根据当年汇率换算为美元。
2. 美国、英国、德国体育人口标准为每周运动1次以上，澳大利亚和日本为每周2次以上。
3. 澳、英、美体育人口是2012年统计数据，日、德、韩体育人口是2010年统计数据。
资料来源：1. GDP排名为世界银行公布的2014年统计数据。体育产值来自美国Plunkett市场研究公司研究报告、日本早稻田大学体育商业研究所统计报告、欧盟体育经济影响研究报告、韩国体育白皮书、澳大利亚统计局体育价值统计报告以及各国大使馆提供的材料。

2. 体育健身休闲产业在体育产业中的比重大

各国的产业分类和统计方法不同，体育服务业不等同于体育健身休闲产业，但可作为反映体育健身休闲产业状况的参考数据。2013年，美国体育产业总规模约为4400亿美元，约占当年GDP的3%，其中体育服务业所占比重超过80%。英国、法国、德国、澳大利亚、日本和韩国的体育服务业占体育产业总产值的比例也均超过60%（见表2）。而我国的体育用品业占六成，体育服务业只占两成，与发达国家有很大差距。

一份日本的研究报告也同样显示出这一结果：将体育休闲旅游业与体育健身业两项简单相加，总产值合计6.76兆日元，超过体育产业总产值的60%（见表3）。

3. 户外运动基础好、需求大

体育健身休闲产业虽与国民经济基础、活动设施条件密切相关，但同时也受国民生活方式和体育健身观点和习惯的影响。从图3体育健身休闲活动的分类可知，户外运动（包括水上运动）是体育健身休闲活动的重要内容，许多国家的统计报告显示，体育健身休闲项目中户外运动排名靠前，且占比

表2　发达国家体育产业总产值及体育服务业占体育产业的比重

单位：亿美元，%

国家	体育产业		体育服务业总产值	占体育产业总产值比重	年份
	总产值	占GDP比重			
美国	4350.00	3.00	3577.00	82.23	2013
英国	530.26	2.33	461.21	86.98	2011
法国	301.63	1.40	239.59	79.43	2011
德国	651.56	2.31	454.74	69.79	2011
澳大利亚	129.31	0.96	90.43	69.93	2011
日本	948.55	2.15	751.51	79.23	2006
韩国	315.71	2.95	197.47	62.55	2011

注：非美元货币根据当年汇率换算为美元。

资料来源：美国Plunkett市场研究公司研究报告、日本早稻田大学体育商业研究所统计报告、欧盟体育经济影响研究报告、韩国体育白皮书、澳大利亚统计局体育价值统计报告以及各国大使馆提供材料。

表3　日本体育产业分类统计数据

单位：兆日元，%

日本体育产业分类	产值	占比
体育健身业	5.24	46.83
体育用品业	2.33	20.82
体育休闲旅游业	1.52	13.58
体育赛事业	1.29	11.53
其他（媒体、体育用品租赁等）	0.81	7.24
总产值	11.19	—

资料来源：日本经济产业研究所2007年研究报告。

最大。户外运动普及率高的首要原因是便于开展、花费不高，其次是亲近自然，适合各年龄层家庭成员参与，是集健身与休闲于一体的活动，因此户外运动是国际体育健身休闲活动发展的总体趋势。

在美国最受欢迎的体育健身休闲项目中，健步走和跑步始终遥遥领先，参与总人数近1.3亿人，参与各种自行车活动的人数近8000万人，户外运动已成为美国人健身休闲的首选（见表4）。每年户外运动的参与者达到115亿人次，而年轻人是户外运动的主力军，他们的年平均活动次数接近90次。

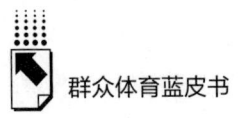

表4 美国最受欢迎的体育健身休闲项目

单位:万人

排名	项目	参与人数	排名	项目	参与人数
1	健步走	7680	1	跑步	5113
2	慢跑	2800	2	公路自行车	3973
3	跑步机	2770	3	淡水钓鱼	3782
4	伸展训练	2600	4	徒步旅行(一日)	3622
5	15磅以下的力量训练	2480	5	露营(近距离)	2866
6	阻力健身器	2120	6	野生动物观察(远距离)	2111
7	自行车	2040	7	RV露营(房车露营)	1463
8	15磅以上的力量训练	1900	8	观鸟活动(远距离)	1318
9	钓鱼	1790	9	咸水钓鱼	1182
10	固定式自行车	1740	10	通宵徒步旅行(远距离)	1010

注:"近距离"是指与家或者车辆的距离不超过0.25英里,"远距离"是指与家或者车辆的距离超过0.25英里。

资料来源:左侧表格是美国体育与健身产业协会《体育、健身和休闲活动参与报告(2015)》;右侧表格为美国户外基金会《户外运动参与情况调查(2015)》。

澳大利亚人最喜欢的项目也是健步走,还有慢跑、室外球类运动和丛林漫步等户外运动。由于全国人口大部分都集中在沿海地区,水上运动占重要地位,游泳、跳水、冲浪、帆船等水上运动开展得十分广泛(见表5)。

表5 澳大利亚最受欢迎的体育健身休闲项目

单位:万人

排名	项目	参与人数	排名	项目	参与人数
1	健步走	354.5	11	瑜伽	31.8
2	健身房锻炼	321.4	12	橄榄球(不包括英式、澳式)	29.8
3	慢跑	136.3	13	丛林漫步	28.6
4	游泳/跳水	117.5	14	跳舞	23.7
5	自行车/小轮车	115.2	15	澳式橄榄球	22.4
6	高尔夫	73.2	16	武术	22.0
7	网球	56.3	17	室外板球	22.0
8	室外足球	43.9	18	室内足球	21.9
9	无挡板篮球	41.4	19	普拉提	19.8
10	篮球	40.6	20	冲浪	19.6

资料来源:澳大利亚统计局2013~2014年运动休闲参与调查报告,调查对象是15岁以上人群。

在日本人最爱参与的体育活动中散步和慢跑排名领先,在排名前10项体育活动中,体育健身休闲类活动占一半以上(见表6)。一份日本矢野经济研究所2015年的最新报告显示,在日本体育用品市场的销售额排名中,前5位是高尔夫用具、滑雪用具、钓鱼用具、健身用品和户外用品,全都是户外活动的用品;2014年日本体育用品国内市场规模是2013年的103.9%,为1.36兆日元,其中有18类产品呈正增长,而"户外用品"是自2010年以来唯一一个连续5年持续增长的项目。这说明在日本经济低迷的大环境下,简单易行的户外活动成为人们热衷的健身休闲活动。

表6 日本最受欢迎的体育健身休闲活动

单位:万人

排名	项目	人数
1	散步	2630
2	保龄球	2510
3	慢跑、马拉松	2280
4	体操	2140
5	游泳	1550
6	肌肉训练	1440
7	钓鱼	1150
8	棒球	1140
9	自行车	990
10	高尔夫(练习场)	830

资料来源:《日本余暇产业白皮书(2007)》。

4. 中、青年人参与率高

从各国体育人口的年龄分布来看,中、青年人是体育活动的主要组织者、参与者和消费者。在澳大利亚,15~17岁的群体体育参与率最高,30~50岁中年人的体育参与率仍保持在60%以上。在英国,16~24岁年龄段的参与率为59.4%,30~45岁仍达到53.8%。在日本,特点更为突出,20~29岁年龄段的参与率为38.6%,30~39岁年龄段的稍有下降,40~49岁年龄段的中年人的体育参与率不降反升,接近40%(见图5)。

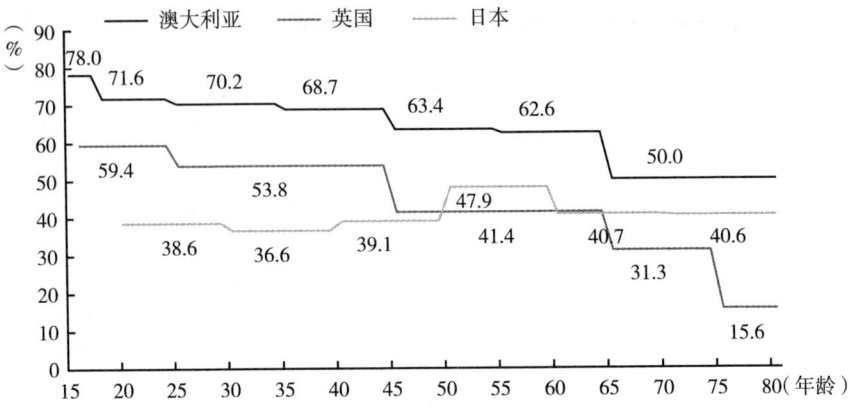

图4 澳大利亚、英国和日本不同年龄人群体育活动参与率对比

注：各国体育人口统计标准不相同，英国为每周1次以上，澳大利亚和日本为每周2次以上。

中青年不仅是各类体育活动的主要参与者，而且也是户外活动发展趋势的引领者。从美国户外运动项目的追踪调查数据可以明确看到，传统户外活动项目的参与人数增长缓慢或呈负增长状态，增速最快的项目均是中青年人热爱的极具挑战性和刺激性的项目（见表7和表8）。

表7 2014年美国参与体育人数排名前10项的户外活动增长率

单位：万人，%

排名	户外运动项目	参与人数	比2011年增长率
1	跑步	5112.7	0.4
2	公路自行车	3972.5	-0.5
3	淡水钓鱼	3782.1	-0.9
4	徒步旅行（一日）	3622.2	1.7
5	露营（近距离）	2866.0	-4.5
6	野生动物观察（远距离）	2111.0	-1.2
7	RV露营（房车露营）	1463.3	-4.2
8	观鸟活动（远距离）	1317.9	1.3
9	咸水钓鱼	1181.7	-0.5
10	通宵徒步旅行（远距离）	1010.1	12.8

资料来源：美国户外基金会《2015年户外运动参与情况调查》。

表8 2014年美国体育活动增长率排名前10项的户外活动

单位：万人，%

排名	户外运动项目	参与人数	比2011年增长
1	探险比赛	236.8	37.6
2	铁人三项（非传统/越野）	141.1	33.8
3	站立式滑水	275.1	30.5
4	皮艇钓鱼	207.4	20.1
5	铁人三项（传统式/公路）	220.3	19.3
6	小轮车	235.0	16.2
7	传统攀岩/攀冰/登山攀岩	245.7	16.0
8	皮划艇（激流）	235.1	15.1
9	风帆冲浪运动	156.2	13.2
10	皮划艇（海上/观光）	291.2	12.9

资料来源：美国户外基金会《2015年户外运动参与情况调查》。

5. 休闲产业与赛事产业互相促进

观看体育赛事是体育健身休闲活动中的一类，同时发达的赛事产业也能够吸引更多的人亲身参与活动。根据澳大利亚体委2013年《澳大利亚体育的未来》报告，2009年和2010年，共有760万名澳大利亚人（占总人口43%）买票观看过体育赛事。最受澳大利亚人欢迎的6大体育赛事是：澳式足球、赛马、橄榄球、赛车、户外足球和户外板球，而这些项目同时也是澳大利亚参与率最高的项目。

澳大利亚人的体育参与程度和观看赛事的程度都处于高水平，亲身参与活动带动了澳大利亚体育赛事产业的发展；英国人和美国人观看赛事的程度在全球处于高水平，这主要得益于英超、美国职棒、NBA等非常完善的职业联赛体系，周末和家人朋友一起观看体育比赛已成为国民休闲娱乐的首选；德国人直接参与活动的程度很高，而观看比赛的程度处于中等，这可能与德国人的生活方式和趋于理性的国民性格有关；日本尽管近十年来经济低迷，但赛事产业依然红火，职业足球联赛平均每场上座率达到50%，年观众总人数为875万人，平均每场1万多人。体育健身休闲活动参与率高和体育赛事业发达两者之间是互为条件、互相促进的关系（见表9）。

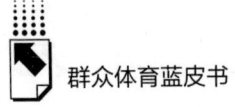

表9 各国国民体育参与程度与观看赛事程度

观看赛事的程度 \ 参与活动的程度	高	中	低
高	澳大利亚	英国	美国
中	德国、波兰、巴西	日本	俄罗斯、西班牙
低	—	—	中国

资料来源:德国GFK公司调查报告(2008年)。

6. 健康生活方式和消费习惯已养成

发达国家国民体育消费较高且稳定,英国最高,年人均达到600美元,亚洲的日本和韩国在200美元左右(见表10)。2008年英格兰的统计数据显示,年体育消费总支出为173.84亿英镑,占所有消费支出的2.3%;2010年澳大利亚统计数据显示国民体育消费总支出为82.938亿澳元,占家庭消费总支出(5421.932亿澳元)的1.5%;2011年日本统计数据显示国民体育消费支出占所有消费支出的1.3%(见表11)。

表10 各国年人均体育消费比较

单位:美元

国家	年人均体育消费	统计年度
英国	619.5	2013
德国	470.4	2011
澳大利亚	487.4	2009
韩国	235.0	2011
日本	192.0	2012

资料来源:英国数据来自英国体育产业研究中心;澳大利亚数据来自澳大利亚统计局;日本数据来自大使馆。

表11 各国体育消费在家庭消费中的比重

单位:%

国家	体育消费在家庭消费中的比重	统计年度
英国	2.3	2008
澳大利亚	1.5	2009/2010
日本	1.3	2011

资料来源:英国数据来自英国体育产业研究中心;澳大利亚数据来自澳大利亚统计局;日本数据来自大使馆。

各国国民体育消费的内容和比例略有不同,整体而言是体育服务类消费占比较高:英国人在健身装备上的消费只占 27%,在体育服务方面的消费占 60% 以上(见图 6);澳大利亚 2010 年"家庭体育消费总额"为 82.938 亿澳元,其中体育休闲服务占一半以上(见图 7)。

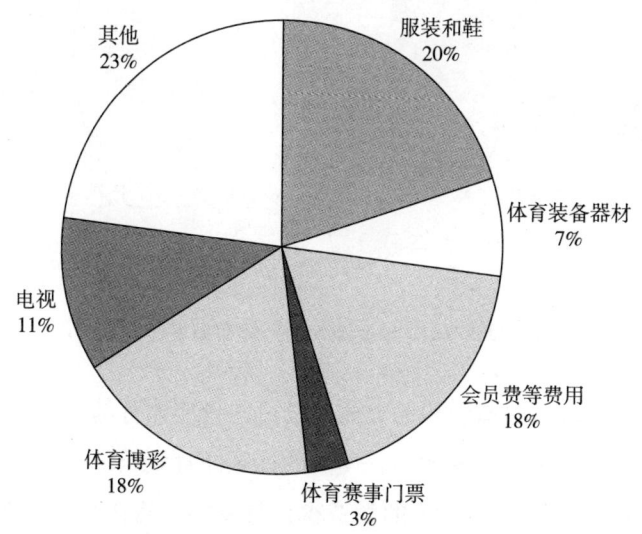

图 5　2008 年英格兰地区体育消费分类统计

虽然各国国民的休闲理念和生活习惯略有不同,但在体育健身休闲方面的稳定消费支撑着产业的稳定发展。数据显示:英国在 2005～2008 年经济衰退的情况下,体育就业依然增长了 2%;日本在 2004～2011 年,在人均可支配收入和消费额下滑的情况下,年人均体育消费额却逆势反弹。

我国年人均体育消费 81.2 美元(第三次群体现状调查数据),而且以购买装备的实物性消费为主,在参与性和观赏性方面消费偏低。

三　国际体育健身休闲产业发展趋势及对我国的启示

1. 政府出台政策支持体育产业发展

许多国家为促进体育健身休闲产业的发展,综合运用财政、金融、税收

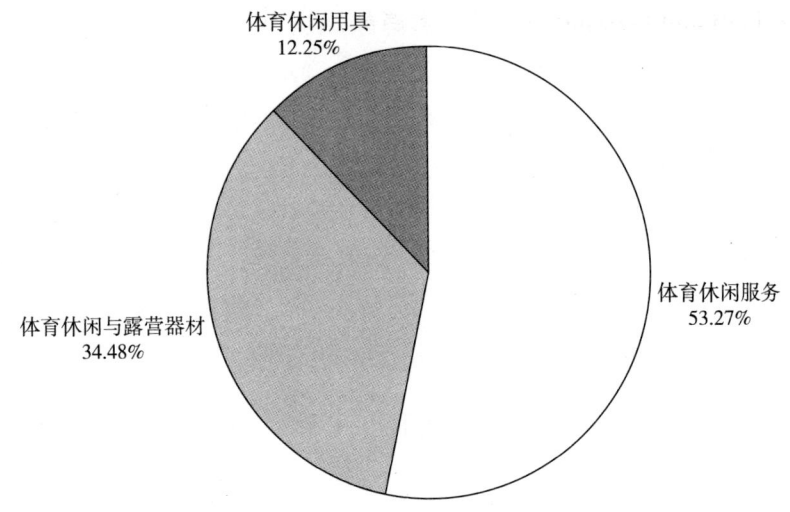

图6　2009/2010年度澳大利亚体育消费分类统计

等扶持政策。例如通过减免税的方式鼓励民间投资体育健身休闲产业，如美国的业余体育组织享受减税优惠；英国的社区体育俱乐部享受减税优惠；瑞典非营利性体育团体免交25%的消费税；丹麦的体育志愿组织免交25%的消费税；加拿大的儿童健身活动收入可免税；澳大利亚获得法人资格的社区体育俱乐部享受减免税；等等。

澳大利亚从国家到州以至地方政府都有专门的部门和人员在宏观上对俱乐部进行管理，还经常向各俱乐部提供各种服务信息咨询，使他们更好地发挥作用。澳大利亚体委建立的俱乐部发展网络专门支持体育俱乐部的发展和管理，其注册会员已超过1万个。

2015年，韩国文体部决定为韩国体育产业的开发研究提供130亿韩元支持韩国国民体育振兴工团体育产业开发院（韩国负责体育产业技术的专门机构），作为对原有的9项研究课题和10项新课题的研究开发经费；在新课题中有4类，即多种多样的青少年融合活动、身临其境的极限运动体验、安全便利的体育设施及环境、自行车零配件产业是健身休闲产业领域的研究项目，旨在使人们安全便捷地享受体育活动。

2. 政府与社会联动引导健康体育消费

发达国家的体育健身休闲运动比较普及，消费水平较高，为体育产业的发展提供了稳定的市场。没有大众的体育消费就没有体育产业的发展，而引导人们参加有益于身心健康的体育健身休闲类活动是促进消费增长的重要途径。

美国各州政府自2009年起发起的"学习冰雪运动月"活动，有十多个州的高山滑雪场、单板滑雪场及北欧冬季两项设施（射击场和越野滑雪场）向公众开放，这些场所不仅免费提供活动场地，而且还免费提供滑雪装备和免费的或者低折扣的冰雪运动学习课程。该活动的代言人是国际滑雪巨星格伦·普雷克，他在美国全国广播公司的电视节目中向公众宣传冰雪运动有助于树立健康的生活方式。在随后几年时间里，美国冬季项目的参与人数出现大幅增长，此项活动也得到了冰雪产品企业的配合与支持，使冰雪运动产业获得了更广阔的市场。

游泳运动的盛行与英国开展的免费游泳计划不无关系。为了迎接2012年奥运会，英国政府出资兴建了1600个游泳池，免费向16岁以下及60岁以上的人群开放。英格兰体育理事会还与业余游泳协会合作，向10万名不会游泳的人免费提供游泳培训，活动已见成效，2012年和2013年的调查显示，约有290万人每周参与一次游泳活动。

3. 户外运动受欢迎，中青年是重要增长力

发达国家向国民提供了比较完善和优质的设施，并对自然环境进行保护和维护，以利于人们开展各种传统的和新颖的户外活动，如今，户外运动已经是发达国家体育健身休闲活动的主要内容，户外运动产业已成为体育健身休闲产业乃至整个体育产业的重要驱动力。近年来，在发达国家的户外运动项目中，如慢跑、步行、钓鱼、露营等传统休闲活动参与者人数增长缓慢或呈负增长，而探险、攀岩、滑水、冲浪等挑战性大、刺激性强的项目的参与人数增长迅速，喜欢挑战自我的年轻人成为体育健身休闲产业经济重要的增长力。

对比我国的情况，一是需要政府从设施条件上着手改善健身休闲活动的

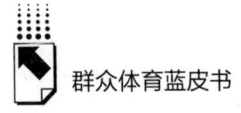

环境，同时可以考虑引导和鼓励开展适合中青年人参与的具有一定挑战性的活动，中青年人群具有引领行业发展的排头兵作用，同时他们也是拉动消费的主力，但同时要注意防范和控制这类活动的风险。

4. 新兴"互联网+"等科技产品为体育健身休闲产业带来变革

在消费者需求旺盛的情况下，未来体育健身休闲产品与服务的提供商所竞争的将是产品的吸引力和性价比。那些具有更高价值的运动体验、更高附加值的体育比赛套票、更方便使用的家用休闲器材、更吸引老年人的健身服务，以及蕴含了高科技的新产品将赢得市场。

在网络和高科技设备的支撑下，"互联网+体育"将无处不在。体育健身休闲运动与社交网络的结合使人们达到线上线下的无缝衔接，有相同爱好的人们可以通过微信等网络平台相约活动并及时分享，各种新形式的健身活动也通过网络媒体得到更快的传播。

"智能赛场"将想尽办法满足观众的需求，提高观众的赛场体验。美国萨克拉门托国王队球场正在改造，未来到赛场观看比赛时可引导停车、无线充电，可享受即时比赛信息服务，获得比赛数据分析资料，并可实时与明星互动，与朋友分享，更可不离开座位享受网络点餐、送餐服务。

近两年兴起的可穿戴设备受到健身人群的热捧，作为时尚用品吸引着年轻人群；为防止老年人在健身休闲活动中发生意外，他们也愿意在参加户外休闲活动时佩戴心率仪等监控设备。新科技产品将成为未来体育健身休闲市场的一大亮点。

四 小结

体育发达国家体育健身休闲产业与各国的经济基础、文化背景、地理条件、生活理念、消费习惯密切相关。我国在体育产业发展面临重大利好的今天，需要借鉴发达国家的经验，一是政府进行科学合理的顶层设计，重视体育健身休闲产业的带动作用，如通过减免税的方式鼓励体育服务产业的发展，通过下放审批权、放开转播市场的方式推动体育赛事产业良性发展。二是引导人们建立健康的生活方式和体育消费习惯，如面向不同群体设计和组织适合他们的健身休闲活动，修建和完善适合开展户外活动的场所和设施，保证设施设备的安全性和科学性，配备科学健身的指导人员。三是通过购买公共服务引导民间投资，鼓励民间资本投入体育服务产业中，如对初建的社会团体给予资金和项目支持，对体育俱乐部的建立发展给予扶持指导，从管理和协助两个方面提高体育中介业、体育培训业的服务水平。四是基层部门应以积极的心态调查国民需求，为老百姓提供软、硬件条件，使人们能够在安全、便利的环境中参与体育健康休闲活动。

综观发达国家体育健身休闲业的发展，有诸多规律可循。我国应当借鉴他国的成熟经验，同时密切结合我国现阶段的国情，打造具有中国特色的体育健身休闲产业的发展模式，营造和谐的生活环境，造福于民。

B.18
体育发达国家大众体育治理中政府的位置和作用

侯海波　李桂华　陈 琳　汪 颖　王跃新
常利华　金仙女　张曙光　李 晨*

摘　要： 运用文献资料、专家咨询、分析比较、经验总结等研究方法，对体育发达国家在大众体育治理中政府的位置和作用进行了分析与总结，发现，由于各国国情不同，各国政府在大众体育治理中的位置和作用也有差别，但亦不乏共同之处。当前，各体育发达国家政府对大众体育治理的思路基本都是依法治体、简政放权、跨部门协同配合。以法治为基础的多元主体共同治理的模式已经被体育发达国家普遍采用，只是推进程度有所不同。这种治理机制有助于发挥政府、市场、社会多个主体的长处，政府与市场主体、政府与非政府组织之间形成了一种相互配合、相互制约的关系。各国政府在进行体育治理的过程中，一方面注意做好宏观规划，调动社会和市场力量的积极性，对大众体育的开展给予适当的政策和资金支持；另一方面也注意通过行政监管和问责制度，保证大众体育又好又快地发展，从而满足民众多样化、多层次、多方面的体育锻炼需求。

关键词： 体育发达国家　大众体育治理　政府　位置和作用

---

* 侯海波，国家体育总局体育信息中心研究员；李桂华，国家体育总局体育信息中心副主任、研究员；陈琳，国家体育总局体育信息中心副研究员；汪颖、王跃新、常利华、金仙女、张曙光、李晨均为国家体育总局体育信息中心工作人员。

随着人们体育锻炼需求的增加以及体育的经济功能、社会功能的增强，各国政府对体育的重视程度进一步提升。在体育治理中政府的角色如何定位、政府如何更好地提供公共体育服务已经成为体育政策制定者和体育科研人员日益关注的问题。本文将研究和分析美、俄、英、德、澳、日、韩等体育发达国家在大众体育治理中政府的位置和作用，希望其中的一些新思路和卓有成效的做法对于新时期我国在大众体育治理中政府工作方式的转变和服务型政府的构建有一定的借鉴意义和启示。

一 体育发达国家政府当前大众体育治理的基本思路

体育治理是国家治理体系的重要组成部分，能够对该国的体育发展产生极大的影响。各国由于政治、经济、文化、社会和历史等条件的差异，政府在体育治理中的地位和作用也有所不同。体育发达国家的现代体育治理体系大多经历了一百多年的演进历程，目前仍然处于不断的改革、调整和创新之中，当前政府的治理思路主要呈现以下三大特点。

（一）依法治体

依法治体包括依法立法（不违背上位法）、依法行政、依法监督等环节，是体育健康有序发展的重要保障。政府依法行政的前提是有法可依。在体育发达国家中，美国颁布有《业余体育法》、日本有《体育振兴法》，在体育参与权利与义务、大众体育组织形式、场地规划管理、活动内容以及经费筹集和专项拨款等方面制定了非常详细的条款。这些法律法规从宏观角度明确了大众体育的发展方向，包含了人们广泛关注的有关健康与体育活动的关键问题，同时也考虑到各个群体对体育的特殊需求。[①] 一些国家，虽然没有专门的体育法，但也有相关的法律法规保障公民、社团和企业在大众体育方面的各项权益，并对大众体育的各项内容进行管理和规范。

---

① 国家体育总局群体司、国家体育总局体育信息中心：《国际大众体育发展概况》，2013。

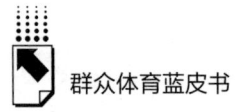

在大众体育治理过程中各级政府需要依法行政，做到办事权限和办事程序合法，既不能失职，又不能越权；既不能不作为，又不能乱作为。以德国为例，德国没有专门的体育法，但德国宪法中有保障体育组织享有免受政府干涉的规定，以及体育俱乐部和体育协会的自治性条款。德国政府依法行政，把体育管理的任务交给社会体育组织完成，政府在体育治理中只扮演协作者的角色，同时积极履行自己的职能，资助体育发展并与体育组织合作。

在政府监管方面，很多国家也有具体的措施和规定。美国卫生与公众服务部颁布的《健康公民2020计划》提出："创建一个体育健康政策发展研究中心，通过对该计划各部门具体实施的追踪评估，在理论层面为该计划的进一步发展提供建议和参考。"① 俄罗斯体育部新近出台的《俄罗斯联邦2016～2020年体育发展计划》（以下简称《2016～2020年计划》）中规定：联邦政府体育部将"对联邦预算资金、联邦主体预算资金和预算外资金利用的有效性进行分析"，"确定俄罗斯联邦主体提出的《2016～2020年计划》联合出资项目实施方案公开评审程序"。该项计划还规定，将由俄体育部设立的《2016～2020年计划》办公室负责计划的日常管理，《2016～2020年计划》办公室将依据俄罗斯联邦法律履行各项职责，包括"对俄罗斯联邦主体负责的《2016～2020年计划》项目实施情况进行抽查"，"受俄罗斯联邦体育部委托，对俄联邦主体完成的项目进行评审"。②

一些国家的政府为了便于及时监督、评估本国体育发展情况，在制定政策和规划时注意同软、硬指标的有机结合。日本文部科学省的《体育振兴基本计划》和《体育基本计划》以及俄罗斯政府的《俄罗斯联邦2006～2015年体育发展计划纲要》《俄罗斯联邦2020年前体育发展战略》和《俄罗斯联邦2016～2020年体育发展计划》均对可以分解量化的目标任务提出了具体的数字指标。此外，俄罗斯的上述三项中长期规划还确定了阶段指

---

① 王跃新：《美国大众体育发展概况》，载于国家体育总局群体司、国家体育总局体育信息中心《国际大众体育发展概况》，2013。
② 常利华：《俄罗斯联邦2016～2020年体育发展计划》，《国（境）外群众体育信息》2015年第2期。

标，以提高实施效果。

在体育经费的使用方面，各国也有明确的规章制度。德国体育经费的来源渠道很多，但不管来源如何，德国政府都有相应的管理制度。德国各级政府在划拨体育经费时，必须向同级议会提交预算，议会审计批准后，由政府部门进行拨款。德国政府对社会赞助给体育的经费也很重视，规定不管是赞助单位还是接受赞助的单位，都要将赞助经费的数额和赞助经费的使用情况按规定向政府有关部门报告。政府要把接受赞助的多少作为向被赞助单位拨款时考虑的因素之一。当接受赞助单位报的预算数和政府掌握的数额相差较大时，政府就要对该单位接受赞助的情况进行审计，一旦发现问题，将要进行严厉的处罚。[1]

（二）简政放权

由地方政府、社团和市场承担大量大众体育治理的工作，已成为欧美发达国家较为普遍的做法。地方政府、社团和市场与大众的联系更为密切，中央政府在大众体育治理中简政放权，可以使公众、社会和市场的主导性及自主空间增大，有助于满足大众多元化的需求。

以德国为例，该国体育政策的特点是体育自治。德国宪法中没有明确赋予联邦政府管理体育的权力，德国体育的管理任务主要由各类社会体育组织如体育类协会和俱乐部来承担。当然，德国各级政府均在推动体育运动发展方面发挥了积极作用。城镇地方政府主要负责为体育俱乐部提供支持以及体育设施的建设、维修和翻新。德国各州对体育的管理主要体现在学校体育管理方面，同时也参与体育设施的建设与维护工作（见图1）。德国联邦政府一般负责那些对德国有重要意义，同时各州又不能单独承担的任务。

美国没有专门的体育管理机构，也没有单一、垂直的权威机构来负责全面的体育协调工作。多个专门的社会组织和私人企业在体育运动发展中扮演着主要角色，这是美国体育体制最显著的特点之一。美国体育分为业余体育

---

[1] 肖长年、闫利生：《德国政府对体育经费的管理和审计》，《中国审计》1995年第12期。

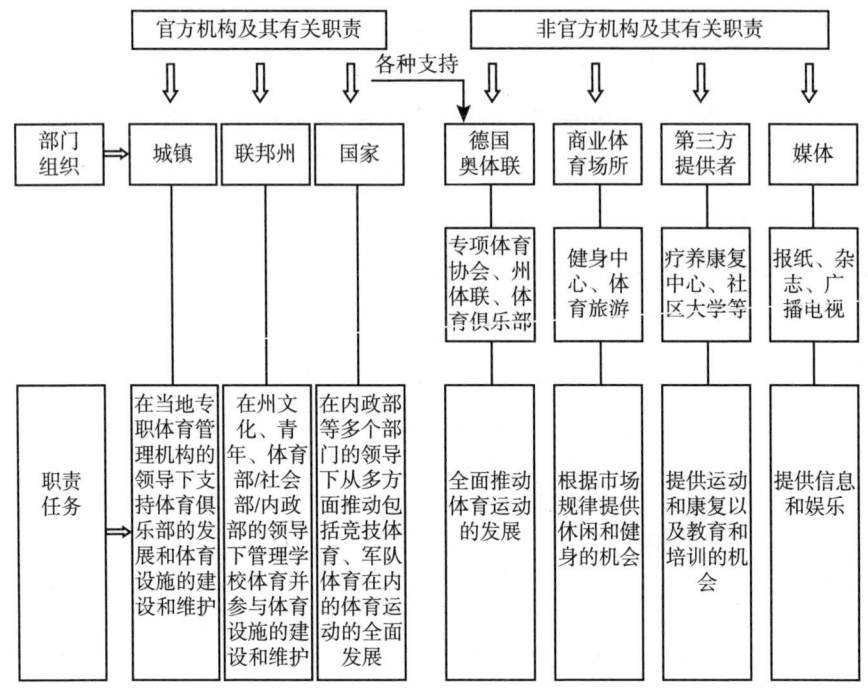

图 1　德国体育治理框架

资料来源：刘波：《德国体育体制研究对进一步完善我国体育体制的启示》，《北京体育大学学报》2011 年第 11 期。

和职业体育两大部分，职业体育由职业俱乐部管理，业余体育则由美国奥委会、大学体育联合会、美国业余体育组织和其他社会组织管辖。

虽然美国政府不直接参与体育的具体管理工作，但在联邦政府中间接参与体育管理的有多个部门，例如卫生与公众服务部、总统"体质与体育"委员会、内政部、劳工部等。间接管理的方式主要体现在两个方面，一是制定大众体育的发展计划和体育运动指南，如美国卫生与公众服务部颁布的《全民健身计划》《美国人体育活动指南》；二是为城市居民修建城市公园和娱乐设施以及体育资源的开发等（见图 2）。①

---

① 王跃新：《美国体育政策规划及组织机构的动态研究》，载于《世界各主要国家体育政策规划及组织机构的动态研究》，2015。

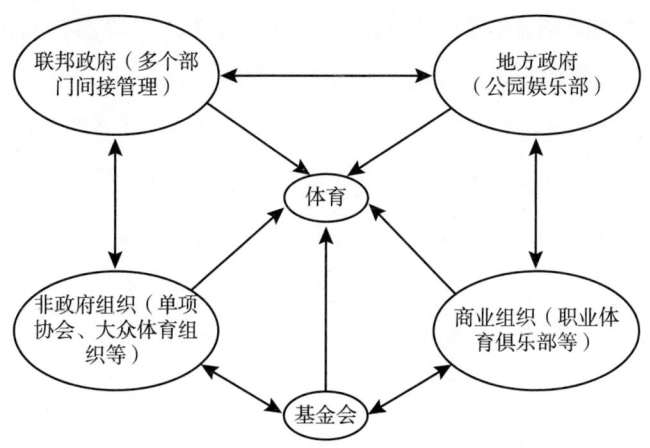

图 2　美国体育治理框架示意图

资料来源：周兰君：《美国政府参与体育管理方式之研究》，《西安体育学院学报》2009 年第 1 期。

随着经济社会的发展和民众大众体育需求的日渐多样化，俄罗斯、日本等以往对体育以政府管理为主的国家也逐渐将具体工作下放到地方政府和社会团体。

在苏联解体后的 20 多年里，俄罗斯体育伴随着"民主化"和"私有化"的浪潮，也实行了分权化和民营化，但并非"另起炉灶"，而是将原先总揽一切的国家体育运动委员会（现在的体育部）的职能缩减为"在体育运动方面负责部门间协调和解决专业问题"，国家体育事业的大部分由民间体育管理组织和体育相关企业以承包的形式实施完成，赋予它们更多的权限，充分调动、发挥它们的积极性。[①]

日本 1995 年颁布的《地方分权推进法》中提出，各级政府要从以往"上下级行政"关系向"综合行政"和"居民行政"的方向转变。日本中央政府对体育管理的主要部门是文部科学省的体育青少年局。目前，日本在文部科学省的宏观指导下，各级政府在体育管理方面都具有很高的自主权，可以根

---

① 张江南：《俄罗斯体育运动的发展及其指标体系》，载于《世界体育发达国家体育发展指标研究》，2013。

据当地的具体情况制定适合本地区的体育发展规划,文部科学省的管理权主要体现在统筹预算时根据各地情况发放专项拨款。属于公益财团法人性质的日本体育协会,在都道府县和市区町村都设有下级协会。其经费主要是自筹,只有少部分来自政府拨款。随着国民大众体育需求的扩展和升级,日本大众体育领域的工作内容越来越多,文部科学省委托日本体育协会管理并实施的具体业务量越来越大,如举办体育节、培养体育指导员、组织体育少年团以及开展体育研究等。日本体育协会的地位和作用也随之逐步上升,现已成为日本大众体育工作的最高执行机构,对外也成为日本大众体育事务的国际代表。①

(三)不同政府部门与组织之间协同配合

很多国家在推动大众体育发展时,注重不同政府部门和组织之间的协同配合,以有效地提升公共体育的服务水平。

澳大利亚在发展大众体育的过程中已经建成了一个"积极澳大利亚组织网络",成员包括联邦政府所属政府机构、8个州与特区的健康部、体育与休闲部和旅游、公园、森林、水资源、土地、渔业、教育等相关部门,以及100多个全国性和地方性的社区组织和社会团体。具体的执行和协调工作由设在澳体委的体育发展组负责。②

日本政府中,除文部科学省负责体育管理工作外,其他多个不同的省(厅)也参与了日本体育管理工作。如残疾人体育与增进健康事业由厚生劳动省负责,体育观光旅游和城市公园体育设施修建等由国土交通省负责,体育产业的振兴由经济产业省负责。《体育基本法》第30条规定,为落实好体育相关政策,综合、整体且有效地促进体育发展,有关省(厅)需联合成立"体育推进会议"。2012年由外务省广告文化交流部部长、文部科学省体育青少年局局长、厚生劳动省健康局局长、厚生劳动省社会援护局伤害保健福祉部部长、厚生劳动省老健局局长、经济产业省商务情报政策局部长、

---

① 国家体育总局群体司、国家体育总局体育信息中心:《国际大众体育发展概况》,2013。
② 国家体育总局群体司、国家体育总局体育信息中心:《国际大众体育发展概况》,2013。

国土交通省都市局部长、国土交通省观光厅长官、环境省自然环境局局长等省（厅）官员组成"体育推进会议"，议长由文部科学省体育青少年局局长担任，负责协调各省（厅）间的合作与协动（见图3）。①

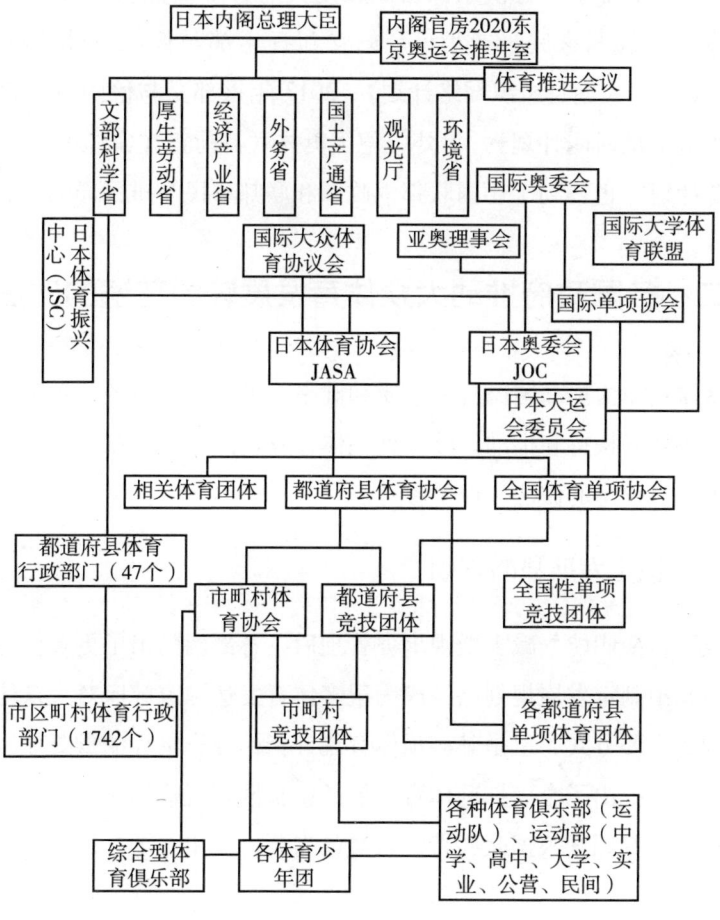

图 3 日本体育组织机构图

资料来源：赵金慧、陈琳：《日本体育管理体制及组织机构的动态研究》，第十一届全国体育信息科技学术大会论文，2014。

---

① 赵京慧、陈琳：《日本体育管理体制及组织机构的动态研究》，第十一届全国体育信息科技学术大会论文，2014。

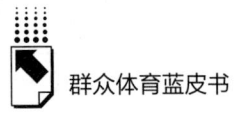

在德国联邦政府中多个与全民健身相关的部门与德国奥林匹克体育联盟（简称"奥体联"）协同配合，促进大众体育的发展。例如，德国联邦劳动局（隶属于德国劳动与社会部）2009年7月与德国奥体联结成合作伙伴，利用全德约9.1万家体育俱乐部帮助长期失业者融入社会。2010年1月至2012年3月，德国家庭、老年人、妇女和青年部与德国奥体联联合推出《50岁以上老年人健身组织网络计划》；2013年该部又与德国奥体联联合启动了《家庭活动时间计划》。另外，德国奥体联目前正在实施的"借助体育促进融合计划"也得到了德国联邦内政部和联邦移民与难民局的资金支持。

二 各国政府推动大众体育发展较为普遍的做法

大众体育作为提高国民身体素质和健康水平的重要途径，各国政府均通过各种手段加以扶持和推动。此处列举体育发达国家政府在推动大众体育发展过程中较为普遍的做法，以供参考。

（一）拟定发展战略规划

在政府转变职能、减少微观事务管理后，各部门腾出了更多精力进行宏观管理，其中制定发展规划已经成为很多体育发达国家政府对大众体育进行宏观管理的主要方式，也是其多项体育统计指标领先世界的重要原因。俄罗斯和日本等国提出了全面推动体育发展的中长期宏观规划，美国、德国、英国、澳大利亚等国则根据某些特定领域的需要，推出专项计划，进行定向调控（见表1）。

表1 主要体育发达国家政府近期颁布的大众体育政策和计划

国家	法规或计划	拟定机构	颁布时间	简介
俄罗斯	《俄罗斯联邦2006～2015年体育发展计划纲要》	俄罗斯体育运动与旅游署	2005年	通过完善体育基础设施、普及大众体育和强化竞技体育，吸引社会各阶层民众系统从事体育活动，为增进居民的健康创造条件

续表

国家	法规或计划	拟定机构	颁布时间	简介
俄罗斯	《俄罗斯联邦2020年前体育发展战略》	俄罗斯体育旅游和青年政策部	2009年	优先发展大众体育,完善少儿体育教育计划;大力支持高水平竞技体育的发展;加强教练员队伍建设;建设更多高标准体育场馆;保证俄罗斯名列2014年索契冬奥会和2013年喀山世界夏季大学生运动会奖牌榜首位,在夏奥会和冬奥会上夺取更多奖牌
	《俄罗斯联邦2016~2020年体育发展计划》	俄罗斯体育部	2015年	全面推动俄国体育发展的宏观规划。在大众体育方面的目标是在2020年前,俄国体育人口比例达到欧洲国家平均水平(40%)。主要任务是为国民系统从事体育锻炼创造条件,完善体育基础设施,根据俄国体育部提供的建筑设计样本,建设步行可达、方便残疾人使用、限定资金的体育场馆,提高体育场馆的使用率,缩小不同地区间体育场馆保障方面的差距
日本	《体育振兴基本计划》	日本文部科学省	2000年	强调大众体育与竞技体育协调发展的重要性。大众体育领域的政策目标是实现所有国民都能根据自身的体力、年龄、技术、兴趣、目的以及时间,随时随地参与体育运动的终身体育社会。制订了体育锻炼参与率目标以及发展综合性体育俱乐部和体育中心的目标
	《体育立国战略》	日本文部科学省	2010年	目标是确立新的体育文化,实现让所有人参与体育活动,分享体育的快乐与感动并相互支持的社会。基本思路是重视三类人群的发展,即参与体育活动的人、观赏体育的人和支援体育的人,促进各方合作与协同,进一步完善相关法律制度、税制、机构和财源等体制机制
	《体育基本计划》	日本文部科学省	2012年	制订了新的奥运会奖牌目标和体育锻炼参与率目标
美国	《全民健身计划》	美国卫生与公众服务部	2010年	整体目标是让所有美国人动起来。主要措施是将体育融入社区管理、学校政策和工作条例等社会的每一个方面中

续表

国家	法规或计划	拟定机构	颁布时间	简介
美国	《健康公民》规划（每10年修订一次，目前最新版本为《健康公民2020计划》）	美国卫生与公众服务部	1980年、1990年、2000年、2010年	《健康公民2020计划》的总体目标是：实现高质量的生活方式，降低过早死亡率；促进健康公平；建立适宜健康的社会和物质环境；促进健康发展及改善人生不同阶段的健康行为
英国	《场地、人和运动奥运遗产计划》	英格兰体育理事会（半官方组织）、英国奥委会和英国残奥委会	2010年	旨在兑现申奥时的承诺，使体育运动深入社区，鼓励更多的人参与运动。主要措施包括对体育场地设施进行升级改造，招募并培训体育活动组织和领导者，创造运动机会
英国	《英格兰体育理事会青少年和社区战略（2012~2017）》	英格兰体育理事会（半官方组织）	2012年	目标是提高青少年锻炼人口数量，减少走出校门后不再参加体育活动的青少年人数
英国	《人人积极每一天》大众体育发展计划	英国卫生部英格兰公共卫生署	2014年	旨在解决英国公民缺乏体育运动的社会问题。该计划首次将英国各级政府制定的大众体育发展计划进行合并，主要包括两个计划，即英国国家临床最优化研究所制定的"大众体育指南"和英国各级政府参与制定的《运动更多，生活更好计划》。
德国	《借助体育促融合计划》	德国内政部、联邦移民与难民局和德国奥体联联合推出	2002年	旨在为具有移民背景者提供体育运动的机会，帮助他们融入德国社会，促进社会稳定。由于目标人群是移民，该项计划采取了引进外来运动项目、降低参与体育活动的门槛（如开公开课，降低参加体育活动的费用）等一系列有针对性的措施
德国	《50岁以上老年人健身组织网络计划》	德国家庭、老年人、妇女和青年部与德国奥体联联合推出	2010年	扩展地方老年人健身的组织网络，加强与体育行业外组织的合作（如老年人社团组织）。同时建立一个以互联网为基础的老年人体育组织网络信息交流平台
德国	《健康生活计划》	德国家庭、老年人、妇女和青年部与德国奥体联联合推出	2013年	针对德国日益走向老龄化社会的情况而推出的计划。目标群体为高龄老人及其照料者以及即将退休的职工，目前已选定两个示范性项目

续表

国家	法规或计划	拟定机构	颁布时间	简介
德国	《家庭活动时间计划》	德国家庭、老年人、妇女和青年部与德国奥体联联合推出	2013年	支持体育协会和体育俱乐部、家庭社团合作，满足家庭运动需求。计划得到了联邦政府家庭、老年人、妇女和青年部的资助，为期两年半
澳大利亚	《提高澳大利亚的运动能力——一个更加活跃的澳大利亚》计划	澳大利亚联邦政府	2001年	澳大众体育工作纲领，以学校、俱乐部和社团为基础对大众体育提供史无前例的支持
	《国家体育与休闲政策框架》	澳大利亚联邦政府及各州政府体育部长联合签署	2011年	引导澳大利亚全国体育休闲政策的制定，对澳大利亚体育与休闲行业未来的发展方向具有重要指导意义

（二）给予经费支持

资金是大众体育发展的必要保障，政府的财政支持已经成为很多国家大众体育资金的重要来源渠道。

韩国的大众体育资金主要来自中央财政的国库预算、地方财政预算、国民体育振兴公团提供的体育振兴基金以及大韩体育会、地方体育会及国民生活体育会等民间团体自主筹集的资金。2011年，韩国中央政府的大众体育预算接近1000亿韩元，是竞技体育的2倍多[1]，2014年更是达到了1103亿[2]，体现出中央政府对大众体育的重视，同时也引导地方政府大幅增加对大众体育的投入。

英国中央政府的体育拨款中，大众体育所占的份额也相当可观。近两

---

[1] 金仙女：《韩国体育政策规划及组织机构的动态研究》，《世界各主要国家体育政策规划及组织机构的动态研究》，2015。
[2] 金仙女：《2014年韩国大众体育预算大幅增加》，《国（境）外群众体育信息》2014年第2期。

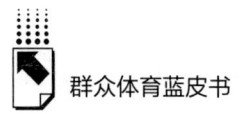

年，在每年5000多万英镑的体育拨款中，有3000多万英镑分配给英格兰体育理事会，主要用于大众体育。① 此外，英国还通过体育彩票的方式为大众体育筹集资金。

澳大利亚联邦政府在2014~2015年预算中拨出1亿多澳元用于开展学校体育计划，并在2014年7月开始的新财年再拨出近2000万澳元给各体育组织开展大众体育活动。澳政府鼓励所有澳大利亚人将体育锻炼纳入每周计划中。②

（三）注重体育设施的规划、修建和高效利用

体育设施是大众体育组织建设和开展体育活动不可缺少的条件和物质基础，受到了各国各级政府的重视，在体育设施的规划、新建、维护和有效利用方面做了大量的工作。

德国的《黄金计划》（三个阶段）和《东部黄金计划》由德国奥委会下属德国奥林匹克协会提出，得到了德国政府、议会和各党派的支持，联邦政府及各州政府都提高了修建体育场馆的经费预算。系列《黄金计划》根据德国不同历史时期经济、社会和体育设施发展的具体情况，提出了各阶段体育设施的建设任务，从最初大力兴建体育设施到根据民众的不同兴趣与需求分类建设、再到提高设施的现代化水平，最后到缩小东西部体育设施的差距，目标任务层层递进，为德国体育的发展奠定了坚实的场馆设施基础。在体育健身场地设施布局方面，德国许多州也有明确要求。例如汉堡市规定，居住小区每6000户必须有一处公共健身场所。③ 在体育场地设施的管理方面，德国也注意整合资源，综合利用，无论是公立学校还是私立学校，其体育场地设施都很好地实现了对公众开放。在体育设施归属方面，乡镇是德国

---

① 张曙光、李晨：《英国大众体育的现状与趋势》，《中外群众体育信息》2013年第3期。
② 汪颖：《澳大利亚2014~2015年大众体育经费分配情况》，《国（境）外群众体育信息》2014年第4期。
③ 赵爱国：《德国体育场地设施建设与运营管理及其对我国的启示》，《体育工作情况》，2012。

体育设施最主要的承担主体或经营者（约60%），拥有相当数量的露天体育设施、游泳池和体育馆。德国体育设施的第二大承担主体是俱乐部，俱乐部拥有大批网球和射击设施。在老联邦州（西德地区），俱乐部经营的体育设施平均超过30%，而在新联邦州（东德地区）在15%左右。①

澳大利亚于2011年出台的"国家体育与休闲政策框架"明确规定，"促进体育与休闲设施建设方面的战略方针的制定"和"投资体育与休闲设施建设"是澳大利亚政府和各州政府的一项职责。② 在体育设施维护方面，澳大利亚各级政府也做了大量的工作。以西澳大利亚州政府为例，该州体育与休闲部于2014年9月宣布启动"社区游泳池更新计划"，州政府首期投入270万澳元用于翻修西澳大利亚州内的91个社区游泳池。该计划每年给予每个公共游泳池3万澳元的经费，用途涉及维修、升级、游泳池设施购买和人员培训等。"社区游泳池更新计划"为期4年，总经费将达1320万澳元。该计划由西澳大利亚州政府体育与休闲部管理，西澳大利亚州水上研究院和当地政府协会负责提供咨询建议。③

体育设施的合理配置也是各国政府关心的问题。韩国文化体育观光部于2014年5月发布了以均衡配置全国公共体育设施为主要目标的中长期大众体育设施扩建计划，到2022年计划新建105.97平方公里规模的体育设施，投入资金12720亿韩元，体育设施数量达到1124个。④

（四）通过政策、措施为社会和市场力量参与治理创造良好环境

要满足群众多元的健身需求，就需要盘活各种资源，为公民和机构的参与、体育社团组织的发育和商业组织的运作创造良好的环境。体育发达国家的政府通过出台优惠政策和降低参与门槛等方式，鼓励公民、社团组织和企

---

① 侯海波：《德国体育场馆巡视》，《环球体育市场》2009年第1期。
② 汪颖：《澳大利亚构建体育与休闲政策框架》，《中外群众体育信息》2012年第2期。
③ 汪颖：《澳大利亚西澳州政府拨款翻修社区泳池》，《国（境）外群众体育信息》2014年第4期。
④ 金仙女：《2014年韩国大众体育回顾》，《国（境）外群众体育信息》2015年第1期。

业参与大众体育治理。

澳大利亚2011年出台的《国家体育与休闲政策框架》中规定，联邦政府应"在国家政策方针方面与体育休闲组织进行合作"，各州政府应"通过与公共、私人和非政府组织建立可持续性合作关系，制定扶持性政策和立法，创造有利社会环境，促进和鼓励休闲行业的发展"。①

德国联邦政府也通过各种渠道，制定各种政策，为大众体育的发展提供便利。一是对非营利性的体育俱乐部和协会实行减免税政策。二是俱乐部可以免费或以很低的价格使用体育场馆。三是德国政府把引导和支持志愿者提供社会服务作为国家的一项基本战略。德国宪法准许体育俱乐部和体育联合会享有组织上的自治，通过体育自我管理，增强公民的民主意识，同时也提高了公民参与体育志愿服务的积极性。2009年，德国内政部在向联邦议会提交的《联邦公共服务报告》中，充分肯定了志愿者及其组织在社会服务中发挥的巨大作用。此外，德国还通过为志愿者购买意外事故保险、给予税收优惠等措施，大力支持志愿服务，促进体育志愿服务常态化，并取得了良好效果。四是德国规定，赞助给体育方面的收入可以免税。这项措施在一定程度上提高了德国企业赞助体育的积极性。目前德国约有1/3的企业资助体育运动，仅大众体育每年获得赞助额就可达到约20亿欧元。②

美国政府也利用税收政策，积极推动大众体育的发展。例如，美国卫生与公众服务部于2010年颁布的《全民健身计划》中就提出，企业雇主可以根据向雇员提供体育参与时间的多少享受相应的联邦税收优惠。③

对于刚刚起步的非营利性体育社团，一些国家的政府也给予适当的扶持。例如，韩国当前正在全面加强综合型体育俱乐部的建设。这些俱乐部都是以法人团体的形式运营，韩国政府为了帮助俱乐部走上良性循

---

① 汪颖：《澳大利亚构建体育与休闲政策框架》，《中外群众体育信息》2012年第2期。
② 德国经济技术部官网，*Schlaglichter der Wirtschaftspolitik*，2012年2月月服，http://www.bmwi.de/Dateien/BMWi/PDF/Monatsbericht/schlaglichter-der-wirtschaftspolitik-02-2012, property=pdf, bereich=bmwi, sprache=de, rwb=true.pdf, 2014-03-28。
③ 边宇等：《美国〈全民健身计划〉解读及对我国的启示》，《体育学刊》2011年第3期。

环的道路，决定在俱乐部成立前三年，政府每年给予俱乐部经费补贴的优惠政策。①

在体育设施建设方面，日本除政府投资外，也鼓励民间资本参与。企业在修建体育设施时可以减免土地税；对体育设施的建设经费给予低息贷款；体育设施达到一定标准并有一定时间向公众免费开放的，可减免相应的税收。为了提高体育设施的利用率，日本政府对向社区居民开放体育设施的学校提供专项补贴。② 同时，日本近些年还倡导政府对公共体育设施进行市场化管理。以东京墨田区综合体育馆为例，该场馆的建设和运营采用 PFI 模式，墨田区政府委托企业运营管理，区政府进行监督，并对体育馆内的健身消费实行限价，吸引了众多健身者，在工作日期间墨田区综合体育馆每天大约接待 1500 人，周末人数翻倍，一天达到约 3000 人。

（五）组织开展大众体育调查研究

在制定政策和规划前，深入实际、调查研究是必不可少的一个环节。澳大利亚联邦政府及各州政府体育部长联合签署的《国家体育与休闲政策框架》，在出台前广泛参考了国内各单项运动协会和休闲组织的建议。俄罗斯政府的《俄罗斯联邦 2020 年前体育发展战略》主要是针对当时国民健康状况恶化、竞技体育全球竞争加剧等四大问题提出了目标和任务。德国联邦政府和各州政府关于经费支持的系列《黄金计划》也是根据国内不同历史时期的经济、社会和体育设施发展的具体情况，提出了各阶段的具体任务，为德国大众体育发展奠定了坚实的"硬件"基础。

此外，很多国家的政府部门还定期或不定期地组织开展居民健康和体育锻炼调查。自 1984 年以来，美国卫生与公众服务部疾病预防控制中心每年都会进行行为风险因素监督系统调查（BRFSS）。这是一项针对全美国 18 岁以上人口的随机电话问卷调查，主要询问在过去一个月内与健康相关的行

---

① 金仙女：《2014 年韩国大众体育回顾》，《国（境）外群众体育信息》2015 年第 1 期。
② 陈琳：《日本大众体育发展概况》，载于国家体育总局群体司、国家体育总局体育信息中心《国际大众体育发展概况》，2013。

为，包括体育运动。此调查目前已涵盖全美国 50 个州和华盛顿特区，是世界上样本量最大的公民健康行为调查。从 1999 年开始，该中心又开展了另一项涉及大众体育的全国调查——国民健康与营养调查，调查包括访谈和身体测量两个部分，调查内容涉及健身操、游泳、伸展运动、力量训练等体育活动。[①] 民众参与大众体育的状况同样也是澳大利亚和法国政府十分关心的问题。澳大利亚统计局于 2011 年 7 月至 2012 年 6 月收集了 15 岁以上人口参与体育休闲活动的情况，完成了运动休闲参与调查；法国体育部也于 2011 年发布了《2010 年体育锻炼调查报告》。

这些调查研究有助于各国政府根据本国实际需求和客观条件制定政策和规划，对增强公共体育服务的效果，破解体育发展的难题，推动国内大众体育发展到更高水平起到了至关重要的作用。

（六）进行运动健身的宣传和引导

当前，很多国家的政府将进行运动健身的宣传和引导作为推动大众体育发展的重要途径，积极利用自身资源策划重大主题宣传活动，加强体育运动指导，发挥体育锻炼在疾病防治以及健康促进等方面的积极作用，着力营造重视体育、支持体育、参与体育的社会氛围。

美国卫生与公众服务部于 2008 年颁布了《美国人体育活动指南》，内容包括针对不同年龄段人群的健康运动类型、运动量和运动强度等指标，旨在为决策者、体育教师、健康从业者和公众提供指导和帮助。[②] 美国政府通过制定"指南"加强健康观念的教育与传播，有利于美国民众提高体育锻炼的质量和安全性。

澳大利亚卫生部于 2014 年 2 月发布了新版《国家体育运动与久坐行为指南》（原版于 1999 年制定），向不同年龄段人群提出了体育运动和避免久坐行为的建议，帮助澳大利亚居民防止不健康的体重增长和降低患癌

---

① 周兰君：《美国大众体育管理方式管窥》，《体育学刊》2010 年第 9 期。
② 王跃新：《美国大众体育发展概况》，载于国家体育总局群体司、国家体育总局体育信息中心《国际大众体育发展概况》，2013。

症的风险。①

除了颁布体育运动指南外，一些国家也出台政策和措施，激励民众定期进行体育锻炼。俄罗斯总统普京已于2014年3月签署总统令，恢复苏联时期的"劳动与卫国制度"（简称"劳卫制"）。新版"劳卫制"于2014年9月1日正式生效，它将6岁以上的公民分为11个年龄段，规定了各年龄段运动达标成绩。"劳卫制"达标勋章可成为学生考学的附加成绩，并在个人强制医疗保险上给予奖励。"劳卫制"实施由俄联邦财政和联邦主体财政共同出资，俄罗斯政府计划在2017年前拨款12亿卢布用于"劳卫制"实施，资金源自索契冬奥会的盈利及剩余资金。②"劳卫制"将成为评估俄罗斯国民身体健康状况的客观工具和引导民众投入健康生活方式的重要措施。

德国奥体联与德家庭、老年人、妇女和青年部联合推出的《健康生活计划》，目标群体为高龄老年人及其照料者以及即将退休的职工。该项计划把"体育运动直至高龄"的展示宣传作为工作的一项重要内容，拟评选出卓有成效的方案和案例，并进行嘉奖。

（七）推进基本公共体育服务的均等化

很多国家把让每一个公民都有机会参加体育锻炼作为大众体育的一项基本原则，注意体育设施均衡配置，不断扩展大众体育组织网络的覆盖面。政府在制定体育发展政策和规划时，特别强调特殊人群和弱势群体体育锻炼权益的保障，有的还专门制定了特殊人群和弱势群体的体育指标。

俄罗斯在《俄罗斯联邦2020年前体育发展战略》中提出"吸引残疾人和社会保障缺失人群参与体育锻炼"，"促进体育场馆对残疾人和社会保障缺失人群开放"，"研究开发针对残疾人体育教育和运动训练的现代科学技术手段"等多项措施，同时定出了具体的指标——"提高进行系统体育锻

---

① 汪颖：《澳大利亚发布新版〈国家体育运动与久坐行为指南〉》，《国（境）外群众体育信息》2014年第5期。
② 常利华：《俄罗斯新版劳卫制9月1日正式实施》，《国（境）外群众体育信息》2014年第2期。

炼的残疾人在人群中的比例，第一阶段（2009~2015年）从3.5%提高到10%，第二阶段（2016~2020年）达到20%。"

英国大众体育的战略重点从20世纪80年代起，逐步从学校体育转向全社会各个目标群体，特别是弱势群体和特殊人群，如少数民族、残疾人以及较少参与运动的女性群体。英国政府在2002年颁布的《体育计划》中明确指出，在大众体育参与方面，焦点应集中在优先目标群体和经济弱势群体。

德国近年来也推出了多项计划，为特殊人群和弱势群体参加体育锻炼提供方便。例如，德国家庭、老人、妇女和青年部共同推出的《为70岁以上老人提供运动机会计划》，旨在满足高龄老年人的体育运动需求。德国内政部、联邦移民与难民局和德国奥体联联合推出了《借助体育促进融合计划》，帮助有移民背景的人通过体育活动融入德国社会。此外，德国奥体联和德国联邦劳动局（隶属于德国劳动与社会部）也签署合作协议，通过体育活动帮助长期失业者架起与社会和劳动力市场相联系的桥梁。

值得一提的是，体育发达国家的政府在推进基本公共体育服务均等化时并不是向每一个人都提供完全相同、没有任何差异的基本公共体育服务，而是根据各地不同情况和民众的不同需求，采取灵活多样、有针对性的措施。例如德国旨在为具有移民背景者提供体育运动机会的《借助体育促进融合计划》，就采取了引进外来运动项目、降低参与体育活动门槛（如开设公开课，降低参加体育活动的费用）等一系列有针对性的措施，取得了良好的效果。

三 小结

由于各国国情不同，各国政府在体育治理中的位置和作用也有差别，但也不乏共同之处。当前，各体育发达国家政府大众体育治理的思路基本都是依法治体、减政放权、跨部门协同配合，以法治为基础的多元主体共同治理的模式已经被体育发达国家普遍采用，只是推进程度有所不同。这种治理机制有助于发挥政府、市场、社会多个主体的长处，政府与市场主体、政府与非政府组织之间不是老死不相往来，而是一种相互配合、相互制约的关系。政府在进行体育治理的过程中，一方面注意做好宏观规划，调动社会和市场力量的积极性，对大众体育的开展给予适当的政策和资金支持；另一方面也要注意通过行政监管和问责制度，保证大众体育又好又快地发展，从而满足民众多样化、多层次、多方面的体育锻炼需求。

B.19
世界主要发达国家精英体育与群众体育的融合发展

汪 颖 王跃新 侯海波 常利华 陈 琳 张曙光 李 晨*

摘 要:	本文采用文献资料、专家咨询、比较分析等研究方法，对世界主要发达国家精英体育与群众体育的融合发展进行了分析研究。研究发现，精英体育的水平高低与群众体育发展程度具有紧密相关性，两者的相互渗透与融合发展是未来体育的发展方向之一。很多发达国家在制定体育政策或规划时越来越注重精英体育与群众体育的平衡；两者在人才培养体系中实现互补，互相输送人才；大型体育赛事与群众体育发展实现共赢；充分发挥了单项协会在结合精英体育与群众体育方面的作用。这些先进做法和经验值得我国学习和借鉴。
关键词:	发达国家 精英体育 群众体育 融合发展

精英体育与群众体育是体育的两个方面，有着非常密切的关系。发展精英体育的根本要素之一是发展群众体育、扩大体育人口比例，精英体育也反过来带动大众参与体育的热情。在世界很多发达国家中，精英体育和群众体育都经历了不同的发展时期，两者的相互渗透与融合发展是未来体育的发展方向之一。本文试图对世界主要发达国家在融合精英体育与群众体育发展方

---

* 汪颖，国家体育总局体育信息中心，硕士；王跃新、侯海波、常利华、陈琳、张曙光、李晨均为国家体育总局体育信息中心工作人员。

面的先进做法与经验进行分析研究，以期为我国制定相关发展战略提供参考。

一 在体育政策规划中强调精英体育与群众体育的结合

一个国家的宏观体育政策体现了这个国家体育工作的基本方向。在很多发达国家的体育政策或发展规划中越来越注重精英体育与群众体育的平衡发展，这说明两者的结合已成为大趋势。

加拿大的体育政策演变可以很好地反映出这一趋势。在1992年之前，加拿大联邦政府推出的体育政策主要以注重高水平竞技体育为主；在1992年之后，联邦政府的体育政策有所转变，逐步包含了社区体育。2001年，加拿大体育局将2002~2012年的体育发展重点目标进行调整，将群众参与纳入其体育发展政策目标并作为重点在全国推广实施。加拿大体育理事会还建立了"长期运动员培养模式"，这是加拿大整个体育系统的框架，将体育运动与健康和教育融为一体。该框架对加拿大人一生各个阶段的训练、比赛和恢复都制订了计划，训练包括7个阶段，分别是积极开始阶段、基础阶段、技能学习阶段、技能训练阶段、竞赛训练阶段、高水平训练阶段和终身体育阶段。"长期运动员培养模式"是加拿大精英体育和大众体育结合的最佳体现。

在日本，为了确保社区体育俱乐部会员人数、扩大俱乐部会费收入、提供多样化活动，文部科学省制定了《社区体育俱乐部与高水平体育联合推进计划》，与各单项协会合作让高水平竞技运动员到社区体育俱乐部进行指导。在计划中，每年还对社区体育俱乐部进行审定，达到标准的俱乐部可获得该计划的补贴，2013年共有61家俱乐部进入该计划名单，评选标准包括：要有高水平选手参与俱乐部活动，俱乐部与当地小学要有合作，解决当地某一社会问题等，通过上述指标引导和鼓励俱乐部充分利用社会资源，使基层的群众体育、学校体育和竞技体育有机地结合在一起。日本《体育立国战略》的核心支点是发展群众体育和高水平体育，但在群众体育方面是要立足于俱乐部，而俱乐部发展措施的核心之一是与高水平体育相结合。这说明日本在走过从重视群众体育到逐渐重视竞技体育的发展道路之后,如今更加重视两者的有机结合。

目前,俄罗斯的体育改革也以恢复体育行业结构平衡为首要任务。① 俄罗斯总统普京在建议利用索契冬奥会剩余资金以及所获利润发展俄罗斯群众体育事业的同时,于2014年3月24日签署命令,恢复苏联时期的"劳动与卫国制度"。这项曾经被废止23年的苏联全民体育制度重新被普京赋予了发展群众体育借以提升综合国力的深意。《俄罗斯联邦2006~2015年体育发展计划纲要》的总体发展目标是:完善体育基础设施、普及群众体育和强化竞技体育,吸引社会各阶层民众系统从事体育活动,为增进居民健康创造条件。2009年推出的《俄罗斯联邦2020年前体育发展战略》获得了3000亿卢布的政府拨款,优先用于发展群众体育,大力宣传健康的生活方式,支持高水平竞技体育的发展,建设更多高标准的体育场馆。2013年3月,俄罗斯体育部通过新的《国家体育健身与竞技体育发展计划草案》。这项发展计划的主要目的是,提高体育健身和竞技体育在俄罗斯社会经济发展中的作用,让人们能经常性地参加身体锻炼和体育运动,提高俄罗斯竞技体育在国际体坛的竞争力,以及在俄罗斯成功举办大型体育赛事。显然,俄罗斯这些重要的体育政策都试图有效平衡精英体育与群众体育的发展比例,形成均衡的体育行业结构。

澳大利亚各种体育政策规划的出台和实施,为澳大利亚人积极参与体育活动营造了良好氛围,同时也为澳大利亚精英体育的发展打下良好基础。例如,澳大利亚制定的一系列土著体育计划促进了土著运动员的发展。澳大利亚体委通过国家土著体育发展计划(NISDP)向16个国家级体育组织提供专门的资金支持,并协调这些项目在土著社区中开展,让土著社区的居民直接参与到体育运动中去,以此来推动土著体育的发展和优秀运动员的成长。澳大利亚有不少受惠于此类计划的土著运动员在国际篮坛上取得了耀眼的成

---

① 颜下里:《从竞技体育强国走向注重大众体育的俄罗斯》,《体育文化导刊》2012年第10期,第13~17页。

就。澳大利亚2015年出台的"参与·运动·澳大利亚"计划也指出，澳大利亚体委将与知名国家级体育组织密切合作以促进其体育参与措施的实施。

还有一些国家，得益于国家宏观政策的引导和宣传，职业联盟和俱乐部乐意在青少年培养和群众体育活动方面承担一定的社会责任，如英超联盟每个赛季将国内电视转播收入的5%拿出来用于支持草根足球，这不但不会减少职业联盟的收入，反而会提升其形象和影响力，从而获得更多的球迷和支持者。

二　人才培养体系中体现精英体育与群众体育的互补

精英体育人才来源于群众体育培养的巨大人才库中，然后通过层层比赛或选拔计划进入精英体育培养系统继续深造。同时，精英体育也为群众体育贡献了部分技术人才，如教练员、指导员、裁判员等，而且明星运动员的榜样示范力量可以极大地带动群众对体育的参与热情。

（一）青少年体育为精英体育输送人才

世界主要发达国家的大部分精英运动员都来源于广泛参与体育活动的青少年。中小学校和大学的体育教育以及体育俱乐部为精英体育提供了丰富的人才资源。在美国等学校体育高度发达的国家，已经形成了以学校体育为基础，精英体育与群众体育同步发展、各方面相互促进的良性循环态势。

美国在后备人才培养过程中，充分发挥了学校体育的作用。美国体育人才选拔和培养的主要途径是：中小学→大学→职业队或俱乐部的连续性培养，中小学通过多种形式开展青少年早期训练，通过校内和校际比赛，使优秀选手脱颖而出；大学是培养优秀运动员的高级阶段，在大学运动队表现突出的运动员还会被职业队选中，成为职业选手，参加职业联赛。美国青少年运动员在接受正规、系统教育的同时参加俱乐部的训练，高校的课余训练是培养高水平运动员的主要途径。美国大学自有的运动队和俱乐部筹建的训练营为大学生运动员提供了良好的外部环境，每年暑假都会吸引青少年来参训练。不同的训练营有不同的任务,一种是水平比较高的,类似于国家集训队,训练经费由国家和企业赞助。第二种是水平中等偏上,称为"选拔后备人才训练营",各单项运动协会将各年龄组的佼佼者集中在一起进行集训,从中培养优秀队员。第三种是"普及提高训练营",主要是针对7~18岁青少年体育爱好者,根据不同年龄、水平采取多种形式的训练,而且采用商业化运作模式,运动员需要自费参加。这种训练营对美国竞技体育的提高有着不可小视的作用,也是业余训练的重要补充形式。美国训练营的这种精英体育与学校体育的融合,既能为组织者带来很好的经济利益,也能为国家培养出大批的后备人才力量。

俄罗斯选拔和培养后备人才的主要途径是通过完善中小学竞赛体制,以吸引更多的少年儿童参与体育锻炼,从中选拔有天分的孩子从事高水平竞技训练。

澳大利亚中小学的体育教育通过向青少年传授基本的体育运动技能和开展一系列富有教育性的体育活动,为青少年积极参与体育活动、培养运动兴趣、锻炼意志品质和掌握初级的体育运动技能奠定了良好的发展基础。澳大利亚的基础教育对澳大利亚优秀运动员的早期成长极为关键。澳大利亚中小学的体育教育仅仅是教会青少年儿童掌握基本的体育技能,达到丰富课余生活、娱乐身心的作用。正是这样一种教育方式较好地切合了青少年身心发展的特点,给他们打下了良好的体育运动基础,为他们以后进入体育俱乐部或是体育学院从事专业系统的运动训练做了基础性的铺垫。

英国赛艇协会为了增加后备人才库的广度和深度,启动了"世界级人才培养和潜力挖掘计划",通过学校里的测试系统广泛筛选有天赋的赛艇运动员。这个计划非常成功,在参加伦敦奥运会的英国赛艇队中,有1/3的队员是通过这个计划筛选出来的年轻运动员,其中共有5人登上最高领奖台。英国自行车协会拥有世界领先的后备人才培养体系,在发现和培养天才运动员方面有着全盘的规划,帮助天才运动员从起步阶段到走进社区俱乐部,一直到站上世界大赛的领奖台。该体系在提高自行车运动参与率方面发挥了重要作用,尤其是提高了青少年的参与率。英国自行车协会的"去骑车"活动在后备人才培养体系中发挥了重要作用，既成功地发现和培养了天才运动员，同时又提高了青少年参与自行车运动的积极性，增长了自行车俱乐部的青少年会员人数。

日本足球协会为了提高足球运动水平，真正从娃娃抓起，成立了幼儿足球委员会，主要负责开展各项幼儿足球运动，现已形成一套较为完善的幼儿足球运动普及体制，全国幼儿足球赛已成为每年定期举行的重要幼儿足球赛事。开展此项活动的目的是将提高足球运动技术水平和培养孩子对足球的兴趣结合在一起，而不希望增加孩子的压力，使处于幼儿期的孩子们感受到足球运动的快乐，同时也达到普及足球运动、培养人才的目的。日本足协"从娃娃抓起"的青少年培养计划经过多年努力后取得了不小的成绩，这要归功于"训练中心制度"（见图1）的实施。日本足协近年来从组织化和活动内容两个方面着手加大青少年选手的培养力度，并以10岁以下儿童为主要培养对象，通过足球普及运动寻求长远发展。

加拿大联邦政府希望通过普及青少年体育运动来促进竞技体育的发展，因此制订了终身体育发展计划。该计划是从培养儿童对体育活动的兴趣开始，直至优秀者成为专业运动员参加奥运会。此外，加拿大院际体育联合会实施了一系列政策激励学生参与体育。每所大学的学生都有可能成为学校运动队成员，代表学校参加各类比赛。大学生体育联合会为合格的运动员提供参加世界大学生运动会的机会。学生运动员除了参加训练和比赛之外，还可以有专门的运动员参与教练员选拔、政策制定、项目设计和活动管理等。

学校与竞技体育双元教育体制在德国发挥着重要作用。体育精英学校是一种支持机构，将竞技体育、学校教育和住宿有机结合，以便竞技体育后备人才运动学业两不误。体育精英学校的口号是"成为世界冠军，考入大学"，目标是为具有体育天赋的青少年提供特别的支持。目前德国有43所学校被德国奥体联授予"体育精英学校"称号。体育精英学校为德国竞技体育输送了大批顶尖体育运动人才。在德国参加2012年伦敦奥运会的392名运动员当中，其中104人有在体育精英学校就读的经历。在伦敦奥运会获

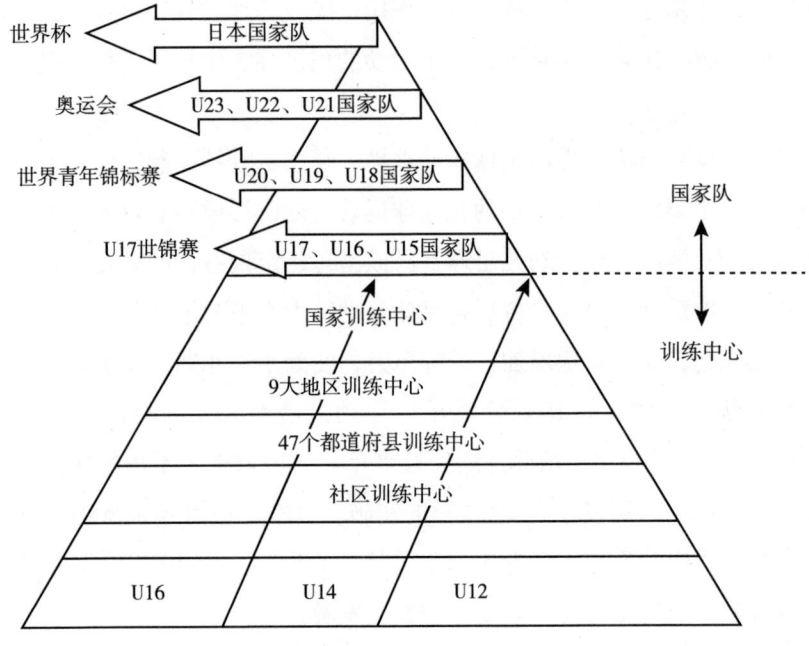

图1 日本足协训练中心制度

得个人或团体奖牌的86名德国运动员当中,有30人曾经或正在体育精英学校就读。2014年索契冬奥会,德国获得的每1枚奖牌,都至少有1名曾经或正在体育精英学校就读的选手参与,只有3位索契冬奥会奖牌获得者没有在体育精英学校就读的经历。

(二)精英运动员为群众体育贡献力量

精英体育系统培养出很多优秀的运动员,他们在国际赛场上的优异表现及取得的辉煌成绩能感召更多的人参与体育运动。部分精英运动员引发的明星效应对进一步提高群众参与体育的热情有很大的促进作用。

俄罗斯奥委会面向学校制定和实施了"奥林匹克巡讲团计划"。这个计划是让奥运冠军、著名运动员来到学校,给孩子们讲述奥运会是什么样的、自己的体育之路、从事体育运动的好处、健康生活方式的重要性等,此外还举办公开课。

韩国大韩体育会于2014年10月1日正式启动了体育明星走进教室活动，宗旨是让现役的明星运动员和教练员走进中小城市和县城的学校，为当地的学生讲课。2014体育明星教室运营的目的是通过体育明星给学生讲解体育技能，以满足在校的学生们内心的梦想并开启他们新的希望。同时通过学生和明星的近距离接触，使他们留下难忘的青春回忆，并激励他们更加积极地参加体育活动。大韩体育会认为开展这样的活动，将有助于实现明星对社会的更大贡献，也有助于提高中小城市及县城的学校体育的蓬勃开展。

日本体育协会经过几十年的努力，为社会培养了大量的高水平足球教练员，同时也培养了面向社区、学校俱乐部和大众俱乐部的足球指导员。为了使各级足球教练员接受更加专门的培训，日本体协有关足球教练员和足球指导员的培训工作全部交由专业水平更高的日本足协负责。目前，在近4万名各级教练员和指导员中有很大一部分是由日本体协培养过的。日本足协不仅全盘接受了日本体协培养的教练员，而且基本顺延了日本体协的教练员培养模式和分类，对专业教练员和社会体育指导员并不严格地加以区分，使各级教练员之间便于沟通，也为社会体育指导员提供了参与专业培训和教练工作的机会。

美国的公共体育设施管理者与职业体育组织合作开展大众性的推广活动，如美国职业冰球联盟就在许多社区公共体育设施中配备有冰球器械和教学书籍，并为6~16岁的青少年提供两个小时的示范和培训课程，这项活动仅加州北部就有200个社区的2万多名儿童参加。

三　大型体育赛事与群众体育发展实现共赢

举办国际顶级赛事尤其是奥运会，可以极大地推动举办国群众体育的发展。而广泛的群众体育参与不仅有益于赛事的成功申办，也是精英运动员在大型赛事上争金夺银的坚实基础。

（一）借助举办大型赛事推动群众体育发展

1. 奥运会

2012年伦敦奥运会的口号是"激励一代人"，口号本身便充分体现了精英体育与大众体育的结合。英国因为举办伦敦奥运会，近几年体育人口出现明显增长。英国体育理事会发布的调查结果显示，英国每周锻炼至少一次的成年人数量在2012年增加了75万人。得益于伦敦奥运会的成功举办，英国的体育参与人数创下历史新高，这与2011年相比是一个巨大的进步。数据显示，2012年共有1550万名英国人每周至少进行一次体育锻炼，比2005年伦敦赢得奥运会主办权时多出157万人。英国女子运动员在伦敦奥运会上的出色表现，使英国普通女性的体育参与率也出现了最大增幅。英国在伦敦奥运会上的优势项目，如自行车和帆船的体育参与率在2012年显著上升。特别是在奥运会举行的前后3个月，自行车和曲棍球项目的参与率出现强势上升。在2012年伦敦奥运会成功举办一周年之际，英国体育与休闲联盟进行的体育俱乐部调查显示，英国的社区体育俱乐部不仅没有受到经济大环境不景气的影响，而且发展速度超过以往，俱乐部会员和收入均增长了20%之多。为了兑现奥运遗产承诺，2014年英国伦敦推出了市长体育遗产计划，计划投入2250万英镑为伦敦市民参与体育运动提供更多的机会。伦敦奥运教育计划"做好准备"也将继续与英国地区的学校合作，将奥林匹克精神与课程融为一体。

俄罗斯总统普京在与国际奥委会主席巴赫会面时指出，索契冬奥会为俄罗斯群众体育的发展发挥了强大的促进作用。索契冬奥会开幕日已被俄罗斯政府定为冬季项目大众体育日，每年都会举办庆祝活动。索契冬奥会盈利45亿卢布，将用于群众体育发展，如新"劳卫制"的实施、支持社区体育俱乐部等。索契冬奥会后，大量的孩子涌向少体校。一些以前在俄罗斯不普及的项目，如短道速滑、冰壶开始在民众中流行。索契冬奥会后有500万名游客到访索契，超过往年30%。仅2015年新年就有37万人在索契滑雪或打冰壶，这相当于往年整个冬季的接待量。利用索契的"阿兹穆特"酒店和其他一些体育设施，设立了俄罗斯儿童体育营，用于少儿体育发展和竞技体育后备人才培养。

韩国也在汉城奥运会后将体育发展的重心转移到群众体育上。加强了体育设施的建设，建立了完善的体育社会指导员制度，引导体育锻炼的内容，加强健身方面的宣传等。汉城奥运会对韩国群众体育的发展起到了巨大促进作用。目前韩国国民对自己的健康状况是比较满意的，群众体育的发展提高了国民的健康水平，也提高了国民的生活质量。[1]

2. 其他大型赛事

第20届英联邦运动会于2014年7~8月在苏格兰格拉斯哥举行。随着比赛落下帷幕，有价值超过60万英镑的体育器材作为体育遗产，用于在苏格兰地区开展群众体育运动。通过苏格兰体育理事会的活力学校网络，苏格兰的32个行政区获得超过5000件体育器材，包括橄榄球、无挡板篮球和曲棍球等。较大的体育器材通过13个体育管理机构和30家俱乐部以及13个体育场馆或基金会分发给各个体育俱乐部和体育场所。

2012年欧洲足球锦标赛是波兰举办的最大型国际体育赛事，在这一赛事的激发下，政府决定大力发展波兰的群众体育，体育和旅游部决定实施"我的体育场——2012奥尔利克"活动项目。该项目旨在推动波兰人接近体育设施，总目标是建成2012个多功能体育场地，所有场地都要铺设人工草皮，并拥有更衣室、淋浴、围栏及灯光等设施。所有场地免费向全民开放，这些场地同样适用于残疾人。此外，每个体育场地都配备至少一名体育指导员，其主要任务就是指导锻炼群众使用体育设施，并激发他们参加体育锻炼的热情。

（二）广泛的群众参与是提升竞技水平的基石

很多发达国家的优势项目都拥有极其广泛的群众参与基础。显而易见，

---

[1] 闫华：《中日韩三国举办奥运会前后有关大众体育政策法规研究》，《北京体育大学学报》2010年第6期，第18~21页。

广泛的群众基础为体育项目后备人才培养和人才选拔提供了有利条件,因此带动了精英体育发展和竞技水平的提高。

加拿大拥有世界上数量最多的冰球馆和数量众多的滑雪场。据国际冰球联合会的统计,加拿大的冰球馆数量达到了3300余座,比世界上其他国家拥有的冰球馆数的总和还要多;共有400多处条件优良的滑雪场分布于加拿大各个省份,其中有40座是现代化大型滑雪场。加拿大的地理气候特别适合冰雪运动,境内河流湖泊众多,形成了很多天然的滑冰场。高度普及化的民众冰雪运动成为加拿大群众体育的鲜明特点,也是加拿大强大冰雪竞技实力的雄厚基础。2010年,加拿大在冬奥会上夺得14枚金牌、7枚银牌、5枚铜牌,位列冬奥会奖牌榜首位,这与其坚实的冰雪项目群众基础有着密切关系。

在2012年伦敦奥运会赛艇项目奖牌榜上,英国以4枚金牌、2枚银牌、3枚铜牌高居榜首,比北京奥运会多了2枚金牌、1枚铜牌。此前,英国女子赛艇队尚未夺得过奥运会金牌,但是在伦敦奥运会上一举夺得了3枚金牌,实现了历史性突破。英国赛艇之所以成绩优异,就是因为它有足够的文化积淀和群众基础。在英国,赛艇比赛在18世纪末就已经出现,牛津大学的赛艇比赛最早在1815年举行,剑桥大学也在1827年有了赛艇比赛,两年之后,举世闻名的牛津、剑桥赛艇对抗赛诞生。200年的积淀使得赛艇不仅在英国广受欢迎,而且还成为英国持续成功的奥运项目之一:这是英国自1984年以来每届奥运会都获得金牌的项目,在伦敦奥运会上英国女子赛艇项目实现了奥运金牌的突破,这给赛艇在这个国家的发展注入了新的活力。

在美国,理念传承的"路径依赖性"使美国竞技体育情结在代际中传递,美国人在青少年时期便投入大量时间和精力去锻炼,并能够长期坚持和保持对体育运动的热衷。在美国校园内,体育运动深受学生们喜爱,在完成必要课程后可以参加体育训练,且训练时间多集中于课外,除校内活动外均以俱乐部组织形式为主。这种课外组织形式,能培养学生对体育的长期兴趣,不会因放假而中断训练。假期的体育俱乐部教练员均是来自校队的专业教练员,学生也会根据自己的兴趣参加假期体育训练集训。这种持续的科学训练，不仅能锻炼学生的体质、培养兴趣、形成习惯，最重要的是能发掘专业人才，为日后培养优秀运动员，增强国家的整体竞技实力提供了可能。

四 单项协会重视精英体育与群众体育的协调发展

单项体育协会的历史可以追溯到19世纪中叶，是西方发达国家业余体育俱乐部和职业体育俱乐部发展到一定程度的产物，是体育社会化、市场化发展的结果。在世界主要发达国家中，各体育单项协会在推动精英体育发展的同时都非常重视群众普及工作，包括组织建设、俱乐部建设、对地方的资金援助、学校和社区活动的开展以及国际交流等。

德国射击射箭联盟在推动群众体育发展方面发挥着形象示范作用，针对普通俱乐部、家庭、妇女、青少年、老年人等不同群体，提供专门的和一般性的体育服务。不同的人群，可以选择参加不同的射击活动，例如老年人可以参加老年人锦标赛，家庭可以参加体育节，俱乐部也设有开放日并举办德国射击射箭联盟杯赛。位于威斯巴登的联邦射击运动训练基地，开办大众培训班已经成为固定的工作内容。训练基地设有射箭、步枪、手枪和飞碟培训班，训练时间为1天、3天和1周不等。德国射击射箭联盟所属俱乐部的会员以及外国射击协会的成员均可报名参加，竞技水平不限。参加培训班的学员将得到德国射击射箭联盟A级、B级以及获得硕士学位证书的教练员指导。德国射击射箭联盟为下属协会和俱乐部提供多种开展群众体育活动的方案，例如近些年为包括体育节在内的多种体育和文娱活动提供射击运动方面的支持。

德国田径协会每年都要组织形式多样的群众性跑步活动。该协会出版的《跑步活动日程手册》10多年来一直颇受欢迎，另外德国田协也会在自己的官方网站上公布跑步活动日程表。日程表不仅列出了全国所有越野跑步和山地跑步活动时间，而且加入了城市索引。2014年德国田协的日程表中共列出了3400多项分布于全德各地的跑步活动。

美国体操协会每年举行一次全国体操日，目的是正面宣传体操运动，增

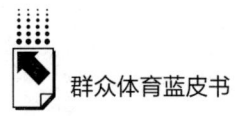

加人们对体操的认识程度,号召整个国家都参与到体操活动中。在青少年培养上,美国体操协会举办全美希望之星体操锦标赛,这样不仅可以使各地区的优秀青少年选手脱颖而出,而且还能考察全国后备力量状况。因此,美国体操的成功不是偶然的,是他们长期重视体操运动和大力培养青少年选手,把竞技体操与群众性体育活动结合起来的结果。

日本有3000万~4000万名游泳爱好者,这与日本游泳联盟的努力是分不开的。日本泳联下设"生涯体育委员会",即群众体育委员会,负责推广适合全民参与的游泳活动、比赛等(见表1),同时还设有"学生委员会""指导员委员会""日本泳姿委员会"等,这些委员会也分别承担相应的群体工作内容,比如与日本体育协会合作培训游泳指导员,在培训高水平专业教练员的同时,也培养在地区基层俱乐部执教的指导员,许多培训还是免费的。"国民游泳日"是每年5~8月在日本全国各地举行的游泳活动,形式多样,鼓励群众参与。2015年8月14日在东京举办了首次"游泳日庆典"。

表1 日本泳联相关活动

比赛名称	地点
国民游泳日	日本各地
馆山日本游泳公开赛	千叶县馆山
中央大学、日本大学游泳对抗赛	东京辰巳国际游泳场
庆应大学、早稻田大学游泳对抗赛	东京辰巳国际游泳场
日本老运动员游泳锦标赛	东京辰巳国际游泳场
日本实业团体游泳赛	千叶国际综合游泳场
全国国立公立大学锦标赛	大阪速波游泳馆
日本中老年游泳比赛	宫城县综合运动公园游泳池

日本足协每年举办不同群体的足球比赛已成为深受日本群众喜爱的活动,如大学对抗赛、企业对抗赛、俱乐部足球赛、青少年5人制足球赛、沙滩足球赛、社会人足球赛(单位组队)、自治体足球赛(各地政府组队)等。这些比赛和活动对培养足球文化、培育足球市场和提高足球运动水平起着重要的促进作用。日本足协每年还要举办妇女足球赛、40岁以上、50岁

以上、60岁以上足球赛和70岁以上老年人足球节等适合不同人群参加的活动。2015年妇女足球赛已是第26届，60岁以上足球赛也已是第15届。这些中老年参赛者所展现出来的足球运动的魅力吸引着他们的家人、朋友和更多年轻人选择足球运动，对足球运动的普及和发展起着深远的促进作用。

近年来，英国自行车协会一直致力于让爱好自行车运动的人数成倍增加，发起了包括"天空骑行"自行车环保拉力赛等一系列活动，在鼓励家庭共同参与方面取得了良好效应。英国自行车协会与英格兰体育理事会合作建立了世界领先的社区体育系统，以便在各个社区中有越来越多的人参与体育运动。在社区体育系统中，英国自行车协会主要致力于鼓励女性、残疾人和少数民族人群参与自行车运动。"去骑车"活动是英国自行车协会为青少年制订的活动计划，目的是以一种有趣的、安全的方式引导青少年参与自行车运动，并且向他们提供相应的技术指导。参加"去骑车"活动的方式很简单，青少年可以加入某一家"去骑车"俱乐部，或者参加英国自行车协会的"假日自行车培训活动"。英国自行车协会还为"去骑车"活动的参与者举办各种级别的比赛，以便从中发现天才运动员。

英国足总2012年发布了新一轮的战略"为所有人发展足球运动"。为期四年的新战略意味着在2011~2015年有2亿英镑投入到大众足球运动中。2014年3月，英国足总、英格兰体育理事会、英超联赛和英国足球基金会共同制定了英国大众足球体育设施的三年发展计划，这个计划有助于各方更加协调合作来改善和发展全英国的大众足球体育设施。该计划包括改善英格兰的3000个天然球场、建设150个人造球场、建造100个全天候的球场顶棚。

五　小结

群众体育是精英体育的基础，而精英体育的专业化和市场化始终对群众体育起到引领作用。竞技体育水平较高的发达国家，如在伦敦奥运会奖牌榜上排名前7位的国家，其体育人口比例均处于较高水平，尽管各国制定的参

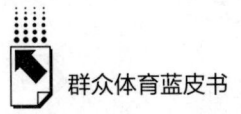

与标准各不相同,但每周参与1次以上体育锻炼的人口比例大都在30%以上(见表2)。体育人口比例是评价一个国家群众体育普及程度的主要指标之一,由此可见,精英体育的水平高低与群众体育发展程度具有紧密相关性,呈现出相辅相成的关系。

表2 体育人口与奥运成绩对照表

单位:%

伦敦奥运会奖牌榜排名	国家	体育人口占总人口的比例	统计标准
1	美国	63	每周1次以上
2	中国	—	—
3	英国	44.7	每周1次以上
4	俄罗斯	20.6	每周6小时以上
5	韩国	41.5	每周2次以上
6	德国	49	每周1次以上
7	法国	65	每周1次以上

注:表中数据非同期统计数据,仅供宏观比较。

在我国当前建设体育强国的进程中,应该充分发挥体育的整体功能,继续探索精英体育与群众体育的融合发展之路。世界主要发达国家在政策制定、人才培养体系、协会管理等多方面的经验值得我国学习和借鉴。

附 录
Appendix

B.20
2014年6~69岁人群体育健身活动和体质状况抽测结果

为构建全民健身公共服务体系和实施《全民健身计划》提供科学依据，及时了解我国城乡居民体育健身活动和体质状况的变化特点，国家体育总局于2014年3~5月在北京市、内蒙古自治区、吉林省、浙江省、山东省、湖北省、广东省、重庆市、云南省、甘肃省等省（区、市），对6~69岁城乡居民的体育健身活动及体质状况进行了抽样调查。按照统一的调查方案，在参与调查工作的各级体育行政部门和相关单位的共同努力下，顺利完成了调查数据的采集、录入及统计分析等工作。现将主要结果公布如下。①

一 基本状况

本次调查对象为6~69岁的城乡居民。调查内容包含6~19岁儿童青少

---

① 本报告为基本调查结果，详细分析请见国家国民体质监测中心：《2014年6~69岁人群体育健身活动和体质状况抽测调查报告》，2014。

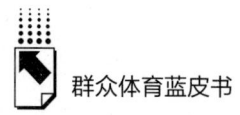

年的体育健身活动状况、20~69岁城乡居民的日常体育健身活动状况,并对20岁及以上人群的身体形态、机能和素质等体质指标进行了测试。① 采取入户调查的方式,从10个省(区、市)中选择30个地(市)的531个街道(乡、镇)进行问卷调查和体质测试,获取有效样本90929,其中城镇男性22506人,女性22945人;乡村男性22672人、女性22806人。

二 6~19岁儿童青少年体育健身活动的基本状况

(一)体育课情况

体育课是培养儿童青少年体育技能、思想品德和体育健身思想的重要途径。调查表明,95.1%的儿童青少年喜欢上体育课。每周有2次体育课的比例为51.6%,有3次体育课的比例为28.9%;76.6%的体育课有老师讲解和指导;75.5%的儿童青少年感到体育课运动负荷能够达到中等强度以上。

有31.6%的儿童青少年上体育课是为了"学习体育技能",60.5%的儿童青少年上体育课是因为"好玩"。在不喜欢体育课的儿童青少年中,有43.9%是因为"怕苦、怕累、怕冷、怕热"等原因。有23.4%的儿童青少年上体育课时"自我玩耍或自习",24.4%的儿童青少年感到体育课的运动强度小。

(二)课外体育活动情况

课外体育活动②是体育教育的重要组成部分,也是增强儿童青少年体质

---

① 体质测试对象要求身体健康、发育健全、无先天、遗传性疾病(如先天性心脏病、挠性瘫痪、聋哑、痴呆、精神异常、发育迟缓等),以及急、慢性疾病(如风湿性心脏性、高血压等),具备生活自理能力、语言表达能力、思维能力和接受能力,能完成简单的身体活动。
② 课外体育活动是指学生在课余时间,在校内开展的各种身体练习和方法,以发展身体、增进健康、提高运动技术水平和丰富业余文化生活为目的而进行的多种形式内容的体育教育活动。它与早操、课间操是校内课余体育的重要组成部分。

和温习体育课学习内容的重要环节。调查数据表明，有96.3%的儿童青少年喜欢参加课外体育活动。因为"锻炼身体"和"学习体育技能"而喜欢参加课外体育活动的比例分别是26.2%和20.2%，有45.4%的儿童青少年是因为"好玩"而参加课外体育活动。在校内每周有2天及以上参加课外体育活动的比例达到60.0%。在课外体育活动中，有52.2%的人参加由老师、教练组织开展的活动，75.6%的人能够达到中等及以上强度，选择锻炼的项目与体育课所学的内容基本相似。

值得注意的是，在参加课外体育活动中有39.4%的儿童青少年自发组织活动；有8.5%的儿童青少年留在教室里写作业、聊天或看别人锻炼。此外，还有24.4%的儿童青少年感到锻炼强度小。不喜欢参加课外体育活动的主要原因与不喜欢体育课的原因类似。

（三）校外体育锻炼情况

有93.0%的儿童青少年每周参加校外体育锻炼①。其中，有44.2%的人平均每周参加"3次及以上"的体育锻炼，有57.2%的人每次参加体育锻炼的时间在30~60分钟，锻炼时基本达到中等强度。参加体育锻炼的项目主要是跑步、游戏、跳绳、踢毽、足球、篮球、排球、乒乓球、羽毛球、网球、柔力球等。儿童青少年参加校外体育锻炼时主要是"自己练"，有指导的人数比例仅为21.9%。在"公共体育场（馆）"和"社区健身广场"锻炼的比例分别是49.7%和26.7%。

调查发现，有77.6%的家长对子女参加校外体育锻炼持支持态度，17.4%的家长对子女参加校外体育锻炼持无所谓态度。在不参加校外体育锻炼的儿童青少年中，有41.6%的人是因为担心"占用学习时间、影响

---

① 校外体育锻炼是指学生在校外的时间和空间里，运用多种体育锻炼手段，以发展身体、增进健康、愉悦身心为目的的群众性体育活动。其有两个基点，一是相对于学校内，为"校外"，二是"体育锻炼"。与校内体育课等相比，校外体育锻炼不拘一格、灵活生动、丰富多彩，不受教学计划和学校围墙的限制，锻炼内容和形式更接近生活，对青少年儿童更具有实效性。

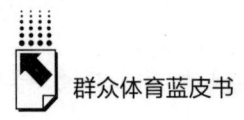

学习";有20.7%的人不参加校外体育锻炼是因为"不喜欢"或"没兴趣"。

(四)体育健身活动的参与度

调查数据表明,有99.8%的儿童青少年每周参加校内外体育健身活动(包含体育课、课外体育活动和校外体育锻炼);有81.7%达到了"每周参加体育锻炼频度3次及以上,每次体育锻炼持续时间30分钟及以上,每次体育锻炼的运动强度达到中等及以上"[①]的标准。参加校外体育锻炼的儿童青少年达到这一标准的比例仅为28.6%。而每周达到3次及以上并进行1个小时以上大强度体育锻炼的儿童青少年比例仅为8.9%,38.5%的儿童青少年体育锻炼强度小。由此可见我国儿童青少年体育锻炼的有效负荷有待提高。

(五)进一步加强儿童青少年校外体育锻炼场所和组织的建设

校外公共体育场(馆)是儿童青少年参加体育锻炼、进行运动健身的重要载体。调查数据显示,儿童青少年参加校外体育锻炼的场所主要有公共体育场(馆)和社区健身广场,比例分别达到49.7%和26.7%,这些场所及设施通常更适合于成年和老年人进行体育健身活动。此外,有78.1%的儿童青少年在参加校外体育锻炼时未得到指导,多是自行练习。因此,要发挥校外体育锻炼的健身功能,就必须在现有基础上进一步做好符合儿童青少年特点的体育锻炼场地和设施的建设,发挥青少年体育俱乐部、户外体育活动营地、校外体育活动中心等青少年体育组织的引领作用。

(六)儿童青少年体育健身活动城乡差异不明显

调查数据显示,城镇与乡村儿童青少年采用的体育健身项目、体育健身的场所、对待上体育课、参加课外体育活动以及校外体育锻炼的态度等方面

---

① 经常参加体育锻炼人是指每周参加体育锻炼频度在3次及以上,每次体育锻炼持续时间在30分钟及以上,每次体育锻炼的运动强度达到中等及以上的人。

具有较高的相似性，差异不明显。但城镇的家长对孩子参加体育锻炼持积极态度的达到80.3%，比乡村高出5.9个百分点。而校外"每周参加体育锻炼频度3次及以上，每次体育锻炼持续时间30分钟及以上，每次体育锻炼的运动强度达到中等及以上"的比例，乡村儿童青少年达到31.1%，比城镇儿童青少年高4.6个百分点。

三 20~69岁城乡居民体育健身活动的变化特征

（一）体育健身活动的参与度

调查结果显示，在2013年里，我国20~69岁城乡居民有50.5%的人参加过体育健身活动，比去年增长了1.3个百分点。其中，达到每周1次及以上的比例为39.8%。

按"每周参加体育锻炼频度3次及以上，每次体育锻炼持续时间30分钟及以上，每次体育锻炼的运动强度达到中等及以上"的标准，达到"经常参加体育锻炼人"的比例为31.2%（含6~19岁儿童青少年人群），与上次的调查结果基本持平。

（二）体育健身意识与锻炼项目

调查结果显示，城乡居民参加体育健身活动原因的前五位依然是"消遣娱乐""增加体力活动""防病治病""减肥"和"减轻压力及调节情绪"。与上次调查相比，次序有所变化，消遣娱乐以23.8%上升为第一位；以"增加体力活动"为目的的降为第二位，占比下降了16.0个百分点，这部分人基本上分散到"减压调节情绪"和"防病治病"中。

数据显示，城乡居民在参加体育健身过程中最经常采用的健身项目依然是"健步走"，达到42.5%，这一比例比上次调查上升了2.7个百分点；参加"跑步"的人群也上升了2.7个百分点，达到16.6%。此外，排在前5位的还有乒乓球、羽毛球（10.7%），广场舞（6.6%）和足篮球（6.4%）。

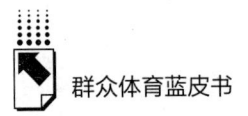

（三）体育健身活动的场所

与上次调查相比，城乡居民参加体育健身活动的场所变化不大，"单位或小区的体育场所"依然是人们首选的健身地方，人数比例为23.7%，其余依次是广场（场院）16.9%、体育场馆15.3%、公路（街道边）11.9%、公园10.9%、住宅小区空地7.0%。

变化较大的是乡村居民，在"场院"健身的人数增加了4.8个百分点，而在公路边、公园和小区空地健身的人群有不同程度的减少。59.4%的人选择1000米以内的体育健身场所进行健身活动，人数比例与上次调查相比有所增加。

（四）体育锻炼的消费

调查结果显示，在参加体育锻炼的人群中，有68.1%的人有过体育消费，其中58.5%的人全年消费总额在500元之内；与以往同类调查结果相比，人均消费水平有所提高，由原有的全年人均消费水平593元提高到645元。[1] 从消费项目来看，购买运动服装鞋帽、体育器材的人数比例有所下降；从各项目的消费金额来看，支付体育锻炼场馆费用的人均消费最高，为612元。相比以往，购买运动服装鞋帽、体育器械的人数比例虽然减少，但人均消费金额有较大幅度提高，购买运动服装鞋帽由原有的381元提高到556元，购买体育器械由原有的247元提高到410元。

（五）体育赛事观赏

在电视机前和比赛现场观看体育项目是大众参与体育的一种形式，在某种程度上能够促进群众体育健身活动的参与度。调查结果显示，球类项目受关注的程度较高，大众观赏率排在前五位的依次是篮球（34.9%）、足球（10.4%）、乒乓球（7.1%）、体操（6.8%）、羽毛球（5.9%）。城镇居民

---

[1] 国家体育总局：《2007年中国城乡居民参加体育锻炼现状调查公报》，2008年12月。

和乡村居民观赏前五位的体育项目一致,但篮球受欢迎程度明显高于其他项目,特别是在乡村。男性以篮球、足球和乒乓球为主要观赏项目,比例分别为 45.9%、15.0%、5.9%;而女性则更多地观赏篮球,人数比例为 22.9%、其次为体操 11.8%、羽毛球 8.7%。调查数据还显示,观赏游泳、台球、武术、拳击、摔跤和举重等项目赛事的观众也占有一定的比例。此外,选择 18 个调查选项之外的比例也较高,体现了体育项目观赏的多元化。

(六)对体育公共服务体系建设的需求

调查数据表明,城乡居民对体育公共服务体系建设需求强烈的前三位是"希望建设与社区(村庄)相配套的公益性体育锻炼场所,提供免费健身器材",比例为 46.5%;其次,"希望健全体育法规和政策,以保证公民享有体育权利"的比例为 18.1%。另外,还有"希望尽可能开放体育锻炼场馆,满足居民日常体育健身的需求"比例为 12.3%。

在加强体育技能知识、锻炼方法的普及和宣传,加强科学健身指导,加强群体活动的组织和引导等方面的需求存在城乡差异,乡村居民的需求更强烈。

四 20~69岁城乡居民体质状况的变化特征

(一)体质水平略有提高

依据《国民体质测定标准》[①],达到优秀等级的为 13.8%,与上次调查相比,增加了 0.6 个百分点;良好等级减少了 0.5 个百分点,合格等级、不合格等级的比例基本与上次保持一致。其中,20~39 岁城乡居民体质水平提高明显,达到优秀等级的比例增加了 1.6 个百分点。

---

① 国家体育总局等10个部门联合于2003年颁布实施《国民体质测定标准》,适用于3~6岁、20~69岁国民个体的身体形态、机能和素质的测试与评定;综合评级分为优秀、良好、合格和不合格四个等级。

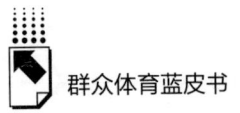

（二）超重、肥胖率降低

2014年城乡居民的超重、肥胖率①分别为33.6%和11.9%，比上次调查均降低了0.8个百分点。男性超重、肥胖率分别为37.7%和13.6%，比上次调查分别降低了0.5和1.2个百分点；女性超重、肥胖率分别为29.4%和10.1%，分别比上次调查降低了0.8和0.4个百分点。

城镇居民超重、肥胖率分别为33.8%和12.7%，分别比上次调查降低了0.9和0.5个百分点。乡村居民超重、肥胖率分别为33.4%和10.9%，分别比上次调查降低了0.6和1.2个百分点。

（三）城乡居民体质水平差异依然存在，但进一步缩小

调查结果显示，与去年相比，城镇与乡村居民体质水平的差异缩小。城乡间优秀等级比例差值由上次调查的5.7个百分点减少到本次调查的4.0个百分点；良好等级差值由3.8个百分点减少到2.4个百分点。城乡差异变化幅度最大的是60~69岁老年人群，城乡间优秀等级人数比例差值从10.1个百分点减少到5.2个百分点；良好等级差值由9.5个百分点减少到6.0个百分点。

---

① 肥胖率又称身体质量指数（Body Mass Index，BMI），计算公式为体重（公斤）/身高（米）^{2}，评价标准：BMI<18.5为体重过轻，18.5≤BMI<24.0为体重正常，24.0≤BMI<28.0为超重，BMI≥28.0为肥胖。

B.21
第六次全国体育场地普查数据公报

根据《国家体育总局、教育部、铁道部、国家旅游局关于开展第六次全国体育场地普查工作的通知》，我国以 2013 年 12 月 31 日为标准时点开展了第六次全国体育场地普查。普查对象为全国（不含港澳台地区）各系统、各行业、各种所有制形式的各类体育场地。目前，全国体育场地普查工作已顺利完成，现将此次普查数据公报如下。

一　全国体育场地基本情况

截至 2013 年 12 月 31 日，全国共有体育场地 169.46 万个，用地面积 39.82 亿平方米[①]，建筑面积 2.59 亿平方米[②]，场地面积 19.92 亿平方米[③]。其中，室内体育场地 16.91 万个，场地面积 0.62 亿平方米；室外体育场地 152.55 万个，场地面积 19.30 亿平方米。

以 2013 年末全国（不含港澳台地区）总人口 13.61 亿人计算[④]，平均每万人拥有体育场地 12.45 个，人均体育场地面积 1.46 平方米。

---

① 用地面积是指体育场地实际占有的土地面积，包括附属配套设施的占地面积，以及道路、停车场、绿化带等占地面积。因此，本次普查中的体育场地用地既包括《城市用地分类与规划建设用地标准》规定的"体育用地"，也包括在非体育用地上建设体育场地所占用的土地面积，如普通中小学、宾馆、商场及饭店内的体育场地。
② 建筑面积是指体育场地用房及附属设施房屋的面积。
③ 场地面积是指可供训练、比赛、健身活动的场地有效面积。场地除包括比赛规定的尺寸外，还包括必要的安全区、缓冲区、无障碍地带。
④ 2013 年末全国总人口数据来自《中国统计年鉴（2014）》。

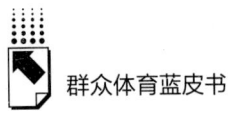

二 全国体育场地分布情况①

（一）体育场地按系统分布

在全国体育场地中，体育系统管理的体育场地2.43万个，占全国场地的1.43%；场地面积0.95亿平方米，占全国场地面积的4.79%。教育系统管理的体育场地66.05万个，占全国场地的38.98%；场地面积10.56亿平方米，占全国场地面积的53.01%。军队系统管理的体育场地5.22万个，占全国场地的3.08%；场地面积0.43亿平方米，占全国场地面积的2.16%。其他系统管理的体育场地95.76万个②，占全国场地的56.51%；场地面积7.98亿平方米，占全国场地面积的40.03%（见表1）。

表1 全国各系统体育场地数量及面积情况

单位：个，亿平方米，%

系统类型	场地数量	数量占比	场地面积	面积占比
体育系统	2.43	1.43	0.95	4.77
教育系统	66.05	38.98	10.56	53.01
其中:高等院校	4.97	2.93	0.82	4.12
中小学	58.49	34.52	9.29	46.63
其他教育单位	2.59	1.53	0.45	2.26
军队系统	5.22	3.08	0.43	2.16
其他系统	95.76	56.51	7.98	40.06
合计	169.46	100.00	19.92	100.00

① 除"（一）体育场地按系统分布"外，本部分其他体育场地分布数据均不包括军队系统所属的各类体育场地。
② 其他系统管理的体育场地是指除体育系统、教育系统和军队系统外，社会其他各行业（系统）所管理的体育场地，以及难以划分管理单位所属系统的体育场地。普查时，由各级人民政府和基层群众性自治组织直接或代为管理的体育场地也划入到其他系统中。

（二）体育场地按单位分布

在全国民用体育场地中，行政机关管理的体育场地8.39万个，占全国民用体育场地的5.11%；场地面积0.86亿平方米，占全国民用体育场地面积的4.41%。事业单位管理的体育场地68.66万个，占全国民用体育场地的41.81%；场地面积11.45亿平方米，占全国民用体育场地面积的58.75%。企业管理的体育场地13.77万个[①]，占全国民用体育场地的8.38%；场地面积4.11亿平方米，占全国民用体育场地面积的21.09%。其他单位管理的体育场地73.42万个，占全国民用体育场地的44.70%；场地面积3.07亿平方米，占全国民用体育场地面积的15.75%（见表2）。

表2　全国各单位民用体育场地数量及面积情况

单位：万个，亿平方米，%

单位类型	场地数量	数量占比	场地面积	面积占比
行政机关	8.39	5.11	0.86	4.41
事业单位	68.66	41.81	11.45	58.75
企业单位	13.77	8.38	4.11	21.09
其中:内资企业	12.94	7.88	3.40	17.45
港、澳、台商投资企业和	0.46	0.28	0.39	2.00
外商投资企业	0.37	0.22	0.32	1.64
其他单位	73.42	44.70	3.07	15.75
合计	164.24	100.00	19.49	100.00

---

① 企业单位包括内资企业，港、澳、台商投资企业和外商投资企业。其中，内资企业包括国有企业、集体企业、股份合作企业、联营企业、有限责任公司、股份有限公司、私营企业和其他内资企业。

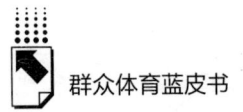

（三）体育场地按类型分布

根据此次普查标准，全国普查到 82 种主要民用体育场地类型①，场地数量 154.01 万个，占全国民用体育场地的 93.77%；场地面积 17.92 亿平方米，占全国民用场地面积的 91.94%。其他类体育场地 10.23 万个，占全国民用体育场地的 6.23%；场地面积 1.57 亿平方米，占全国民用场地面积的 8.06%（见表 3）。

表 3 各种类型民用体育场地数量及面积情况

单位：万个，亿平方米，%

场地类型	场地数量	数量占比	场地面积	面积占比
82 种主要体育场地类型	154.01	93.77	17.92	91.94
其他类体育场地	10.23	6.23	1.57	8.06
合计	164.24	100.00	19.49	100.00

在 82 种主要民用体育场地类型中，数量排名靠前的体育场地分别是篮球场、全民健身路径②、乒乓球场、小运动场和乒乓球房（馆），共计 124.80 万个，占全国体育场地的 75.98%（见表 4）。

---

① 82 种主要体育场地类型包括体育场、田径场、田径房（馆）、小运动场、体育馆、游泳馆、跳水馆、室外游泳池、室外跳水池、综合房（馆）、篮球房（馆）、排球房（馆）、手球房（馆）、体操房（馆）、羽毛球房（馆）、乒乓球房（馆）、武术房（馆）、摔跤柔道拳击跆拳道空手道房（馆）、举重房（馆）、击剑房（馆）、健身房（馆）、棋牌房（室）、保龄球房（馆）、台球房（馆）、沙狐球房（馆）、室内五人制足球场、网球房（馆）、室内曲棍球场、室内射箭场、室内马术场、室内冰球场、室内速滑场、室内冰壶场、室内轮滑场、壁球馆、门球房（馆）、足球场、室外五人制足球场、室外七人制足球场、篮球场、三人制篮球场、排球场、沙滩排球场、室外手球场、沙滩手球场、橄榄球场、室外网球场、室外曲棍球场、羽毛球场、乒乓球场、棒垒球场、室外射箭场、室外轮滑场、板球场、木球场、地掷球场、室外门球场、室外人工冰球场、室外人工速滑场、室外人工冰壶场、摩托车赛车场、汽车赛车场、卡丁车赛车场、自行车赛车场、自行车赛车馆、小轮车赛车场、室外马术场、射击房（馆）、室外射击场、水上运动场、海上运动场、天然游泳场、航空运动机场、室内滑雪场、室外人工滑雪场、高尔夫球场、室外人工攀岩场、攀岩馆、登山步道、城市健身步道、全民健身路径和户外活动营地等。此外，以上类型之外的体育场地均按照其他类体育场地统计。

② 全民健身路径统计场地数量时，按照所在地点进行统计，即建在同一地点的若干件器械记为 1 个。

表4 全国民用场地数量排名靠前的场地类型情况

单位：万个，%

场地类型	场地数量	数量占比
篮球场	59.64	36.31
全民健身路径	36.81	22.41
乒乓球场	14.57	8.87
小运动场	8.91	5.42
乒乓球房（馆）	4.87	2.97
合计	124.80	75.98

全国民用场地面积排名靠前的体育场地分别是小运动场、篮球场、田径场[1]、体育场和城市健身步道，共计11.33亿平方米，占58.13%（见表5）。

表5 全国民用场地面积排名靠前的场地类型情况

单位：亿平方米，%

场地类型	场地面积	面积占比
小运动场	4.42	22.68
篮球场	3.58	18.34
田径场	1.69	8.67
体育场	1.05	5.39
城市健身步道	0.59	3.03
合计	11.33	58.13

（四）体育场地按城乡分布

在全国民用体育场地中，分布在城镇的体育场地96.27万个，占全国民用体育场地的58.62%；场地面积13.37亿平方米，占全国民用体育场地面积的68.60%。其中，室内体育场地12.87万个，场地面积0.54亿平方米；

---

[1] 体育场是指有6条以上标准400米跑道，场地中心含有足球场、并建有固定看台的体育建筑，且观众席位不少于500个。对于跑道条数不足6条、无固定看台或观众席位少于500个的体育建筑按照田径场进行统计。

室外体育场地83.40万个，场地面积12.83亿平方米。分布在乡村的体育场地67.97万个，占41.38%；场地面积6.12亿平方米，占全国民用体育场地面积的31.40%。其中，室内体育场地2.73万个，场地面积0.05亿平方米；室外体育场地65.24万个，场地面积6.07亿平方米。

表6 室内外民用体育场地城乡分布情况

单位：万个，亿平方米

体育场地类型	城镇体育场地		乡村体育场地	
	数量	场地面积	数量	场地面积
室内体育场地	12.87	0.54	2.73	0.05
室外体育场地	83.40	12.83	65.24	6.07
合计	96.27	13.37	67.97	6.12

（五）体育场地按地区分布

全国民用体育场地中，分布在东部地区[①]的体育场地有71.10万个，占全国民用体育场地的43.29%；场地面积9.38亿平方米，占全国民用体育场地面积的48.13%。分布在中部地区的体育场地40.39万个，占全国民用体育场地的24.59%；场地面积4.18亿平方米，占全国民用体育场地面积的21.45%。分布在西部地区的体育场地42.63万个，占全国民用体育场地的25.96%；场地面积4.28亿平方米，占全国民用体育场地面积的21.96%。分布在东北地区的体育场地10.12万个，占全国民用体育场地的6.16%；场地面积1.65亿平方米，占全国民用体育场地面积的8.47%。

---

① 东、中、西、东北部的划分：东部地区包括北京、天津、河北、上海、江苏、浙江、福建、山东、广东和海南；中部地区包括山西、安徽、江西、河南、湖北和湖南；西部地区包括内蒙古、广西、重庆、四川、贵州、云南、西藏、陕西、甘肃、青海、宁夏和新疆；东北地区包括辽宁、吉林和黑龙江。

表7 东、中、西部和东北地区体育场地分布情况

单位：万个，亿平方米

地区	省份数量(个)	场地数量	场地面积
东部	10	71.10	9.38
中部	6	40.39	4.18
西部	12	42.63	4.28
东北	3	10.12	1.65
合计	31	164.24	19.49

三 我国体育场地十年发展变化

对比第五次全国体育场地普查（截至2003年12月31日），全国体育场地数量增加84.45万个，总用地面积增加17.32亿平方米，总建筑面积增加1.84亿平方米，总场地面积增加6.62亿平方米；人均场地面积增加0.43平方米，每万人拥有体育场地数增加5.87个（见表8）。

表8 体育场地主要指标十年发展变化情况

指标	2003年	2013年	增长(%)
全国体育场地总数量(万个)	85.01	169.46	99.34
全国体育场地总用地面积(亿平方米)	22.50	39.82	76.98
全国体育场地总建筑面积(亿平方米)	0.75	2.59	245.33
全国体育场地总场地面积(亿平方米)	13.30	19.92	49.77
人均体育场地面积(平方米)	1.03	1.46	41.75
每万人拥有体育场地数量(个)	6.58	12.45	89.21

在全国新建的三大球场地中，足球类场地0.71万个，场地面积2136.99万平方米；篮球类场地47.69万个，场地面积28179.67万平方米；排球类场地3.07万个，场地面积960.62万平方米（见表8）。[①]

---

① 足球类场地包括十一人制足球场、室外五人制足球场、室外七人制足球场和室内五人制足球场，不包括体育场和田径场环形跑道内的足球场；篮球类场地包括篮球房（馆）和室外篮球场，不包括体育馆和综合房（馆）中的篮球场；排球类场地包括排球房（馆）和室外排球场，不包括体育馆和综合房（馆）中的排球场。

表9 三大球新建场地数量和面积情况

单位：万个，万平方米

三大球场地	数量	场地面积
足球类场地	0.71	2136.99
篮球类场地	47.69	28179.67
排球类场地	3.07	960.62

全国新建全民健身路径器械330.03万件、登山步道0.12万条、城市健身步道0.97万条和户外活动营地0.09万个，场地面积共计0.87亿平方米。①

---

① 本公报中的分项占比数据是利用原始数据（未进行小数取舍）进行计算的结果。

Abstract

"Annual Report of Mass Sport Development in China: 2015" (hereinafter referred to as "Report") uses annual hot issues of mass sport development in China as a main line, employing a combination of theory analysis and case study, to generalize and analyse the current situation, latest theory, and major issues of mass sport practices in overseas countries, for the purpose of making a comprehensive and thorough analysis of mass sport development in China. From this point of view, this report can be regarded as an annual summary and also a good sample for theoretical study.

The general report is "Assessment Report on the Implementation of China's National Fitness Plan (2011 – 2015)" (hereinafter referred to as "Assessment Report"). "China's National Fitness Plan (2011 – 2015)" (hereinafter referred to as "Plan") is a programmatic document for the development of China's mass sport during the "12th five – year plan" period. Its implementation and effects can be seen as an important basis for the assessment of public fitness services provided by Chinese governments. "Assessment Report" mainly evaluates the attainment of objectives set out in "Plan", which is carried out from six perspectives, namely, the General Administration of Sport of China, provinces (autonomous regions/ municipalities), ministries and commissions under the State Council, social forces, and public satisfaction. What's more, "Assessment Report" presents an in – depth discussion on issues like the evaluation of public fitness services provided by Chinese governments at different levels, ways and measures to construct a better public service system for national fitness, and the formulation of "National Fitness Plan (2016 – 2020)", which will lay a solid theoretical foundation for the construction of public sport services and a world sports power in the future.

The thematic reports consist of (1) Macro Perspective: focusing on the current situation, data, and predictions of public sport services provided by governments at different levels; (2) Advanced Theory: introducing theoretical studies of experts from scientific research institutes and colleges/universities; (3) Local Mass Sports: presenting typical mass sport practices at the provincial (autonomous regional/municipalities) level; (4) Sector Collaboration: describing the support for mass sports by government departments other than sport; (5) Social Set Up: introducing analysis on national fitness activities organized by social forces; (6) Report on Subjects for Reference: introducing research results of mass sport practices in advanced countries.

Contents

B I General Report

B.1 Assessment Report on the Implementation of
"National Fitness Plan (2011 −2015)"

      "National Fitness Plan (2011 – 2015)"

      Implementation Impact Assessment Group / 001

1. Assessment Report of the General Administration of Sport of China on the Implementation of "National Fitness Plan (2011 – 2015)" / 002
2. Assessment Report on the Implementation of "National Fitness Plan (2011 – 2015)" at the Provincial (Autonomous Regional/Municipal) Level in China / 014
3. Assessment Report on the Implementation of "National Fitness Plan (2011 – 2015)" at the Level of Ministries and Commissions under China's State Council / 028
4. Assessment Report on the Implementation of "National Fitness Plan (2011 – 2015)" at the Social Force Level / 038
5. Research Report on Public Satisfaction of the Implementation of "National Fitness Plan (2011 – 2015)" / 047

Abstract: "China's National Fitness Plan (2011 − 2015)" (hereinafter referred to as "Plan") is a programmatic document for the development of China's

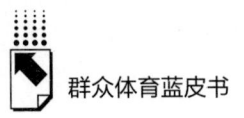

mass sport during the "12th five - year plan" period. Its implementation and effects can be seen as an important basis for the assessment of public fitness services provided by Chinese governments. In June 2014, the General Administration of Sport of China conducted an assessment on the implementation of "Plan". The "Assessment Report" mainly evaluates the attainment of objectives set out in "Plan", which is carried out from six perspectives, namely, the General Administration of Sport of China, provinces (autonomous regions/ municipalities), ministries and commissions under the State Council, social forces, and public satisfaction. What's more, the "Assessment Report" presents an in - depth discussion on issues like the evaluation of public fitness services provided by governments at different levels, ways and measures to construct a better public service system for national fitness, and the formulation of "National Fitness Plan (2016 -2020)", which will lay a solid theoretical foundation for the construction of public sport services and a world sports power in the future.

Keywords: National Fitness Program; Implementation Impact Assessment

B II Advanced Theory

B.2 Reflection on Comprehensively Deepening the Reform of Mass Sport　　　　　　　　　　*Liu Guoyong* / 065

Abstract: Upgrading of national fitness as a national development strategy has brought new opportunities and changes to comprehensively deepening the reform of mass sport. In addition to that, China's economy has entered a period of new normal, which also proposes new requirements for deepening the reform of mass sport to make China transform from "a major sports country" to "a world sports power". In comply with the governance strategy of "four comprehensives", deepening the reform of mass sport should start from aspects of innovating the management system and operation mechanism of mass sport, transforming government functions, and improving the public service system for promoting national fitness.

Paths and initiatives to deepen the reform of mass sport include: establish a cooperative development mechanism for national fitness at the state level; enrich and improve the working pattern of mass sport; clarify the power relationships and responsibilities of central and local governments; streamline administration, delegate more powers to lower-level government and society, improve regulation and optimize services to improve efficiency; foster and promote the development of sport organizations; better play the role of market forces in the development of national fitness; make full use of the role model of the demonstration spot; reform the system of social sport instructors; build a new platform and create a new model; construct a think-tank specialized for China's mass sport.

Keywords: Mass Sport; Fitness; Public Sports Service; Sports Management System

B. 3 Propel Social Construction by Mass Sport　　　　Ren Hai / 081

Abstract: Social construction has been raised as a national development strategy, which marked that China has developed to a new stage of people-oriented value. Social harmony is the essential attribute of socialism with Chinese characteristics. Sports are highly conformed to social construction value orientation because of its innate humanistic spirit. Based on its many social functions, sport has unique functions in social participation expanding, social inclusion promoting, social governance improvement, social value spreading. But these social functions won't work automatically. If we want to active them, we need to change our ideas, make mass sport promote social construction and elaborate small sports groups' social function. The basic goal of mass sport should be changed from people nature fitness attribute to comprehensive development of social attribute.

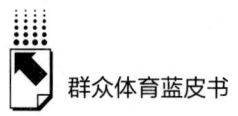

"Government standard" of developing mass sport should transfer to "society standard". We need to find a combination of mass sport and social construction, and make them promote each other. Thus, promoting social construction by mass sport is a practical need of China in this social developing period. Combination of mass sport and social construction will open a broad prospect for sport.

Keywords: Mass Sport; Social Participation; Social Value; Small Groups Sports Organized

B. 4 Role of Market in the Development of Mass Sport

Bao Mingxiao, Qiu Xue and Wu Sa / 102

Abstract: The 3 rdplenary session of 18th CPC central committee put forward that market should play a decisive role in the distribution of resources. Mass sport is made up of basic public services and non-basic public services. The former one is guaranteed by the government and the latter one is supplied by the market. The authors hold the opinion that as it is an inevitable choice to give play to market effectiveness in advancing mass sport because mass sport takes up resources widely and largely, also its incentive and constraint mechanism is very complicated. This paper makes a comprehensive exposition about the market's role in mass sport development from why and how market should play a role, and how relations should be dealt with for market to play a role. Promoting system innovation of mass sport gradually, deepening itself, developing market, stripping system's non-basic part are the strategies to develop mass sport in china.

Keywords: Mass Sport; Physical Demand Non-basic Public Service; Fitness Services

B. 5　Research on Structuring the National Fitness System Model Based
　　　on the Social Marketing Theory　　　*Lin Qiong*, *Chen Qiwen* / 115

Abstract: Along with the continuous development of modern society, the theory of social marketing which derived from the traditional marketing has been expanded and widely used to solve the social problems by new ways and methods. In order to raise the overall welfare of society, we apply the principle of marketing to make our national group accepting the concepts and taking actions on the phrase of *national fitness*. The technology and means of social marketing could be played an important role in the process of the national fitness plan up to be nation-level strategy. This article discusses how to apply both the Push policy and Pull policy to form a new national fitness system.

Keywords: National Fitness System; Social Marketing; Push Strategy; Pull Strategy

B Ⅲ　Macro Perspective

B. 6　Research Report on the Implementation of "National Fitness
　　　Regulations" and "National Fitness Plan (2011 -2015)"
　　　　　　　　"*National Fitness Regulations*," *the Implementation*
　　　　　　　　　　　　　　　　of the Research Group Check / 127

Abstract: In November and December of 2014, a joint research group checked the implementation of "national fitness regulations" and "national fitness plan (2011 -2015)" in four provinces (cities). The result shows that, new measures have been taken for the implementation of "regulations" and "plan", and national fitness experienced a rapid development with new features. However, the result also shows that development levels of national fitness between urban and

rural areas, and between regions are different; the population structure of sport organizations is imbalance; participation rate of social sport instructors into fitness guide is expected to grow; security problems prevent school sport facilities from being opened up to the public. To solve these problems, we need to: put the national development strategy of national fitness into practice; manage sport affairs by the rule of law and enhance the top design to construct a regulation system for national fitness; innovate institutional mechanism to impel equalization of basic public sports services; activate grass－root sport organizations; integrate social sport resources; improve the management and construction level of sport venues.

Keywords: National Fitness Regulations; National Fitness Plan (2011 - 2015); Sports Social Organization

B. 7 Research Report on the Implementation of "National Fitness Regulations" and "National Fitness Plan (2011 -2015)" (Youth Sports)

State Sports General Administration Youth Sports Division / 136

Abstract: In November and December of 2014, the youth sports division of China's General Administration of Sport checked the implementation of "national fitness regulations" and "national fitness plan (2011 -2015)", and the academic education of athletes in four provinces (cities).

The result shows that, public sport services forthe youth has made continuous improvement; regulations and policies concerning academic studies of young athletes have been released and implemented at local level; a working mechanism of normal academic education for young athletes has been set up. At the same time, the result also shows that the cross-sector collaboration mechanism for youth sports need to be enhanced; the implementation of including the academic education of athletes into local education planning and into local education funds is far from expected; fitness activities of young people are lacking guidance from professional sport instructors; the participation and integration of social resources are far from enough. To solve these problems, we need to: attach importance to macro-strategic studies to develop youth sports promotion plans; impel the implementation of "two including" in public sport schools; establish a national and provincial supervision mechanism for athlete's academic education.

Keywords: Youth Sports; Implementation; Progress; Problems; Measures

B Ⅳ Local Mass Sports

B. 8 Practices and Reflections on Government Procurement of Public Sport Services in Changzhou City, Jiangsu Province

Ren Hongxing, Chen Xinrong and Ye Min / 144

Abstract: Government procurement of public sport services is an important measure to transform government functions, build service-oriented government, promote the sport reform and development, and innovate sport governance. What's more, it is an important way to enrich providers and supply modes of public sport services. This article introduces practices of government procurement of public sport services in Changzhou city, Jiangsu province, and provides measures against existing problems.

Keywords: Government Procurement; Public Sport Services; Changzhou City

B. 9 "Hand-in-Hand" of National Fitness and Mobile Internet: an Illustration of "Do-Sports" APP Program in Hubei Province

Hubei Administration of Sport / 162

Abstract: Hubei province was specified as a demonstration pilot for the reform of large-scale stadium of in 2012. On July 18, 2014, Hubei provincial sports bureau released a public service platform, which consists of a "Do-Sports"

APP, a PC website, a mobile website, and a Wechat official account. "Do-Sports" APP, an application software to provide phone users with fitness services such as venue booking, is a first-phase program for the construction of public service platform. The APP was put into use on July 18, 2014, and has been running for 9 months by now. The operation and experience of "Do-Sports" APP shows that the combination of national fitness and mobile Internet will bring profound influence on the organization and participation of national fitness. By studying the development, promotion and current condition of "Do Sports" App, this article explored new approaches for integrated development of national fitness and mobile Internet.

Keywords: Hubei Psrovince; "Do Sports"; APP Project ; Ports Public Service Platform

B. 10 Summary of Legislation for "Regulations to Promote National Fitness in Shenzhen Special Economic Zone"

Shenzhen Sports and Tourism Bureau Policies and Regulations / 176

Abstract: After two years of modification and based on "rules to promote national fitness in Shenzhen special economic zone (released in 1999)", "regulations to promote national fitness in Shenzhen special economic zone" passed the vote at the 31th plenary meeting of the 5th Shenzhen people's congress standing committee on August 28, 2014, and was formally implemented on January 1, 2015.

This article introduced the legislative process (open-door legislation), legislative thinking development and innovation, legislative spirit (practice-and operation-advanced), and legislative philosophy (from managing to serving, from prohibiting to guaranteeing) of "regulations". In addition, this article described considerations on issues including the management subject of public sport facilities, opening-up of sport facilities in primary and secondary schools to the public, the naming of sport activities and competitions, and the establishment of fitness incentive mechanism. What's more, this article discussed, from the perspective of law, the making and promotion of corresponding systems, and practices, problems and experience in terms of legal training.

Keywords: Shenzhen; Fitness; Legislation; Incentives

B V Sector Collaboration

B.11 Play the Role of Business Clubs, Expand the Outdoor Sports Market, and Build a National Fitness Service System

Zhang Zhijian / 194

Abstract: Commercial sport clubs may function as a linkage between government, social organizations and the mass, a major driving force in promoting the socialization of sports, and play a vanguard role of the sports market. It is of great importance to full play the role of commercial sport clubs under the principle of "serving, guiding, and standardizing", helping them develop in comply with market rules. In this scenario, sport industry can become an important part of national fitness service system.

Keywords: Commercial Sport Clubs, Sports Market, Fitness Public Service System

B.12 Research on the Present Situation and Development Suggestions of Grassroots Sport and Fitness for Disabled People in China

Dai Qingsong, Zhao Kun and Liu Zhenyi / 203

Abstract: This research analyzed the items, facilities, professional instructors, and influence factors of grassroots sport and fitness for disabled people in China, with the methods of literature review, questionnaire, expert interview and etc. The result shows that in China, the overall participation of disabled people into sports and fitness activities is not optimistic: activities taken are varied

with types of disabilities; the major motivation for disabled people to participate in sport and fitness activities is rehabilitation, with the form of exercising alone; people with different personality and age will choose different activities; because of low income, the consumption level of disable people on sport and fitness is comparatively low; disabled people always perform physical exercises on public spaces such as parks; facilities specialized for disabled people are severely lacking; professional fitness instructors are far from enough. In response to these problems, this article proposed some suggestions and countermeasures for the development of the disabled sport and fitness.

Keywords: Disabled People; Rehabilitation Fitness ; Mass Spores

ℬ Ⅵ Social Set-up

B. 13 Study on the Relationship between Lottery Investment into National Fitness and Credibility-Building *Yang Chunlei* / 223

Abstract: For a long time, sport lottery has made an outstanding contribution to the development of China's national fitness. Based on the relationship between lottery investment and credibility-building, this article analyzed problems existed in the investment of sport lottery into national fitness. For example, corresponding regulations are imperfect, the supervision system is incomplete, and the publicity is poor. From the perspective of completing the sport lottery management system, this article put forward some suggestions on preceding problems.

Keywords: National Fitness; Credibility; Sport Lottery

B. 14 Reconstructing a Hundreds of Billions of Market for Mass Sports *Yan Jingfeng* / 232

Abstract: With the improvement of mobile Internet technology and popularization of mobile communications equipment, the continuous increasing of mobile internet population has drawn great attention of the market. Meanwhile, the improvement of people's living standard will promote the development of national fitness. To ensure that national fitness develop in a long-term, effective and sustainable manner, we need to seek a new solution with the help of mobile Internet technology, whose O2O mode, intelligent hardware for sports, and online social networking of sport organizations can effectively address problems such as insufficient sport facilities, lack of technicalization for mass sport, and low-level organization of grassroots mass sport. The cross-border integration of mobile Internet and mass sport will promote the evolution of corresponding technologies, and the combination of mobile Internet population and sports population will construct a huge market. This article used cases shown in 2014 China Sports Marketing Forum (CSMF) as examples to analyze current conditions of mass sport and mobile Internet, and the promotion of mobile Internet on the development of mass sport.

Keywords: Mobile Lnternet; Mass Sport; Intelligent Hardware

B. 15 National Fitness, Starting from Here: an Introduction to China's "2015 National Fitness Carnival"   *Asia Fitness Academy* / 248

Abstract: "2015 National Fitness Carnival" is a national public welfare activity, which is initiated by China Association for Promotion of National Fitness and Asian Fitness Academy, and will be hosted in 100 cities with 1,000,000 and more inhabitants. The carnival will provide a variety of activities under themes of "Amateur Fitness Carnival" and "Professional Fitness Conference", and top international experts will be invited to give lectures. All these will make the carnival attract large participants from all walks of life and promote the development of fitness industry in China.

Keywords: Fitness Carnival; Fitness Exchange; Charitable Activities

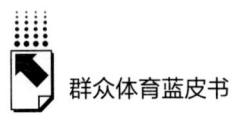

ⅫB Ⅶ Report on Subjects for Reference

B.16 Practice and Enlightenment of Mass Sport for People
with Disabilities in the UK   *Li Dongting* / 254

Abstract: This article, by using research method such s as literature review, logical analysis, comparison, and etc., makes a comprehensive examination and study on the polices, the administration/management, the strategies and measures employed by the UK government in the development of mass sports for people with disabilities, as well as the status quo and major features of disability sport in the UK. Mass sport for people with disabilities in the UK is led by the government, participated jointly by the public, private and third sectors, and included in mass sport for ordinary people. Such management and operation mechanism allows the UK government to adopt inclusive measures and specific methods for the integrated development of mass sport for both disabled and ordinary people. Good practice and experience in the UK can be used as a reference for China. As long as we improve the operation mechanism of disability sports, take appropriate measures, and enhance the pace and quality of sport development under the "all sectors involved" working pattern, great achievements can be made for people with disabilities on the equality of sport rights in China.

Keywords: The UK; Mass Sport for People With Disabilities; Integrated Manegement

B.17 Research on the Status-Quo and Development Trends of
International Fitness and Recreation Industry   *Chen Lin* / 270

Abstract: Goods industry accounts for a large proportion of sport industry in China. The State Council of China proposed to optimize the structure of sport industry and promote sport consumption. Therefore, accelerating the development of fitness and recreation industry is one of the overall development trends for sport industry in China. Starting from the concept and role of fitness and recreation industry, this article introduced the status quo and features of fitness and recreation industry in field-leading countries, and analyzed good practices in these countries from perspectives of market sharing, specific activities, and participation rate. Finally, this article proposed the development trends of international sport and recreation industry and the enlightenment to China.

Keywords: Sport Industry ; Fitness and Recreation Industry; International Comparison

B. 18 Government's Role in the Governance of Mass Sport in Field-leading Countries

Hou Haibo, Li Guihua, Chen Lin, Wang Ying, Wang Yuexin,
Chang Lihua, Jin Xiannü, Zhang Shuguang and Li Chen / 286

Abstract: By means of literature review, expert consultation, analytical comparison and experience summarization, thisarticle analyzed the role and function of government in the governance of mass sport in field-leading countries. The result shows that, even though governments in different countries play different roles in mass sport governance according to national conditions, there are some similarities. At present, the governance model of mass sport in these fielding-leading countries can be summarized as "managing sports affairs according to the law, streamlining administration and delegating more power to lower-level governments, and promoting cross-sector collaboration". Law-based cross-sector collaboration has been widely adopted in these countries, but varied in degrees. Such governance mechanism enables the public sector, the commercial/private sector, and the third sector to full play their advantages, and to form a partnership between them. In the governance, these countries attach great importance to macro planning so as to introduce social and market forces into mass sport, and provide police and financial support as needed; on the other hand, they set up a complete administrative supervision and accountability system to ensure the healthy development of mass sport.

Keywords: Field-leading Countries; Mass Sport Governance; Government; Role; Function

B.19　Research on Integration of Elite Sport and Sport for All in Major Developed Countries

Wang Ying, Wang Yuexin, Hou Haibo, Chang Lihua,
Chen Lin, Zhang Shuguang and Li Chen / 306

Abstract: The research methods of literature review, expert consultation and analytical comparison have been applied in this paper to study on the integration of elite sport and sport for all in the world's major developed countries. The level of elite sport and popularity of sport for all is closely related, and the penetration and integration between the two indicate one of the development trends of sport in the future. A number of developed countries attach great importance to the balance between elite sport and sport for all while formulating sport policies or guidelines. The two systems always provide talents for each other. The major sporting events and sport for all manage to achieve a win-win situation. All these experiences can provide valuable references for sport development in our country.

Keywords: Major Developed Countries; Elite Sport; Sport for All; Integration

ＢⅧ　Appendix

B.20　Results of Physical Activities and Physical Fitness Survey on Chinese Aged between 6 and 69 (August 6, 2014)　／ 321

B.21　The Sixth National Census Data about Sport Fields and Facilities in China　／ 329

社会科学文献出版社　皮书系列

❖ 皮书起源 ❖

"皮书"起源于十七、十八世纪的英国，主要指官方或社会组织正式发表的重要文件或报告，多以"白皮书"命名。在中国，"皮书"这一概念被社会广泛接受，并被成功运作、发展成为一种全新的出版型态，则源于中国社会科学院社会科学文献出版社。

❖ 皮书定义 ❖

皮书是对中国与世界发展状况和热点问题进行年度监测，以专业的角度、专家的视野和实证研究方法，针对某一领域或区域现状与发展态势展开分析和预测，具备权威性、前沿性、原创性、实证性、时效性等特点的连续性公开出版物，由一系列权威研究报告组成。皮书系列是社会科学文献出版社编辑出版的蓝皮书、绿皮书、黄皮书等的统称。

❖ 皮书作者 ❖

皮书系列的作者以中国社会科学院、著名高校、地方社会科学院的研究人员为主，多为国内一流研究机构的权威专家学者，他们的看法和观点代表了学界对中国与世界的现实和未来最高水平的解读与分析。

❖ 皮书荣誉 ❖

皮书系列已成为社会科学文献出版社的著名图书品牌和中国社会科学院的知名学术品牌。2011年，皮书系列正式列入"十二五"国家重点图书出版规划项目；2012~2014年，重点皮书列入中国社会科学院承担的国家哲学社会科学创新工程项目；2015年，41种院外皮书使用"中国社会科学院创新工程学术出版项目"标识。

中国皮书网

www.pishu.cn

发布皮书研创资讯，传播皮书精彩内容
引领皮书出版潮流，打造皮书服务平台

栏目设置：

- 资讯：皮书动态、皮书观点、皮书数据、皮书报道、皮书发布、电子期刊
- 标准：皮书评价、皮书研究、皮书规范
- 服务：最新皮书、皮书书目、重点推荐、在线购书
- 链接：皮书数据库、皮书博客、皮书微博、在线书城
- 搜索：资讯、图书、研究动态、皮书专家、研创团队

中国皮书网依托皮书系列"权威、前沿、原创"的优质内容资源，通过文字、图片、音频、视频等多种元素，在皮书研创者、使用者之间搭建了一个成果展示、资源共享的互动平台。

自 2005 年 12 月正式上线以来，中国皮书网的 IP 访问量、PV 浏览量与日俱增，受到海内外研究者、公务人员、商务人士以及专业读者的广泛关注。

2008 年、2011 年中国皮书网均在全国新闻出版业网站荣誉评选中获得"最具商业价值网站"称号；2012 年，获得"出版业网站百强"称号。

2014 年，中国皮书网与皮书数据库实现资源共享，端口合一，将提供更丰富的内容，更全面的服务。

法律声明

"皮书系列"(含蓝皮书、绿皮书、黄皮书)之品牌由社会科学文献出版社最早使用并持续至今,现已被中国图书市场所熟知。"皮书系列"的LOGO( )与"经济蓝皮书""社会蓝皮书"均已在中华人民共和国国家工商行政管理总局商标局登记注册。"皮书系列"图书的注册商标专用权及封面设计、版式设计的著作权均为社会科学文献出版社所有。未经社会科学文献出版社书面授权许可,任何使用与"皮书系列"图书注册商标、封面设计、版式设计相同或者近似的文字、图形或其组合的行为均系侵权行为。

经作者授权,本书的专有出版权及信息网络传播权为社会科学文献出版社享有。未经社会科学文献出版社书面授权许可,任何就本书内容的复制、发行或以数字形式进行网络传播的行为均系侵权行为。

社会科学文献出版社将通过法律途径追究上述侵权行为的法律责任,维护自身合法权益。

欢迎社会各界人士对侵犯社会科学文献出版社上述权利的侵权行为进行举报。电话:010-59367121,电子邮箱:fawubu@ssap.cn。

社会科学文献出版社

权威·前沿·原创

社会科学文献出版社

皮书系列

2015年

盘点年度资讯 预测时代前程

社会科学文献出版社
SOCIAL SCIENCES ACADEMIC PRESS (CHINA)

社会科学文献出版社成立于1985年，是直属于中国社会科学院的人文社会科学专业学术出版机构。

成立以来，特别是1998年实施第二次创业以来，依托于中国社会科学院丰厚的学术出版和专家学者两大资源，坚持"创社科经典，出传世文献"的出版理念和"权威、前沿、原创"的产品定位，社科文献立足内涵式发展道路，从战略层面推动学术出版五大能力建设，逐步走上了智库产品与专业学术成果系列化、规模化、数字化、国际化、市场化发展的经营道路。

先后策划出版了著名的图书品牌和学术品牌"皮书"系列、"列国志"、"社科文献精品译库"、"全球化译丛"、"全面深化改革研究书系"、"近世中国"、"甲骨文"、"中国史话"等一大批既有学术影响又有市场价值的系列图书，形成了较强的学术出版能力和资源整合能力。2014年社科文献出版社发稿5.5亿字，出版图书1500余种，承印发行中国社科院院属期刊71种，在多项指标上都实现了较大幅度的增长。

凭借着雄厚的出版资源整合能力，社科文献出版社长期以来一直致力于从内容资源和数字平台两个方面实现传统出版的再造，并先后推出了皮书数据库、列国志数据库、中国田野调查数据库等一系列数字产品。数字出版已经初步形成了产品设计、内容开发、编辑标引、产品运营、技术支持、营销推广等全流程体系。

在国内原创著作、国外名家经典著作大量出版，数字出版突飞猛进的同时，社科文献出版社从构建国际话语体系的角度推动学术出版国际化。先后与斯普林格、荷兰博睿、牛津、剑桥等十余家国际出版机构合作面向海外推出了"皮书系列""改革开放30年研究书系""中国梦与中国发展道路研究丛书""全面深化改革研究书系"等一系列在世界范围内引起强烈反响的作品；并持续致力于中国学术出版走出去，组织学者和编辑参加国际书展，筹办国际性学术研讨会，向世界展示中国学者的学术水平和研究成果。

此外，社科文献出版社充分利用网络媒体平台，积极与中央和地方各类媒体合作，并联合大型书店、学术书店、机场书店、网络书店、图书馆，逐步构建起了强大的学术图书内容传播平台。学术图书的媒体曝光率居全国之首，图书馆藏率居于全国出版机构前十位。

上述诸多成绩的取得，有赖于一支以年轻的博士、硕士为主体，一批从中国社科院刚退出科研一线的各学科专家为支撑的300多位高素质的编辑、出版和营销队伍，为我们实现学术立社，以学术品位、学术价值来实现经济效益和社会效益这样一个目标的共同努力。

作为已经开启第三次创业梦想的人文社会科学学术出版机构，2015年的社会科学文献出版社将要迎来她30周岁的生日，"三十而立"再出发，我们将以改革发展为动力，以学术资源建设为中心，以构建智慧型出版社为主线，以社庆三十周年系列活动为重要载体，以"整合、专业、分类、协同、持续"为各项工作指导原则，全力推进出版社数字化转型，坚定不移地走专业化、数字化、国际化发展道路，全面提升出版社核心竞争力，为实现"社科文献梦"奠定坚实基础。

社长致辞

我们是图书出版者,更是人文社会科学内容资源供应商;

我们背靠中国社会科学院,面向中国与世界人文社会科学界,坚持为人文社会科学的繁荣与发展服务;

我们精心打造权威信息资源整合平台,坚持为中国经济与社会的繁荣与发展提供决策咨询服务;

我们以读者定位自身,立志让爱书人读到好书,让求知者获得知识;

我们精心编辑、设计每一本好书以形成品牌张力,以优秀的品牌形象服务读者,开拓市场;

我们始终坚持"创社科经典,出传世文献"的经营理念,坚持"权威、前沿、原创"的产品特色;

我们"以人为本",提倡阳光下创业,员工与企业共享发展之成果;

我们立足于现实,认真对待我们的优势、劣势,我们更着眼于未来,以不断的学习与创新适应不断变化的世界,以不断的努力提升自己的实力;

我们愿与社会各界友好合作,共享人文社会科学发展之成果,共同推动中国学术出版乃至内容产业的繁荣与发展。

社会科学文献出版社社长
中国社会学会秘书长

2015 年 1 月

社会科学文献出版社　　　皮书系列

❖ 皮书起源 ❖

"皮书"起源于十七、十八世纪的英国，主要指官方或社会组织正式发表的重要文件或报告，多以"白皮书"命名。在中国，"皮书"这一概念被社会广泛接受，并被成功运作、发展成为一种全新的出版形态，则源于中国社会科学院社会科学文献出版社。

❖ 皮书定义 ❖

皮书是对中国与世界发展状况和热点问题进行年度监测，以专业的角度、专家的视野和实证研究方法，针对某一领域或区域现状与发展态势展开分析和预测，具备权威性、前沿性、原创性、实证性、时效性等特点的连续性公开出版物，由一系列权威研究报告组成。皮书系列是社会科学文献出版社编辑出版的蓝皮书、绿皮书、黄皮书等的统称。

❖ 皮书作者 ❖

皮书系列的作者以中国社会科学院、著名高校、地方社会科学院的研究人员为主，多为国内一流研究机构的权威专家学者，他们的看法和观点代表了学界对中国与世界的现实和未来最高水平的解读与分析。

❖ 皮书荣誉 ❖

皮书系列已成为社会科学文献出版社的著名图书品牌和中国社会科学院的知名学术品牌。2011年，皮书系列正式列入"十二五"国家重点出版规划项目；2012~2014年，重点皮书列入中国社会科学院承担的国家哲学社会科学创新工程项目；2015年，41种院外皮书使用"中国社会科学院创新工程学术出版项目"标识。

经 济 类

经济类皮书涵盖宏观经济、城市经济、大区域经济，提供权威、前沿的分析与预测

经济蓝皮书
2015年中国经济形势分析与预测

李 扬 / 主编　　2014年12月出版　　定价:69.00元

◆ 本书为总理基金项目，由著名经济学家李扬领衔，联合中国社会科学院、国务院发展中心等数十家科研机构、国家部委和高等院校的专家共同撰写，系统分析了2014年的中国经济形势并预测2015年我国经济运行情况，2015年中国经济仍将保持平稳较快增长，预计增速7%左右。

城市竞争力蓝皮书
中国城市竞争力报告 No.13

倪鹏飞 / 主编　　2015年5月出版　　定价:89.00元

◆ 本书由中国社会科学院城市与竞争力研究中心主任倪鹏飞主持编写，以"巨手：托起城市中国新版图"为主题，分别从市场、产业、要素、交通一体化角度论证了东中一体化程度不断加深。建议：中国经济分区应该由四分区调整为二分区；按照"一团五线"的发展格局对中国的城市体系做出重大调整。

西部蓝皮书
中国西部发展报告（2015）

姚慧琴　徐璋勇 / 主编　　2015年7月出版　　估价:89.00元

◆ 本书由西北大学中国西部经济发展研究中心主编，汇集了源自西部本土以及国内研究西部问题的权威专家的第一手资料，对国家实施西部大开发战略进行年度动态跟踪，并对2015年西部经济、社会发展态势进行预测和展望。

皮书系列重点推荐

经济类

中部蓝皮书
中国中部地区发展报告（2015）

喻新安/主编　　2015年7月出版　　估价:69.00元

◆ 本书敏锐地抓住当前中部地区经济发展中的热点、难点问题，紧密地结合国家和中部经济社会发展的重大战略转变，对中部地区经济发展的各个领域进行了深入、全面的分析研究，并提出了具有理论研究价值和可操作性强的政策建议。

世界经济黄皮书
2015年世界经济形势分析与预测

王洛林　张宇燕/主编　　2015年1月出版　　定价:69.00元

◆ 本书为中国社会科学院创新工程学术出版资助项目，由中国社会科学院世界经济与政治研究所的研创团队撰写。该书认为，2014年，世界经济维持了上年度的缓慢复苏，同时经济增长格局分化显著。预计2015年全球经济增速按购买力平价计算的增长率为3.3%，按市场汇率计算的增长率为2.8%。

中国省域竞争力蓝皮书
中国省域经济综合竞争力发展报告（2013~2014）

李建平　李闽榕　高燕京/主编　　2015年2月出版　　定价:198.00元

◆ 本书充分运用数理分析、空间分析、规范分析与实证分析相结合、定性分析与定量分析相结合的方法，建立起比较科学完善、符合中国国情的省域经济综合竞争力指标评价体系及数学模型，对2012~2013年中国内地31个省、市、区的经济综合竞争力进行全面、深入、科学的总体评价与比较分析。

城市蓝皮书
中国城市发展报告No.8

潘家华　魏后凯/主编　　2015年9月出版　　估价:69.00元

◆ 本书由中国社会科学院城市发展与环境研究中心编著，从中国城市的科学发展、城市环境可持续发展、城市经济集约发展、城市社会协调发展、城市基础设施与用地管理、城市管理体制改革以及中国城市科学发展实践等多角度、全方位地立体展示了中国城市的发展状况，并对中国城市的未来发展提出了建议。

经济类　　皮书系列 重点推荐

金融蓝皮书
中国金融发展报告（2015）

李扬　王国刚/主编　2014年12月出版　定价：75.00元

◆ 由中国社会科学院金融研究所组织编写的《中国金融发展报告（2015）》，概括和分析了2014年中国金融发展和运行中的各方面情况，研讨和评论了2014年发生的主要金融事件。本书由业内专家和青年精英联合编著，有利于读者了解掌握2014年中国的金融状况，把握2015年中国金融的走势。

低碳发展蓝皮书
中国低碳发展报告（2015）

齐晔/主编　2015年7月出版　估价：89.00元

◆ 本书对中国低碳发展的政策、行动和绩效进行科学、系统、全面的分析。重点是通过归纳中国低碳发展的绩效，评估与低碳发展相关的政策和措施，分析政策效应的制度背景和作用机制，为进一步的政策制定、优化和实施提供支持。

经济信息绿皮书
中国与世界经济发展报告（2015）

杜平/主编　2014年12月出版　定价：79.00元

◆ 本书是由国家信息中心组织专家队伍精心研究编撰的年度经济分析预测报告，书中指出，2014年，我国经济增速有所放慢，但仍处于合理运行区间。主要新兴国家经济总体仍显疲软。2015年应防止经济下行和财政金融风险相互强化，促进经济向新常态平稳过渡。

低碳经济蓝皮书
中国低碳经济发展报告（2015）

薛进军　赵忠秀/主编　2015年6月出版　定价：85.00元

◆ 本书汇集来自世界各国的专家学者、政府官员，探讨世界金融危机后国际经济的现状，提出"绿色化"为经济转型期国家的可持续发展提供了重要范本，并将成为解决气候系统保护与经济发展矛盾的重要突破口，也将是中国引领"一带一路"沿线国家实现绿色发展的重要抓手。

皮书系列 重点推荐 社会政法类

社会政法类

 社会政法类皮书聚焦社会发展领域的热点、难点问题，提供权威、原创的资讯与视点

社会蓝皮书

2015年中国社会形势分析与预测

李培林　陈光金　张 翼／主编　2014年12月出版　定价:69.00元

◆ 本书由中国社会科学院社会学研究所组织研究机构专家、高校学者和政府研究人员撰写，聚焦当下社会热点，指出2014年我国社会存在城乡居民人均收入增速放缓、大学生毕业就业压力加大、社会老龄化加速、住房价格继续飙升、环境群体性事件多发等问题。

法治蓝皮书

中国法治发展报告 No.13（2015）

李 林　田 禾／主编　　2015年3月出版　　定价:105.00元

◆ 本年度法治蓝皮书回顾总结了2014年度中国法治取得的成效及存在的问题，并对2015年中国法治发展形势进行预测、展望，还从立法、人权保障、行政审批制度改革、反价格垄断执法、教育法治、政府信息公开等方面研讨了中国法治发展的相关问题。

环境绿皮书

中国环境发展报告（2015）

刘鉴强／主编　　2015年7月出版　　估价:79.00元

◆ 本书由民间环保组织"自然之友"组织编写，由特别关注、生态保护、宜居城市、可持续消费以及政策与治理等版块构成，以公共利益的视角记录、审视和思考中国环境状况，呈现2014年中国环境与可持续发展领域的全局态势，用深刻的思考、科学的数据分析2014年的环境热点事件。

皮书系列
重点推荐

社会政法类

反腐倡廉蓝皮书
中国反腐倡廉建设报告 No.4
李秋芳 张英伟 / 主编　2014年12月出版　　定价：79.00元

◆ 本书继续坚持"建设"主题，既描摹出反腐败斗争的感性特点，又揭示出反腐政治格局深刻变化的根本动因。指出当前症结在于权力与资本"隐蔽勾连"、"官场积弊"消解"吏治改革"效力、部分公职人员基本价值观迷乱、封建主义与资本主义思想依然影响深重。提出应以科学思维把握反腐治标与治本问题，建构"不需腐"的合理合法薪酬保障机制。

女性生活蓝皮书
中国女性生活状况报告 No.9（2015）
韩湘景 / 主编　2015年4月出版　定价：79.00元

◆ 本书由中国妇女杂志社、华坤女性生活调查中心和华坤女性消费指导中心组织编写，通过调查获得的大量调查数据，真实展现当年中国城市女性的生活状况、消费状况及对今后的预期。

华侨华人蓝皮书
华侨华人研究报告 (2015)
贾益民 / 主编　2015年12月出版　估价：118.00元

◆ 本书为中国社会科学院创新工程学术出版资助项目，是华侨大学向世界提供最新涉侨动态、理论研究和政策建议的平台。主要介绍了相关国家华侨华人的规模、分布、结构、发展趋势，以及全球涉侨生存安全环境和华文教育情况等。

政治参与蓝皮书
中国政治参与报告（2015）
房宁 / 主编　2015年7月出版　估价：105.00元

◆ 本书作者均来自中国社会科学院政治学研究所，聚焦中国基层群众自治的参与情况介绍了城镇居民的社区建设与居民自治参与和农村居民的村民自治与农村社区建设参与情况。其优势是其指标评估体系的建构和问卷调查的设计专业，数据量丰富，统计结论科学严谨。

皮书系列重点推荐 行业报告类

行业报告类

行业报告类皮书立足重点行业、新兴行业领域，提供及时、前瞻的数据与信息

房地产蓝皮书
中国房地产发展报告 No.12（2015）

魏后凯 李景国/主编　　2015年5月出版　　定价：79.00元

◆ 本年度房地产蓝皮书指出，2014年中国房地产市场出现了较大幅度的回调，商品房销售明显遇冷，库存居高不下。展望2015年，房价保持低速增长的可能性较大，但区域分化将十分明显，人口聚集能力强的一线城市和部分热点二线城市房价有回暖、房价上涨趋势，而人口聚集能力差、库存大的部分二线城市或三四线城市房价会延续下跌（回调）态势。

保险蓝皮书
中国保险业竞争力报告（2015）

姚庆海　王力/主编　　2015年12出版　　估价：98.00元

◆ 本皮书主要为监管机构、保险行业和保险学界提供保险市场一年来发展的总体评价，外在因素对保险业竞争力发展的影响研究；国家监管政策、市场主体经营创新及职能发挥、理论界最新研究成果等综述和评论。

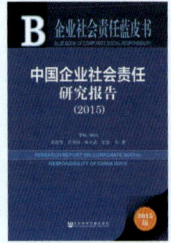

企业社会责任蓝皮书
中国企业社会责任研究报告（2015）

黄群慧　彭华岗　钟宏武　张蒽/编著
2015年11月出版　　估价：69.00元

◆ 本书系中国社会科学院经济学部企业社会责任研究中心组织编写的《企业社会责任蓝皮书》2015年分册。该书在对企业社会责任进行宏观总体研究的基础上，根据2014年企业社会责任及相关背景进行了创新研究，在全国企业中观层面对企业健全社会责任管理体系提供了弥足珍贵的丰富信息。

皮书系列重点推荐

行业报告类

投资蓝皮书
中国投资发展报告（2015）
谢 平 / 主编　　2015 年 4 月出版　　定价 : 128.00 元

◆ 2014 年，适应新常态发展的宏观经济政策逐步成型和出台，成为保持经济平稳增长、促进经济活力增强、结构不断优化升级的有力保障。2015 年，应重点关注先进制造业、TMT 产业、大健康产业、大文化产业及非金融全新产业的投资机会，适应新常态下的产业发展变化，在投资布局中争取主动。

住房绿皮书
中国住房发展报告（2014~2015）
倪鹏飞 / 主编　　2014 年 12 月出版　　定价 : 79.00 元

◆ 本年度住房绿皮书指出，中国住房市场从 2014 年第一季度开始进入调整状态，2014 年第三季度进入全面调整期。2015 年的住房市场走势：整体延续衰退，一、二线城市 2015 年下半年、三四线城市 2016 年下半年复苏。

人力资源蓝皮书
中国人力资源发展报告（2015）
余兴安 / 主编　　2015 年 9 月出版　　估价 : 79.00 元

◆ 本书是在人力资源和社会保障部部领导的支持下，由中国人事科学研究院汇集我国人力资源开发权威研究机构的诸多专家学者的研究成果编写而成。作为关于人力资源的蓝皮书，本书通过充分利用有关研究成果，更广泛、更深入地展示近年来我国人力资源开发重点领域的研究成果。

汽车蓝皮书
中国汽车产业发展报告（2015）
国务院发展研究中心产业经济研究部　中国汽车工程学会
大众汽车集团（中国）/ 主编　　2015 年 8 月出版　　估价 : 128.00 元

◆ 本书由国务院发展研究中心产业经济研究部、中国汽车工程学会、大众汽车集团（中国）联合主编，是关于中国汽车产业发展的研究性年度报告，介绍并分析了本年度中国汽车产业发展的形势。

国别与地区类

国别与地区类皮书关注全球重点国家与地区，提供全面、独特的解读与研究

亚太蓝皮书
亚太地区发展报告（2015）

李向阳 / 主编　　2015年1月出版　　定价：59.00元

◆ 本年度的专题是"一带一路"，书中对"一带一路"战略的经济基础、"一带一路"与区域合作等进行了阐述。除对亚太地区2014年的整体变动情况进行深入分析外，还在此基础上提出了对于2015年亚太地区各个方面发展情况的预测。

日本蓝皮书
日本研究报告（2015）

李薇 / 主编　　2015年4月出版　　定价：69.00元

◆ 本书由中华日本学会、中国社会科学院日本研究所合作推出，是以中国社会科学院日本研究所的研究人员为主完成的研究成果。对2014年日本的政治、外交、经济、社会文化作了回顾、分析，并对2015年形势进行展望。

德国蓝皮书
德国发展报告（2015）

郑春荣 伍慧萍 / 主编　　2015年5月出版　　定价：69.00元

◆ 本报告由同济大学德国研究所组织编撰，由该领域的专家学者对德国的政治、经济、社会文化、外交等方面的形势发展情况，进行全面的阐述与分析。德国作为欧洲大陆第一强国，与中国各方面日渐紧密的合作关系，值得国内各界深切关注。

国别与地区类 — 皮书系列 重点推荐

国际形势黄皮书
全球政治与安全报告（2015）
李慎明　张宇燕/主编　2015年1月出版　定价:69.00元

◆ 本书对中、俄、美三国之间的合作与冲突进行了深度分析，揭示了影响中美、俄美及中俄关系的主要因素及变化趋势。重点关注了乌克兰危机、克里米亚问题、苏格兰公投、西非埃博拉疫情以及西亚北非局势等国际焦点问题。

拉美黄皮书
拉丁美洲和加勒比发展报告（2014~2015）
吴白乙/主编　2015年5月出版　定价:89.00元

◆ 本书是中国社会科学院拉丁美洲研究所的第14份关于拉丁美洲和加勒比地区发展形势状况的年度报告。本书对2014年拉丁美洲和加勒比地区诸国的政治、经济、社会、外交等方面的发展情况做了系统介绍，对该地区相关国家的热点及焦点问题进行了总结和分析，并在此基础上对该地区各国2015年的发展前景做出预测。

美国蓝皮书
美国研究报告（2015）
郑秉文　黄平/主编　2015年6月出版　定价:89.00元

◆ 本书是由中国社会科学院美国所主持完成的研究成果，重点讲述了美国的"再平衡"战略，另外回顾了美国2014年的经济、政治形势与外交战略，对2014年以来美国内政外交发生的重大事件以及重要政策进行了较为全面的回顾和梳理。

大湄公河次区域蓝皮书
大湄公河次区域合作发展报告（2015）
刘稚/主编　2015年9月出版　估价:79.00元

◆ 云南大学大湄公河次区域研究中心深入追踪分析该区域发展动向，以把握全面，突出重点为宗旨，系统介绍和研究大湄公河次区域合作的年度热点和重点问题，展望次区域合作的发展趋势，并对新形势下我国推进次区域合作深入发展提出相关对策建议。

皮书系列
重点推荐　地方发展类

地方发展类

地方发展类皮书关注大陆各省份、经济区域，
提供科学、多元的预判与咨政信息

北京蓝皮书

北京公共服务发展报告（2014~2015）

施昌奎/主编　2015年1月出版　定价：69.00元

◆ 本书是由北京市政府职能部门的领导、首都著名高校的教授、知名研究机构的专家共同完成的关于北京市公共服务发展与创新的研究成果。本年度主题为"北京公共服务均衡化发展和市场化改革"，内容涉及了北京市公共服务发展的方方面面，既有对北京各个城区的综合性描述，也有对局部、细部、具体问题的分析。

上海蓝皮书

上海经济发展报告（2015）

沈开艳/主编　2015年1月出版　定价:69.00元

◆ 本书系上海社会科学院系列之一，本年度将"建设具有全球影响力的科技创新中心"作为主题，对2015年上海经济增长与发展趋势的进行了预测，把握了上海经济发展的脉搏和学术研究的前沿。

广州蓝皮书

广州经济发展报告（2015）

李江涛　朱名宏/主编　2015年7月出版　估价:69.00元

◆ 本书是由广州市社会科学院主持编写的"广州蓝皮书"系列之一，本报告对广州2014年宏观经济运行情况作了深入分析，对2015年宏观经济走势进行了合理预测，并在此基础上提出了相应的政策建议。

文化传媒类

文化传媒类皮书透视文化领域、文化产业，探索文化大繁荣、大发展的路径

新媒体蓝皮书
中国新媒体发展报告 No.6（2015）

唐绪军 / 主编　　2015 年 7 月出版　　定价：79.00 元

◆ 本书深入探讨了中国网络信息安全、媒体融合状况、微信谣言问题、微博发展态势、互联网金融、移动舆论场舆情、传统媒体转型、新媒体产业发展、网络助政、网络舆论监督、大数据、数据新闻、数字版权等热门问题，展望了中国新媒体的未来发展趋势。

舆情蓝皮书
中国社会舆情与危机管理报告（2015）

谢耘耕 / 主编　　2015 年 8 月出版　　估价：98.00 元

◆ 本书由上海交通大学舆情研究实验室和危机管理研究中心主编，已被列入教育部人文社会科学研究报告培育项目。本书以新媒体环境下的中国社会为立足点，对 2014 年中国社会舆情、分类舆情等进行了深入系统的研究，并预测了 2015 年社会舆情走势。

文化蓝皮书
中国文化产业发展报告（2015）

张晓明　王家新　章建刚 / 主编　　2015 年 7 月出版　　估价：79.00 元

◆ 本书由中国社会科学院文化研究中心编写。从 2012 年开始，中国社会科学院文化研究中心设立了国内首个文化产业的研究类专项资金——"文化产业重大课题研究计划"，开始在全国范围内组织多学科专家学者对我国文化产业发展重大战略问题进行联合攻关研究。本书集中反映了该计划的研究成果。

皮书系列 2015全品种 经济类

经济类

G20国家创新竞争力黄皮书
二十国集团（G20）国家创新竞争力发展报告（2015）
著(编)者：黄茂兴 李闽榕 李建平 赵新力
2015年9月出版 / 估价：128.00元

产业蓝皮书
中国产业竞争力报告（2015）
著(编)者：张其仔 2015年7月出版 / 估价：79.00元

长三角蓝皮书
2015年全面深化改革中的长三角
著(编)者：张伟斌 2015年10月出版 / 估价：69.00元

城乡一体化蓝皮书
中国城乡一体化发展报告（2015）
著(编)者：付崇兰 汝信 2015年12月出版 / 估价：79.00元

城市创新蓝皮书
中国城市创新报告（2015）
著(编)者：周天勇 旷建伟 2015年8月出版 / 估价：69.00元

城市竞争力蓝皮书
中国城市竞争力报告（2015）
著(编)者：倪鹏飞 2015年5月出版 / 定价：89.00元

城市蓝皮书
中国城市发展报告NO.8
著(编)者：潘家华 魏后凯 2015年9月出版 / 估价：69.00元

城市群蓝皮书
中国城市群发展指数报告（2015）
著(编)者：刘新静 刘士林 2015年10月出版 / 估价：59.00元

城乡统筹蓝皮书
中国城乡统筹发展报告（2015）
著(编)者：潘晨光 程志强 2015年7月出版 / 估价：59.00元

城镇化蓝皮书
中国新型城镇化健康发展报告（2015）
著(编)者：张占斌 2015年7月出版 / 估价：79.00元

低碳发展蓝皮书
中国低碳发展报告（2015）
著(编)者：齐晔 2015年/月出版 / 估价：89.00元

低碳经济蓝皮书
中国低碳经济发展报告（2015）
著(编)者：薛进军 赵忠秀 2015年6月出版 / 定价：85.00元

东北蓝皮书
中国东北地区发展报告（2015）
著(编)者：马克 黄文艺 2015年8月出版 / 估价：79.00元

发展和改革蓝皮书
中国经济发展和体制改革报告（2015）
著(编)者：邹东涛 2015年11月出版 / 估价：98.00元

工业化蓝皮书
中国工业化进程报告（2015）
著(编)者：黄群慧 吕铁 李晓华 2015年11月出版 / 估价：89.00元

国际城市蓝皮书
国际城市发展报告（2015）
著(编)者：屠启宇 2015年1月出版 / 定价：79.00元

国家创新蓝皮书
中国创新发展报告（2015）
著(编)者：陈劲 2015年7月出版 / 估价：59.00元

环境竞争力绿皮书
中国省域环境竞争力发展报告（2015）
著(编)者：李建平 李闽榕 王金南
2015年12月出版 / 估价：198.00元

金融蓝皮书
中国金融发展报告（2015）
著(编)者：李扬 王国刚 2014年12月出版 / 定价：75.00元

金融信息服务蓝皮书
金融信息服务发展报告（2015）
著(编)者：鲁广锦 殷剑峰 林义相
2015年7月出版 / 估价：89.00元

经济蓝皮书
2015年中国经济形势分析与预测
著(编)者：李扬 2014年12月出版 / 定价：69.00元

经济蓝皮书·春季号
2015年中国经济前景分析
著(编)者：李扬 2015年5月出版 / 估价：79.00元

经济蓝皮书·夏季号
中国经济增长报告（2015）
著(编)者：李扬 2015年7月出版 / 估价：69.00元

经济信息绿皮书
中国与世界经济发展报告（2015）
著(编)者：杜平 2014年12月出版 / 定价：69.00元

就业蓝皮书
2015年中国大学生就业报告
著(编)者：麦可思研究院 2015年7月出版 / 估价：98.00元

就业蓝皮书
2015年中国高职高专生就业报告
著(编)者：麦可思研究院 2015年6月出版 / 定价：98.00元

就业蓝皮书
2015年中国本科生就业报告
著(编)者：麦可思研究院 2015年6月出版 / 定价：98.00元

临空经济蓝皮书
中国临空经济发展报告（2015）
著(编)者：连玉明 2015年9月出版 / 估价：79.00元

民营经济蓝皮书
中国民营经济发展报告（2015）
著(编)者：王钦敏 2015年12月出版 / 估价：79.00元

农村绿皮书
中国农村经济形势分析与预测（2014~2015）
著(编)者：中国社会科学院农村发展研究所 国家统计局农村社会经济调查司
2015年4月出版 / 定价：69.00元

经济类·社会政法类

皮书系列 2015全品种

农业应对气候变化蓝皮书
气候变化对中国农业影响评估报告（2015）
著(编)者：矫梅燕　2015年8月出版／估价：98.00元

企业公民蓝皮书
中国企业公民报告（2015）
著(编)者：邹东涛　2015年12月出版／估价：79.00元

气候变化绿皮书
应对气候变化报告（2015）
著(编)者：王伟光　郑国光　2015年10月出版／估价：79.00元

区域蓝皮书
中国区域经济发展报告（2014~2015）
著(编)者：梁昊光　2015年5月出版／定价：79.00元

全球环境竞争力绿皮书
全球环境竞争力报告（2015）
著(编)者：李建建　李闽榕　李建平　王金南
2015年12月出版／估价：198.00元

人口与劳动绿皮书
中国人口与劳动问题报告No.15
著(编)者：蔡昉　2015年1月出版／定价：59.00元

商务中心区蓝皮书
中国商务中心区发展报告（2015）
著(编)者：中国商务区联盟
　　　　中国社会科学院城市发展与环境研究所
2015年10月出版／估价：69.00元

商务中心区蓝皮书
中国商务中心区发展报告No.1（2014）
著(编)者：魏后凯　李国红　2015年1月出版／定价：89.00元

世界经济黄皮书
2015年世界经济形势分析与预测
著(编)者：王洛林　张宇燕　2015年1月出版／定价：69.00元

世界旅游城市绿皮书
世界旅游城市发展报告（2015）
著(编)者：鲁勇　周正宇　宋宇　2015年7月出版／估价：88.00元

西北蓝皮书
中国西北发展报告（2015）
著(编)者：赵宗福　孙发平　苏海红　鲁顺元　段庆林
2014年12月出版／定价：79.00元

西部蓝皮书
中国西部发展报告（2015）
著(编)者：姚慧琴　徐璋勇　2015年7月出版／估价：89.00元

新型城镇化蓝皮书
新型城镇化发展报告（2015）
著(编)者：李伟　2015年10月出版／估价：89.00元

新兴经济体蓝皮书
金砖国家发展报告（2015）
著(编)者：林跃勤　周文　2015年7月出版／估价：79.00元

中部竞争力蓝皮书
中国中部经济社会竞争力报告（2015）
著(编)者：教育部人文社会科学重点研究基地
　　　　南昌大学中国中部经济社会发展研究中心
2015年9月出版／估价：79.00元

中部蓝皮书
中国中部地区发展报告（2015）
著(编)者：喻新安　2015年7月出版／估价：69.00元

中国省域竞争力蓝皮书
中国省域经济综合竞争力发展报告（2013~2014）
著(编)者：李建平　李闽榕　高燕京
2015年2月出版／定价：198.00元

中三角蓝皮书
长江中游城市群发展报告（2015）
著(编)者：秦尊文　2015年10月出版／估价：69.00元

中小城市绿皮书
中国中小城市发展报告（2015）
著(编)者：中国城市经济学会中小城市经济发展委员会
　　　　《中国中小城市发展报告》纂委员会
　　　　中小城市发展战略研究院
2015年10月出版／估价：98.00元

中原蓝皮书
中原经济区发展报告（2015）
著(编)者：李英杰　2015年7月出版／估价：88.00元

社会政法类

北京蓝皮书
中国社区发展报告（2015）
著(编)者：于燕燕　2015年7月出版／估价：69.00元

殡葬绿皮书
中国殡葬事业发展报告（2014~2015）
著(编)者：李伯森　2015年4月出版／定价：158.00元

城市管理蓝皮书
中国城市管理报告（2015）
著(编)者：谭维克　刘林　2015年12月出版／估价：158.00元

城市生活质量蓝皮书
中国城市生活质量报告（2015）
著(编)者：中国经济实验研究院　2015年7月出版／估价：59.00元

城市政府能力蓝皮书
中国城市政府公共服务能力评估报告（2015）
著(编)者：何艳玲　2015年7月出版／估价：59.00元

创新蓝皮书
创新型国家建设报告（2015）
著(编)者：詹正茂　2015年7月出版／估价：69.00元

皮书系列 2015全品种

社会政法类

慈善蓝皮书
中国慈善发展报告（2015）
著(编)者:杨团　2015年6月出版 / 定价:79.00元

地方法治蓝皮书
中国地方法治发展报告No.1（2014）
著(编)者:李林　田禾　2015年1月出版 / 定价:98.00元

法治蓝皮书
中国法治发展报告No.13（2015）
著(编)者:李林　田禾　2015年3月出版 / 定价:105.00元

反腐倡廉蓝皮书
中国反腐倡廉建设报告No.4
著(编)者:李秋芳　张英伟　2014年12月出版 / 定价:79.00元

非传统安全蓝皮书
中国非传统安全研究报告（2014～2015）
著(编)者:余潇枫　魏志江　2015年5月出版 / 定价:79.00元

妇女发展蓝皮书
中国妇女发展报告（2015）
著(编)者:王金玲　2015年9月出版 / 估价:148.00元

妇女教育蓝皮书
中国妇女教育发展报告（2015）
著(编)者:张李玺　2015年7月出版 / 估价:78.00元

妇女绿皮书
中国性别平等与妇女发展报告（2015）
著(编)者:谭琳　2015年12月出版 / 估价:99.00元

公共服务蓝皮书
中国城市基本公共服务力评价（2015）
著(编)者:钟君　吴正杲　2015年12月出版 / 估价:79.00元

公共服务满意度蓝皮书
中国城市公共服务评价报告（2015）
著(编)者:胡伟　2015年12月出版 / 估价:69.00元

公共外交蓝皮书
中国公共外交发展报告（2015）
著(编)者:赵启正　雷蔚真　2015年4月出版 / 定价:89.00元

公民科学素质蓝皮书
中国公民科学素质报告（2015）
著(编)者:李群　许佳军　2015年7月出版 / 估价:79.00元

公益蓝皮书
中国公益发展报告（2015）
著(编)者:朱健刚　2015年7月出版 / 估价:78.00元

管理蓝皮书
中国管理发展报告（2015）
著(编)者:张晓东　2015年9月出版 / 估价:98.00元

国际人才蓝皮书
中国国际移民报告（2015）
著(编)者:王辉耀　2015年2月出版 / 定价:79.00元

国际人才蓝皮书
中国海归发展报告（2015）
著(编)者:王辉耀　苗绿　2015年3月出版 / 估价:69.00元

国际人才蓝皮书
中国留学发展报告（2015）
著(编)者:王辉耀　苗绿　2015年9月出版 / 估价:69.00元

国家安全蓝皮书
中国国家安全研究报告（2015）
著(编)者:刘慧　2015年7月出版 / 估价:98.00元

行政改革蓝皮书
中国行政体制改革报告（2014～2015）
著(编)者:魏礼群　2015年4月出版 / 估价:98.00元

华侨华人蓝皮书
华侨华人研究报告（2015）
著(编)者:贾益民　2015年12月出版 / 估价:118.00元

环境绿皮书
中国环境发展报告（2015）
著(编)者:刘鉴强　2015年7月出版 / 估价:79.00元

基金会蓝皮书
中国基金会发展报告（2015）
著(编)者:刘忠祥　2016年6月出版 / 估价:69.00元

基金会绿皮书
中国基金会发展独立研究报告（2015）
著(编)者:基金会中心网　2015年8月出版 / 估价:88.00元

基金会透明度蓝皮书
中国基金会透明度发展研究报告（2015）
著(编)者:基金会中心网　清华大学廉政与治理研究中心
2015年9月出版 / 估价:78.00元

教师蓝皮书
中国中小学教师发展报告（2014）
著(编)者:曾晓东　鱼霞　2015年6月出版 / 估价:69.00元

教育蓝皮书
中国教育发展报告（2015）
著(编)者:杨东平　2015年5月出版 / 定价:79.00元

科普蓝皮书
中国科普基础设施发展报告（2015）
著(编)者:任福君　2015年7月出版 / 估价:50.00元

劳动保障蓝皮书
中国劳动保障发展报告（2015）
著(编)者:刘燕斌　2015年7月出版 / 估价:89.00元

老龄蓝皮书
中国老年宜居环境发展报告(2015)
著(编)者:吴玉韶　2015年9月出版 / 估价:79.00元

连片特困区蓝皮书
中国连片特困区发展报告（2014～2015）
著(编)者:游俊　冷志明　丁建军　2015年3月出版 / 定价:98.00元

民间组织蓝皮书
中国民间组织报告（2015）
著(编)者:潘晨光　黄晓勇　2015年8月出版 / 估价:69.00元

民调蓝皮书
中国民生调查报告（2015）
著(编)者:谢耘耕　2015年7月出版 / 估价:128.00元

社会政法类　皮书系列 2015全品种

民族发展蓝皮书
中国民族发展报告（2015）
著(编)者：郝时远　王延中　王希恩
2015年4月出版 / 定价:98.00元

女性生活蓝皮书
中国女性生活状况报告No.9（2015）
著(编)者：韩湘景　2015年4月出版 / 定价:79.00元

企业公众透明度蓝皮书
中国企业公众透明度报告(2014~2015)No.1
著(编)者：黄速建　王晓光　肖红军
2015年1月出版 / 定价:98.00元

企业国际化蓝皮书
中国企业国际化报告(2015)
著(编)者：王辉耀　2015年10月出版 / 估价:79.00元

汽车社会蓝皮书
中国汽车社会发展报告（2015）
著(编)者：王俊秀　2015年7月出版 / 估价:59.00元

青年蓝皮书
中国青年发展报告No.3
著(编)者：廉思　2015年7月出版 / 估价:59.00元

区域人才蓝皮书
中国区域人才竞争力报告（2015）
著(编)者：桂昭明　王辉耀　2015年7月出版 / 估价:69.00元

群众体育蓝皮书
中国群众体育发展报告（2015）
著(编)者：刘国永　杨桦　2015年8月出版 / 估价:69.00元

人才蓝皮书
中国人才发展报告（2015）
著(编)者：潘晨光　2015年8月出版 / 估价:85.00元

人权蓝皮书
中国人权事业发展报告（2015）
著(编)者：中国人权研究会　2015年8月出版 / 估价:99.00元

森林碳汇绿皮书
中国森林碳汇评估发展报告（2015）
著(编)者：闫文德　胡文臻　2015年9月出版 / 估价:79.00元

社会保障绿皮书
中国社会保障发展报告（2015）No.7
著(编)者：王延中　2015年4月出版 / 定价:89.00元

社会工作蓝皮书
中国社会工作发展报告（2015）
著(编)者：民政部社会工作研究中心
2015年8月出版 / 估价:79.00元

社会管理蓝皮书
中国社会管理创新报告（2015）
著(编)者：连玉明　2015年9月出版 / 估价:89.00元

社会蓝皮书
2015年中国社会形势分析与预测
著(编)者：李培林　陈光金　张翼
2014年12月出版 / 定价:69.00元

社会体制蓝皮书
中国社会体制改革报告No.3（2015）
著(编)者：龚维斌　2015年4月出版 / 定价:79.00元

社会心态蓝皮书
中国社会心态研究报告（2015）
著(编)者：王俊秀　杨宜音　2015年10月出版 / 估价:69.00元

社会组织蓝皮书
中国社会组织评估发展报告（2015）
著(编)者：徐家良　廖鸿　2015年12月出版 / 估价:69.00元

生态城市绿皮书
中国生态城市建设发展报告（2015）
著(编)者：刘举科　孙伟平　胡文臻　2015年7月出版 / 估价:98.00元

生态文明绿皮书
中国省域生态文明建设评价报告（ECI 2015）
著(编)者：严耕　2015年9月出版 / 估价:85.00元

世界社会主义黄皮书
世界社会主义跟踪研究报告（2014~2015）
著(编)者：李慎明　2015年4月出版 / 估价:258.00元

水与发展蓝皮书
中国水风险评估报告（2015）
著(编)者：王浩　2015年9月出版 / 估价:69.00元

土地整治蓝皮书
中国土地整治发展研究报告No.2
著(编)者：国土资源部土地整治中心　2015年5月出版 / 定价:89.00元

网络空间安全蓝皮书
中国网络空间安全发展报告（2015）
著(编)者：惠志斌　唐涛　2015年4月出版 / 定价:79.00元

危机管理蓝皮书
中国危机管理报告（2015）
著(编)者：文学国　2015年8月出版 / 估价:89.00元

协会商会蓝皮书
中国行业协会商会发展报告（2014）
著(编)者：景朝阳　李勇　2015年4月出版 / 定价:99.00元

形象危机应对蓝皮书
形象危机应对研究报告（2015）
著(编)者：唐钧　2015年7月出版 / 估价:149.00元

医改蓝皮书
中国医药卫生体制改革报告（2015～2016）
著(编)者：文学国　房志武　2015年12月出版 / 估价:79.00元

医疗卫生绿皮书
中国医疗卫生发展报告（2015）
著(编)者：申宝忠　韩玉珍　2015年7月出版 / 估价:75.00元

应急管理蓝皮书
中国应急管理报告（2015）
著(编)者：宋英华　2015年10月出版 / 估价:69.00元

政治参与蓝皮书
中国政治参与报告（2015）
著(编)者：房宁　2015年7月出版 / 估价:105.00元

皮书系列 2015全品种 — 行业报告类

政治发展蓝皮书
中国政治发展报告（2015）
著(编)者：房宁 杨海蛟　2015年7月出版／估价：88.00元

中国农村妇女发展蓝皮书
流动女性城市融入发展报告（2015）
著(编)者：谢丽华　2015年11月出版／估价：69.00元

宗教蓝皮书
中国宗教报告（2015）
著(编)者：金泽 邱永辉　2016年5月出版／估价：59.00元

行业报告类

保险蓝皮书
中国保险业竞争力报告（2015）
著(编)者：项俊波　2015年12月出版／估价：98.00元

彩票蓝皮书
中国彩票发展报告（2015）
著(编)者：益彩基金　2015年4月出版／定价：98.00元

餐饮产业蓝皮书
中国餐饮产业发展报告（2015）
著(编)者：邢颖　2015年4月出版／定价：69.00元

测绘地理信息蓝皮书
智慧中国地理空间智能体系研究报告（2015）
著(编)者：库热西·买合苏提　2015年12月出版／估价：98.00元

茶业蓝皮书
中国茶产业发展报告（2015）
著(编)者：杨江帆 李闽榕　2015年10月出版／估价：78.00元

产权市场蓝皮书
中国产权市场发展报告（2015）
著(编)者：曹和平　2015年12月出版／估价：79.00元

电子政务蓝皮书
中国电子政务发展报告（2015）
著(编)者：洪毅 杜平　2015年11月出版／估价：79.00元

杜仲产业绿皮书
中国杜仲橡胶资源与产业发展报告（2014～2015）
著(编)者：杜红岩 胡文臻 俞锐
2015年1月出版／定价：85.00元

房地产蓝皮书
中国房地产发展报告No.12（2015）
著(编)者：魏后凯 李景国　2015年5月出版／定价：79.00元

服务外包蓝皮书
中国服务外包产业发展报告（2015）
著(编)者：王晓红 刘德军　2015年7月出版／估价：89.00元

工业和信息化蓝皮书
移动互联网产业发展报告（2014～2015）
著(编)者：洪京一　2015年4月出版／估价：79.00元

工业和信息化蓝皮书
世界网络安全发展报告（2014～2015）
著(编)者：洪京一　2015年4月出版／估价：69.00元

工业和信息化蓝皮书
世界制造业发展报告（2014～2015）
著(编)者：洪京一　2015年4月出版／定价：69.00元

工业和信息化蓝皮书
世界信息化发展报告（2014～2015）
著(编)者：洪京一　2015年4月出版／定价：69.00元

工业和信息化蓝皮书
世界信息技术产业发展报告（2014～2015）
著(编)者：洪京一　2015年4月出版／定价：79.00元

工业设计蓝皮书
中国工业设计发展报告（2015）
著(编)者：王晓红 于炜 张立群　2015年9月出版／定价：138.00元

互联网金融蓝皮书
中国互联网金融发展报告（2015）
著(编)者：芮晓武 刘烈宏　2015年8月出版／定价：79.00元

会展蓝皮书
中外会展业动态评估年度报告（2015）
著(编)者：张敏　2015年1月出版／估价：78.00元

金融监管蓝皮书
中国金融监管报告（2015）
著(编)者：胡滨　2015年4月出版／定价：89.00元

金融蓝皮书
中国商业银行竞争力报告（2015）
著(编)者：王松奇　2015年12月出版／估价：69.00元

客车蓝皮书
中国客车产业发展报告（2014～2015）
著(编)者：姚蔚　2015年2月出版／定价：85.00元

老龄蓝皮书
中国老龄产业发展报告（2015）
著(编)者：吴玉韶 党俊武　2015年9月出版／估价：79.00元

流通蓝皮书
中国商业发展报告（2015）
著(编)者：荆林波　2015年7月出版／估价：89.00元

旅游安全蓝皮书
中国旅游安全报告（2015）
著(编)者：郑向敏 谢朝武　2015年5月出版／定价：128.00元

行业报告类

皮书系列 2015全品种

旅游景区蓝皮书
中国旅游景区发展报告（2015）
著(编)者：黄安民　2015年7月出版 / 估价：79.00元

旅游绿皮书
2014~2015年中国旅游发展分析与预测
著(编)者：宋瑞　2015年1月出版 / 定价：98.00元

煤炭蓝皮书
中国煤炭工业发展报告（2015）
著(编)者：岳福斌　2015年12月出版 / 估价：79.00元

民营医院蓝皮书
中国民营医院发展报告（2015）
著(编)者：庄一强　2015年10月出版 / 估价：75.00元

闽商蓝皮书
闽商发展报告（2015）
著(编)者：王日根　李闽榕　2015年12月出版 / 估价：69.00元

能源蓝皮书
中国能源发展报告（2015）
著(编)者：崔民选　王军生　2015年8月出版 / 估价：79.00元

农产品流通蓝皮书
中国农产品流通产业发展报告（2015）
著(编)者：贾敬敦　张东科　张玉玺　孔令羽　张鹏毅
2015年9月出版 / 估价：89.00元

企业蓝皮书
中国企业竞争力报告（2015）
著(编)者：金碚　2015年11月出版 / 估价：89.00元

企业社会责任蓝皮书
中国企业社会责任研究报告（2015）
著(编)者：黄群慧　彭华岗　钟宏武　张蒽
2015年11月出版 / 估价：69.00元

汽车安全蓝皮书
中国汽车安全发展报告（2015）
著(编)者：中国汽车技术研究中心
2015年7月出版 / 估价：79.00元

汽车工业蓝皮书
中国汽车工业发展年度报告（2015）
著(编)者：中国汽车工业协会　中国汽车技术研究中心
丰田汽车（中国）投资有限公司
2015年4月出版 / 定价：128.00元

汽车蓝皮书
中国汽车产业发展报告（2015）
著(编)者：国务院发展研究中心产业经济研究部
中国汽车工程学会　大众汽车集团（中国）
2015年7月出版 / 定价：128.00元

清洁能源蓝皮书
国际清洁能源发展报告（2015）
著(编)者：国际清洁能源论坛（澳门）
2015年9月出版 / 估价：89.00元

人力资源蓝皮书
中国人力资源发展报告（2015）
著(编)者：余兴安　2015年9月出版 / 估价：79.00元

融资租赁蓝皮书
中国融资租赁业发展报告（2014~2015）
著(编)者：李光荣　王力　2015年1月出版 / 定价：89.00元

软件和信息服务业蓝皮书
中国软件和信息服务业发展报告（2015）
著(编)者：陈新河　洪京一　2015年12月出版 / 估价：198.00元

上市公司蓝皮书
上市公司质量评价报告（2015）
著(编)者：张跃文　王力　2015年10月出版 / 估价：118.00元

设计产业蓝皮书
中国设计产业发展报告（2014~2015）
著(编)者：陈冬亮　梁昊光　2015年3月出版 / 定价：89.00元

食品药品蓝皮书
食品药品安全与监管政策研究报告（2015）
著(编)者：唐民皓　2015年7月出版 / 估价：69.00元

世界能源蓝皮书
世界能源发展报告（2015）
著(编)者：黄晓勇　2015年6月出版 / 定价：99.00元

碳市场蓝皮书
中国碳市场报告（2015）
著(编)者：低碳发展国际合作联盟
2015年11月出版 / 估价：69.00元

体育蓝皮书
中国体育产业发展报告（2015）
著(编)者：阮伟　钟秉枢　2015年7月出版 / 估价：69.00元

体育蓝皮书
长三角地区体育产业发展报告（2014~2015）
著(编)者：张林　2015年4月出版 / 定价：79.00元

投资蓝皮书
中国投资发展报告（2015）
著(编)者：谢平　2015年4月出版 / 定价：128.00元

物联网蓝皮书
中国物联网发展报告（2015）
著(编)者：黄桂田　2015年7月出版 / 估价：59.00元

西部工业蓝皮书
中国西部工业发展报告（2015）
著(编)者：方行明　甘犁　刘方健　姜凌　等
2015年9月出版 / 估价：79.00元

西部金融蓝皮书
中国西部金融发展报告（2015）
著(编)者：李忠民　2015年8月出版 / 估价：75.00元

新能源汽车蓝皮书
中国新能源汽车产业发展报告（2015）
著(编)者：中国汽车技术研究中心
日产（中国）投资有限公司　东风汽车有限公司
2015年8月出版 / 估价：69.00元

信托市场蓝皮书
中国信托业市场报告（2014~2015）
著(编)者：用益信托工作室　2015年2月出版 / 定价：198.00元

信息产业蓝皮书
世界软件和信息技术产业发展报告（2015）
著(编)者:洪京一　2015年8月出版／估价:79.00元

信息化蓝皮书
中国信息化形势分析与预测（2015）
著(编)者:周宏仁　2015年8月出版／估价:98.00元

信用蓝皮书
中国信用发展报告（2014~2015）
著(编)者:章政　田侃　2015年4月出版／定价:99.00元

休闲绿皮书
2015年中国休闲发展报告
著(编)者:刘德谦　2015年7月出版／估价:59.00元

医药蓝皮书
中国中医药产业园战略发展报告（2015）
著(编)者:裴长洪　房书亭　吴籛心　2015年7月出版／估价:89.00元

邮轮绿皮书
中国邮轮产业发展报告（2015）
著(编)者:汪泓　2015年9月出版／估价:79.00元

中国上市公司蓝皮书
中国上市公司发展报告（2015）
著(编)者:许雄斌　张平　2015年9月出版／估价:98.00元

中国总部经济蓝皮书
中国总部经济发展报告（2015）
著(编)者:赵弘　2015年7月出版／估价:79.00元

住房绿皮书
中国住房发展报告（2014~2015）
著(编)者:倪鹏飞　2014年12月出版／定价:79.00元

资本市场蓝皮书
中国场外交易市场发展报告（2015）
著(编)者:高峦　2015年8月出版／估价:79.00元

资产管理蓝皮书
中国资产管理行业发展报告（2015）
著(编)者:智信资产管理研究院　2015年6月出版／定价:89.00元

文化传媒类

传媒竞争力蓝皮书
中国传媒国际竞争力研究报告（2015）
著(编)者:李本乾　2015年9月出版／估价:88.00元

传媒蓝皮书
中国传媒产业发展报告（2015）
著(编)者:崔保国　2015年5月出版／定价:98.00元

传媒投资蓝皮书
中国传媒投资发展报告（2015）
著(编)者:张向东　2015年7月出版／估价:89.00元

动漫蓝皮书
中国动漫产业发展报告（2015）
著(编)者:卢斌　郑玉明　牛兴侦　2015年7月出版／估价:79.00元

非物质文化遗产蓝皮书
中国非物质文化遗产发展报告（2015）
著(编)者:陈平　2015年5月出版／定价:98.00元

广电蓝皮书
中国广播电影电视发展报告（2015）
著(编)者:杨明品　2015年7月出版／估价:98.00元

广告主蓝皮书
中国广告主营销传播趋势报告（2015）
著(编)者:黄升民　2015年7月出版／估价:148.00元

国际传播蓝皮书
中国国际传播发展报告（2015）
著(编)者:胡正荣　李继东　姬德强　2015年7月出版／估价:89.00元

国家形象蓝皮书
2015年国家形象研究报告
著(编)者:张昆　2015年7月出版／估价:79.00元

纪录片蓝皮书
中国纪录片发展报告（2015）
著(编)者:何苏六　2015年9月出版／估价:79.00元

科学传播蓝皮书
中国科学传播报告（2015）
著(编)者:詹正茂　2015年7月出版／估价:69.00元

两岸文化蓝皮书
两岸文化产业合作发展报告（2015）
著(编)者:胡惠林　李保宗　2015年7月出版／估价:79.00元

媒介与女性蓝皮书
中国媒介与女性发展报告（2015）
著(编)者:刘利群　2015年8月出版／估价:69.00元

全球传媒蓝皮书
全球传媒发展报告（2015）
著(编)者:胡正荣　2015年12月出版／估价:79.00元

少数民族非遗蓝皮书
中国少数民族非物质文化遗产发展报告（2015）
著(编)者:肖远平　柴立　2015年6月出版／定价:128.00元

世界文化发展蓝皮书
世界文化发展报告（2015）
著(编)者:张庆宗　高乐田　郭熙煌　2015年7月出版／估价:89.00元

文化传媒类・地方发展类

皮书系列 2015全品种

视听新媒体蓝皮书
中国视听新媒体发展报告（2015）
著(编)者：袁同楠　2015年7月出版 / 定价：98.00元

文化创新蓝皮书
中国文化创新报告（2015）
著(编)者：于平 傅才武　2015年7月出版 / 估价：79.00元

文化建设蓝皮书
中国文化发展报告（2015）
著(编)者：江畅 孙伟平 戴茂堂
2016年4月出版 / 估价：138.00元

文化科技蓝皮书
文化科技创新发展报告（2015）
著(编)者：于平 李凤亮　2015年10月出版 / 定价：89.00元

文化蓝皮书
中国文化产业供需协调检测报告（2015）
著(编)者：王亚南　2015年2月出版 / 定价：79.00元

文化蓝皮书
中国文化消费需求景气评价报告（2015）
著(编)者：王亚南　2015年2月出版 / 定价：79.00元

文化蓝皮书
中国文化产业发展报告（2015）
著(编)者：张晓明 王家新 章建刚
2015年7月出版 / 估价：79.00元

文化蓝皮书
中国公共文化投入增长测评报告(2015)
著(编)者：王亚南　2014年12月出版 / 定价：79.00元

文化蓝皮书
中国文化政策发展报告（2015）
著(编)者：傅才武 宋文玉 燕东升
2015年9月出版 / 估价：98.00元

文化品牌蓝皮书
中国文化品牌发展报告（2015）
著(编)者：欧阳友权　2015年4月出版 / 定价：89.00元

文化遗产蓝皮书
中国文化遗产事业发展报告（2015）
著(编)者：刘世锦　2015年12月出版 / 定价：89.00元

文学蓝皮书
中国文情报告（2014~2015）
著(编)者：白烨　2015年5月出版 / 定价：49.00元

新媒体蓝皮书
中国新媒体发展报告No.6（2015）
著(编)者：唐绪军　2015年7月出版 / 定价：79.00元

新媒体社会责任蓝皮书
中国新媒体社会责任研究报告（2015）
著(编)者：钟瑛　2015年10月出版 / 定价：79.00元

移动互联网蓝皮书
中国移动互联网发展报告（2015）
著(编)者：官建文　2015年6月出版 / 定价：79.00元

舆情蓝皮书
中国社会舆情与危机管理报告（2015）
著(编)者：谢耘耕　2015年8月出版 / 定价：98.00元

地方发展类

安徽经济蓝皮书
芜湖创新型城市发展报告（2015）
著(编)者：杨少华 王开玉　2015年7月出版 / 估价：69.00元

安徽蓝皮书
安徽社会发展报告（2015）
著(编)者：程桦　2015年4月出版 / 定价：89.00元

安徽社会建设蓝皮书
安徽社会建设分析报告（2015）
著(编)者：黄家海 王开玉 蔡宪　2015年7月出版 / 估价：69.00元

澳门蓝皮书
澳门经济社会发展报告（2014~2015）
著(编)者：吴志良 郝雨凡　2015年5月出版 / 定价：79.00元

北京蓝皮书
北京公共服务发展报告（2014~2015）
著(编)者：施昌奎　2015年1月出版 / 定价：69.00元

北京蓝皮书
北京经济发展报告（2014~2015）
著(编)者：杨松　2015年6月出版 / 定价：79.00元

北京蓝皮书
北京社会治理发展报告（2014~2015）
著(编)者：殷星辰　2015年6月出版 / 定价：79.00元

北京蓝皮书
北京文化发展报告（2014~2015）
著(编)者：李建盛　2015年5月出版 / 定价：79.00元

北京蓝皮书
北京社会发展报告（2015）
著(编)者：缪青　2015年7月出版 / 定价：79.00元

北京蓝皮书
北京社区发展报告（2015）
著(编)者：于燕燕　2015年1月出版 / 定价：79.00元

北京旅游绿皮书
北京旅游发展报告（2015）
著(编)者：北京旅游学会　2015年7月出版 / 估价：88.00元

北京律师蓝皮书
北京律师发展报告（2015）
著(编)者：王隽　2015年12月出版 / 估价：75.00元

皮书系列 2015全品种 — 地方发展类

北京人才蓝皮书
北京人才发展报告（2015）
著(编)者：于淼　　2015年7月出版／估价：89.00元

北京社会心态蓝皮书
北京社会心态分析报告（2015）
著(编)者：北京社会心理研究所　2015年7月出版／估价：69.00元

北京社会组织管理蓝皮书
北京社会组织发展与管理（2015）
著(编)者：黄江松　2015年4月出版／定价：78.00元

北京养老产业蓝皮书
北京养老产业发展报告（2015）
著(编)者：周明明　冯喜良　2015年4月出版／定价：69.00元

滨海金融蓝皮书
滨海新区金融发展报告（2015）
著(编)者：王爱俭　张锐钢　2015年9月出版／估价：79.00元

城乡一体化蓝皮书
中国城乡一体化发展报告（北京卷）（2014~2015）
著(编)者：张宝秀　黄序　　2015年5月出版／定价：79.00元

创意城市蓝皮书
北京文化创意产业发展报告（2015）
著(编)者：张京成　2015年11月出版／估价：65.00元

创意城市蓝皮书
无锡文化创意产业发展报告（2015）
著(编)者：谭军　张鸣年　2015年10月出版／估价：75.00元

创意城市蓝皮书
武汉市文化创意产业发展报告（2015）
著(编)者：袁堃　黄永林　2015年11月出版／估价：85.00元

创意城市蓝皮书
重庆创意产业发展报告（2015）
著(编)者：程宇宁　　2015年7月出版／估价：89.00元

创意城市蓝皮书
青岛文化创意产业发展报告（2015）
著(编)者：马达　张丹妮　2015年7月出版／估价：79.00元

福建妇女发展蓝皮书
福建省妇女发展报告（2015）
著(编)者：刘群英　　2015年10月出版／估价：58.00元

甘肃蓝皮书
甘肃舆情分析与预测（2015）
著(编)者：陈双梅　郝树声　2015年1月出版／定价：79.00元

甘肃蓝皮书
甘肃文化发展分析与预测（2015）
著(编)者：安文华　周小华　2015年1月出版／定价：79.00元

甘肃蓝皮书
甘肃社会发展分析与预测（2015）
著(编)者：安文华　包晓霞　2015年1月出版／定价：79.00元

甘肃蓝皮书
甘肃经济发展分析与预测（2015）
著(编)者：朱智文　罗哲　2015年1月出版／定价：79.00元

甘肃蓝皮书
甘肃县域经济综合竞争力评价（2015）
著(编)者：刘进军　　2015年7月出版／估价：69.00元

甘肃蓝皮书
甘肃县域社会发展评价报告（2015）
著(编)者：刘进军　柳民　王建兵　2015年1月出版／定价：79.

广东蓝皮书
广东省电子商务发展报告（2015）
著(编)者：程晓　　2015年12月出版／估价：69.00元

广东蓝皮书
广东社会工作发展报告（2015）
著(编)者：罗观翠　　2015年7月出版／估价：89.00元

广东社会建设蓝皮书
广东省社会建设发展报告（2015）
著(编)者：广东省社会工作委员会　2015年10月出版／估价：89.

广东外经贸蓝皮书
广东对外经济贸易发展研究报告（2014~2015）
著(编)者：陈万灵　　2015年5月出版／估价：89.00元

广西北部湾经济区蓝皮书
广西北部湾经济区开放开发报告（2015）
著(编)者：广西北部湾经济区规划建设管理委员会办公室
　　　　　广西社会科学院广西北部湾发展研究院
2015年8月出版／估价：79.00元

广州蓝皮书
广州社会保障发展报告（2015）
著(编)者：蔡国萱　　2015年7月出版／估价：65.00元

广州蓝皮书
2015年中国广州社会形势分析与预测
著(编)者：张强　陈怡霓　杨秦　2015年6月出版／定价：79.00元

广州蓝皮书
广州经济发展报告（2015）
著(编)者：李江涛　朱名宏　2015年7月出版／估价：69.00元

广州蓝皮书
广州商贸业发展报告（2015）
著(编)者：李江涛　王旭东　荀振英　2015年7月出版／估价：69.

广州蓝皮书
2015年中国广州经济形势分析与预测
著(编)者：庾建设　沈奎　谢博能
2015年6月出版／定价：79.00元

广州蓝皮书
中国广州文化发展报告（2015）
著(编)者：徐俊忠　陆志强　顾涧清
2015年7月出版／估价：69.00元

广州蓝皮书
广州农村发展报告（2015）
著(编)者：李江涛　汤锦华　2015年8月出版／估价：69.00元

广州蓝皮书
中国广州城市建设与管理发展报告（2015）
著(编)者：董皞　冼伟雄　2015年7月出版／估价：69.00元

地方发展类 皮书系列 2015全品种

广州蓝皮书
中国广州科技和信息化发展报告（2015）
著(编)者：邹采荣 马正勇 冯元 2015年7月出版 / 估价：79.00元

广州蓝皮书
广州创新型城市发展报告（2015）
著(编)者：李江涛 2015年7月出版 / 估价：69.00元

广州蓝皮书
广州文化创意产业发展报告（2015）
著(编)者：甘新 2015年8月出版 / 估价：79.00元

广州蓝皮书
广州志愿服务发展报告（2015）
著(编)者：魏国华 张强 2015年9月出版 / 估价：69.00元

广州蓝皮书
广州城市国际化发展报告（2015）
著(编)者：朱名宏 2015年9月出版 / 估价：59.00元

广州蓝皮书
广州汽车产业发展报告（2015）
著(编)者：李江涛 杨再高 2015年9月出版 / 估价：69.00元

贵州房地产蓝皮书
贵州房地产发展报告（2015）
著(编)者：武廷方 2015年6月出版 / 定价：89.00元

贵州蓝皮书
贵州人才发展报告（2015）
著(编)者：于杰 吴大华 2015年7月出版 / 估价：69.00元

贵州蓝皮书
贵安新区发展报告（2014）
著(编)者：马长青 吴大华 2015年4月出版 / 估价：69.00元

贵州蓝皮书
贵州社会发展报告（2015）
著(编)者：王兴骥 2015年5月出版 / 定价：79.00元

贵州蓝皮书
贵州法治发展报告（2015）
著(编)者：吴大华 2015年5月出版 / 定价：79.00元

贵州蓝皮书
贵州国有企业社会责任发展报告（2015）
著(编)者：郭丽 2015年10月出版 / 估价：79.00元

海淀蓝皮书
海淀区文化和科技融合发展报告（2015）
著(编)者：孟景伟 陈名杰 2015年7月出版 / 估价：75.00元

海峡西岸蓝皮书
海峡西岸经济区发展报告（2015）
著(编)者：黄端 2015年9月出版 / 估价：65.00元

杭州都市圈蓝皮书
杭州都市圈发展报告（2015）
著(编)者：董祖德 沈翔 2015年7月出版 / 估价：89.00元

杭州蓝皮书
杭州妇女发展报告（2015）
著(编)者：魏颖 2015年4月出版 / 定价：79.00元

河北经济蓝皮书
河北省经济发展报告（2015）
著(编)者：马树强 金浩 刘兵 张贵 2015年3月出版 / 定价：89.00元

河北蓝皮书
河北经济社会发展报告（2015）
著(编)者：周文夫 2015年1月出版 / 定价：79.00元

河北食品药品安全蓝皮书
河北食品药品安全研究报告（2015）
著(编)者：丁锦霞 2015年6月出版 / 定价：79.00元

河南经济蓝皮书
2015年河南经济形势分析与预测
著(编)者：胡五岳 2015年2月出版 / 定价：69.00元

河南蓝皮书
河南城市发展报告（2015）
著(编)者：谷建全 王建国 2015年3月出版 / 定价：79.00元

河南蓝皮书
2015年河南社会形势分析与预测
著(编)者：刘道兴 牛苏林 2015年4月出版 / 定价：69.00元

河南蓝皮书
河南工业发展报告（2015）
著(编)者：龚绍东 赵西三 2015年1月出版 / 定价：79.00元

河南蓝皮书
河南文化发展报告（2015）
著(编)者：卫绍生 2015年3月出版 / 定价：79.00元

河南蓝皮书
河南经济发展报告（2015）
著(编)者：喻新安 2014年12月出版 / 定价：79.00元

河南蓝皮书
河南法治发展报告（2015）
著(编)者：丁同民 闫德民 2015年7月出版 / 估价：69.00元

河南蓝皮书
河南金融发展报告（2015）
著(编)者：喻新安 谷建全 2015年6月出版 / 估价：69.00元

河南蓝皮书
河南农业农村发展报告（2015）
著(编)者：吴海峰 2015年4月出版 / 估价：69.00元

河南商务蓝皮书
河南商务发展报告（2015）
著(编)者：焦锦淼 穆荣国 2015年4月出版 / 定价：88.00元

黑龙江产业蓝皮书
黑龙江产业发展报告（2015）
著(编)者：于渤 2015年9月出版 / 估价：79.00元

黑龙江蓝皮书
黑龙江经济发展报告（2015）
著(编)者：曲伟 2015年1月出版 / 定价：79.00元

黑龙江蓝皮书
黑龙江社会发展报告（2015）
著(编)者：张新颖 2015年1月出版 / 定价：79.00元

皮书系列 2015全品种 — 地方发展类

湖北文化蓝皮书
湖北文化发展报告（2015）
著(编)者：江畅 吴成国　2015年7月出版 / 估价：89.00元

湖南城市蓝皮书
区域城市群整合
著(编)者：童中贤 韩未名　2015年12月出版 / 估价：79.00元

湖南蓝皮书
2015年湖南电子政务发展报告
著(编)者：梁志峰　2015年5月出版 / 定价：98.00元

湖南蓝皮书
2015年湖南社会发展报告
著(编)者：梁志峰　2015年5月出版 / 定价：98.00元

湖南蓝皮书
2015年湖南产业发展报告
著(编)者：梁志峰　2015年5月出版 / 定价：98.00元

湖南蓝皮书
2015年湖南经济展望
著(编)者：梁志峰　2015年5月出版 / 定价：128.00元

湖南蓝皮书
2015年湖南县域经济社会发展报告
著(编)者：梁志峰　2015年5月出版 / 定价：98.00元

湖南蓝皮书
2015年湖南两型社会与生态文明发展报告
著(编)者：梁志峰　2015年5月出版 / 定价：98.00元

湖南县域绿皮书
湖南县域发展报告No.2
著(编)者：朱有志　2015年7月出版 / 定价：69.00元

沪港蓝皮书
沪港发展报告（2014~2015）
著(编)者：尤安山　2015年4月出版 / 定价：89.00元

吉林蓝皮书
2015年吉林经济社会形势分析与预测
著(编)者：马克　2015年2月出版 / 定价：89.00元

济源蓝皮书
济源经济社会发展报告（2015）
著(编)者：喻新安　2015年4月出版 / 定价：69.00元

健康城市蓝皮书
北京健康城市建设研究报告（2015）
著(编)者：王鸿春　2015年4月出版 / 定价：79.00元

江苏法治蓝皮书
江苏法治发展报告（2015）
著(编)者：李力 龚廷泰　2015年9月出版 / 估价：98.00元

京津冀蓝皮书
京津冀发展报告（2015）
著(编)者：文魁 祝尔娟　2015年4月出版 / 定价：89.00元

经济特区蓝皮书
中国经济特区发展报告（2015）
著(编)者：陶一桃　2015年7月出版 / 估价：89.00元

辽宁蓝皮书
2015年辽宁经济社会形势分析与预测
著(编)者：曹晓峰 张晶 梁启东　2014年12月出版 / 定价：79.00

南京蓝皮书
南京文化发展报告（2015）
著(编)者：南京文化产业研究中心　2015年12月出版 / 估价：79.00

内蒙古蓝皮书
内蒙古反腐倡廉建设报告（2015）
著(编)者：张志华 无极　2015年12月出版 / 估价：69.00元

浦东新区蓝皮书
上海浦东经济发展报告（2015）
著(编)者：沈开艳 陆沪根　2015年1月出版 / 定价：69.00元

青海蓝皮书
2015年青海经济社会形势分析与预测
著(编)者：赵宗福　2014年12月出版 / 定价：69.00元

人口与健康蓝皮书
深圳人口与健康发展报告（2015）
著(编)者：曾序春　2015年12月出版 / 估价：89.00元

山东蓝皮书
山东社会形势分析与预测（2015）
著(编)者：张华 唐洲雁　2015年7月出版 / 估价：89.00元

山东蓝皮书
山东经济形势分析与预测（2015）
著(编)者：张华 唐洲雁　2015年7月出版 / 估价：89.00元

山东蓝皮书
山东文化发展报告（2015）
著(编)者：张华 唐洲雁　2015年7月出版 / 估价：98.00元

山西蓝皮书
山西资源型经济转型发展报告（2015）
著(编)者：李志强　2015年5月出版 / 估价：89.00元

陕西蓝皮书
陕西经济发展报告（2015）
著(编)者：任宗哲 白宽犁 裴成荣　2015年1月出版 / 定价：69.

陕西蓝皮书
陕西社会发展报告（2015）
著(编)者：任宗哲 白宽犁 牛昉　2015年1月出版 / 定价：69.

陕西蓝皮书
陕西文化发展报告（2015）
著(编)者：任宗哲 白宽犁 王长寿　2015年1月出版 / 定价：65.

陕西蓝皮书
丝绸之路经济带发展报告（2015）
著(编)者：任宗哲 石英 白宽犁
2015年8月出版 / 定价：79.00元

上海蓝皮书
上海文学发展报告（2015）
著(编)者：陈圣来　2015年1月出版 / 定价：69.00元

上海蓝皮书
上海文化发展报告（2015）
著(编)者：荣跃明　2015年1月出版 / 定价：74.00元

地方发展类·国别与地区类

皮书系列
2015全品种

上海蓝皮书
上海资源环境发展报告（2015）
著(编)者：周冯琦 汤庆合 任文伟
2015年1月出版 / 定价：69.00元

上海蓝皮书
上海社会发展报告（2015）
著(编)者：杨雄 周海旺 2015年1月出版 / 定价：69.00元

上海蓝皮书
上海经济发展报告（2015）
著(编)者：沈开艳 2015年1月出版 / 定价：69.00元

上海蓝皮书
上海传媒发展报告（2015）
著(编)者：强荧 焦雨虹 2015年1月出版 / 定价：69.00元

上海蓝皮书
上海法治发展报告（2015）
著(编)者：叶青 2015年5月出版 / 定价：69.00元

上饶蓝皮书
上饶发展报告（2015）
著(编)者：朱寅健 2015年7月出版 / 估价：128.00元

社会建设蓝皮书
2015年北京社会建设分析报告
著(编)者：宋贵伦 冯虹 2015年7月出版 / 估价：79.00元

深圳蓝皮书
深圳劳动关系发展报告（2015）
著(编)者：汤庭芬 2015年7月出版 / 估价：75.00元

深圳蓝皮书
深圳经济发展报告（2015）
著(编)者：张骁儒 2015年7月出版 / 估价：79.00元

深圳蓝皮书
深圳社会发展报告（2015）
著(编)者：叶民辉 张骁儒 2015年7月出版 / 估价：89.00元

深圳蓝皮书
深圳法治发展报告（2015）
著(编)者：张骁儒 2015年5月出版 / 定价：69.00元

四川蓝皮书
四川文化产业发展报告（2015）
著(编)者：侯水平 2015年4月出版 / 定价：79.00元

四川蓝皮书
四川企业社会责任研究报告（2014~2015）
著(编)者：侯水平 盛毅 2015年4月出版 / 定价：79.00元

四川蓝皮书
四川法治发展报告（2015）
著(编)者：郑泰安 2015年1月出版 / 定价：69.00元

四川蓝皮书
四川生态建设报告（2015）
著(编)者：李晟之 2015年4月出版 / 定价：79.00元

四川蓝皮书
四川城镇化发展报告（2015）
著(编)者：侯水平 范秋美 2015年4月出版 / 定价：79.00元

四川蓝皮书
四川社会发展报告（2015）
著(编)者：郭晓鸣 2015年4月出版 / 定价：79.00元

四川蓝皮书
2015年四川经济发展形势分析与预测
著(编)者：杨钢 2015年1月出版 / 定价：89.00元

四川法治蓝皮书
四川依法治省年度报告No.1（2015）
著(编)者：李林 杨天宗 田禾 2015年3月出版 / 定价：108.00元

天津金融蓝皮书
天津金融发展报告（2015）
著(编)者：王爱俭 杜强 2015年9月出版 / 估价：89.00元

温州蓝皮书
2015年温州经济社会形势分析与预测
著(编)者：潘忠强 王春光 金浩 2015年4月出版 / 定价：69.00元

扬州蓝皮书
扬州经济社会发展报告（2015）
著(编)者：丁纯 2015年12月出版 / 估价：89.00元

长株潭城市群蓝皮书
长株潭城市群发展报告（2015）
著(编)者：张萍 2015年7月出版 / 估价：69.00元

郑州蓝皮书
2015年郑州文化发展报告
著(编)者：王哲 2015年9月出版 / 定价：65.00元

中医文化蓝皮书
北京中医药文化传播发展报告（2015）
著(编)者：毛嘉陵 2015年5月出版 / 定价：79.00元

珠三角流通蓝皮书
珠三角商圈发展研究报告（2015）
著(编)者：林至颖 王先庆 2015年7月出版 / 估价：98.00元

国别与地区类

阿拉伯黄皮书
阿拉伯发展报告（2015）
著(编)者：马晓霖 2015年7月出版 / 估价：79.00元

北部湾蓝皮书
泛北部湾合作发展报告（2015）
著(编)者：吕余生 2015年8月出版 / 估价：69.00元

皮书系列 2015全品种 — 国别与地区类

大湄公河次区域蓝皮书
大湄公河次区域合作发展报告（2015）
著(编)者:刘稚　2015年9月出版 / 估价:79.00元

大洋洲蓝皮书
大洋洲发展报告（2015）
著(编)者:喻常森　2015年8月出版 / 估价:89.00元

德国蓝皮书
德国发展报告（2015）
著(编)者:郑春荣 伍慧萍　2015年5月出版 / 定价:69.00元

东北亚黄皮书
东北亚地区政治与安全（2015）
著(编)者:黄凤志 刘清才 张慧智
2015年7月出版 / 估价:69.00元

东盟黄皮书
东盟发展报告（2015）
著(编)者:崔晓麟　2015年7月出版 / 估价:75.00元

东南亚蓝皮书
东南亚地区发展报告（2015）
著(编)者:王勤　2015年7月出版 / 估价:79.00元

俄罗斯黄皮书
俄罗斯发展报告（2015）
著(编)者:李永全　2015年7月出版 / 估价:79.00元

非洲黄皮书
非洲发展报告（2015）
著(编)者:张宏明　2015年7月出版 / 估价:79.00元

国际形势黄皮书
全球政治与安全报告（2015）
著(编)者:李慎明 张宇燕　2015年1月出版 / 定价:69.00元

韩国蓝皮书
韩国发展报告（2015）
著(编)者:刘宝全 牛林杰　2015年8月出版 / 估价:79.00元

加拿大蓝皮书
加拿大发展报告（2015）
著(编)者:仲伟合　2015年4月出版 / 估价:89.00元

拉美黄皮书
拉丁美洲和加勒比发展报告（2014~2015）
著(编)者:吴白乙　2015年5月出版 / 估价:89.00元

美国蓝皮书
美国研究报告（2015）
著(编)者:郑秉文 黄平　2015年6月出版 / 估价:89.00元

缅甸蓝皮书
缅甸国情报告（2015）
著(编)者:李晨阳　2015年8月出版 / 估价:79.00元

欧洲蓝皮书
欧洲发展报告（2015）
著(编)者:周弘　2015年7月出版 / 估价:89.00元

葡语国家蓝皮书
葡语国家发展报告（2015）
著(编)者:对外经济贸易大学区域国别研究所　葡语国家研究中心
2015年7月出版 / 估价:89.00元

葡语国家蓝皮书
中国与葡语国家关系发展报告·巴西（2014）
著(编)者:澳门科技大学　2015年7月出版 / 估价:89.00元

日本经济蓝皮书
日本经济与中日经贸关系研究报告（2015）
著(编)者:王洛林 张季风　2015年5月出版 / 定价:79.00元

日本蓝皮书
日本研究报告（2015）
著(编)者:李薇　2015年4月出版 / 定价:69.00元

上海合作组织黄皮书
上海合作组织发展报告（2015）
著(编)者:李进峰 吴宏伟 李伟
2015年9月出版 / 估价:89.00元

世界创新竞争力黄皮书
世界创新竞争力发展报告（2015）
著(编)者:李闽榕 李建平 赵新力
2015年12月出版 / 估价:148.00元

土耳其蓝皮书
土耳其发展报告（2015）
著(编)者:郭长刚 刘义　2015年7月出版 / 估价:89.00元

图们江区域合作蓝皮书
图们江区域合作发展报告（2015）
著(编)者:李铁　2015年4月出版 / 定价:98.00元

亚太蓝皮书
亚太地区发展报告（2015）
著(编)者:李向阳　2015年1月出版 / 定价:59.00元

印度蓝皮书
印度国情报告（2015）
著(编)者:吕昭义　2015年7月出版 / 估价:89.00元

印度洋地区蓝皮书
印度洋地区发展报告（2015）
著(编)者:汪戎　2015年5月出版 / 定价:89.00元

中东黄皮书
中东发展报告（2015）
著(编)者:杨光　2015年11月出版 / 估价:89.00元

中欧关系蓝皮书
中欧关系研究报告（2015）
著(编)者:周弘　2015年12月出版 / 估价:98.00元

中亚黄皮书
中亚国家发展报告（2015）
著(编)者:孙力 吴宏伟　2015年9月出版 / 估价:89.00元

中国皮书网

www.pishu.cn

发布皮书研创资讯,传播皮书精彩内容
引领皮书出版潮流,打造皮书服务平台

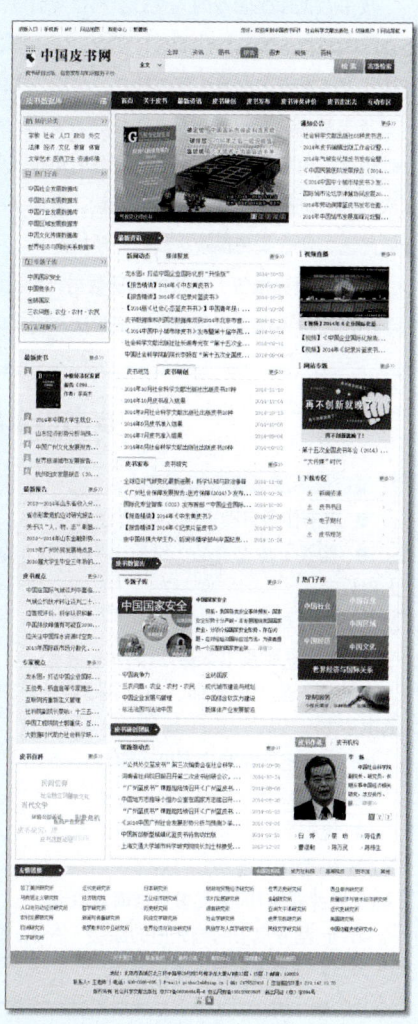

栏目设置:

- □ 资讯:皮书动态、皮书观点、皮书数据、皮书报道、皮书发布、电子期刊
- □ 标准:皮书评价、皮书研究、皮书规范
- □ 服务:最新皮书、皮书书目、重点推荐、在线购书
- □ 链接:皮书数据库、皮书博客、皮书微博、在线书城
- □ 搜索:资讯、图书、研究动态、皮书专家、研创团队

中国皮书网依托皮书系列"权威、前沿、原创"的优质内容资源,通过文字、图片、音频、视频等多种元素,在皮书研创者、使用者之间搭建了一个成果展示、资源共享的互动平台。

自 2005 年 12 月正式上线以来,中国皮书网的 IP 访问量、PV 浏览量与日俱增,受到海内外研究者、公务人员、商务人士以及专业读者的广泛关注。

2008 年、2011 年,中国皮书网均在全国新闻出版业网站荣誉评选中获得"最具商业价值网站"称号;2012 年,获得"出版业网站百强"称号。

2014 年,中国皮书网与皮书数据库实现资源共享,端口合一,将提供更丰富的内容,更全面的服务。

权威报告　热点资讯　海量资源

当代中国与世界发展的高端智库平台

皮书数据库 www.pishu.com.cn

皮书数据库是专业的人文社会科学综合学术资源总库,以大型连续性图书——皮书系列为基础,整合国内外相关资讯构建而成。包含七大子库,涵盖两百多个主题,囊括了近十几年间中国与世界经济社会发展报告,覆盖经济、社会、政治、文化、教育、国际问题等多个领域。

皮书数据库以篇章为基本单位,方便用户对皮书内容的阅读需求。用户可进行全文检索,也可对文献题目、内容提要、作者名称、作者单位、关键字等基本信息进行检索,还可对检索到的篇章再做二次筛选,进行在线阅读或下载阅读。智能多维度导航,可使用户根据自己熟知的分类标准进行分类导航筛选,使查找和检索更高效、便捷。

权威的研究报告,独特的调研数据,前沿的热点资讯,皮书数据库已发展成为国内最具影响力的关于中国与世界现实问题研究的成果库和资讯库。

皮书俱乐部会员服务指南

1. 谁能成为皮书俱乐部成员?
   ● 皮书作者自动成为俱乐部会员
   ● 购买了皮书产品(纸质书/电子书)的个人用户

2. 会员可以享受的增值服务
   ● 免费获赠皮书数据库100元充值卡
   ● 加入皮书俱乐部,免费获赠该纸质图书的电子书
   ● 免费定期获赠皮书电子期刊
   ● 优先参与各类皮书学术活动
   ● 优先享受皮书产品的最新优惠

3. 如何享受增值服务?
   (1)免费获赠100元皮书数据库体验卡
   第1步 刮开皮书附赠充值的涂层(右下);
   第2步 登录皮书数据库网站(www.pishu.com.cn),注册账号;
   第3步 登录并进入"会员中心"—"在线充值"—"充值卡充值",充值成功后即可使用。

   (2)加入皮书俱乐部,凭数据库体验卡获赠该书的电子书
   第1步 登录社会科学文献出版社官网(www.ssap.com.cn),注册账号;
   第2步 登录并进入"会员中心"—"皮书俱乐部",提交加入皮书俱乐部申请;
   第3步 审核通过后,再次进入皮书俱乐部,填写页面所需图书、体验卡信息即可自动兑换相应电子书。

4. 声明
   解释权归社会科学文献出版社所有

皮书俱乐部会员可享受社会科学文献出版社其他相关免费增值服务,有任何疑问,均可与我们联系。
图书销售热线:010-59367070/7028　图书服务QQ:800045620　图书服务邮箱:duzhe@ssap.cn
数据库服务热线:400-008-6695　数据库服务QQ:2475522410　数据库服务邮箱:database@ssap.cn
欢迎登录社会科学文献出版社官网(www.ssap.com.cn)和中国皮书网(www.pishu.cn)了解更多信息

皮书大事记
（2014）

☆ 2014年10月，中国社会科学院2014年度皮书纳入创新工程学术出版资助名单正式公布，相关资助措施进一步落实。

☆ 2014年8月，由中国社会科学院主办，贵州省社会科学院、社会科学文献出版社承办的"第十五次全国皮书年会（2014）"在贵州贵阳隆重召开。

☆ 2014年8月，第二批淘汰的27种皮书名单公布。

☆ 2014年7月，第五届优秀皮书奖评审会在京召开。本届优秀皮书奖首次同时评选优秀皮书和优秀皮书报告。

☆ 2014年7月，第三届皮书学术评审委员会于北京成立。

☆ 2014年6月，社会科学文献出版社与北京报刊发行局签订合同，将部分重点皮书纳入邮政发行系统。

☆ 2014年6月，《中国社会科学院皮书管理办法》正式颁布实施。

☆ 2014年4月，出台《社会科学文献出版社关于加强皮书编审工作的有关规定》《社会科学文献出版社皮书责任编辑管理规定》《社会科学文献出版社关于皮书准入与退出的若干规定》。

☆ 2014年1月，首批淘汰的44种皮书名单公布。

☆ 2014年1月，"2013（第七届）全国新闻出版业网站年会"在北京举办，中国皮书网被评为"最具商业价值网站"。

☆ 2014年1月，社会科学文献出版社在原皮书评价研究中心的基础上成立了皮书研究院。

皮书数据库
www.pishu.com.cn

皮书数据库三期

- 皮书数据库（SSDB）是社会科学文献出版社整合现有皮书资源开发的在线数字产品，全面收录"皮书系列"的内容资源，并以此为基础整合大量相关资讯构建而成。

- 皮书数据库现有中国经济发展数据库、中国社会发展数据库、世界经济与国际政治数据库等子库，覆盖经济、社会、文化等多个行业、领域，现有报告30000多篇，总字数超过5亿字，并以每年4000多篇的速度不断更新累积。

- 新版皮书数据库主要围绕存量+增量资源整合、资源编辑标引体系建设、产品架构设置优化、技术平台功能研发等方面开展工作，并将中国皮书网与皮书数据库合二为一联体建设，旨在以"皮书研创出版、信息发布与知识服务平台"为基本功能定位，打造一个全新的皮书品牌综合门户平台，为您提供更优质更到位的服务。

更多信息请登录

中国皮书网
http://www.pishu.cn
中国皮书网
http://www.pishu.cn

皮书微博
http://weibo.com/pishu

皮书博客
http://blog.sina.com.cn/pishu

皮书微信
皮书说

请到各地书店皮书专架／专柜购买，也可办理邮购

咨询／邮购电话：010-59367028　59367070　　　邮　　箱：duzhe@ssap.cn
邮购地址：北京市西城区北三环中路甲29号院3号楼华龙大厦13层读者服务中心
邮　　编：100029
银行户名：社会科学文献出版社
开户银行：中国工商银行北京北太平庄支行
账　　号：0200010019200365434
网上书店：010-59367070　　qq：1265056568
网　　址：www.ssap.com.cn　　　www.pishu.cn